Handbuch Gewaltprävention

Für die Grundschule und die Arbeit mit Kindern

Günther Gugel

Handbuch Gewaltprävention

Für die Grundschule und die Arbeit mit Kindern
Grundlagen – Lernfelder – Handlungsmöglichkeiten

Institut für Friedenspädagogik Tübingen e.V.
WSD Pro Child e.V.

Online-Handbuch „Gewaltprävention"
www.schulische-gewaltpraevention.de
www.friedenspaedagogik.de

Impressum

Günther Gugel: Handbuch Gewaltprävention.
Für die Grundschule und die Arbeit mit Kindern.
Grundlagen - Lernfelder - Handlungsmöglichkeiten

© 2008 Institut für Friedenspädagogik Tübingen e.V. / WSD Pro Child e.V.

Gestaltung: Manuela Wilmsen, eyegensinn
Fotos: Jan Roeder, Gauting
Druck: Deile, Tübingen

Institut für Friedenspädagogik Tübingen e.V
Corrensstr. 12, 72076 Tübingen
kontakt@friedenspaedagogik.de
www.friedenspaedagogik.de

Das Handbuch Gewaltprävention in der Grundschule ist ein Projekt von WSD Pro Child e.V., als Kooperationsprojekt durch das Institut für Friedenspädagogik entwickelt und durch die Berghof Stiftung für Konfliktforschung gefördert in Kooperation mit der Gewaltakademie Villigst.

ISBN 978-3-932444-22-7

Inhalt

Vorwort	S.	6
Geleitwort	S.	7

1. Gewaltprävention in der Grundschule
   1.1 Der Ansatz im Überblick ..... S. 8

2. Gewalt
   2.1 Was ist Gewalt? ..... S. 17
   2.2 Gewalt in der Schule ..... S. 45

3. Grundsätze der Gewaltprävention
   3.1 Gewaltprävention in der Schule ..... S. 67
   3.2 Gewaltprävention im Elternhaus ..... S. 95

4. Lernfelder und Ansatzpunkte
   4.1 Soziales Lernen
      4.1.1 Soziale Wahrnehmung ..... S. 123
      4.1.2 Emotionale Intelligenz ..... S. 147
      4.1.3 Kommunikation ..... S. 175
      4.1.4 Resilientes Verhalten ..... S. 209
   4.2 Konfliktbearbeitung
      4.2.1 Konflikte konstruktiv bearbeiten ..... S. 233
      4.2.2 Schüler-Streitschlichtung ..... S. 263
      4.2.3 Demokratie lehren und lernen ..... S. 289
      4.2.4 Regeln etablieren ..... S. 319
      4.2.5 Sport und Fair Play ..... S. 347
   4.3 In Gewaltsituationen handeln
      4.3.1 Umgang mit Gewalt ..... S. 375
      4.3.2 Sichere Schulwege ..... S. 403
      4.3.3 Mobbing ..... S. 427
      4.3.4 Sexualisierte Gewalt ..... S. 455
      4.3.5 Gewalt in Medien ..... S. 491

5. Literatur, Internet ..... S. 525

Vorwort

Auch die Grundschule wird von Konflikten und Gewalt in vielfältigen Formen nicht verschont. Wenngleich das Ausmaß im Vergleich zu anderen Schularten (noch) geringer ist, so stellt Gewalt doch auch hier ein gravierendes Problem dar. Verbale Grenzüberschreitungen, Mobbing, Ausgrenzung, Drohungen, Erpressungen oder körperliche Gewaltanwendungen zerstören nicht nur die Grundlagen des Zusammenlebens- und -lernens, sie stellen auch den Lernerfolg in Frage.

Lernen kann nur in einem Klima der Sicherheit und Anerkennung gelingen. Schulische Lernerfolge sind nicht nur von kognitiven Fähigkeiten und Leistungen abhängig, sondern immer auch von sozialen Gegebenheiten. Deshalb berührt Gewaltprävention und Umgang mit Konflikten die Basis des Lernens. Wenn soziales Lernen gefördert, die Kommunikation verbessert und Konflikte konstruktiv bearbeitet werden, so wirkt sich dies unmittelbar auf die Lernerfolge der Schülerinnen und Schüler aus. Darüber hinaus wird Schule zu einem Ort des gewaltfreien Miteinanders, an dem man sich wohlfühlen kann.

Das hier vorgestellte Konzept zur Gewaltprävention an Grundschulen geht weit über herkömmliche Präventionsprogramme hinaus. Es umfasst, auf der Basis wissenschaftlicher Erkenntnisse, einen ganzheitlichen Ansatz, der Schülerinnen und Schüler, Eltern und Lehrkräfte, aber auch Schulstrukturen einschließt. Verhaltensänderungen sind oft nur möglich und erreichbar, wenn sich auch Verhältnisse, die dieses Verhalten stabilisieren, verändern. Beides muss im Blickfeld sein.

Das Handbuch Gewaltprävention in der Grundschule beinhaltet 18 Bausteine, die das gesamte Feld der Gewaltprävention in der Grundschule abdecken. Das Verständnis von Gewalt und Grundsätze der Gewaltprävention in Schule und Elternhaus bilden die Basis für konkrete Ansatzpunkte. „Soziales Lernen fördern", „Konflikte konstruktiv bearbeiten" und „In Gewaltsituationen handeln" bilden dabei die übergeordneten Bereiche.

Gewaltprävention kann nur Erfolg haben, wenn eine Zusammenarbeit und Vernetzung gelingt und wenn sie langfristig angelegt ist. Wird sie nicht als zusätzliche Aufgabe begriffen sondern als integraler Bestandteil einer Schule, die sich im Rahmen der Schulentwicklung auf den Weg zu einer „guten Schule" gemacht hat, so lassen sich die Themen der Gewaltprävention in den normalen Schulalltag integrieren und werden zu Selbstverständlichkeiten.

Günther Gugel

Geleitwort

Das Thema Gewaltprävention an Schulen ist durch einige spektakuläre Ereignisse wieder in den Vordergrund gerückt worden, sowohl in der Öffentlichkeit als auch bei wissenschaftlichen Diskussionen.
Dabei ist Gewalt an Schulen kein Phänomen der heutigen Zeit. Erpressung von Mitschülern, verbale Gewalt, Raufereien, Schubsen, Drangsalieren, welcher Erwachsene kennt solche Situationen nicht auch noch aus seiner eigenen Schulzeit. Trotzdem war und ist es uns ein Anliegen, zu einem Lösungsansatz beizutragen, indem wir das Institut für Friedenspädagogik Tübingen e.V. beauftragt haben, Lehrmaterialien zum Thema „Gewalt und Gewaltprävention an Schulen" zu entwickeln und auszuarbeiten.

Das vorliegende Handbuch ist inhaltlich wie auch in seiner Aufmachung sicherlich einzigartig. Es soll Lehrern, Eltern und Schülern eine Hilfe an die Hand geben, mit Konfliktsituationen konstruktiv umzugehen und die Konfliktkompetenz zu fördern. Ziel ist ein respektvoller Umgang, Toleranz gegenüber der Meinung anderer und eine gewaltfreie Kommunikation mit Mitschülern und mit Lehrern.

Auch unser Sicherheitstraining für Kinder basiert auf diesen Grundlagen. Im Vordergrund steht die Förderung des Selbstbewusstseins des Kindes und seine Stärken zu festigen. Aus selbstbewussten Kindern werden verantwortungsbewusste Erwachsene. Ein selbstbewusstes Kind hat eine positive Lebenseinstellung und kann mit seinen Gefühlen und Bedürfnissen umgehen. Es lernt Gefühle und Bedürfnisse zu verbalisieren, aber auch den Mut aufzubringen, nein zu sagen bei negativen Gefühlen.
Um die Nachhaltigkeit zu gewährleisten, ist es vor allem wichtig, auch die Eltern in Gewaltpräventionsprojekte mit einzubeziehen. Denn nur wenn beide – Schule und Eltern – gemeinsam am „gleichen Strang ziehen", können präventive Maßnahmen erfolgreich sein.
Die vorliegenden Materialien bieten sowohl Lehrern als auch Eltern eine gute Grundlage um das Thema gewaltfreie Konfliktlösung den Kindern gemeinsam nahe zu bringen.

Wir danken in diesem Zusammenhang dem Institut für Friedenspädagogik Tübingen e.V. und insbesondere Günther Gugel, für die hervorragende Ausarbeitung und die gute Zusammenarbeit.

WSD Pro Child e.V.

1. GEWALTPRÄVENTION IN DER GRUNDSCHULE

1.1 Der Ansatz im Überblick

Die vorliegenden Materialien knüpfen an wissenschaftliche Untersuchungen und Erkenntnisse über wirksame Gewaltprävention an und setzen diese für die pädagogische Praxis um.

Grundlegende Voraussetzung für alles Lernen ist ein angstfreies Klima, verbunden mit gegenseitiger Akzeptanz und Wohlbefinden.
Die soziale Lernsituation entscheidet über die Möglichkeiten überhaupt Offenheit und Bereitschaft für Lernen entwickeln zu können, also letztlich über den Lernerfolg. Die neuesten Ergebnisse der Hirnforschung (Neurowissenschaft) untermauern dies eindrücklich: gute Gefühle und Spaß ermöglichen dem Gehirn, besser zu funktionieren und Neugier und Kreativität zu entwickeln.
Gewaltprävention ist deshalb nicht nur normativ begründet, sondern aus pädagogischen und lernpsychologischen Notwendigkeiten heraus unabdingbar. Sie wird – so verstanden – nicht zu einem Zusatzprogramm für engagierte Lehrerinnen und Lehrer, sondern zur Grundlage von Lehren und Lernen.

Der gewaltpräventive Ansatz dieser Materialien geht von folgenden Annahmen und Voraussetzungen aus:
– Gewaltprävention ist integriert in den normalen Unterrichtsverlauf und in den Prozess der Schulentwicklung.
– Es geht nicht um Einzelmaßnahmen, sondern um die Verbesserung der sozialen Schulqualität.

Gewaltprävention umfasst vier zentrale Bereiche:
1. Verbesserung der sozialen Schulqualität.
2. Etablierung und Verdeutlichung von Regeln und Normen des Zusammenlebens.
3. Handeln in akuten Gewaltsituationen.
4. Umgang mit Konflikten, Aufbau eines schulischen Konfliktmanagementsystems.

Untersuchungen zeigen: Gewaltprävention wirkt sich unmittelbar auf Lernmotivation und schulische Leistungen aus. Sie ist somit die Voraussetzung für optimierte Lernbedingungen.
Der Weg zu einer „guten Schule" (und das bedeutet das oben Ausgeführte) steht in unmittelbarem Zusammenhang mit einer höheren Motivation der

Schülerinnen und Schüler, verbesserten schulischen Leistungen und einer Verminderung von Gewalt an der Schule.

Der Schlüssel zu guten schulischen Leistungen ist ein angstfreies Klassen- und Schulklima, das von gegenseitiger Wertschätzung und Akzeptanz geprägt ist.

Wenn Maßnahmen der Gewaltpävention eingeführt werden, bedeutet dies jedoch noch nicht, dass Probleme schnell und dauerhaft verschwinden. Gewaltprävention benötigt Zeit und einen langen Atem.

Gewaltprävention benötigt ein koordiniertes und vernetztes Vorgehen. Isolierte einzelne Maßnahmen in einer Klasse, ohne Gesamtkonzept und abgestimmtes Vorgehen in der gesamten Schule haben wenig Aussicht auf Erfolg.

Bezugspunkte

- Wissenschaftlich abgesicherte Zusammenhänge und Ergebnisse.
- Konzentration auf Basics.
- Nicht Einzelmaßnahmen, sondern Integration in ein Gesamtkonzept von Schulentwicklung.
- Integration in die Diskussion um Schulqualität und „gute Schule".

1. GEWALTPRÄVENTION IN DER GRUNDSCHULE

Die folgende Übersicht zeigt die Konzeption und die verschiedenen Bausteine der hier angebotenen Materialien zur Gewaltpävention.

GRUNDLAGEN

thematisch

Gewalt
- Was ist Gewalt?
- Gewalt in der Schule

schulspezifisch

Grundsätze
- Gewaltprävention in der Schule
- Elternarbeit

LERNFELDER UND ANSATZPUNKTE

Soziales Lernen fördern
- Soziale Wahrnehmung schärfen
- Emotionale Intelligenz fördern
- Kommunikation verbessern
- Resilientes Verhalten fördern

Konfliktbearbeitung ermöglichen
- Konflikte konstruktiv bearbeiten
- Schüler-Streitschlichtung
- Demokratie lernen
- Regeln lernen
- Sport und Fair Play

In Gewaltsituationen handeln
- Umgang mit Gewalt
- Sichere Schulwege
- Mobbing
- Sexualisierte Gewalt
- Gewalt in Medien

Kooperation und Networking

Gewaltprävention kann nur gelingen, wenn alle Betroffenen einbezogen werden und diese gemeinsam handeln.
Die Bausteine sind so konzipiert, dass sie sowohl die Schulebene, die Klassenebene und die Schülerebene einbeziehen und im Blick haben und darüber hinaus auch die Person der Lehrkräfte und die Eltern berücksichtigen.

Schulebene
Kern der Schule ist der Unterricht. Aber Schule ist mehr als Unterricht. Deshalb genügt es auch nicht, Gewaltprävention nur und ausschließlich auf der Unterrichts- und Klassenebene zu verankern. Schule ist ein eigenständiger Lebensraum für Schülerinnen und Schüler ebenso wie für Lehrerinnen und Lehrer. Die Berücksichtigung der Schulebene weist auf die Dimension von gemeinsam verantworteten und gelebten Werten und Normen hin. Diese müssen sich klar an den Prinzipien des gewaltfreien, respektvollen und würdevollen Umgangs miteinander orientieren, der Diskriminierung und Herabsetzung ausschließt, die Persönlichkeit aller akzeptiert und respektiert und zum Wohle und zur Förderung aller gestaltet wird.

Klassenebene
Die Klasse ist der soziale Lebensraum für die Schülerinnen und Schüler. Das Geschehen in der Klasse entscheidet wesentlich über Lernmotivation und Lernerfolg, aber auch über das soziale Miteinander.
Moderne Didaktik vernetzt verschiedene unterrichtliche Aspekte miteinander und fördert ein ganzheitliches Lernen. Die Klasse entwickelt dabei ein eigenes Instrumentarium der Konflikt- und Problembewältigung. Gleichzeitig ist die Klasse auch der Rahmen und der Lernort für eine Vielzahl von Herausforderungen und Aufgaben.

Schülerinnen und Schüler
Schülerinnen und Schüler sind nicht Objekte von pädagogischen „Maßnahmen", sondern gestalten selbst und übernehmen die Initiative und Verantwortung. Vielfältige Materialien sollen Schülerinnen und Schüler unterstützen, ihre kommunikativen Fähigkeiten auszubauen, sozial kompetenter zu werden, Gewalt sensibel wahrzunehmen und zivilcouragiert zu handeln.
Dies kann nicht alleine durch Lehr- und Lerneinheiten erreicht werden,

sondern nur in Kombination mit der Modellfunktion von Eltern, Lehrerinnen und Lehrern sowie einer entsprechenden Gestaltung des Schullebens.
Es geht primär um die einzelnen Schülerinnen und Schüler. Sie zu fördern und in ihrer Entwicklung zu unterstützen, ist ein zentrales pädagogisches Anliegen. Individuelle Hilfe bei (Entwicklungs- und Schul-) Problemen, Unterstützung beim Erlernen zentraler Werte und Normen, von sozialem Verhalten und beim Umgang mit Aggression und Gewalt, haben sich als wichtige Teilbereiche der Gewaltprävention bewährt.

Lehrerinnen und Lehrer
Für die oben beschriebenen Aufgaben und Anforderungen fällt natürlich den Lehrerinnen und Lehrern eine Schlüsselrolle zu, in der sie initiierend, gestaltend und koordinierend tätig werden. Dies soll jedoch nicht nur instrumentell in Bezug auf die Umsetzung, die Unterrichtsgestaltung und das Verhältnis zu den Schülern geschehen, sondern auch reflexiv in Bezug auf die eigene Rolle in der Schule, das eigene Berufsverständnis und eigene Reaktions- und Verhaltensmuster besonders, was Konfliktbearbeitung und Gewaltprävention betrifft.
Deshalb sind zu jedem Themenbereich auch Hintergrundinformationen für Lehrerinnen und Lehrer aufgenommen.

Eltern einbeziehen
Wissenschaftliche Untersuchungen zeigen, dass Antigewaltprogramme und Trainingsprogramme zum prosozialen Verhalten letztlich nur dann Erfolg haben, wenn die Eltern einbezogen sind. Einbezogen sein bedeutet mehr als nur informiert sein. Eltern müssen in ihrer eigenen Erziehungskompetenz unterstützt und gefördert werden, sodass Schule und Elternhaus gleiche Ziele verfolgen und nach gleichen Erziehungsgrundsätzen handeln.
Deshalb wurden an vielen Stellen spezifische Informationen und Materialien für Eltern integriert und es wurde ein eigener Baustein für Eltern konzipiert.

Umgang mit Komplexität
Gewaltprävention und der Umgang mit Gewalt bedeuten Umgang mit Komplexität. Komplexe Probleme lassen sich nur lösen, wenn die ganze Organisation lernt und nicht nur einzelne Lehrkräfte oder Eltern. Dies ist eine zentrale Einsicht des Netzwerklernens und der Organisationsentwicklung.
Deshalb:
– systemisches Denken statt vorschnelle kausale Bezüge;
– gemeinsam handeln statt isolierte Verhaltenssteuerung;

- von anderen lernen statt alles neu (er)finden zu müssen;
- kollektives Lernen, indem Verantwortung für das größere Ganze übernommen wird statt individualistische Ansätze.

Es geht so um kooperative Lernformen und wertebasiertes Verhalten.

Verhalten und Verhältnisse
Verhaltensorientierte Ansätze sind wichtig, doch sie allein reichen nicht aus. Oft sind es auch die Umstände, die Verhältnisse, die das unliebsame Verhalten hervorbringen oder stabilisieren. Hier muss der Blick geöffnet und geschärft werden für notwendige Veränderungen im Umfeld.

Schritte auf dem Weg zur Gewaltprävention

- Eingestehen, dass Probleme und Schwierigkeiten vorhanden sind. Gab bzw. gibt es Probleme mit Gewalt an der Schule? Wie zeigen sich diese? Gab es besondere, herausragende Vorkommnisse?
- Sich verständigen, was unter Gewalt und nicht tolerierbarem Verhalten genau verstanden werden soll.
- Bestandsaufnahme der Situation in der Schule unter Einbeziehung aller Beteiligten (Lehrkräfte, Eltern, Schülerinnen und Schüler, Hauspersonal, externe Lehr- und Betreuungskräfte). Wo liegen die Probleme? Was geschieht bereits?
- Etablierung einer Steuerungsgruppe aus Lehrkräften und Elternvertretern.
- Qualifizierung der Steuerungsgruppe und einzelner Lehrerinnen und Lehrer durch entsprechende Fortbildungen als Gewaltpräventionsberater bzw. Mediatorin / Mediator.
- Einbeziehung von und Kooperation mit Kinderschutzeinrichtungen sowie Einrichtungen der Jugendarbeit, der Jugendhilfe und der Polizei.
- Sponsoren und zusätzliche finanzielle Mittel finden (Modellprojekte, Teilnahme an Wettbewerben, etc.).
- Entwicklung eines Programms zur Gewaltprävention, das Maßnahmen der Förderung einzelner Kinder, die Klassen und die gesamte Schule umfasst.
- Einen Stufenplan erarbeiten, der die Vorgehensweise detailliert beschreibt. Die Maßnahmen sind vielfältig und beziehen sich:
  - auf einzelne Schüler

- auf gesamte Klassen
- auf das Lehrerkollegium
- auf Elternarbeit
- auf die gesamte Schule
- auf Öffentlichkeitsarbeit.
- Entscheidung treffen, mit welchen Elementen zunächst begonnen wird und welche später folgen sollen.
- Fachliche Begleitung suchen. Maßnahmen der Gewaltprävention sind dann besonders erfolgreich, wenn sie fachlich von Expertinnen und Experten begleitet werden.
- Vernetzung mit anderen Schulen anstreben, ebenso wie die Vernetzung vor Ort bzw. im Stadtteil mit den relevanten Einrichtungen. Beteiligung an bzw. Aufbau eines Runden-Tisches „Gewaltprävention".
- Gewaltprävention als Teil von Schulqualität verstehen.

Aufbau und Inhalt der Bausteine

Aufbau
- Die Bausteine beinhalten in einem ersten Teil einen Problemaufriss, verbunden mit wichtigen Hintergrundinformationen.
- Eine Übersicht über die vorhandenen Materialien mit Kurzhinweisen für einen möglichen Einsatz erleichtert die Orientierung.
- Die Materialien gliedern sich immer in Materialien für Eltern und Lehrkräfte und solche für den Unterricht oder die gesamte Schule.
- Die Informationen für Lehrerinnen und Lehrer reflektieren die spezielle Sicht der Schule, verbunden auch mit Anregungen und Arbeitsmaterialien für Lehrerfortbildung oder zur eigenen Reflexion.
- Die Informationen für Eltern können u.a. im Rahmen von Elternabenden oder als Elternbriefe Verwendung finden.

- Die Ansatzpunkte für den Unterricht zeigen, wie im Rahmen des Unterrichts das Thema aufgegriffen werden kann.
- Der Materialienteil beinhaltet konkrete Unterrichtsvorschläge, Arbeitsblätter, Spiele, Übungen usw.
- Es wurden keine Doppelungen aufgenommen. Dies bedeutet, dass thematische Aspekte oder Arbeitsblätter eines Bausteins, die auch für andere Bausteine wichtig und von Interesse sind, nicht nochmals aufgeführt werden. Zu Beginn jedes Bausteins gibt es jedoch Querverweise auf andere für das Thema relevante Materialien.

Schlüsselthemen der Gewaltprävention

Kommunikation

Kommunikationsfähigkeit ist der Schlüssel zum gewaltfreien Handeln. Lernen, Bedürfnisse und Interessen zu formulieren, sich mit Argumenten auseinander zu setzen und das eigene Verhalten reflektieren zu können, sind dabei wichtige Schritte. Kommunikationsregeln gelten dabei für alle: Lehrer, Eltern, Hausmeister, Busfahrer, Kinder, ...

Die Vermittlung grundlegender Kommunikationskompetenzen wird in praktisch allen Streitschlichtungsprogrammen als zentraler Inhalt aufgegriffen. Sie umfassen im wesentlichen
- die Verbesserung der Selbst- und Fremdwahrnehmung, also Gespräche, Situationen und Abläufe differenziert wahrnehmen zu können und dabei festzustellen, was wirklich geschieht;
- den Umgang mit den eigenen und mit fremden Emotionen;
- das Erkennen eigener und fremder Reaktionsweisen, die im zwischenmenschlichen Bereich und insbesondere innerhalb einer Konfliktdynamik störend oder hilfreich sind;
- die Fähigkeit, Menschen und Probleme getrennt sehen zu können;
- die Entwicklung von Einfühlungsvermögen;
- die Respektierung des Gegenübers / Konfliktpartners als Person;
- das Erkennen und Formulieren eigener und fremder Interessen;
- die Entwicklung von Möglichkeiten der angemessenen Selbstbehauptung;
- die Fähigkeit zum Perspektivenwechsel;
- die Fähigkeit zur Metakommunikation.

Emotionale Intelligenz

Eigene und fremde Gefühle wahrnehmen und verstehen zu können,

Emotionen ausdrücken zu lernen und mit Ärger, Furcht oder Angst umgehen zu können, trägt dazu bei, Gefühle nicht blind ausagieren zu müssen, sondern als wichtige Signale zu begreifen, die auf Problembereiche aufmerksam machen. Empathie ermöglicht ein Mitfühlen und Mitleiden mit anderen und damit eine große Erweiterung einer ansonsten nur Ichbezogenen Perspektive.

Regeln lernen
Es besteht ein enger Zusammenhang zwischen der Akzeptanz von sozialen Werten und Normen und der Ablehnung von Gewalt. Die Verinnerlichung von Normen wird durch Konfrontation und Einüben gefördert.

Konstruktive Konfliktbearbeitung
Konstruktive Konfliktbearbeitung ist einer der Kernpunkte von Gewaltprävention. Die Fähigkeit, Konflikte konstruktiv, d.h. ohne Gewaltandrohung oder Gewaltanwendung und mit der Bereitschaft zum Kompromiss auszutragen, kann systematisch gelernt werden. Wissen über Konfliktverläufe, aber mehr noch das Üben von Verhaltensmöglichkeiten in Konfliktsituationen tragen hierzu bei. Ritualisierte Abläufe stellen dabei in der Grundschule eine wichtige Hilfe dar. Unterschiedliche Positionen aushalten zu können, Interessen auszuhandeln und auszugleichen, die eigene Meinung sagen zu können usw. sind Teil dieses Prozesses. Dabei geht es darum, die Sachen zu klären und die Personen (Menschen) zu achten, wie es Hartmut von Hentig formuliert hat.

Soziales Lernen
Soziale Kontakte aufbauen und pflegen zu können und dabei prosoziale Verhaltensweisen zu zeigen, sind Zeichen von Kompetenz und Sicherheit im Umgang mit anderen. Gute Beziehungen zu Familienmitgliedern, Freunden oder anderen Menschen sind äußerst wichtig. Sie stärken das Selbstwertgefühl und sind hilfreiche Unterstützer in Notzeiten. Auch das soziale Engagement in einem Ehrenamt oder die Teilnahme an religiösen oder spirituellen Gruppen wirken als Puffer in Problemlagen.

Handeln in Gewaltsituationen
Der angemessene Umgang mit konkreten Problem-, Konflikt-, und Gewaltsituationen ist Teil des Präventionsansatzes. Bewährte Regeln und Vorgehensweisen zu kennen, stellt zwar keine Garantie für „richtiges Handeln" dar, kann jedoch die Eigengefährdung und die Gefährdung anderer reduzieren und dazu beitragen, dass Opfer geschützt und Täter zur Rechenschaft gezogen werden können.

Was ist Gewalt?

Grundwissen
- Was ist Gewalt? — S. 18
- Das Gewaltverständnis von Schülern — S. 22
- Gewalt gegen Kinder — S. 23
- Umgang mit den Materialien — S. 29
- Die Materialien im Überblick — S. 31

Materialien
Für Lehrkräfte und Eltern
- M 1: Aggression und Gewalt — S. 33
- M 2: Beobachtungsbogen für aggressives Verhalten — S. 34
- M 3: Wo und wie Kinder Gewalt erfahren — S. 35
- M 4: Seelische Grundnahrungsmittel — S. 36
- M 5: Der Gewaltkreislauf — S. 37

Für den Unterricht
- M 6: Der Schulhof — S. 38
- M 7: Was ist für Dich Gewalt? — S. 39
- M 8: Das ABC der Gewalt — S. 40
- M 9: Gewalt – keine Gewalt? — S. 41
- M 10: Das mag Brummi (gar nicht) — S. 42
- M 11: Was soll Timo tun? — S. 43
- M 12: Gewalt ist … — S. 44

In diesem Baustein wird gezeigt, was unter Gewalt zu verstehen ist und was Kinder unter Gewalt verstehen.

Ziel des Bausteins ist es, zur Klärung des Begriffes beizutragen sowie Materialien anzubieten, um mit Lehrerinnen und Lehrern, Eltern sowie den Schülerinnen und Schülern am Gewaltbegriff arbeiten zu können.

Die hier aufgegriffenen Fragestellungen (z.B. was unter Gewalt in der Schule verstanden werden kann) werden in den anderen Bausteinen vertiefend behandelt.

2. GEWALT

Grundwissen

Was ist Gewalt?

Die Verhinderung und Reduzierung von Gewalt ist das Ziel von Gewaltprävention. Doch was ist unter Gewalt genau zu verstehen?

Die Schwierigkeiten einer Begriffsbestimmung

„Gewalt" ist ein Phänomen, das nicht klar definiert und abgegrenzt ist, weder in der Wissenschaft, noch im Alltag. In der öffentlichen Diskussion werden oft verschiedene Dinge gleichzeitig als Gewalt bezeichnet: Beschimpfungen, Beleidigungen, Mobbing, Gewaltkriminalität (Raub- und Morddelikte), Vandalismus, gewalttätige Ausschreitungen bei Massenveranstaltungen, fremdenfeindliche Gewalt gegen Menschen usw.

Auch im wissenschaftlichen Bereich gibt es keine allgemein akzeptierte Definition und Beschreibung von Gewalt. Mehrere Begriffsbestimmungen und Theoriestränge stehen weitgehend unverbunden nebeneinander (etwa im Bereich der Aggressionsforschung).
Je nachdem, ob die Ursachen und Bedingungen von Gewalt eher beim Individuum oder in gesellschaftlichen Lebenslagen gesehen werden, werden unterschiedliche Verantwortlichkeiten angesprochen.

Gewaltprävention hat also mit dem Dilemma zu tun, dass sie einerseits auf vorfindbare Gewalt reagieren muss, andererseits aber nur wenig oder kaum auf präzise Analysen, Beschreibungen und Definitionen ihres Gegenstands zurückgreifen kann.
Um einen praktikablen Ausweg zu finden, grenzen viele Projekte oder Ansätze der Gewaltprävention Gewalt auf den Bereich der physischen Gewaltanwendung ein. Dies erscheint in der Praxis der Gewaltprävention für die Durchführung konkreter Projekte vor Ort als legitim und sinnvoll.
Gegen eine solche Reduktion der Gewalt auf körperliche Gewalt gibt es allerdings auch Einspruch, da dadurch viele Bereiche der Gewalt ausgeklammert würden.

Gewaltbegriffe

Gewalt bedeutet umgangssprachlich Schädigung und Verletzung von Personen oder Sachen. Der Begriff „Gewalt" wird dabei häufig auch synonym

2.1 WAS IST GEWALT?

zu dem Begriff „Aggression" gebraucht, bzw. als Teilmenge von Aggression verstanden. Dies rührt daher, dass sich die Begriffe Aggression und Gewalt nicht klar voneinander trennen lassen. Mit Aggression werden häufig minder schwere Verletzungen oder die Übertretung von sozialen Normen verstanden, während mit Gewalt schwere Verletzungen und Übertretung von Geboten und Gesetzen bezeichnet werden. In diesem Verständnis ist Aggression dann eine Vorform von Gewalt. Allerdings beinhaltet der Begriff Aggression immer auch positive Lebenskräfte und Energien.

Der Gewaltbegriff von Johan Galtung

Der Friedensforscher Johan Galtung unterscheidet drei Typen von Gewalt: personale, strukturelle und kulturelle Gewalt.
Bei personaler Gewalt sind Opfer und Täter eindeutig identifizierbar und zuzuordnen.
Strukturelle Gewalt produziert ebenfalls Opfer. Aber nicht Personen, sondern spezifische organisatorische oder gesellschaftliche Strukturen und Lebensbedingungen sind hierfür verantwortlich. Mit kultureller Gewalt werden Ideologien, Überzeugungen, Überlieferungen und Legitimationssysteme beschrieben, mit deren Hilfe direkte oder strukturelle Gewalt ermöglicht und gerechtfertigt, d.h. legitimiert wird.
Galtung sieht einen engen Zusammenhang zwischen diesen Gewaltformen und beschreibt das Dreieck der Gewalt als Teufelskreis, der sich selbst stabilisiert, da gewalttätige Kulturen und Strukturen direkte Gewalt hervorbringen und reproduzieren.
Der Gewaltbegriff Galtungs zeigt, dass es nicht ausreicht, Gewalt lediglich als zwischenmenschliche Handlung – als Verhalten – zu begreifen. Es müssen auch religiöse, kulturelle und gesellschaftliche Legitimationssysteme und auch gesellschaftliche Strukturen berücksichtigt werden, wenn es darum geht, Gewalt als komplexes Phänomen zu verstehen.

Der Gewaltbegriff der Weltgesundheitsorganisation

Die WHO hat in ihrem 2002 veröffentlichen „World Report on Violence and Health" eine detaillierte Typologie von Gewalt vorgelegt, in der Gewalt verstanden wird als: „Der absichtliche Gebrauch von angedrohtem oder tatsächlichem körperlichen Zwang oder physischer Macht gegen die eigene oder eine andere Person, gegen eine Gruppe oder Gemeinschaft, die entweder konkret oder mit hoher Wahrscheinlichkeit zu Verletzungen, Tod, psychischen Schäden, Fehlentwicklungen oder Deprivation führt."
Diese Definition umfasst zwischenmenschliche Gewalt ebenso wie selbstschädigendes oder suizidales Verhalten und bewaffnete Auseinandersetzungen zwischen Gruppen und Staaten.

Grundwissen

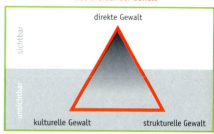

Das Dreieck der Gewalt

direkte Gewalt
kulturelle Gewalt — strukturelle Gewalt
sichtbar / unsichtbar

Kulturelle Gewalt

Unter „kultureller Gewalt" wird jede Eigenschaft einer Kultur bezeichnet, mit deren Hilfe direkte oder strukturelle Gewalt legitimiert werden kann. Diese Form der Gewalt tötet nicht oder macht niemandem zum Krüppel, aber sie trägt zur Rechtfertigung bei. Ein typisches Beispiel hierfür ist die rechtsextreme Ideologie der Ungleichheit, deren extremste Form die Theorie vom „Herrenvolk" darstellt.

Vgl. Johan Galtung: Cultural Violence. In: Journal of Peace Research, vol. 27, no. 3 / 1990, S. 291 ff.

2. GEWALT

Grundwissen

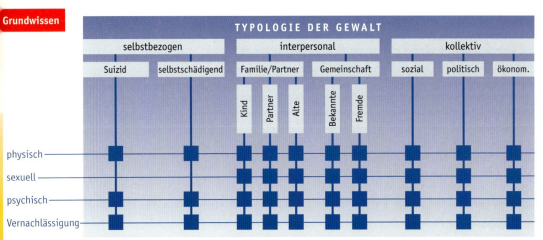

WHO: World Report on Violence and Health. Geneva 2002.

Was ist für Dich Gewalt?

Eine repräsentative Umfrage zur Gewaltdefinition von Kindern im Alter von 9-14 Jahren zeigt: Fast die Hälfte aller Antworten (44 %) fallen in den Bereich „Körperverletzung" (schlagen, treten, ...). Auf Platz zwei aller Nennungen (9 %) sind Begriffe wie „Töten", „Ermorden" oder „Umbringen". Auf dem Dritten Platz liegen die Nennungen von „Vergewaltigungen" (6 %) zusammen mit Äußerungen wie „Missbrauch" oder „Misshandlung".
Bei Mädchen spielen Begriffe wie „Vergewaltigung" oder „Misbrauch" eine erheblich größere Rolle, als bei Jungen. Bei Jungen ist dagegen „Waffengewalt" als Thema präsenter.

Vgl. LBS-Initiative Junge Familie (Hrsg.): Kindheit 2001 – Das LBS-Kinderbarometer. Opladen 2001, S. 127 ff.

Eine konkrete Typologie von Gewalt bietet einen analytischen Bezugsrahmen und identifiziert konkrete Ansatzpunkte für Gewaltprävention. Sie gliedert Gewalt in drei Kategorien, die darauf Bezug nehmen, von wem die Gewalt ausgeht bzw. zwischen wem Gewalt stattfindet: Gewalt gegen die eigene Person, interpersonelle Gewalt und kollektive Gewalt.
Als Gewalt gegen die eigene Person gelten suizidales Verhalten und Selbstschädigung. Die interpersonelle Gewalt gliedert sich in Gewalt in der Familie und unter Intimpartnern sowie von Mitgliedern der Gemeinschaft ausgehende Gewalt. Kollektive Gewalt bezeichnet die gegen eine Gruppe oder mehrere Einzelpersonen gerichtete instrumentalisierte Gewaltanwendung durch Menschen, die sich als Mitglieder einer anderen Gruppe begreifen und damit politische, wirtschaftliche oder gesellschaftliche Ziele durchsetzen wollen. Hierunter zählen auch Bürgerkriege und Kriege.

Funktionen von Gewalt

Gewalt wird nicht einfach angewendet, sondern kann auch unter dem Aspekt betrachtet werden, welche Aufgaben und Funktionen sie erfüllen soll. Hierauf weist besonders die Humanethnologie hin und sieht als spezifische Funktionen:
- die Verteidigung von Besitz und sozialen Bindungen (territoriale Aggression);
- die Anwendung bei der Abweichung von Normen (normerhaltende Aggression);

2.1 WAS IST GEWALT?

- die Verteidigung von Rangpositionen;
- den Schutz der Nachkommenschaft („Brutverteidigung");
- die erkundigende bzw. explorative Aggression, die Grenzen austestet.

Bei Kindern und Jugendlichen kann die Funktion von Gewalt u.a. auch verstanden werden als
- eine spezifische Kommunikationsform um auf Problemlagen aufmerksam zu machen;
- Demonstration von Männlichkeit, der eine spezifische Definition von „Mann sein" zugrunde liegt;
- ein Mittel gegen Langeweile in einer Umwelt, die als erlebnisarm erlebt wird;
- als Gegengewalt, die gegen eine als gewaltsam erlebte Umwelt eingesetzt wird.

Weitere Differenzierungen

Um Gewalt sinnvoll fassen zu können, muss nicht nur der jeweilige Kontext berücksichtigt werden, sondern auch die Frage der Motivation und Intention.
Gewaltausübung kann so unterschieden werden in
- beabsichtigte Gewaltausübung, die den einzigen Zweck hat, den anderen bewusst zu verletzen;
- instrumentelle Ausübung, die Gewalt bewusst als Mittel zum Zweck einsetzt;
- nicht beabsichtigte, aber als Nebeneffekt des eigenen Handelns in Kauf genommene Verletzung anderer.

Diese Unterscheidungen sind für Gewaltprävention äußerst relevant, da sie verdeutlichen dass nicht so sehr Handlungen, sondern vielmehr die Absichten und Motive den eigentlichen Ansatzpunkt für Gewaltprävention darstellen sollten.

Grundwissen

Systematische Fragen an einen Gewaltbegriff
1. Wer übt Gewalt aus? Dies ist die Frage nach dem/den Täter/n.
2. Was geschieht, wenn Gewalt ausgeübt wird? Dies ist die Frage nach den Tatbeständen und den Abläufen einer als Gewalt verstandenen Handlung.
3. Wie wird Gewalt ausgeübt? Dies ist die Frage nach Art und Weise der Gewaltausübung und den dabei eingesetzten Mitteln.
4. Wem gilt die Gewalt? Dies ist die Frage nach den menschlichen Opfern von Gewalt, denjenigen, die Gewalt erfahren, erleiden oder erdulden müssen.
5. Warum wird Gewalt ausgeübt? Dies ist die Frage nach den allgemeinen Ursachen und konkreten Gründen von Gewalt.
6. Wozu wird Gewalt ausgeübt? Dies ist die Frage nach Zielen, Absichten, Zwecken und möglichen Motiven von Gewalt.
7. Weshalb wird Gewalt ausgeübt? Dies ist die Frage nach den Rechtfertigungsmustern und Legitimationsstrategien von Gewalt.

Peter Imbusch: Der Gewaltbegriff. In: Wilhelm Heitmeyer/John Hagan (Hrsg.): Internationales Handbuch der Gewaltforschung. Wiesbaden 2002, S. 34.

Literatur

Galtung, Johan: Kulturelle Gewalt. In: Landeszentrale für politische Bildung Baden-Württemberg (Hrsg.): Der Bürger im Staat. (43) 2/1993.

Heitmeyer, Wilhelm/John Hagan (Hrsg.): Internationales Handbuch Gewaltforschung. Wiesbaden 2002.

2. GEWALT

Grundwissen

Jungen und Mädchen

Jungen und Mädchen sind unterschiedlich mit Gewalt konfrontiert und erleben diese auch verschieden. Eine Befragung, die auf Selbstauskünften von Schülerinnen und Schülern basiert, kommt zu folgendem Ergebnis:
- Jungen haben wesentlich öfter eine rachebasierte Einstellung zu Gewalt, während bei Mädchen die Konfliktlösung deutlich häufiger im Mittelpunkt steht.
- Jungen gebrauchen Gewalt eher aus Selbstschutz, während Mädchen eher durch psychisch-emotionale Einflüsse (wie Stress, Leistungsdruck oder Eifersucht) aggressiv werden.
- Mädchen sind häufiger Opfer von Ignoranz und erfahren in diesem Kontext mehr psychischen Druck als Jungen.
- Alle körperlichen Formen der Gewalt werden wesentlich häufiger von Jungen als Opfer erlebt.
- Für Mädchen fängt Gewalt schon bei verbaler Aggressivität an. Auch Formen physischer und psychischer Gewalt werden deutlich häufiger von Mädchen als Gewaltkonzept explizit genannt.
- Die Bewertung von Gewalt als etwas Negatives wird wesentlich häufiger von Mädchen vorgenommen.
- Generell ist das Gewaltkonzept von Mädchen im Vergleich zu Jungen einerseits deutlich sensibilisierter und andererseits mit größerer Ablehnung verbunden.

Kristian Klett: Gewalt an Schulen. Eine deutschlandweite Online-Schülerbefragung zur Gewaltsituation an Schulen. Dissertation, Köln 2005, S. 93, S. 103.

Das Gewaltverständnis von Schülern

Lehrer und Schüler verstehen unter Gewalt oft etwas Verschiedenes.
Die „Gewaltschwelle" liegt bei Schülern höher und verbale Formen von Gewalt sind nicht so stark im Blickfeld wie dies bei Lehrerinnen und Lehrern der Fall ist.

Das Gewaltverständnis von Schülern
Eine Schülerbefragung kommt zu folgendem Ergebnis:
Die größte Gruppe der Schüler (Jungen 39 %, Mädchen 37 %) definiert Gewalt in ihrer physischen Form als alles, was anderen Schaden zufügt und das wäre in eigenen Worten: an jemanden austeilen, boxen, die Hand ausrutschen lassen, draufschlagen, treten, verhauen, verletzen, vermöbeln ...
Leichte körperliche Gewalt, wie angefasst werden, anrempeln, anspucken, Handgreiflichkeiten, herumgeschubst werden, jemanden anpacken, jemanden festhalten, jemanden stoßen ... wird von nur jeweils etwa 1 % der männlichen und weiblichen Schüler als Gewalt genannt.
Diese seltene Nennung lässt darauf schließen, dass bei der Gewaltkonzeptionen der meisten Schüler solche schwachen Formen der Aggression nicht im ersteren Sinne als Gewalt eingestuft werden, sondern eher unter rauem Umgang subsumiert werden.

Gewalt gegen Kinder

Was ist Gewalt gegen Kinder?

„Kindesmisshandlung ist eine nicht zufällige (bewusste oder unbewusste) gewaltsame körperliche und/oder seelische Schädigung, die in Familien oder Institutionen (z. B. Kindergärten, Schulen, Heimen) geschieht und die zu Verletzungen, Entwicklungsverzögerungen oder sogar zum Tode führt und die somit das Wohl und die Rechte eines Kindes beeinträchtigt oder bedroht" (Bast, 1978).

Diese Definition wird auch vom deutschen Bundestag verwendet, selbst wenn sie nicht mit den entsprechenden strafrechtlichen Definitionen übereinstimmt. In ihr wird deutlich, dass Gewalt gegen Mädchen und Jungen folgende Formen annehmen kann: Körperliche Gewalt, seelische Gewalt, Vernachlässigung und sexualisierte Gewalt. Häufiger spielen sich fast unbemerkt sublime Peinigungen ab, wenn in Familien oder Einrichtungen Mädchen und Jungen von Erwachsenen Unrecht getan wird. Dabei kann seelisches Quälen der physischen Misshandlung in keiner Weise nachstehen, wird jedoch nicht selten erstaunlich lange toleriert und verschwiegen (Neuhäuser, 1995).

Zu unterscheiden ist jeweils die Misshandlung als aktive und die Vernachlässigung als passive Form. Mehrere Formen können bei einem Kind auch gleichzeitig vorkommen.

2. GEWALT

Grundwissen

Bei der Kindesmisshandlung geschieht die Schädigung des Kindes nicht zufällig. Meist wird eine verantwortliche erwachsene Person wiederholt gegen ein Mädchen oder einen Jungen gewalttätig. Gewalt wird fast immer in der Familie oder in anderen Zusammenlebenssystemen ausgeübt. Häufig ist die Gewaltanwendung der Erwachsenen ein Ausdruck eigener Hilflosigkeit und Überforderung. Die zunehmende Auseinandersetzung mit der Gewalt gegen Mädchen und Jungen in unserer Gesellschaft darf nicht dazu führen, dass wir unsere Aufmerksamkeit ausschließlich auf misshandelnde Täter (und ihre Opfer) richten und dabei die Gewaltförmigkeit der gesellschaftlichen Lebensverhältnisse vergessen. Diesen Verhältnissen sind alle Menschen – je nach ihrer sozialen Lage – ausgesetzt. Gewalt hat vielschichtige Ursachen und ist in gesellschaftliche Verhältnisse eingebunden. Die Häufung von Einschränkungen und Belastungen, von sozialen Benachteiligungen, von materieller Armut und psychischem Elend ist eine häufig übersehene Ursache für Gewalt gegen Kinder (Abelmann-Vollmer, 1997).

Den verantwortlichen Erwachsenen sollen frühzeitig Hilfen zur Selbsthilfe angeboten werden. Dabei müssen verschiedene Institutionen unterstützend zusammenarbeiten, um dem komplexen Problem gerecht zu werden.

Gewaltformen

Viele Erwachsene halten Schläge nach wie vor für ein legitimes Erziehungsmittel. Die meisten geben dabei an, dass ihnen „ein Klaps zur rechten Zeit auch nicht geschadet habe" und dass sie dieses Prinzip genauso für ihre Kinder angemessen finden. Es besteht ein kausaler Zusammenhang zwischen der allgemeinen Billigung der körperlichen Züchtigung Minderjähriger und der Kindesmisshandlung. Erziehungswissenschaft und Psychologie können den Nutzen von Gewalt in der Erziehung nicht belegen, ja sie warnen vor den schädlichen Folgen (Saigo, 1995). Der Schutz von Mädchen und Jungen vor jeder Form von Gewalt innerhalb und außerhalb ihrer Familien muss im Erziehungsalltag oberstes Gebot darstellen.

Körperliche Gewalt
Erwachsene üben körperliche Gewalt an Mädchen und Jungen in vielen verschiedenen Formen aus. Verbreitet sind Prügel, Schläge mit Gegenständen, Kneifen, Beißen, Treten und Schütteln des Kindes. Daneben werden Stichverletzungen, Vergiftungen, Würgen und Ersticken, sowie thermische

2.1 WAS IST GEWALT?

Grundwissen

Schäden (Verbrennen, Verbrühen, Unterkühlen) bei Kindern beobachtet. Das Kind kann durch diese Verletzungen bleibende körperliche, geistige und seelische Schäden davontragen oder in Extremfällen daran sterben. Schwere physische Misshandlungen und deren Folgen betreffen vor allem Säuglinge und Kleinkinder. Sie sind in 95 % aller Fälle Wiederholung- bzw. Vielfachtaten. Sie sind also KEINE Affekthandlungen. Wir müssen davon ausgehen, dass 10 % dieser wiederholten physischen Misshandlungen zum Tode von Jungen oder Mädchen führen und es in mindest doppelt so vielen Fällen zu einer bleibenden Gesundheitsschädigung kommt (Jacobi, 1995).

Seelische Gewalt

Seelische oder psychische Gewalt sind „Haltungen, Gefühle und Aktionen, die zu einer schweren Beeinträchtigung einer vertrauensvollen Beziehung zwischen Bezugsperson und Kind führen und dessen geistig-seelische Entwicklung zu einer autonomen und lebensbejahenden Persönlichkeit behindert" (Eggers, 1994). Die Schäden für die Mädchen und Jungen sind oft folgenschwer und daher mit denen der körperlichen Misshandlung vergleichbar.

Seelische Gewalt liegt z.B. dann vor, wenn dem Kind ein Gefühl der Ablehnung vermittelt wird. Für das Kind wird es besonders schwierig, ein stabiles Selbstbewusstsein aufzubauen. Diese Ablehnung wird ausgedrückt, indem das Kind gedemütigt und herabgesetzt, durch unangemessene Schulleistungen oder sportliche und künstlerische Anforderungen überfordert oder durch Liebesentzug, Zurücksetzung, Gleichgültigkeit und Ignorieren bestraft wird.

Schwerwiegend sind ebenfalls Akte, die dem Kind Angst machen: Einsperren in einen dunklen Raum, Alleinlassen, Isolation des Kindes, Drohungen, Anbinden. Vielfach beschimpfen Eltern ihre Kinder in einem extrem überzogenen Maß oder brechen in Wutanfälle aus, die für das Kind nicht nachvollziehbar sind.

Mädchen und Jungen werden auch für die Bedürfnisse der Eltern missbraucht, indem sie gezwungen werden, sich elterliche Streitereien anzuhören, oder indem sie in Beziehungskonflikten instrumentalisiert werden und dadurch in einen Loyalitätskonflikt kommen. Auch überbehütendes und überfürsorgliches Verhalten kann zur seelischen Gewalt werden, wenn es Ohnmacht, Wertlosigkeit und Abhängigkeit vermittelt.

Vernachlässigung

Die Vernachlässigung stellt eine Besonderheit sowohl der körperlichen als auch der seelischen Kindesmisshandlung dar. Eltern können Kinder

2. GEWALT

Grundwissen

vernachlässigen, indem sie ihnen Zuwendung, Liebe und Akzeptanz, Betreuung, Schutz und Förderung verweigern oder indem die Kinder physischen Mangel erleiden müssen. Dazu gehören mangelnde Ernährung, unzureichende Pflege und gesundheitliche Fürsorge bis hin zur völligen Verwahrlosung. Diese Merkmale sind Ausdruck einer stark beeinträchtigten Beziehung zwischen Eltern und Kind.

Gewalt in der Familie

Gewalt findet besonders häufig innerhalb von Familien statt: „Wenn Sie Opfer von Gewalt werden wollen, gründen Sie eine Familie", sagt Kai Detlef Bussmann, Professor für Strafrecht und Kriminologie an der Universität Halle-Wittenberg. Diese Aussage sei zwar zugespitzt, aber „statistisch gesehen" richtig. Bussmann hat in seiner Studie „Gewaltfreie Erziehung" im Auftrag des Bundesfamilienministeriums Gewalt und Gewaltprävention erforscht.

20 Prozent der Jugendlichen in Deutschland erleben demnach Gewalt in der Erziehung, zwei bis drei Millionen Kinder werden während dieser Zeit mindestens einmal schwer misshandelt, so die Studie. Es sei die Familie, die eine Spirale der Gewaltorientierung auslöse, nirgendwo finde so viel ungeahndete Gewalt statt wie dort.

„Am Anfang stand die Annahme, die Familie sei ein Hort der Harmonie, heraus kam: sie ist ein Schlachtfeld", sagte Bussmann. Frauen drohe in Familien ein zehnfach höheres Risiko, Gewalt zu erleben, als außerhalb. Wer aber zuhause Gewalt erlebe, werde sie später auch eher selbst anwenden.

Eine effiziente Gewaltprävention müsse deshalb in der Familie beginnen, forderte Bussmann.

Welt am Sonntag, 24.1.2007

Sexualisierte Gewalt

Als sexuelle Ausbeutung wird jede sexuelle Handlung eines Erwachsenen / eines Jugendlichen an einem Mädchen oder einem Jungen gesehen, welche / welcher aufgrund seiner emotionalen und kognitiven Entwicklung nicht in der Lage ist, der Handlung frei zuzustimmen. Das betroffene Kind wird unter Ausnutzung seiner gegebenen Abhängigkeits- und Vertrauensbeziehung zum Objekt der Befriedigung sexueller und aggressiver Bedürfnisse des handelnden Erwachsenen oder älteren Jugendlichen.

Hierbei geht es nicht in erster Linie um die Befriedigung sexueller Bedürfnisse, sondern um das Ausleben von Macht-, Dominanz- und Überlegenheitsansprüchen. Ein zentrales Moment sexueller Ausbeutung und Gewalt ist die Verpflichtung zur Geheimhaltung. Sie verurteilt das Kind zur Sprachlosigkeit, Wehrlosigkeit und Hilflosigkeit (Arbeitsdefinition der AG Kinderschutz des Jugendamtes Frankfurt a.M.).

Grundwissen

Formen sexualisierter Gewalt sind das Berühren des Mädchens oder Jungen an den Geschlechtsteilen, die Aufforderung, den Täter / die Täterin anzufassen, Zungenküsse, oraler, vaginaler und analer Geschlechtsverkehr, Penetration mit Fingern oder Gegenständen. Auch Handlungen ohne Körperkontakt wie Exhibitionismus, Darbieten von Pornographie, sexualisierte Sprache und Herstellung von Kinderpornographie sind sexuelle Gewaltakte.

Sexualisierte Gewalt gegen Mädchen und Jungen wird in den meisten Fällen von Personen aus der Familie oder dem sozialen Nahbereich der Mädchen und Jungen begangen. Ein wesentlicher Unterschied zur körperlichen Misshandlung ist, dass der Täter häufiger in überlegter Absicht handelt. Sexuelle Übergriffe sind eher geplant als körperliche Gewalttaten.

Risikofaktoren / Belastungsfaktoren

Der Begriff der Risikofaktoren kann in diesem Zusammenhang sehr leicht missverstanden werden. Es soll hier nicht ausgedrückt werden, dass es zu Gewalt gegen Mädchen und Jungen kommen muss, wenn bestimmte Faktoren vorhanden sind. Der Begriff Risikofaktor verdeutlicht, dass die Wahrscheinlichkeit der Kindesmisshandlung größer ist, wenn mehrere Faktoren zusammen vorliegen. Dies birgt jedoch auch die Gefahr, dass Vorurteile geschürt werden und damit der Blick der helfenden Person eingeengt wird. Darum wurde der Begriff des Belastungsfaktors gewählt, der nicht automatisch zum Risikofaktor werden muss. (Vgl. 3.2, M 4)

Wenn der Arzt / die Ärztin sich dieser Gefahr bewusst sind, kann das Wissen über Belastungsfaktoren als wertvolles Werkzeug sowohl in der Prävention als auch in der Früherkennung von Kindesmisshandlung eingesetzt werden. Wann Belastungsfaktoren zu Risikofaktoren werden, ergibt sich aus der individuellen Situation des Kindes in seinem sozialen Umfeld. Es darf allerdings nie vergessen werden, dass alle Kinder von Gewalt betroffen sein können.

2. GEWALT

Grundwissen

Heutige Erklärungsansätze gehen davon aus, dass weder genetische Vorgaben noch sozioökonomische Bedingungen allein das Zustandekommen von Misshandlungen erklären. Gewalt ist eher ein Ausdruck von Benachteiligung, Hilflosigkeit und Unfähigkeit, mit den Bedürfnissen des Kindes angemessen umzugehen. Wenn der Druck und die Belastungen von außen zu stark werden, entlädt sich die familiäre Aggression am schwächsten Glied der Familie, dem Kind (Remschmidt, 1986). Belastungsfaktoren können beim Kind, bei den Eltern oder in der Familiensituation liegen. Insbesondere sind zu nennen:

- Sehr häufig sind Familien, in denen Mädchen und Jungen vernachlässigt werden, von Armut, schlechten Wohnverhältnissen, Langzeitarbeitslosigkeit, geringem Bildungs- und Ausbildungsniveau, sozialer Isolation und Ausgrenzung betroffen. Dazu kommen oft gesundheitliche oder psychische Beeinträchtigungen der Eltern, Alkohol- und Drogenkonsum, Trennungs-, Scheidungs- oder Partnerschaftsprobleme und fehlende Zukunftsperspektiven.
- Vor allem die Mütter sind durch unerwünschte und sehr frühe Schwangerschaften und zu rasche Geburtenfolge belastet. Insbesondere alleinerziehende Mütter / Väter ohne stützendes soziales Umfeld werden in solchen Situationen häufig überfordert.
- Während bei der körperlichen Misshandlung und bei der Vernachlässigung persönlichkeitsbedingte und strukturbedingte Merkmale zusammenwirken, werden bei sexualisierter Gewalt in viel stärkerem Maße persönliche und familiäre Belastungsfaktoren angenommen (Finkelhor, 1986).
- Es wird vermutet, dass ein hoher Anteil von Tätern in der Kindheit selbst sexualisierter Gewalt ausgesetzt war. In einer Art Wiederholungszwang gibt der Täter seine eigene Demütigung weiter (Finkelhor, 1986).

Für die seelische Gewalt sind praktisch keine Belastungsfaktoren bekannt, die sich von denen für Kindesmisshandlung allgemein unterscheiden. Vermutlich ist sie die in Oberschichtfamilien häufigste Form der Gewalt. In solchen Familien ist materielle Benachteiligung und daraus resultierende Überforderung weniger ein Problem, so dass körperliche Gewalt seltener vorkommt oder zumindest besser verborgen werden kann. Die Gewalttätigkeit wird also eher in psychischer Misshandlung und emotionaler Vernachlässigung ausgedrückt.

Hessischer Leitfaden für Arztpraxen: Gewalt gegen Kinder. Was ist zu tun bei „Gewalt gegen Mädchen und Jungen".
Herausgeber: Berufsverband der Ärzte für Kinderheilkunde und Jugendmedizin Deutschlands e.V. / Landesverband Hessen
Unterstützt durch: Hessisches Ministerium für Umwelt, Energie, Jugend, Familie und Gesundheit, Wiesbaden, Kassenärztliche Vereinigung Hessen, Landesärztekammer Hessen, Techniker Krankenkasse / Landesverband Hessen. Wiesbaden 1998, S. 9-19, Auszug.

Umgang mit den Materialien

Grundwissen

Ausgangspunkte für die Auseinandersetzung mit Gewalt sind das jeweilige eigene Verständnis sowie die eigenen Erfahrungen. Der Baustein Gewalt wendet sich mit seinen Informationen und Materialien zunächst an Lehrerinnen und Lehrer und an die Eltern und erst in einem zweiten Teil an die Schülerinnen und Schüler.

Die folgenden Materialien bieten Möglichkeiten anhand von Übungen und Spielen Aspekte des Gewaltbegriffs zu veranschaulichen und zu verdeutlichen, was unter Gewalt verstanden werden kann.

Für Lehrerinnen und Lehrer sowie Eltern

Lehrkräfte und Eltern sollten zunächst ihr eigenes Verständnis von Gewalt sowie ihr eigenes Verhältnis zur Gewaltanwendung klären. Dabei geht es auch darum, zu erkennen, an welcher Stelle sie selbst anfällig für solche Verhaltensweisen sind.

Die notwendige Auseinandersetzung hierzu kann in schulinternen Fortbildungen, im Rahmen von Arbeitsgruppentreffen oder auch an Elternabenden geschehen. Ziele hierbei sind:

1. Erkennen und Sensibilisieren (M 1 – M 5)
– Erkennen, was Gewalt ist und wo Gewalt vorkommt.
– Sensibilisierung für die verschiedenen Formen von Gewalt, deren Duldung, Unterstützung und Rechtfertigung.
– Erkennen, dass Gewalt gerade bei Kindern oft ein Kommunikationsmittel, ein Hilfeschrei ist, um auf vorhandene Probleme aufmerksam zu machen.
– Differenzieren lernen.

2. Was ist Gewalt an unserer Schule
Diese Auseinandersetzung mündet in die Arbeit an einem Gewaltbegriff für den Schulalltag. Um Gewaltprävention betreiben zu können ist es unerlässlich sich für die Schule zu einigen, was als Gewalt verstanden werden soll und wo die Grenzen sind (im Unterricht, im Pausenbereich, in der gesamten Schule).

2. GEWALT

Grundwissen

Für Schülerinnen und Schüler

Mit den Schülerinnen und Schülern sollen erste Erfahrungen mit und Zugänge zum Begriff „Gewalt" erarbeitet werden. Dabei geht es in dieser Altersgruppe zunächst um Verhaltensweisen im Nahbereich.

1. Erkennen und Sensibilisieren (M 6 – M 8)
Auch Grundschüler haben bereits Erfahrungen mit aggressivem und gewalttätigem Verhalten, als Täter und als Opfer. Diese Erfahrungen zu thematisieren und zu benennen ist ein erster Ansatzpunkt.

2. Schwellen zur Gewalt identifizieren (M 9 – M 11)
Kinder erkennen oft nicht die Schwelle, wo spielerisches Verhalten in gewalttätiges Verhalten umschlägt, anderen Schmerzen zugefügt oder sie diskriminiert werden. Diese Schwelle bei sich selbst zu kennen und bei anderen zu erkennen stellt einen wichtigen Lernbereich dar.

Ergänzende Bausteine

2.2 Gewalt in der Schule
4.3.1 Umgang mit Gewalt
4.3.3 Mobbing
4.3.4 Sexualisierte Gewalt

Die Materialien im Überblick

Grundwissen

Materialien	Beschreibung	Vorgehen
M 1: Aggression und Gewalt	Diese Checkliste dient zu einer ersten Auseinandersetzung mit verschiedenen Aspekten von Gewalt.	Die Liste wird in Einzelarbeit ausgefüllt und anschließend in Kleingruppen besprochen.
M 2: Beobachtungsbogen für aggressives Verhalten	Der Beobachtungsbogen von F. und U. Petermann ermöglicht differenziert konkrete Verhaltensweisen bei Kindern zu identifizieren.	Der Bogen kann als Beobachtungsinstrument über einen längeren Zeitraum eingesetzt werden.
M 3: Wo und wie Kinder Gewalt erfahren	Kinder sind nicht nur Täter, sondern vor allem auch Opfer von Gewalt. Wie und wodurch Kinder Gewalt erfahren und beobachten, soll anhand von M 3 festgehalten werden.	Kleingruppen erstellen eine Übersicht anhand von M 3 und tauschen sich darüber aus, was dies für die betreffenden Kinder bedeutet.
M 4: Seelische Grundnahrungsmittel	Was ist für Kinder (und Erwachsene) wichtig, damit sie nicht auf destruktives Verhalten zurückgreifen müssen. Dieses Arbeitsblatt geht davon aus, dass Gewalthandeln (auch) aus erfahrenen Mangelsituationen erwächst.	Kleingruppen suchen und identifizieren anhand des Arbeitsblattes Beispiele und Situationen, in denen die einzelnen Aussagen verdeutlicht werden.
M 5: Der Gewaltkreislauf	Der Gewaltkreislauf verdeutlicht die innerpsychischen Mechanismen, die mit Gewaltanwendung verbunden sind.	Das Schaubild kann zur Erklärung und Erläuterung äußerer Abläufe und seelischer Prozesse Verwendung finden.
M 6: Der Schulhof	Das Bild zeigt eine nicht ganz eindeutige Konfrontationssituation. Die Schülerinnen und Schüler sollen ihre Sichtweise schildern.	Das Arbeitsblatt wird kopiert oder als Folie projiziert. Die Schülerinnen und Schüler schreiben jeweils einen kurzen Text zu dem Bild. Die Texte werden vorgelesen. Wo gibt es Gemeinsamkeiten, wo Unterschiede?

2. GEWALT

Grundwissen

UNTERRICHT

Materialien	Beschreibung	Vorgehen
M 7: Was ist für Dich Gewalt?	Die Schülerinnen und Schüler formulieren ihr eigenes Verständnis von Gewalt und illustrieren es durch ein Bild.	M 7 wird in Einzelarbeit bearbeitet. Die Blätter werden an die Wand gehängt und von den Kindern erläutert. Wo gibt es Gemeinsamkeiten.
M 8: Das ABC der Gewalt	Die verschiedenen Aspekte von Gewalt werden durch Wörter, die mit Gewalt zu tun haben, erschlossen.	In Partnerarbeit füllen die Schülerinnen und Schüler M 8 aus. In der Besprechung werden Kategorien gebildet wie „Ursachen", „Folgen", „Bewertung".
M 9: Gewalt – Keine Gewalt	Anhand von Aussagen soll entschieden und begründet werden, ob es sich um Gewalt oder nicht um Gewalt handelt. Da mit einem Kontinuum gearbeitet wird, können auch Abstufungen (mehr, weniger ...) vorgenommen werden.	Auf dem Boden werden zwei Punkte im Abstand von ca. 3-4 m markiert. Der eine wird mit „Gewalt", der andere mit „keine Gewalt" gekennzeichnet. Die Aussagen werden vorgelesen (oder auf Zettel geschrieben) und von den Kindern zugeordnet.
M 10: Das mag Brummi (gar nicht)	Die Kinder sollen formulieren, was Brummi verletzt, ihm weh tut und er nicht will. Sie lernen, ihre eigenen Toleranzgrenzen zu formulieren. Dabei wird die Unterscheidung von „Worten" und „Taten" eingeführt.	Die Lehrperson bringt einen Plüschbären mit. Das ist „Brummi". In Kleingruppen finden die Kinder Beispiele dafür, was ihm weh tut, was er mag und was er nicht mag. Sie schreiben dies auf ein Plakat.
M 11: Was soll Timo tun?	Anhand der skizzierten Geschichte soll verdeutlich werden, was Gewalt in einer konkreten Situation bedeutet und welche Handlungsmöglichkeiten bestehen.	Die Kinder füllen M 11 aus. Die Antworten werden zusammengetragen und besprochen. Einzelne Bereiche können als szenisches Spiel dargestellt werden (z.B. Freunde beraten, was sie tun könnten).
M 12: Gewalt ist ...	Das Schaubild versucht eine erste kindgerechte Annäherung an den Gewaltbegriff.	M 12 kann als Illustration im Kontext von M 9 und M 10 verwendet werden.

M1 Aggression und Gewalt

Lehrer, Eltern

Kreuzen Sie bitte die Aussagen an, mit denen sie übereinstimmen. Begründen Sie Ihre Meinung.

1. Gewalt findet statt, wenn
○ ein Mensch einem anderen Schmerzen zufügt.
○ einer seine Meinung gegen die anderen durchsetzen möchte.
○ eine 6-köpfige Familie in einer Zwei-Zimmer-Wohnung leben muss.
○ Erdbeben ganze Städte zerstören.
○ jemand keine Lehrstelle / Studienplatz bekommt.
○ in einem Land keine Opposition geduldet wird.
○ _____

2. Gewaltanwendung ist nötig, weil
○ damit Konflikte schneller gelöst werden können.
○ sie oft das einzige Mittel ist, um etwas durchzusetzen.
○ die anderen ja auch Gewalt anwenden.
○ nur der von Anderen ernst genommen wird, der Gewalt anwendet.
○ nur so die nötige Macht für Veränderungen erreicht werden kann.
○ _____

3. Gewaltfreie Konfliktlösung heißt,
○ dass der Verzicht auf Gewaltanwendung den Teufelskreis der Gewalt durchbricht.
○ dem Gegenüber eine Chance gegeben wird, sich zu ändern.
○ dass auf rationale Konfliktlösungen gesetzt wird.
○ dass sie den Menschen achtet.
○ dass sich nur kurzfristig etwas ändert.
○ _____

4. Die Ursachen für aggressives Handeln und Gewaltanwendung liegen
○ in der Natur des Menschen.
○ in einer den Menschen einengenden und frustrierenden Umwelt.
○ in einer autoritären und unterdrückenden Erziehung.
○ in den Lernerfahrungen, dass durch aggressives Handeln Ziele erreicht werden können.
○ in einer zu toleranten und freien Umwelt.
○ in einer antiautoritären, zu freien Erziehung.
○ in den Gewaltdarstellungen der Massenmedien.
○ in der Angst des Menschen vor den Mitmenschen.
○ _____

5. Gewaltanwendung und aggressives Verhalten lassen sich beseitigen / überwinden
○ durch ein geändertes Erziehungsverhalten.
○ wenn die Natur des Menschen geändert wird.
○ wenn dem Menschen neue Lernmöglichkeiten geboten werden.
○ wenn die Entfremdung und Frustration im Alltag beseitigt wird.
○ durch ein „strafferes Erziehungssystem".
○ durch positive (anerkennende, belohnende) Reaktionen auf aggressives Verhalten.
○ durch die Schaffung einer humanen Umwelt.
○ durch negative (negierende, versagende) Reaktionen auf aggressives Verhalten.
○ _____

2. GEWALT

Lehrer, Eltern

M2 Beobachtungsbogen für aggressives Verhalten

	tritt nie auf	tritt selten auf	tritt manchmal auf	tritt häufig auf	tritt immer auf
Kind wird beschimpft und angeschrien.	○	○	○	○	○
Schadenfreudiges Lachen, zynische Bemerkungen gegenüber Erwachsenen und Kindern, spotten über andere.	○	○	○	○	○
Anschreien, anbrüllen und beschimpfen von Erwachsenen und Kindern.	○	○	○	○	○
Kind wird geboxt, getreten, gestoßen, gekratzt, an den Haaren gezogen und bespuckt.	○	○	○	○	○
Hinterhältiges Bein stellen, Stuhlwegziehen, Stoßen, schadenfreudiges Hilfeverweigern.	○	○	○	○	○
Boxen, treten, schlagen, stoßen, beißen, kratzen, spucken, Haare ziehen, beschmutzen von Personen.	○	○	○	○	○
Selbstbeschimpfen, Selbstironie, fluchen über eigenes Verhalten (z.B. über einen Fehler).	○	○	○	○	○
Nägelbeißen, Haare raufen, Kopf anschlagen, selbstschädigende Kopf-und Körperbewegungen.	○	○	○	○	○
Beschimpfen und verfluchen von Gegenständen.	○	○	○	○	○
Beschädigen von Gegenständen: beschmieren, treten, zerreissen, beschmutzen, Türe zuknallen und Sachen durch die Luft werfen.	○	○	○	○	○
Sich angemessen selbstbehaupten: in normaler Lautstärke seine Meinung oder Kritik äußern, keine verletzenden Worte benutzen.	○	○	○	○	○
Kooperations- und kompromissbereit: Vorschläge unterbreiten, nachgeben, Regeln einhalten, andere unterstützten.	○	○	○	○	○
Selbstkontrolle: sich bei Wut mit einer anderen Beschäftigung ablenken, der Steigerung des Konfliktes aus dem Wege gehen, Aufforderungen nachkommen, unaufgefordert Verpflichtungen nachkommen.	○	○	○	○	○
Einfühlen und Eindenken in das Gegenüber: anderen zuhören, die Meinung eines anderen akzeptieren, nach Ursachen für Konflikte fragen und nachfragen, wie der andere sich fühlt.	○	○	○	○	○

Franz Petermann / Ulrike Petermann: Training mit aggressiven Kindern. Weinheim 1991, S. 41.

2.1 WAS IST GEWALT?

M3 Wo und wie Kinder Gewalt erfahren

Lehrer, Eltern

	Opfer	Täter	Zuschauer
In der Familie			
Im Freundeskreis			
In der Schule			
In den Medien / mit Medien			

2. GEWALT

Lehrer, Eltern

M4 Seelische Grundnahrungsmittel

Was benötigen Menschen, damit sie nicht auf Gewalt zurückgreifen müssen?

Diskutieren Sie ...
- *Wie wichtig sind für Sie die einzelnen Bereiche?*
- *Wo erhalten Sie selbst, wo erhalten Kinder diese seelischen Grundnahrungsmittel?*
- *Wie wirkt es sich aus, wenn diese Bereiche im Zusammenleben nicht vorhanden sind?*

Anerkennung
- Ich werde geschätzt
- Mein Tun wird anerkannt
- Mein Wort gilt etwas

Mitgefühl
- Jemand fühlt mit mir
- Jemand hört mich
- Ich bin nicht allein in meinem Schmerz

Wahrnehmen
- Ich werde gesehen
- Ich bekomme Aufmerksamkeit
- Andere interessieren sich für mich

Widerstand
- Ich bekomme Widerspruch
- Du stellst dich
- Ich erhalte wohlwollende Kritik

Verlässlichkeit
- Ich kann mich auf andere verlassen
- Ich weiß, woran ich bin
- Ich übernehme Verantwortung

Vgl. Eva Maringer / Reiner Steinweg: GewaltAuswegeSehen. Anregungen für den Abbau von Gewalt. Tübingen / Oberwart 2002, S. 52 f.

M5 Der Gewaltkreislauf

Lehrer, Eltern

Das Kind erlebt zu Hause Gewalt. Es erkennt, dass es Gewalt erfährt von Menschen, denen es mit Liebe verbunden ist. Es lernt auch, dass es moralisch richtig ist, Gewalt auszuüben. Wenn alles andere nichts bringt, muss Gewalt angewendet werden. Auf Grund dieser Erlebnisse können beim Kind folgende Schritte ablaufen:

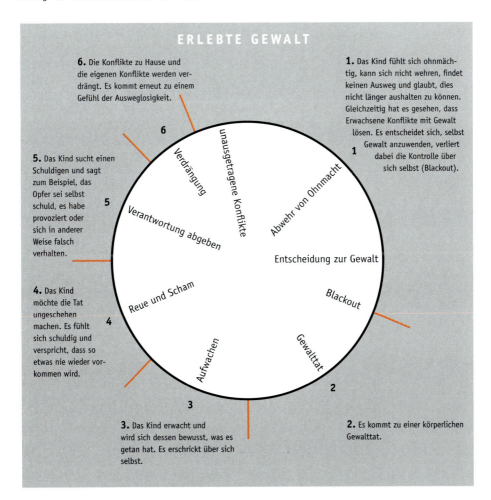

ERLEBTE GEWALT

1. Das Kind fühlt sich ohnmächtig, kann sich nicht wehren, findet keinen Ausweg und glaubt, dies nicht länger aushalten zu können. Gleichzeitig hat es gesehen, dass Erwachsene Konflikte mit Gewalt lösen. Es entscheidet sich, selbst Gewalt anzuwenden, verliert dabei die Kontrolle über sich selbst (Blackout).

2. Es kommt zu einer körperlichen Gewalttat.

3. Das Kind erwacht und wird sich dessen bewusst, was es getan hat. Es erschrickt über sich selbst.

4. Das Kind möchte die Tat ungeschehen machen. Es fühlt sich schuldig und verspricht, dass so etwas nie wieder vorkommen wird.

5. Das Kind sucht einen Schuldigen und sagt zum Beispiel, das Opfer sei selbst schuld, es habe provoziert oder sich in anderer Weise falsch verhalten.

6. Die Konflikte zu Hause und die eigenen Konflikte werden verdrängt. Es kommt erneut zu einem Gefühl der Ausweglosigkeit.

Josef Sachs: Checkliste Jugendgewalt. Ein Wegweiser für Eltern, soziale und juristische Berufe. orell füssli. Zürich 2006, S. 32 f.

M6 Der Schulhof

Was geschieht auf diesem Bild?

M7 **Was ist für Dich Gewalt?**

Unterricht

Für mich ist Gewalt, wenn

Wo hast Du schon Gewalt erlebt?

Was hast Du dabei empfunden?

Male ein Bild zu Deinem Erlebnis:

2. GEWALT

Unterricht

M8 Das ABC der Gewalt

Schreibe zu jedem Buchstaben ein Wort, das mit dem Buchstaben anfängt. Das Wort sollte etwas mit Gewalt zu tun haben.

A _____	Q _____
B _____	R _____
C _____	S _____
D _____	T _____
E _____	U _____
F _____	V _____
G _____	W _____
H _____	X _____
I _____	Y _____
J _____	Z _____
K _____	**G** _____
L _____	**E** _____
M _____	**W** _____
N _____	**A** _____
O _____	**L** _____
P _____	**T** _____

Handbuch – Gewaltprävention in der Grundschule

2.1 WAS IST GEWALT?

M9 Gewalt – Keine Gewalt

Unterricht

Gewalt

- hänseln
- schummeln
- schubsen
- schlagen
- dazwischen reden
- schreien
- stoßen
- etwas wegnehmen
- an den Haaren ziehen
- „Du dumme Sau" sagen
- eine Ohrfeige geben
- wütend sein
- über jemanden etwas Schlechtes erzählen
- jemanden bedrohen

keine Gewalt

Vorgehensweise

Die Ausagen werden auf dem Kontinuum von den Kindern zugeordnet.

- Auf dem Boden werden die beiden Pole markiert und auf einem Blatt Papier mit „Gewalt" und „Keine Gewalt" gekennzeichnet.
- Die einzelnen Aussagen sind auf Zettel geschrieben, die die Kinder erhalten.
- Jedes Kind liest nun seinen Zettel vor, ordnet die Aussage im Kontinuum zu, und begründet dies. Andere Kinder dürfen korrigieren, bis die Aussage für alle richtig liegt.

Diese Übung kann auch mit Eltern (oder Lehrkräften) durchgeführt werden. Es empfiehlt sich dann jedoch, die Aussagen erwachsenengerechter zu formulieren.

2. GEWALT

Unterricht

M10 Das mag Brummi (gar nicht)

Das ist Brummi:

Das tut Brummi weh:

Das mag Brummi:

Das mag Brummi gar nicht:

M11 Was soll Timo tun?

Unterricht

Das ist Timo.
Timo geht in die zweite Klasse der Grundschule. Er wird von den größeren Jungen oft gehänselt, weil er etwas dicklich ist.
Neulich hat ihm ein Junge den Schulranzen ausgeleert und ihm gedroht: „Wehe, du sagst etwas!". Ein anderer Junge hat ihn ziemlich fest geboxt, so dass es ihm richtig weh tat und er weinen musste.

Was meinst Du, wie es Timo geht?

Was soll Timo tun?

Wo kann er sich Hilfe holen?

Was können seine Freunde tun?

Gibt es etwas, das Du Timo gerne sagen würdest?

M12 Gewalt ist ...

Gewalt	
Tun (mit Taten)	Reden (mit Worten)
– behindern	– verletzen
– verletzen	– beleidigen, beschimpfen
– zerstören	– bedrohen, einschüchtern
– töten	

Gewalt führt zu ...

– Unsicherheit
– Angst
– Wut
– Hass und Rachegefühlen
– Ohnmacht

Wir dulden keine Gewalt, weil ...

– das Zusammenleben erschwert oder zerstört wird
– Probleme nicht geklärt werden
– die Rechte anderer missachtet werden
– neue Gewalt entsteht

Gewalt in der Schule

Grundwissen
- Gewalt in der Schule — S. 46
- Empirische Daten — S. 52
- Kinder und Jugendliche als Täter und Opfer — S. 55
- Was Gewalt in der Schule begünstigt — S. 56
- Der Einfluss der Familie — S. 58
- Hilfe bei der Verarbeitung häuslicher Gewalt — S. 59
- Überlegungen zur Umsetzung — S. 60
- Die Materialien im Überblick — S. 61

Materialien
Für Lehrkräfte und Eltern
- M 1: Formen der Gewalt an Schulen — S. 62
- M 2: Gewalt in der Schule, Checkliste — S. 63
- M 3: Was begünstigt Gewaltentstehung? — S. 64

Für den Unterricht
- M 4: Unsere Schule — S. 65
- M 5: Was kennst Du? — S. 66

In diesem Baustein wird geklärt, was unter Gewalt in der Schule zu verstehen ist, wo Gewalt in der Schule vorkommt und von wem sie ausgeübt wird.

Die Materialien erleichtern eine Bestandsaufnahme „Gewalt an unserer Schule".

2. GEWALT

Grundwissen

Gewalt in der Schule

Gewalt in der Schule ist ein Problem. Was jedoch genau unter Gewalt an Schulen verstanden wird und wie diese eingeschätzt und bewertet wird, ist sehr verschieden.

Was ist Gewalt in der Schule?

Gewalt an Schulen wird häufig mit Gewalt von Schülern gleichgesetzt. Schülergewalt wird von Klewin u.a. in drei Verhaltensgruppen unterteilt(1):
- Körperlicher Zwang und physische Schädigung: Im Rahmen von Auseinandersetzungen und Konflikten wird körperliche Gewalt angewendet, um den anderen zu schädigen.
- Verbale Attacke und psychische Schädigung: Beleidigungen, Erniedrigungen, emotionale Erpressungen.
- Bullying: In einer spezifischen Opfer-Täter-Beziehung wird das Opfer dauerhaft gequält und drangsaliert, wobei körperliche und psychische Gewalt angewendet wird.

Schülergewalt ist jedoch nur ein Aspekt des Problems. Weitere sind: Gewalt, die vom Lehrpersonal oder von Schulstrukturen und ihrer Verfasstheit ausgeht. Die Diskussion um Gewalt an Schulen und Gewaltprävention muss auch diese Formen einbeziehen. Gewaltprävention muss alle Arten von Gewalt im Blick haben.
Häufig werden keine klaren Grenzen zwischen Gewalt und deviantem Verhalten (Diebstahl, Drogenkonsum, Schwänzen, Mogeln usw.) gezogen.
In der deutschen Diskussion um Gewalt in Schulen wird der körperlichen Gewalt und dem Bereich der verbalen Gewalt besondere Aufmerksamkeit gewidmet(2).
Im Bereich der Grundschule kommt insbesondere dem Bereich der sprachlichen Umgangsweisen aber auch dem Phänomen der Ausgrenzung besondere Bedeutung zu.

Verbreitung von Gewalt an Schulen

Die Wahrnehmung vom Ausmaß schulischer Gewalt wird weitgehend von der Medienberichterstattung und der öffentlichen Diskussion bestimmt, wobei brutale Einzelfälle oft zu Tendenzen stilisiert werden. Während die Berichterstattung und öffentliche Wahrnehmung für die letzten Jahre eine starke Zunahme von Gewalt an Schulen unterstellen, wird diese Sichtweise von wissenschaftlichen Ergebnissen nicht gestützt(3).

Für Deutschland gibt es keine flächendeckenden Untersuchungen zur Gewalt an Schulen. Es gibt jedoch eine Vielzahl von regionalen Arbeiten. Insbesondere fehlen Längsschnittuntersuchungen um Aussagen über die Entwicklung von Gewalt an Schulen treffen zu können.

Die wesentlichen Ergebnisse empirischer Gewaltstudien für Deutschland können stichwortartig so zusammengefasst werden(4):
- Die häufigste Form der Gewalt an Schulen ist die verbale Gewalt. Schulische Gewalt ist überwiegend geprägt durch leichte Formen der physischen und verbalen Aggression.
- Mit Ausnahme der verbalen Gewalt ist Gewalt von Schülern deutlich eine Domäne männlicher Schüler. Mädchen zeigen weniger aggressives Verhalten und werden seltener Opfer von Gewalt.
- Aggressive Auseinandersetzungen sind in der Altersgruppe der 13-16jährigen am häufigsten. Diese Altersverteilung zeigt, dass das Gewaltphänomen auch in der Schule verstärkt im Kontext der Pubertät auftritt.
- Gewalt an Schulen nimmt tendenziell mit steigendem Bildungsniveau ab. Hauptschulen weisen besonders bei physischer Gewalt deutlich höhere Werte auf als Gymnasien.
- Häufige Gewaltanwendung geht von einem kleinen, gewaltaktiven Kern aus. Je gravierender die Gewalthandlungen werden, desto größer wird auch der Anteil zunächst gewaltpassiver Schüler.
- Täter- und Opferstatus hängen relativ eng miteinander zusammen. Schüler, die überproportional häufig den Gewalthandlungen ihrer Mitschüler ausgesetzt sind, üben auch überproportional oft selbst Gewalt aus. Andererseits sind Täter mehrheitlich zugleich auch Opfer von Gewalt.
- Das Stereotyp der generell aggressiveren und delinquenteren ausländischen Jugendlichen kann nicht bestätigt werden.
- Über die Hälfte der Verletzungen finden während der Pausen, ein Fünftel während des Sportunterrichts (und hiervon knapp die Hälfte während des Fußballspiels) statt(5).
- Immer größere Beachtung für die Einschätzung der schulinternen Gewaltlage findet auch das Phänomen des „Bullying" oder Mobbing. Die Gruppe der Bullies, also der Jugendlichen, die Mitschüler in verschiedenen Formen attackieren und quälen, ohne selbst in besonderem Maße Opfer zu werden, kann auf ca. 5 Prozent eingegrenzt werden.
- Das Problem der „Gewalt an Schulen" darf nicht isoliert gesehen werden.

2. GEWALT

Grundwissen

Hat Gewalt an Schulen zugenommen?

Eines der wesentlichen Merkmale komplizierter Konflikte ist, dass sich die Experten oft schon bei der Beschreibung nicht einig sind.

„Die Gewaltbereitschaft unter Schülern hat enorm zugenommen. Es wird viel schneller und härter gedroht und zugeschlagen", sagt Josef Kraus, der Präsident des Deutschen Lehrerverbandes.

Joachim Kersten, Soziologe an der Polizeifachhochschule Villingen-Schwenningen, allerdings sagt: „Die Schule war im 19. Jahrhundert ein Ort jugendlicher, vor allem männlicher Gewalt, sie war es im 20. Jahrhundert, und – o Wunder – ist es auch im 21. Jahrhundert."

Die Wahrheit ist: Die meisten Lehrer und die meisten Schüler fühlen, dass Gewalt an Schulen zunimmt, aber keiner hat Werte, keiner Zahlen, da es keine Langzeituntersuchungen gibt.

Der Osnabrücker Kriminologe Hans-Dieter Schwind hat nach Durchsicht zahlreicher Untersuchungen über Gewalt an Schulen immerhin einige Trends herausgearbeitet:
– Die Zahl der Schüler, die Schwierigkeiten in der Schule haben, nimmt zu und deren aggressives Verhalten mündet oft in Gewalt;
– Haupt- und Sonderschüler sind häufiger Täter als Schüler anderer Schulformen;
– Gewalttätigkeiten gehen meist von einem kleinen Kreis aus, der zum Teil von Cliquen außerhalb der Schule beeinflusst wird;
– zu körperlichen Misshandlungen kann es heute schon aus nichtigen Anlässen kommen, mitunter

Es gibt hohe Korrelationen zwischen dem Schul-Bullying und allgemein delinquentem und dissozialem Verhalten(6).

Alle Untersuchungen zeigen es liegen keine empirischen Befunde vor, die auf einen generellen Anstieg der Gewalt an Schulen hinweisen. Der Bundesverband der Unfallkassen in Deutschland hat das gewaltverursachte Verletzungsgeschehen an Schulen für den Zeitraum 1993 – 2003 untersucht und kommt zu dem Ergebnis, dass langfristige Zeitreihenbeobachtun-gen zur physischen Gewalt an Schulen bundesweit einen Rückgang physischer schulischer Gewalt zeigen. Auch eine zunehmende Brutalisierung sei nicht zu erkennen(7).

Problemwahrnehmung

Für das Zusammenleben und das schulische Geschehen sind jedoch nicht so sehr die genauen Prozentsätze von Gewaltvorkommen entscheidend, sondern die Wahrnehmung und das Klima, das von Schülerinnen und Schülern, sowie Lehrerinnen und Lehrern mit Gewalt an Schulen verbunden wird. Und hier ist festzustellen, dass viele Schüler und Lehrer nicht so sehr Angst vor körperlichen Übergriffen, als vielmehr vor Beleidigungen und Beschimpfungen oder vor verbaler Aggression haben. Diese Angst beeinflusst das Lernklima äußerst negativ.

Ursachen und Risikofaktoren schulischer Gewalt

Die Ursachen von Gewalt an der Schule sind vielschichtig. Die Frage, ob schulische Gewalt „importierte Gewalt" ist, bzw. welchen Anteil und Einfluss die Schule selbst auf die Entstehung und Verbreitung schulischer Gewalt hat, spielt bei der Diskussion der Ursachen eine wichtige Rolle.

Dass Gewalt an der Schule sowohl schulexterne als auch schulinterne Ursachen hat, ist in Wissenschaft und Forschung unbestritten(8).

Olweus(9) sieht vier Faktorenkomplexe, die während des Aufwachsens die individuelle Entwicklung ungünstig beeinflussen können: mangelnde emotionale Zuwendung der Eltern, mangelnde Grenzsetzungen durch die Bezugspersonen bei aggressivem Verhalten, körperliche und andere „machtbetonte Erziehungsmittel" sowie ein „hitzköpfiges" Temperament des Kindes.

2.2 GEWALT IN DER SCHULE

Nach seinen Untersuchungen hat weder die Klassen- und Schulgröße noch die Konkurrenz um Noten einen bedeutsamen Einfluss auf gewalttätiges Verhalten von Schülern(10).

Schäfer und Korn referieren die in der Forschung genannten Ursachenfaktoren(11):

Innerschulische Faktoren
- Pädagogische Qualität der innerschulischen Lehr- und Erziehungsumwelt;
- schwindende Erziehungskompetenz der Lehrer;
- zu starke Betonung von Aspekten der Wissensvermittlung bei Vernachlässigen einer werteorientierten Bildung, dadurch schlechtes Lehrer-Schüler-Verhältnis;
- Lehrer sind dem Phänomen „Gewalt zwischen Schülern" nicht gewachsen.

Personale Faktoren
- Täter und Opfer erleben die sozialen Dimensionen des Schulalltags belastender und konflikthaltiger als die sozial kompetenten Schüler;
- niedrige Hemmschwelle;
- mangelnde sprachliche Kompetenz, Fehlen einer kommunikativen Streitkultur und häufiger Konsum von Horror-, Kriegs- und Sexfilmen;
- die „Gewaltkarrieren" mancher Jugendlicher hören nicht bei Schulschluss auf, Jugendgewalt ist außerhalb von Schulen häufiger als in den Schulen.

Familiäre Faktoren:
- Gewalterfahrungen der Kinder und Jugendlichen im Elternhaus, die diese selbst erlebt bzw. bei den Eltern beobachtet haben;
- Arbeitslosigkeit eines Elternteils;
- emotionales Klima in der Herkunftsfamilie.

Tillmann u.a. heben besonders den schulischen Kontext, der sich als gewaltfördernd herausgestellt hat, hervor. Es zeigt sich, „dass vor allem das Sozialklima einer Schule erheblichen Einfluss ausübt: Fehlende Anerkennung bei Mitschülerinnen und Schülern, etikettierendes und restriktives Verhalten der Lehrkräfte, scharfe Konkurrenz zwischen den Heranwachsenden hängen eng mit ihrem Gewaltverhalten zusammen"(12).
Auch eine spezifische schulische Eigenheit ist nicht ganz unproblematisch: die prinzipiellen Gehorsamkeits- und Wohlverhaltensanforderungen der

---

Grundwissen

ereignen sich die Angriffe auch völlig grundlos;
– der harte Kern der Rauflustigen trinkt mehr, geht häufiger in Discos und sieht mehr Gewaltvideos als die Mitschüler.

So groß und dominierend der Einfluss der Gewalt von außen auf die Schule auch sein mag, gewalttätige Konflikte entstehen auch durch mangelhaftes Verhalten innerhalb der Schule.

Der Spiegel, Nr. 14/2006, S. 30

2. GEWALT

Grundwissen

Schule und ihrer Lehrkräfte steht im Widerspruch zu den Bedürfnissen der Schülerinnen und Schüler nach Selbstbestimmung, Spaß haben und Ausagieren. Dies führt vor allem dann zu Konflikten, wenn Heranwachsende – insbesondere in der Pubertät – schuldistanzierte und abweichende Indentitäten präsentieren und dabei auch Gewaltverhalten zeigen(13).

Die Klassen- und die Schulgröße hingegen scheinen – wie oben bereits erwähnt – für die Aggression von Jugendlichen kaum bedeutsam zu sein. Die pauschale Forderung kleinerer Klassen trägt deshalb kaum zur Aggressionsverhütung bei(14).

Insgesamt kann und darf schulische Gewalt jedoch nicht losgelöst vom Level gesellschaftlicher Gewalt gesehen werden. Untersuchungen zeigen einen Zusammenhang zwischen ansteigender Gewalt an Schulen mit ansteigender Gewalt in der Gesellschaft(15).

Anmerkungen
1 Gabriele Klewin / Klaus-Jürgen Tillmann / Gail Weingart: Gewalt in der Schule. In: Wilhelm Heitmeyer / John Hagan (Hrsg.): Internationales Handbuch der Gewaltforschung. Wiesbaden 2002, S. 1079.
2 Ebd., S. 1096.
3 Bundesverband der Unfallkassen (Hrsg.): Gewalt an Schulen. Ein empirischer Beitrag zum gewaltverursachten Verletzungsgeschehen an Schulen in Deutschland 1993-2003. München 2005, S. 4.
4 Vgl. Bundesverband der Unfallkassen, a.a.O., S. 5.
Friedrich Lösel / Thomas Bliesener: Aggression und Delinquenz unter Jugendlichen. Untersuchungen von kognitiven und sozialen Bedingungen. BKA-Studie. München/Neuwied 2003. Vgl. www.bka.de/pub/veroeff/band/index20.html.

5 Vgl. Bundesverband der Unfallkassen, a.a.O.
6 Vgl. Lösel u.a., a.a.O.
7 Bundesverband der Unfallkassen, S. 21.
8 Vgl. Klaus-Jürgen Tillmann / Birgit Holler-Nowitzki / Heinz Günter Holtappels: Schülergewalt als Schulproblem. Verursachende Bedingungen, Erscheinungsformen und pädagogische Handlungsperspektiven. Weinheim / München 2000.
9 Dan Olweus: Gewalt in der Schule. Was Lehrer und Eltern wissen sollten – und tun können. Bern 1995, S. 48 f.
10 Bei diesen Aussagen muss berücksichtigt werden, dass Olweus nicht alle Gewaltformen, sondern nur „Bullying" untersucht.
11 Mechthild Schäfer / Stefan Korn: Maßnahmen gegen die Gewalt an Schulen: Ein Bericht aus Deutschland. o.O. 2002.
12 Forschungsgruppe Schulevaluation: Gewalt als soziales Problem in Schulen. Opladen 1998.
13 Klewin u.a., a.a.O., S. 1080.
14 Friedrich Lösel u.a., a.a.O., S. 167.
15 Vgl. Center for the Study and Prevention of Violence: Youth Violence: A Public Health Concern. School Violence Fact Sheets 02.

Grundwissen

Gewaltbegriff Jugendlicher (8./9. Klasse)
Handelt es sich bei den folgenden Alltagsbeispielen um Gewalt?

Anteil der Zustimmenden in einzelnen Vergleichsgruppen (Angaben in Prozent)	Schüler	Lehrer	Jungen	Mädchen
Wenn Christian nach der Pause in das Klassenzimmer zurückkommt, liegt der Inhalt seiner Tasche oft vertreut am Boden.	47,1	83,3	42,7	57,6
Mitschüler der kleinen Angela, die seit kurzem eine Brille trägt, sagen nur noch Brillenschlange zu ihr.	40,9	72,9	27,6	55,6
Die Mitglieder zweier Cliquen von Jungen prügeln sich fast täglich auf dem Schulgelände.	89,9	97,9	88,2	93,6
Stefan hält dem jüngeren David die Faust unter die Nase und sagt: „Morgen will ich Geld sehen, sonst passiert was!"	95,3	100	93,8	96,9

*Wolfgang Melzer: Von der Analyse zur Prävention – Gewaltprävention in der Praxis.
In: Wolfgang Melzer / Hans-Dieter Schwind (Hrsg.): Gewaltprävention in der Schule. Baden-Baden 2004, S. 37.*

2. GEWALT

Grundwissen

Empirische Daten

Es gibt wenig empirische gesicherte Daten über Vorkommen und Ausmaß von Gewalt in der Schule. Eine der zuverlässigsten Quellen ist die Statistik des Bundesverbandes der Unfallkassen in Deutschland. Hier werden bundesweit alle meldepflichtigen aggressionsverursachten Unfälle mit ärztlicher Inanspruchnahme gesammelt und ausgewertet.

Gewalt wird hier als körperliche Gewalt mit Verletzungsfolgen verstanden. Dieses Gewaltverständnis umfasst zwar nicht alle Arten von Gewalt, dafür kann es jedoch zuverlässig über die „schweren" Gewaltvorfälle Auskunft geben.

2003 sind in der Bundesrepublik Deutschland von 8,3 Millionen Schülerinnen und Schülern an allgemeinbildenden Schulen 93.295 infolge von aggressiven Handlungen verletzt worden. Damit entfielen auf 1.000 Versicherte 11 Unfälle durch Raufereien.

Gewaltvorkommen in der Grundschule

Gewalt ist an der Grundschule am wenigsten verbreitet. Nimmt man als Gewaltkriterien die meldepflichtigen aggressionsverursachten Unfälle mit ärztlicher Inanspruchnahme, so gab es 2003 an Grundschulen bundesweit 15.542 dieser sog. „Raufunfälle", was einer Rate von 4,9 auf je 1.000 Schüler entspricht.

2.2 GEWALT IN DER SCHULE

Hauptschulen weisen dagegen die höchsten Aggressivitätsquoten mit Verletzungsfolgen auf.

Grundwissen

Jungen und Mädchen
Jungen waren zu 69 % an Tätlichkeiten mit Verletzungsfolgen beteiligt.

Alter
Die höchsten Raufunfallraten ergeben sich in der Altersgruppe der 11- 15jährigen Jungen.

Schule und Schulweg
8,3 % der raufereibedingten Unfälle haben sich auf dem Schulweg ereignet. Knapp 92 % spielen sich also in der Schule selbst ab.

Schulische Veranstaltung
Der Großteil der Rauferein findet in der Pause statt (57,1 %) sowie bei Sport und Spiel innerhalb der Schulanlage.
Ein Fünftel aller aggressivitätsbedingten Unfallverletzungen (22,8 %) entfielen auf den Sportunterricht. Innerhalb des Sports bilden die Ballspiele mit 60 % einen Schwerpunkt, wobei die meisten aggressiven Verhaltensweisen während des Fußballspiels zu beobachten waren (44 %).

Raufunfälle und Raufunfallraten 2003 nach Schularten

Schulart	Raufunfälle Anzahl	Raufunfallrate je 1.000 Schüler
Grundschule	15.542	4,9
Hauptschule	36.907	32,8
Sonderschule	7.905	18,4
Realschule	19.931	15,5
Gymnasium	13.009	5,7
Insgesamt	93.295	11,3

Orte
Raufereiverursachte Unfälle ereignen sich schwerpunktmäßig auf dem Schulhof (40,7 %), in der Turnhalle (18,5 %) oder dem Klassenraum (15,9 %) sowie auf den Gängen (9,1 %).
Es ist offensichtlich, dass sich aggressionsbedingte Unfälle während des Sportunterrichts vor allem im Hallensport ereignen.

2. GEWALT

Grundwissen

Verletzungen
Kopf (31,4 %) – insbesondere Augen, Nase und Gesichtsweichteile – sowie der Handbereich (28,5 %), vor allem Finger und Handgelenk, sind die hauptsächlich betroffenen Körperteile. Auf den Fuß, insbesondere das obere Sprunggelenk, entfallen 12,2 %. Die oberen und unteren Extremitäten machen mehr als die Hälfte der bei Raufereien verletzten Körperteile aus.

Schulweg
8,3 % der Raufunfälle entfielen auf den Schulweg. Auch hier waren hauptsächlich Jungen am Raufunfallgeschehen beteiligt (67 %). Die Altersverteilung unterscheidet sich nicht im wesentlichen von der in der Schule. Die meisten aggressiven Handlungen haben sich zwischen Schülern als Fußgänger (44,3 %), an Haltestellen (23,5 %) oder auf der Fahrbahn (6,7 %) ereignet. Der Schulbusverkehr war mit einem knappen Fünftel (18 %) beteiligt.

Ausländische Schülerinnen und Schüler
Der Anteil der passiven und aktiven Miteinbeziehung in aggressive Handlungen mit Verletzungsfolgen von ausländischen Schülerinnen und Schüler betrug 7 %. Er lag damit unter dem entsprechenden Versichertenanteil von 10 %.

Trends
Man kann feststellen, dass die Raufunfallraten im Zeitraum 1993-2003 gesunken sind. Es ist ein Rückgang der aggressionsverursachten Unfallquoten von 15,5 % im Jahr 1993 auf 11,3 % im Jahre 2003 zu beobachten. Jungen an Hauptschulen weisen über den gesamten Beobachtungszeitraum (1993-2003) hinweg die höchste Raufunfallquote auf. An zweiter Stelle rangieren Hauptschülerinnen.
Die Beteiligung ausländischer Schülerinnen und Schüler an verletzungsbewirkenden aggressiven Verhaltensweisen hat nicht zugenommen. Vielmehr lässt sich eine eher rückläufige Tendenz feststellen.

Brutalisierung
Die Frage, ob sich die Qualität der Gewalt unter Schülern im Sinne einer Zunahme der Brutalität verändert hat, lässt sich anhand des verfügbaren Datenmaterials nicht beantworten.
Nimmt man Frakturen als Maßstab für die Schwere von aggressivitätsbedingten Verletzungen, so ist für keine der untersuchten Schularten eine zunehmende Brutalisierung erkennbar.

Bundesverband der Unfallkassen: Gewalt an Schulen. Ein empirischer Beitrag zum gewaltverursachten Verletzungsgeschehen an Schulen in Deutschland 1993-2003, München 2005, S. 6 f.

Kinder und Jugendliche als Täter und Opfer

Grundwissen

Kernpunkte des zweiten periodischen Sicherheitsberichtes der Bundesregierung

- Im Hellfeld der polizeilichen Statistiken zeigten sich bis etwa 1998 deutliche Anstiege der offiziell als tatverdächtig registrierten Kinder, Jugendlichen und Heranwachsenden. Seitdem finden sich jedoch deutliche Rückgänge für Eigentumsdelikte junger Menschen. Schwerwiegende Gewaltdelikte wie Tötungen, aber auch Raubdelikte gehen seitdem im Hellfeld ebenfalls zurück. Anstiege finden sich hingegen für Körperverletzungen sowie Verstöße gegen das Betäubungsmittelgesetz, hier in erster Linie wegen Cannabis.
- Mehrere unabhängig voneinander durchgeführte Dunkelfeldstudien aus verschiedenen Städten und Landkreisen bieten jedoch deutliche Hinweise darauf, dass die Anstiege im Hellfeld das Ergebnis veränderter Bewertungen und einer gestiegenen Anzeigebereitschaft bzw. erhöhter Aufmerksamkeit sind. Weder für die Gewalt an Schulen noch für die Gewalt junger Menschen im öffentlichen Raum sind Zuwächse zu erkennen. Dies wird bestätigt durch Daten der Versicherungswirtschaft.
- Anhaltspunkte für eine Brutalisierung junger Menschen sind ebenfalls weder den Justizdaten noch den Erkenntnissen aus Dunkelfeldstudien oder den Meldungen an die Unfallversicherer zu entnehmen. Es zeigt sich vielmehr im Gegenteil, dass in zunehmendem Maße auch weniger schwerwiegende Delikte, die nur geringe Schäden und keine gravierenderen Verletzungen zur Folge hatten, zur Kenntnis der Polizei gelangen.
- Hintergrund dieser Entwicklungen sind erheblich gesteigerte Bemühungen um Kriminalprävention bei Jugendlichen und Kindern, die in den letzten Jahren in Schulen und Stadtteilen auf den Weg gebracht wurden. Diese haben zu einer Veränderung von Einstellungen und Problembewusstsein geführt. Damit einher ging eine erhöhte Tendenz dazu, Normverstöße junger Menschen auch den Strafverfolgungsbehörden zur Kenntnis zu bringen. (...)
- Es gilt nach wie vor, dass die meisten jungen Menschen nur kurzzeitig und nicht in schwerwiegenden Formen gegen Normen verstoßen. Dies ist in allen westlichen Gesellschaften seit Jahrzehnten zu beobachten und als normaler Vorgang des Normlernens nicht weiter beunruhigend.

2. GEWALT

Grundwissen

- Eine Zunahme gravierender Formen der Delinquenz junger Menschen in Gestalt von erhöhten Zahlen von Mehrfach- und Intensivtätern lässt sich nicht nachweisen.
- Nach Ergebnissen aus Längsschnittuntersuchungen treten langfristig, mit schwerwiegender Kriminalität auffallende Personen, zu einem erheblichen Anteil schon vor Eintritt des Strafmündigkeitsalters mit Aggression und normabweichendem Verhalten in Erscheinung. In vielen Fällen handelt es sich um Kinder, die in mehrfacher Hinsicht belastet sind.
- Der institutionelle Umgang mit derart früh auffälligen, hoch belasteten Kindern und ihren Familien ist verbesserungsbedürftig. Für diese Gruppe werden Maßnahmen der Frühprävention benötigt. Positive Erfahrungen mit entsprechenden Modellen liegen aus dem Ausland bereits vor. Auch in Deutschland werden diese aktuell aufgegriffen und in Modellvorhaben erprobt.

Bundesministerium des Innern: Zweiter periodischer Sicherheitsbericht. Berlin 2006, S. 354.

Was Gewalt in der Schule begünstigt

Wissenschaftliche Untersuchungen zeigen, dass auch schulische Faktoren einen Einfluss in der Entwicklung aggressiven und delinquenten Verhaltens von Kindern und Jugendlichen haben und zwar auch auf jenes außerhalb des schulischen Kontexts.

Klassenstärke ist nicht bedeutsam
Entgegen populärer Stereotypen sind die Klassenstärke, Schulgröße oder Architektur dafür nur wenig bedeutsam.

Zentraler Einfluss der Schulkultur
Als wichtiger erscheinen das Schul- und Klassenklima, ein kompetentes, engagiertes, einfühlsames und konsequentes Lehrerverhalten, die Betonung schulischer Werte, angemessene Partizipationsformen und andere Merkmale einer positiven Schulkultur.

Wechselwirkung
Dissoziales Verhalten wird auch gefördert, wenn Kinder ohnedies zur Aggression neigen und sich – wie in „sozialen Brennpunkten" – viele Kinder mit ähnlichen Problemen in der Klasse befinden. Derartige Ergebnisse zeigen, dass die schulischen Risiken in Wechselwirkung mit Schülermerkmalen und der bisherigen Sozialisation stehen.

Zusammenhalt und Klassenklima
Auch innerhalb der Klasse scheint weniger der Konkurrenzkampf für aggressives Verhalten bedeutsam zu sein als ein geringer Zusammenhalt und vor allem ein konflikthaftes Klassenklima.

Impulsivität
Die Befunde unterstreichen, dass Impulsivität und Aufmerksamkeitsprobleme ein wesentliches Risiko für aggressives und delinquentes Verhalten junger Menschen sind.

Schulleistungen
Das aggressive Verhalten in der Schule hängt auch mit der Schulleistung zusammen. Die aggressiven Schüler weisen schlechtere Leistungen in den Kernfächern auf als die anderen. Unter ihnen befinden sich auch mehr Jugendliche, die schon einmal eine Klasse wiederholen mussten. Diese Zusammenhänge gelten analog für die allgemeine Delinquenz und Dissozialität. Die Ergebnisse entsprechen dem internationalen Forschungsstand.

Da die Zusammenhänge zwischen schlechter Schulleistung und Schul-Bullying und allgemeiner Dissozialität ähnlich und insgesamt mäßig sind, kann die Aggression gegenüber Mitschülern nur sehr begrenzt auf schulische Überforderung zurückgeführt werden. Zudem lässt sich nicht klar sagen, inwieweit die Leistungsprobleme Bedingung, Korrelat oder Folge der sozialen Devianz sind.

Friedrich Lösel / Thomas Bliesener: Aggression und Delinquenz unter Jugendlichen. Untersuchungen von kognitven und sozialen Bedingungen. München / Neuwied 2003, S. 14, 70, 71, 148, Auszüge.

2. GEWALT

Grundwissen

Der Einfluss der Familie

Häusliche Gewalt

Häusliche Gewalt führt zu einem erhöhten Risiko, dass es auch zu tätlicher Gewalt und Vernachlässigung von Kindern kommt. Gewalterfahrungen von Kindern haben eine langfristig risikoerhöhende Wirkung auf ihre Entwicklung. Sie sind in besonderer Weise gefährdet, suchtkrank zu werden, sich zu prostituieren, von Zuhause wegzulaufen, sich umzubringen oder kriminell zu werden.

Die Sozialschädlichkeit innerfamilialer Gewalt liegt zudem in der intergenerationalen Übertragung. Frauen, die als Kinder bereits Partnergewalt beobachten mussten ober selbst misshandelt wurden, haben ein vielfach erhöhtes Risiko als Erwachsene Opfer häuslicher Gewalt zu werden. Unter den Tätern häuslicher Gewalt sind entsprechend viele mit eigenen Misshandlungserfahrungen und dem Beobachten von Partnergewalt.

Wer Gewalt in der Kindheit erfährt, reinszeniert gewaltvolle Beziehungen nicht nur im Erwachsenenalter, sondern häufig schon im Kinder- und Jugendalter.

Gewalteskalationen unter männlichen Jugendlichen, die eine typische Indikation z.B. für Erziehungshilfe darstellen, sind oft Ausdruck von Gewalterfahrungen im frühen Kindesalter.

Bewältigungsstrategien bei Jungen und Mädchen

Untersuchungsergebnisse zeigen, dass sich die Auswirkungen der Gewalterfahrungen bei Jungen und Mädchen unterscheiden, auch wenn sie vergleichbar fatale Folgen haben.

Da es sich bei Gewalt im innerfamilialen Bereich um eine meist lang andauernde und stark belastende Situation für die betroffenen Kinder handelt, sind vereinzelte Bewältigungs- und Überlebensstrategien aus der Geschlechterforschung durchaus übertragbar:

Mädchen neigen demnach mehr zu nach innen gerichteten Strategien. Innerer Rückzug und Abschottung, autoaggressives Verhalten und Anorexie als massivste Form der Essstörungen kann man als „typisch" weibliche Verhaltensweisen in derartigen Stresssituationen betrachten.

Jungen zeigen nach außen gerichtete Verhaltensweisen, wie körperliche Auseinandersetzungen, Gewaltinszenierungen, Austesten körperlicher Grenzen, Schul- und Leistungsprobleme und übermäßige Orientierung an sozialen Bezugssystemen außerhalb von Schule und Familie. Sie reagieren mit erhöhter Gewaltbereitschaft und sind gefährdet, selbst Täter zu werden.

Luise Hartwig: Auftrag und Handlungsmöglichkeiten der Jugendhilfe bei häuslicher Gewalt. In: Barbara Kavemann / Ulrike Kreyssig (Hrsg.): Handbuch Kinder und häusliche Gewalt. Wiesbaden 2006, S. 170 f.

Hilfe bei der Verarbeitung häuslicher Gewalt

Grundwissen

Schule bzw. Lehrerinnen und Lehrer können bei der Verarbeitung häuslicher Gewalt unterstützend tätig sein, indem
- sie zunächst erkennen, dass ein Kind Gewalterlebnissen und Gewalthandlungen in der Familie ausgesetzt ist;
- sie das Verhalten des Kindes (Rückzug, Leistungsabfall, aggressives Verhalten usw.) richtig verstehen und einordnen können;
- sie – bei massiven Fällen – Kontakt zu entsprechenden Jugendhilfs- bzw. Kinderschutzeinrichtungen aufnehmen und damit auch Hilfsmaßnahmen einleiten helfen.

Dies sind zwar keine primären Aufgaben der Schule, aber um des Kindeswohl willen dennoch geboten.
Wie Kinder die häusliche Gewalt verarbeiten, hängt sehr davon ab, wie massiv und bedrohlich sie diese erlebt haben. Nicht alle Kinder, die Gewalt zwischen den Eltern erleben, sind dadurch traumatisiert.
Auch wenn Kinder erstmal keine Symptome zeigen, nicht auffallen oder nicht krank werden, besteht die Gefahr, dass gewalttätiges Verhalten innerhalb von Beziehungen von Generation zu Generation weitergegeben wird. Nur durch Aufarbeiten dieser Erfahrungen kann der Gewaltkreislauf überwunden werden.

Für die weitere Entwicklung von Kindern ist daher von besonderer Bedeutung:
- Erklärungen und Zusammenhänge zu bekommen, an Stelle von Bedrohung und Überwältigung;
- mit all ihren Ängsten und Sehnsüchten wahrgenommen zu werden;
- Vertrauen in die Welt wiederzugewinnen;
- sichere und stabile Bindungs- und Beziehungserfahrungen zu machen;
- Selbstvertrauen wiederzugewinnen;
- eigene aggressive Gefühle steuern und kontrollieren zu lernen;
- Erfahrungen zu machen, wie Meinungsverschiedenheiten und Konflikte anders als durch Gewalt gelöst werden können;
- eine Wertorientierung für einen respektvollen und würdevollen Umgang zwischen den Geschlechtern zu entwickeln.

Ingrid Schwarz / Christoph Weinmann: „Gewalt im Spiel?" – Psychodramatische Gruppentherapie für Mädchen und Jungen mit Erfahrungen von Gewalt zwischen ihren Eltern. In: Barbara Kavemann / Ulrike Kreyssig (Hrsg.): Handbuch Kinder und häusliche Gewalt. Wiesbaden 2006, S. 344.

2. GEWALT

Grundwissen

Überlegungen zur Umsetzung

Die folgenden Materialien bieten Möglichkeiten zu klären, was unter Gewalt an der (eigenen) Schule verstanden werden soll, was Gewalt an der Schule begünstigt und wo Ansatzpunkte für Gegenmaßnahmen zu finden sind. Dieser Baustein richtet sich an Lehrerinnen und Lehrer sowie an Eltern. Schülerinnen und Schüler können und sollen jedoch auch bereits in der Grundschule in die Situationsbeschreibung einbezogen werden.

Schritte auf dem Weg zur Auseinandersetzung mit Gewalt sind:
– Eingestehen, dass Probleme und Schwierigkeiten vorhanden sind (Gab bzw. gibt es Probleme mit Gewalt an der Schule? Wie zeigen sich diese? Gab es besondere, herausragende Vorkommnisse?).
– Sich verständigen, was unter Gewalt und nicht tolerierbarem Verhalten genau verstanden werden soll (M 1).
– Bestandsaufnahme der Situation in der Schule unter Einbeziehung aller Beteiligten (Lehrpersonen, Eltern, Schülerinnen und Schüler, Hauspersonal, externe Lehr- und Betreuungskräfte) (M 2, M 4, M 5).
– Auseinandersetzung damit, was Gewalt an der Schule begünstigt (M 3).
– Etablierung einer Steuerungsgruppe.
– Entwicklung eines Programmes zur Gewaltprävention, das Maßnahmen zur Förderung einzelner Kinder, die Klassenebene sowie die gesamte Schule umfasst.

Umgang mit Problemen und Ängsten
Wer sich mit Gewalt in der Schule befasst, stößt nicht nur auf Unterstützung, sondern immer wieder auch auf Abwehr und Ablehnung. Dies ist u.a. auch mit Ängsten verbunden.
Ängste der Schulleitung und Lehrer
– Angst, das Bild der Schule könnte in der Öffentlichkeit leiden.
– Angst, Kollegen könnten den Eindruck gewinnen, man hätte seine Klasse nicht im Griff.
– Angst, sich in die Karten schauen zu lassen.
Ängste der Schülerinnen und Schüler
– Angst, Äußerungen könnten als Petzen aufgefasst werden.
– Angst vor Kritik an Lehrkräften, da diese zu schlechten Noten führen könnte.
Ängste der Eltern
– Angst, das eigene Kind könnte darunter leiden, wenn man offen seine Sichtweise oder Meinung sagt.

2.2 GEWALT IN DER SCHULE

Die Materialien im Überblick

Grundwissen

Materialien	Beschreibung	Vorgehen
M 1: Formen der Gewalt an Schulen	Auch in der Schule sind vielfältige Formen von Gewalt vorzufinden. M 1 benennt solche Formen und fordert zur Stellungnahme heraus.	Welche Formen von Gewalt kommen vor? M 1 (als Folie projiziert) dient als Grundlage zur Diskusson.
M 2: Gewalt in der Schule, Checkliste	Mit Hilfe von M 2 kann eine konkrete Bestandsaufnahme der Schulsituation durchgeführt werden. M 2 dient dabei als Leitfaden, der ergänzt werden kann.	Es empfiehlt sich, M 2 von Lehrpersonen, Eltern und Kindern in ihrer je eigenen Sichtweise in Gruppen bearbeiten zu lassen.
M 3: Was begünstigt Gewaltentstehung?	Gewalt entsteht durch das Zusammenspiel vielfältiger Einflüsse. Das Schaubild benennt diese und regt zu einer Gewichtung und Erweiterung an.	M 3 kann als Schaubild, das erweiterungsfähig ist, verwendet werden.
M 4: Unsere Schule	Schülerinnen und Schüler malen ihre Schule und benennen Örtlichkeiten, an denen sie sich wohl bzw. nicht so wohl fühlen. Die Frage nach den jeweiligen Gründen schließt sich an.	In Einzelarbeit wird M 5 ausgefüllt. Die Ergebnisse werden auf einen, auf die Tafel gezeichneten, Grundriss der Schule übertragen und besprochen.
M 5: Was kennst Du?	Anhand von drei Bildern sollen die Schülerinnen und Schülern eigene Erlebnisse beschreiben.	Die Kinder füllen das Blatt aus. Im anschließenden Gespräch wird besprochen, wer schon ähnliches erlebt hat. Wo und wie kommen diese Dinge an der Schule vor?

FÜR LEHRKRÄFTE UND ELTERN

UNTERRICHT

2. GEWALT

M1 Formen der Gewalt an Schulen

Lehrer, Eltern

Körperliche Gewalt

- Körperliche Angriffe
- Bedrohung, Erpressung
- Waffenbesitz
- Sexuelle Übergriffe
- Vandalismus, Schaden an fremdem Eigentum

Seelische Gewalt

- Beschimpfungen
- Soziale Ausgrenzung
- Hänseln, Verspotten, Ärgern, „Niedermachen"
- Herausfordern, Provokation mit und ohne Worte

Gewalt gegen Schulautorität

- Massive Unterrichtsstörung
- Mogeln und Fälschen
- Schwänzen
- Hausaufgaben „vergessen"
- Arbeitsverweigerung, passiver Widerstand

Gewalt durch die Schule
(Strukturelle Gewalt, Missbrauch der Autorität)

- Willkürliche, ungerechte Notengebung
- Willkürliche, ungerechte oder maßlose Bestrafung
- Entwürdigende Behandlung der Kinder

Horst Kasper: Prügel, Mobbing, Pöbeleien. Kinder gegen Gewalt in der Schule stärken. Berlin 2003, S. 24.

Zur Diskussion

Stimmen Sie mit dieser Einteilung überein?

Würden Sie „Mogeln und Fälschen" auch als „Gewalt" bezeichnen?

Wie scharf / unscharf ist der verwendete Gewaltbegriff?

Welche Arten von Gewalt in der Schule werden aufgegriffen, welche nicht?

Wenn „Hausaufgaben vergessen" auf Schülerseite als Gewalt bezeichnet wird, wie ist dann eine permanente „mangelnde Unterrichtsvorbereitung" auf Lehrerseite zu bezeichnen?

M2 Gewalt in der Schule, Checkliste

Lehrer, Eltern

1. Formen der Gewalt
Welche Formen der Gewalt treten in der Schule auf?

_____

_____

– physisch (schlagen ...)
– verbal (beschimpfen, beleidigen, drohen ...)
– gegen Sachen (zerstören, beschmieren ...)

_____

Von wem wird sie wie wahrgenommen?

_____

_____

_____

2. Unterrichtsbezüge
Gibt es Fächer oder Unterrichtsbezüge, in denen aggressives und gewalttätiges Verhalten besonders vorkommt?

_____

_____

_____

3. Orte der Gewalt
Welches sind die Orte (Räumlichkeiten), an denen Gewalt besonders festgestellt wird?

_____

_____

4. Personen / Gruppen
Welche Personen / Gruppen treten besonders als Täter in Erscheinung (innerhalb einer Klasse, innerhalb der Schule)?

_____

_____

_____

Welche Personen / Gruppen sind besonders als Opfer betroffen (innerhalb einer Klasse, innerhalb der Schule)?

_____

_____

_____

5. Ursachen?
Worin werden die Ursachen für das Gewaltvorkommen gesehen?
– Von den Lehrerinnen und Lehrern:

_____

_____

– Von den Eltern:

_____

_____

– Von den Schülerinnen und Schülern:

_____

_____

M3 Was begünstigt Gewaltentstehung?

Lehrer, Eltern

Persönliche Faktoren
- Gewalterfahrungen im Elternhaus
- Mitglied in einer Gruppe, die Gewalt akzeptiert
- Distanz zu Normen und Werten
- schwaches Selbstwertgefühl
- mangelnde sprachliche Kompetenz
- übermäßiger „gewalttätiger" Medienkonsum

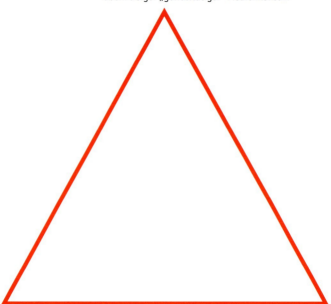

Innerschulische Faktoren
- mangelnde pädagogische Qualität
- schlechtes soziales „Betriebsklima"
- mangelnde Akzeptanz und Anerkennung
- zu starke Betonung von Aspekten der Wissensvermittlung
- fehlen von Instrumenten der Konfliktbearbeitung

Gesellschaftliche Faktoren
- öffentliches Klima, das Gewalt nicht eindeutig verurteilt und bestraft
- mangelnde Chancen der Lebensgestaltung
- überhöhte Leistungsanforderungen und Konkurrenz
- anregungsarme Wohn- und Spielumwelt

M4 Unsere Schule

Unterricht

Male ein Bild von Deiner Schule

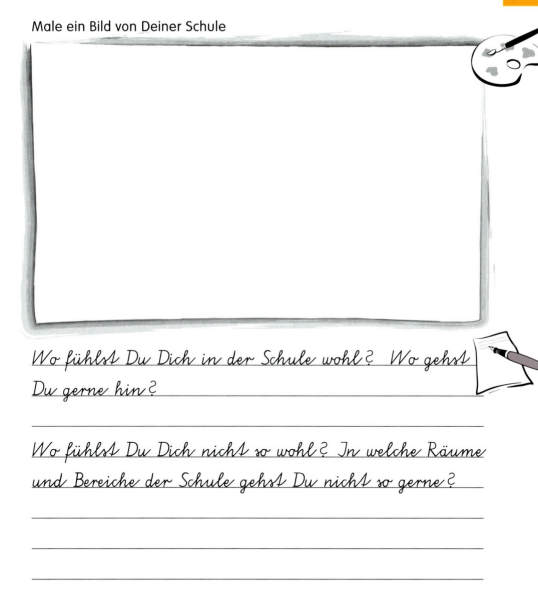

Wo fühlst Du Dich in der Schule wohl? Wo gehst Du gerne hin?

Wo fühlst Du Dich nicht so wohl? In welche Räume und Bereiche der Schule gehst Du nicht so gerne?

M5 Was kennst Du?

Was geschieht auf den Bildern. *Schreibe jeweils einen Satz dazu:*

Kennst Du ähnliche Situationen? *Beschreibe sie:*

Gewaltprävention in der Schule

Grundwissen
- Grundwissen schulische Gewaltprävention — S. 68
- Gewaltprävention und Schulentwicklung — S. 74
- Prävention von Unterrichtsstörungen — S. 76
- Grenzen und Probleme — S. 79
- Überlegungen zur Umsetzung — S. 80
- Materialien im Überblick — S. 82

Materialien
Für Lehrkräfte und Eltern
- M 1: Checkliste schulischer Gewaltprävention — S. 84
- M 2: Gewaltprävention in unserer Schule — S. 85
- M 3: Sieben Bereiche effektiver Gewaltprävention — S. 86
- M 4: Probleme kennen und bewältigen — S. 87
- M 5: Die Grundregel: Gewalt wird nicht toleriert — S. 88
- M 6: So können Sie sofort beginnen — S. 89
- M 7: Das ist wichtig für uns — S. 90
- M 8: Prävention von Unterrichtsstörungen — S. 91
- M 9: Risiko- und Schutzfaktoren — S. 92
- M 10: Rechtliche Rahmenbedingungen — S. 93

Dieser Baustein wendet sich an Lehrerinnen und Lehrer, an die Schulleitung sowie an Elternverteterinnen und -vertreter. Er zeigt, wie ein Gesamtkonzept schulischer Gewaltprävention aussehen kann und wie die verschiedenen Ebenen und Ansätze miteinander verbunden werden sollten. Effektive Gewaltprävention ist Teil der Schulentwicklung und beschränkt sich nicht auf Einzelmaßnahmen.

Grundwissen schulische Gewaltprävention

Die Schule ist ein Ort, an dem Gewalt – in welcher Form auch immer – keinen Platz haben darf. Nicht nur auf Gewalt zu reagieren, sondern ihr präventiv zu begegnen, ist deshalb ein Gebot der Vernunft.

Schulische Gewaltprävention

Es geht auch in der Schule um die drei großen Präventionsbereiche:
- Prävention im Sinne langfristiger vorbeugender Arbeit (mit allen Schülerinnen und Schülern – primäre Prävention).
- Interventionsstrategien: Verhalten in aktuellen Gewalt- und Konfliktsituationen, sowie Arbeit mit gefährdeten Kindern und Jugendlichen.
- Maßnahmen zur Konfliktregelung und Nachbearbeitung auch um die Rückfälligkeit bereits aufgefallener gewalttätiger Kinder und Jugendlicher zu verhindern.

Wichtig erscheint dabei, in allen drei Bereichen tätig zu werden. Dies bedeutet mit unterschiedlichen Gruppen und Anforderungen zu arbeiten.

Betrachtet man im Rahmen von Gewaltprävention nicht nur den Moment der Gewalthandlung, sondern das gesamte Kontinuum der Einflussfaktoren und Konfliktgeschichte, so entdeckt man eine Vielzahl von Handlungsmöglichkeiten im Vorfeld und erkennt leicht, dass Gewalt kontextgebunden ist.

Ausgangspunkt der Überlegungen muss die Erkenntnis sein, dass auch die schulische Lernwelt erheblichen Einfluss auf das Gewaltverhalten von Schülern besitzt, und dass man deshalb auch hier ansetzen kann.

Die Bildungsforscher Holtappels und Tillmann formulieren vor dem Hintergrund einer umfassenden Untersuchung über „Gewalt an Schulen" sieben Bereiche effektiver Präventionsarbeit:
1. Regeln etablieren, Grenzen setzen
2. Eine Lernkultur entwickeln
3. Das Sozialklima verbessern
4. Etikettierungen vermeiden
5. Räume und Orte sehen
6. Kooperation im Stadtteil/in der Kommune
7. Entwicklung einer Schulkultur.

3.1 GEWALTPRÄVENTION IN DER SCHULE

Grundwissen

1. Regeln etablieren, Grenzen setzen

Die oberste Regel muss lauten: Die Schule ist ein Ort, an dem die körperliche Unversehrtheit aller garantiert ist und geachtet wird. Hier hat Gewalt in allen Ausformungen keinen Platz.

Deshalb ist die Frage zu beantworten, wann und wie Lehrkräfte und Mitschülerinnen bei Gewaltakten und Diskriminierungen eingreifen (die „Stopp-Norm" setzen)?

Die Forderung muss sein: Lehrkräfte greifen bei Gewaltakten ein. Untersuchungen zeigen, dass dies auch in der Schule nicht selbstverständlich ist. Viele Lehrkräfte sehen weg, und dieses Wegsehen hat enorme negative Konsequenzen. Es unterstützt Gewaltvorkommen.

Eingreifen muss vorbereitet, abgestimmt werden. Es muss klar sein, welches Ausmaß an verbaler Aggression geduldet wird und wo die Grenze ist. Lehrkräfte müssen sich geeinigt haben, wie sie auf Übertretungen reagieren.

Wichtig ist dabei: Alle Lehrkräfte müssen an einem Strang ziehen. Sonst fühlen sich einzelne im Stich gelassen. Es sollten deshalb Interventionsregeln aufgestellt werden, die auch allen bekannt sind. Diese Regeln müssen für alle gelten, für Lehrer und Lehrerinnen und Schüler und Schülerinnen.

2. Lernkultur entwickeln

Lernkultur heißt schülerorientierter Unterricht, erkennbarer Lebensweltbezug, förderndes Lehrerengagement, didaktisch-methodische Phantasie, individualisierte Lernzugänge und Lernformen sowie eine Vielzahl von Lernorten und Lernumgebungen. Es zeigt sich, dass fehlende Förderanstrengungen (Förderunterricht) der Schule und der einzelnen Lehrkräfte ein wichtiger Faktor für das Aufkommen hausgemachter Schülergewalt ist. Schulgröße und Klassengröße haben demgegenüber keinen Einfluss auf Gewaltvorkommen.

3. Sozialklima verbessern

Es gibt einen starken Zusammenhang zwischen dem Sozialklima der Schule und Gewalthandlungen von Schülern. Problematisch ist die fehlende Bindung der Schüler an Lerngruppen und ein fehlender Gruppenzusammenhalt bei gleichzeitig konkurrenzorientiertem Klima.

Positiv wirkt sich aus, wenn Schüler und Lehrer gut miteinander auskommen, wenn Schüler von Lehrern ernst genommen werden, wenn Akzeptanz und Wertschätzung das Lehrerverhalten bestimmen.

Es geht folglich darum, die sozialen Bindungen zu stärken, stabile Schülerfreundschaften zu entwickeln, das Gefühl zu vermitteln, mit den eigenen Eigenarten auch akzeptiert zu sein.

3. GRUNDSÄTZE DER GEWALTPRÄVENTION

Grundwissen

Restriktives Erziehungsverhalten, rigide Regelanwendungen und Disziplinierung begünstigen ein gewaltförderndes Sozialklima.

4. Etikettierungen vermeiden

Der Prozess der sozialen Etikettierungen (also der Zuschreibung von negativen oder positiven Eigenschaften) erweist sich als äußerst gewaltfördernd. Schüler, die in der Schulöffentlichkeit gebranntmarkt werden oder stigmatisierte Außenseiterpositionen einnehmen, sind deutlich gewalttätiger als andere. Sie entsprechen sozusagen den an sie herangetragenen Erwartungen. Wer als gewalttätig und aggressiv eingestuft wird, wird sich auch so verhalten.

Auch umgekehrt funktioniert dieser Mechanismus. Ernstgemeinte und formulierte Überzeugungen wie, „Wir sind eine tolerante und weltoffene Schule" oder „Du bist doch ein hilfsbereiter Junge ..." haben langfristig positive Effekte, da sie an das Selbstwertgefühl appellieren und dieses durch Identifikationsangebote mit entwickeln.

Da Etikettierungen eine Eigendynamik entwickeln muss mit sozialen Normierungen äußerst vorsichtig umgegangen werden.

Besonders betroffen von negativen Etikettierungen ist die kleine Gruppe (von 5-7 %) der Mehrfach- oder Dauertäter, die das (Schul-)Klima oft stark bestimmen. Diese Gruppe trägt ihre Probleme mit in den Schulalltag hinein.

Diese Gruppen haben subjektiv oft das Gefühl, immer als Sündenbock herhalten zu müssen. („Auch wenn ich nichts ausgefressen habe, bin ich immer gleich im Verdacht, ich glaube, die haben mich alle auf dem Kieker.")

5. Schulhof- und Schulgebäude-Gestaltung

Wenn Schüler und Schülerinnen oft in viel zu kleinen Räumen ohne entsprechende Bewegungsmöglichkeiten sitzen müssen, sollten diese Räume wenigstens so ansprechend wie möglich gestaltet werden.

„Manchmal hilft schon ein bisschen Farbe", ist dabei die Erkenntnis vieler Betroffener. Eine Schule muss über eine angenehme Atmosphäre verfügen. Hierzu gehören auch attraktive und gegliederte Schulgelände und der Rückbau von asphaltierten Flächen in Spiel-Landschaften und Schulgärten.

Damit zu verbinden ist eine aktive Pausengestaltung, wie sie in verschiedenen Schulen angewandt wird (Spielangebote in Zusammenarbeit mit Sportvereinen sind hier wegweisende Projekte ebenso wie versetzte Pausenzeiten). Diese Phänomene wirken sich äußerst positiv auf das Verhalten von Schülern aus.

6. Über den Unterricht hinaus: Kooperation im Stadtteil / in der Kommune

Gewaltpotential wird auch aus anderen Zusammenhängen in die Schule importiert. Insbesondere Gewalt, die von harten Cliquen ausgeht, oder auch Erfahrungen von Kindern und Jugendlichen, die sie in ihrer Familie machen müssen. Um dies in den Griff zu bekommen ist eine Zusammenarbeit mit Einrichtungen der Familien- und Jugendhilfe, aber auch mit den Vereinen notwendig. Stadtteilkonferenzen, Runde-Tische oder auch die Erarbeitung eines kommunalen Präventionskonzeptes sind hier Ansatzpunkte.

Die Öffnung der Schule und Einbindung in das soziale Gemeinwesen sowie die Beteiligung und Übernahme von Verantwortung in diesem Bereich haben sich als außerordentlich positiv im Sinne einer Gewaltprävention ausgewirkt.

Außerschulische Lernorte, Integration von Personen und Vereinen in die Schule, Praktika von Schülerinnen und Schülern in sozialen Einrichtungen (Kindergärten, Altenheimen, Behinderteneinrichtungen usw.) sind hierfür Stichworte.

Über den Unterricht hinaus können Arbeitsgemeinschaften, Musik, Theater, Zirkus, Medien, Sport und kreative Gestaltungsmöglichkeiten Kindern und Jugendlichen interessante Betätigungsfelder erschließen. (Diese Ansatzpunkte sind auch im Zusammenhang mit der – langsam – beginnenden Diskussion um die Etablierung von Ganztagsschulen zu sehen.)

7. Prävention als Entwicklung von Schulkultur

Schule muss so gestaltet werden, dass die Risikofaktoren für Gewaltverhalten an Einfluss verlieren. Die Entwicklung einer schülerorientierten Lernkultur und eines Sozialklimas, das Ausgrenzung vermeidet, sind hier wichtige Instrumente.

In der Praxis zeigt sich, dass es weniger die Einzelmaßnahmen zur Gewaltprävention sind, um die es geht, – so wichtig sie sind – als vielmehr um die Herausbildung eines Schulethos („Wir verhalten uns an unserer Schule so ..."). Schulethos ist etwas anderes als ein verordneter Verhaltenskatalog. Schulethos ist ein von allen getragene Überzeugung und Einstellung, wie die Schule sein soll und was die Voraussetzungen des Zusammenlebens sind. Diese Überzeugungen können auch schriftlich formuliert werden.

Die Fragen, die sich hier stellen, heißen: „Was ist eine gute Schule?" und „Wo wollen wir uns als gesamte Schule hinentwickeln?", „Wie können wir eine tolerante, weltoffene Schule werden, die den Namen ‚Haus des Lernens' verdient?"

Eine gute Schule wird wesentlich durch die Lernkultur, die fachliche und

3. GRUNDSÄTZE DER GEWALTPRÄVENTION

Grundwissen

Die entscheidende Frage für die Schule lautet, wie kann man von Einzelmaßnahmen zu einem Gesamtkonzept kommen, das in sich schlüssig ist und die verschiedenen Bereiche der Prävention abdeckt?

didaktische Kompetenz der Lehrerinnen und Lehrer sowie ihre Integrations- und Kommunikationsfähigkeit definiert. Aber es gehören auch Faktoren dazu wie Partizipationsmöglichkeiten der Schüler am Schulleben, die Schülerorientierung der Lehrkräfte, sowie attraktive räumliche Gegebenheiten.

Schulqualität

Fachliche Qualität	Soziale Qualität
– guter Unterricht – interessierte und fachlich kompetente Lehrerinnen und Lehrer – Schülerorientierung	– gutes Klassenklima – individualisierte Lehrer-Schüler-Beziehungen – soziale Lernqualität – soziale Unterstützung und Förderung – unterstützende Schüler-Schüler-Beziehungen – vielseitige Freizeitangebote

demokratische Beteiligung
gegenseitige Akzeptanz und wertschätzende Beziehungen
Selbstwirksamkeit
Optimismus, Selbstwert

Interventionsstrategien gegen Gewalt und politischen Extremismus unter Jugendlichen müssen auch Bemühungen um eine Verbesserung der sozialen Schulqualität und der Schulzufriedenheit von Jugendlichen einschließen. Lebensnahe Lerninhalte, eine am individuellen Leistungsvermögen der Schüler orientierte differenzierte Unterrichtsgestaltung sowie eine umfassende Demokratisierung der Schule durch die aktive Einbeziehung der Schülerschaft bei der Gestaltung des Unterrichts und in allen Bereichen des schulischen Lebens sind zugleich die wichtigsten Aufgaben bei der Schulentwicklung wie auch die zentrale Präventionsstrategie gegen Jugenddelinquenz.

D. Sturzbecher / M. Hess: Soziale Schulqualität aus Schülersicht. In: D. Sturzbecher (Hrsg.): Jugendtrends in Ostdeutschland: Bildung, Freizeit, Politik, Risiken. Opladen, Leske + Budrich 2002, S. 155-181.

3.1 GEWALTPRÄVENTION IN DER SCHULE

Gewaltprävention in der Schule wird in der wissenschaftlichen Diskussion zunehmend in Kombination mit bzw. als Teil von Schulentwicklung verstanden. Dies macht Sinn, wenn man Gewalt in der Schule nicht als individuelles Fehlverhalten begreift, sondern die Institution Schule mit in die Verantwortung einbezieht. Ziel von Schulentwicklungsprozessen ist die planmäßige Veränderung und Weiterentwicklung von Unterricht und Erziehung durch die Eigeninitiative der Mitglieder der Institution Schule. Als Handlungsfelder innerer Schulentwicklung werden vom Kultusministerium in Baden-Württemberg gesehen:
- Innovative Unterrichts- und Erziehungsformen unter Berücksichtigung sozialen Lernens.
- Verbesserung der Kommunikation in der Schule.
- Verstärkte Zusammenarbeit von Schülerinnen und Schülern, Lehrkräften und Eltern.
- Öffnung der Schule.

Maßnahmen der Gewaltprävention werden so in ein umfassendes Konzept von Schule integriert, bei dem Schülerinnen und Schüler beteiligt werden. Auf die Bedeutung der Entwicklung einer Schulkultur wurde bereits oben hingewiesen.

Was bei der Einführung von Gewaltprävention auch zu beachten ist:
1. Sinn vermitteln.
2. Bedeutungszuweisung: Jede und jeder sollte wissen, was Gewaltprävention für sie und ihn konkret bedeutet.
3. Kompetenz: Vorhaben und Maßnahmen der Gewaltprävention knüpfen an wissenschaftliche Ergebnisse an und müssen unter dem Aspekt der Wirksamkeit betrachet werden.
4. Öffnung der Schule: Die eingeschlagene Entwicklung und Veränderung der Schule bringt mehr Offenheit mit sich.
5. Networking: Da Gewaltprävention nicht isoliert für einzelne Klassen oder einzelne Einrichtungen zu erreichen ist, kann sie nur in gemeinsamen Kooperationsprojekten realisiert werden.
6. Gemeinsamer Nutzen: Alle, die sich beteiligen, müssen das Gefühl haben, davon zu profitieren.

Grundwissen

Literatur

Gugel, Günther: Gewalt und Gewaltprävention. Grundfragen, Grundlagen, Ansätze und Handlungsfelder. Tübingen 2006.

Hurrelmann, Klaus / Heidrun Bründel: Gewalt an Schulen. Pädagogische Antworten auf eine soziale Krise. Weinheim und Basel. 2007.

Melzer, Wolfgang / Hans-Dieter Schwind (Hrsg.): Gewaltprävention in der Schule. Grundlagen – Praxismodelle – Perspektiven. Baden-Baden 2004.

Philipp, Elmar / Helmolt Rademacher: Konfliktmanagement im Kollegium. Weinheim und Basel 2002.

Gewaltprävention und Schulentwicklung

Grundwissen

Stufen der Schulentwicklung
1. Schulentwicklung ist die bewusste und systematische Weiterentwicklung von Einzelschulen. Man könnte diese häufig vorkommende Form von Schulentwicklung intentionale Schulentwicklung nennen oder Schulentwicklung 1. Ordnung.
2. Schulentwicklung zielt darauf ab, „lernende Schulen" zu schaffen, die sich selbst organisieren, reflektieren und steuern. Dies wird von den jüngsten Schulgesetzen intendiert und von etlichen Schulen längst angestrebt, teilweise auch praktiziert. Dies könnte man als Schulentwicklung 2. Ordnung oder institutionelle Schulentwicklung bezeichnen.
3. Die Entwicklung von Einzelschulen setzt eine Steuerung des Gesamtzusammenhangs voraus, welche Rahmenbedingungen festlegt, die einzelnen Schulen bei ihrer Entwicklung nachdrücklich ermuntert und unterstützt, die Selbstkoordinierung anregt und ein Evaluations-System aufbaut. Dies könnte man als Schulentwicklung 3. Ordnung oder als komplexe Schulentwicklung begreifen.

Schulprogramme
Schulprogramme dienen als Leitorientierung für die Entwicklung von Einzelschulen. Sie sind vielerorts verpflichtend geworden.
Vor dem Hintergrund der umfangreichen Daten von Holtappels (2004) lassen sich vier Schlussfolgerungen ziehen.
- Schulprogramm-Wirkungen hängen einerseits mit der Intensität der Lehrerkooperation, andererseits – und das weitaus deutlicher – mit effektivem Schulleitungshandeln zusammen.
- Als relevante Einflussgrößen für Qualitätsunterschiede in der Schulorganisation und der Lernkultur erweisen sich Modalitäten der Programmarbeit im Sinne von Prozessfaktoren, wozu Lehrerpartizipation in der Programmarbeit, Akzeptanz des Schulprogramms im Kollegium und erste Entwicklungswirkungen gehören.
- Eine förderliche Organisationskultur scheint Einfluss auf Entwicklungswirkungen zu nehmen. Günstige Organisations-Milieus sind offenbar Umfelder mit ausgeprägtem Klima der Innovation, effektivem Schulleitungshandeln, hoher Intensität in der Lehrerkooperation und einer differenzierten Lernkultur in den Lernarrangements.
- Im Zeitverlauf scheint Schulprogrammarbeit kurzfristig keine nennens-

werten Wirkungen in Form von Qualitätsverbesserungen in der Lernkultur und in der Unterrichtsgestaltung zu entfachen. Eine Haupterklärung kann darin liegen, dass die Entwicklungsschwerpunkte vielfach zu speziell sind, um kurzfristig sichtbare Breitenwirkungen in der Schul- und Unterrichtsqualität erzielen zu können (Holtappels 2004, S. 194).

Grundwissen

Steuergruppe
Schulprogrammarbeit scheint dann erfolgreich zu verlaufen, wenn sie professionell vorbereitet und gesteuert werden, nämlich durch eine Steuergruppe, die Lehrer- und Schülerumfragen durchführt, Schulentwicklungstage gestaltet, den Rohtext des Leitbildes entwirft oder eine Fülle wirksamer Maßnahmen der Schulentwicklung konzipiert und etabliert wie ein schulweites Schüler-Lehrer-Feedback, kollegiale Hospitation, Personalentwicklung und insgesamt den Einstieg in Qualitätsmanagement.
Steuergruppen sind höchstwahrscheinlich der Schlüssel zum Gelingen eines kollektiven Diskurses im Kollegium. (...)
Steuergruppen führen zu einem völlig neuen Verständnis von Schule: Eine Schule mit Steuergruppe ist nicht mehr hierarchische Bürokratie und nicht mehr nur nachgeordnete Dienststelle, sondern auf dem Wege zur selbstständigen Schule, in der man nicht nur arbeitet, sondern an der man arbeitet.

Hans-Günter Rolff: Was wissen wir über die Entwicklung von Schule? In Pädagogik 6/06, S. 44 ff.

Heinz G. Holtappels: Schulprogramme – Instrumente der Schulentwicklung. München 2004

Prävention von Unterrichtsstörungen

Unterrichtsstörungen sind nur auf den ersten Blick ein „Schülerproblem". Aufmerksamkeit im Unterricht – so eine Reihe von Untersuchungen – hängt eindeutig von der Lehrkraft ab. Die Größe der Klasse und die Geschlechterverteilung spielen – entgegen landläufigen Ansichten – keine Rolle.

Prävention statt Intervention

„Disziplin" erfordert nicht „Disziplinierung" oder gar autoritäres Verhalten. Forschungsergebnisse zeigen, dass Lehrkräfte, die in ihrer Klassenführung primär eine gute Lernumwelt herzustellen versuchen erfolgreicher sind als diejenigen, die durch „hartes Durchgreifen" Ordnung schaffen wollen.

Für eine niedrige Störungsrate und gute Mitarbeit ist entscheidend, was „vor" potentiellen Störungen geschieht, auf welche Weise man also verhindert, dass sie überhaupt auftreten. Auf die Prävention kommt es an, nicht auf die Intervention.

Präsenz zeigen

Sehr bedeutsam ist ein Lehrerverhalten, das mit „Präsenz" charakterisiert werden kann. Damit sind Lehrkräfte gemeint, die so im Klassenraum stehen, dass sie alles gut überblicken können, sie bewegen sich gelegentlich durch die Reihen, lassen öfter den Blick schweifen, bewahren auch an der Tafel den Blickkontakt zur Klasse usw.

Auf gerade entstehende Störungen reagieren sie frühzeitig und ersticken sie somit im Keim, ehe sie sich ausbreiten. Dazu reichen dann aber meist kleine Stoppsignale wie etwa direktes Anblicken, eine bremsende Handbewegung, zwei Schritte in Richtung Unruheherd oder auch eine knappe Aufforderung.

Demgegenüber entstehen hohe Störungsraten teilweise dadurch, dass erst dann reagiert wird, wenn eine Störung sich bereits von einem auf andere Schüler ausgebreitet oder in der Lautstärke gesteigert hat.

Um Präsenz zeigen zu können, muss die Lehrkraft ihre Aufmerksamkeit teilen und zwei Dinge gleichzeitig tun, z.B. etwas erklären und gleichzeitig zeigen, dass ein Nebengespräch bemerkt wurde.

Grundwissen

Unterbrechungen vermeiden

Ein wichtiges Prinzip der Störungsprävention ist, Unterbrechungen des Unterrichts so weit wie möglich zu vermeiden. Ein zügig fließender Unterricht nutzt die Lernzeit gut aus und erschwert zugleich das Auftreten von Störungen. Denn alles, was von den Schülern als Wartezeit empfunden wird, kann Unruhe fördern. (z.B. Aufbauen von Geräten, Austeilen von Materialien ...)

Lehrer mit Disziplinproblemen neigen dazu, bei auftretenden Störungen vor der Klasse über die Störung zu sprechen. Lehrer mit wenig Disziplinproblemen lenken so schnell wie möglich zur Lernaktivität zurück („Schau an die Tafel").

Der Unterrichtsfluss ist so für die Prävention von Unterrichtsstörungen von Bedeutung.

Kollektive Aktivierung

Für einen Unterricht mit wenig Störungen und guter Mitarbeit ist typisch, dass es der Lehrkraft gelingt, die ganze Klasse zu aktivieren, also auch die Aufmerksamkeit jener aufrechtzuerhalten, die im Moment nicht „dran" sind und in private Beschäftigungen abgleiten könnten.

Interessante Inhalte, anregende Lehrmethoden, ein lebendiger Vortragsstil und eine deutliche Stimme erleichtern die Aufmerksamkeit.

Eine breite Mobilisierung wird auch gefördert durch wandernde Blicke bei einer Lehrerfrage, durch gut verteiltes Aufrufen oder durch häufige kleine Leistungskontrollen.

3. GRUNDSÄTZE DER GEWALTPRÄVENTION

Grundwissen

Unterrichtsplanung
Störungsprävention beginnt bei der Unterrichtsplanung. Das gilt nicht nur für Aufgaben und Methoden zur Aktivierung der ganzen Klasse. Vorbereiten kann man auch glatte Übergänge zwischen zwei Phasen oder die Minimierung organisatorischer Unterbrechungen.

Zur guten Vorbereitung gehört auch die Gestaltung des Klassenraums. Alle Bereiche sollen gut überschaubar, alle Materialien leicht verfügbar und alle Geräte voll einsatzfähig sein.

Regeln
Die Einführung von Regeln für das soziale Verhalten und für die Erledigung routinemäßiger Anforderungen ist sinnvoll. Diese sollten bereits zu Beginn des Schuljahres eingeführt und mit den anderen Lehrkräften abgestimmt sein. Diese Regeln sollen von allen ernst genommen und eingehalten werden. Dies fällt den Schülern leichter, wenn sie an der Formulierung und Einführung beteiligt sind und die Regeln auch überprüft und diskutiert werden.

Belohnung
Gutes Verhalten muss sich lohnen. Der Lohn kann nicht nur in Sternchen und Belobigungen bestehen, sondern z.B. auch in verminderten Hausaufgaben, einem attraktiven Spiel am Ende der Stunde oder einem kleinen Fest am Ende der Woche. Positive Anreize für positives Verhalten wirken zuweilen wie ein Zauberstab und haben überdies den Vorteil, dass sie, im Unterschied zu Bestrafungen, das Klassenklima und die Lehrer-Schüler-Beziehung schonen.

Hans-Peter Nolting: Prävention von Unterrichtsstörungen. Unauffällige Einflussnahmen können viel bewirken. In: Pädagogik, 11/2006, S. 10 ff., Auszüge.

Grenzen und Probleme

Einsichten und Kritikpunkte

- Wege zur Gewaltverminderung werden in den meisten Fällen vorgeschlagen, ohne dass die Frage der Wirksamkeit auch nur angesprochen wird.
- Vorschläge und Modelle werden oft aus anderen sozialen Kontexten übernommen, ohne zu überprüfen, ob sie für den schulischen Rahmen geeignet sind.
- Die „Gewalt in der Schule" ist im Wesentlichen die Gewalt einer Minderheit von Tätern gegenüber einer Minderheit typischer Opfer, und dieser Tatbestand steht vermutlich der Wirkung von sozialem Unterricht entgegen, jedenfalls sofern er für alle Schülerinnen und Schüler dasselbe Lernprogramm vorsieht.
- In der Schule ist das individuelle Verhalten eng eingebunden in die Interaktion mit anderen Kindern/Jugendlichen. Der Einzelne ist stets dem Einfluss von Mittätern, Opfern und Zuschauern ausgesetzt, und dies erschwert vermutlich die Wirkung individueller Erziehungsmaßnahmen ebenso wie von außerschulischer Therapie.
- Konzepte werden oft nur unzureichend umgesetzt, denn „Konzepte sind eine Sache, ihre Realisierung eine andere" (Nolting), deshalb ist eine Evaluierung dringend erforderlich. Projekte werden in der Regel nur teilweise umgesetzt.
- Gewaltprävention in der Schule ist auf die Mitarbeit einzelner engagierter Lehrer angewiesen. „Niemand kann in die Klassenräume hineinregieren, niemand kann das gesamte Kollegium in einen Gleichklang versetzen."
- Will man wirklich in breitem Umfang Gewalttätigkeiten in der Schule vermindern, so muss dies in erster Linie in der Schule selbst und durch die in der Schule tätigen Personen geschehen. Die einzusetzenden Maßnahmen sollten ökologisch valide und mit vertretbarem Aufwand realisierbar sein. Das bedeutet, dass sie zum einen wissenschaftlichen Mindeststandards entsprechen und zum anderen eine Adaption an die jeweils vorliegenden schulischen Bedingungen zulassen sollten.

Grundwissen

Die Wirkung von Präventionsprogrammen ist empirisch kaum untersucht.

Eine bundesdeutsche Umfrage unter 3.500 Schülerinnen und Schülern aller Schularten brachte folgendes Ergebnis:
Mehr als drei Viertel der Schüler (77 %) äußerten sich zu den Auswirkungen von Präventionsprogrammen in dem Sinne, dass sie weder etwas verbesserten, noch etwas verschlechterten. 32 % der Schüler gaben an, sie hätten nichts mitbekommen, 23 %, sie hätten keine große Auswirkung gemerkt, 16 %, es hätte sich nichts geändert, weitere 6 % äußern sich in Alternativantworten neutral.
18 % der Schüler stellen eine positive Veränderung fest.
Aber 5 % geben an, dass eine Verschlechterung der Gewaltsituation an der Schule stattgefunden habe.

Es scheint, dass für manche Schüler einzelne Programme nicht richtig greifen und sogar ein gegengerichteter Effekt erzielt wird, bzw. dass mancherorts die Programme an den speziellen Problemen der Schule und der Schüler „vorbeiarbeiten".

Kristian Klett: Gewalt an Schulen. Eine deutschlandweite Online-Schülerbefragung zur Gewaltsituation an Schulen. Dissertation, Köln 2005, S. 91.

Vgl. Hans-Peter Nolting / Hartmut Knopf: Gewaltverminderung in der Schule: Viele Vorschläge – wenig Studien. In: Psychol., Erz., Unterr., 45 Jg. 1998. Ernst Reinhard Verlag München, Basel, S. 249-260, Auszüge.

3. GRUNDSÄTZE DER GEWALTPRÄVENTION

Überlegungen zur Umsetzung

Grundwissen

Grundlegende Fragen zur Gewaltprävention an Schulen

1. Was wollen wir an unserer Schule unter „Gewalthandlungen" verstehen?
2. Wie sieht der Minimalkonsens aus, ab wann eingegriffen wird?
3. Welches Instrumentarium für Reaktionen und Eingriffe haben wir zur Verfügung?
4. Was schaffen wir allein, wo brauchen wir Hilfe von außen?
5. Wie bestimmen wir unsere Handlungsmöglichkeiten zwischen umfassender Veränderung und täglicher Kleinarbeit?
6. Können wir eine Zeit- und Aufgabenleiste zwischen Aktionismus und Aufschieben entwickeln?

Michael Grüner: Gewaltprävention in der Schule. Hamburg o. J., ergänzt.

Schritte auf dem Weg zur Auseinandersetzung mit Gewalt

Grundschülerinnen und Grundschüler lernen in der Grundschule, wie in der Schule mit Gewalt umgegangen wird, welche Arten von Gewalt toleriert oder gar akzeptiert werden und welche Interventions- und Präventionsformen angewendet werden.

Sie sollten bereits in der Grundschule erfahren,
– dass Gewalt nicht toleriert wird.
– dass Eltern, Lehrerinnen und Lehrer Vorbilder in gewaltfreiem Verhalten sind.
– dass Konflikte gewaltfrei gelöst werden können.
– dass Schülerinnen und Schüler Unterstützung bei der Bearbeitung von Problemen erhalten.
– dass sich die Schule (mit allen Beteiligten) bemüht ein Klima der Akzeptanz und gegenseitigen Wertschätzung zu schaffen.

Hierzu müssen die notwendigen Rahmenbedingungen geschaffen und die Kinder befähigt werden.

Gewaltprävention darf dabei nicht als Instrument zur Korrektur und Disziplinierung unliebsamer Verhaltensweisen missverstanden und missbraucht werden. Sie bezieht sich vielmehr auf die gesamte Schulgemeinschaft.

Schritte auf dem Weg zur Gewaltprävention

– Eingestehen, dass Probleme und Schwierigkeiten vorhanden sind. (Gab bzw. gibt es Probleme mit Gewalt an der Schule? Wie zeigen sich diese? Gab es besondere, herausragende Vorkommnisse?)
– Sich verständigen, was unter Gewalt und nicht tolerierbarem Verhalten genau verstanden werden soll.
– Bestandsaufnahme der Situation in der Schule unter Einbeziehung aller Beteiligten (Lehrpersonen, Eltern, Schülerinnen und Schüler, Hauspersonal, externe Lehr- und Betreuungskräfte). Wo liegen die Probleme? Was geschieht bereits? (M 1, M 2)
– Etablierung einer Steuerungsgruppe bestehend aus Lehrpersonen und Elternvertretern.
– Qualifizierung der Steuerungsgruppe und einzelner Lehrerinnen und Lehrer durch entsprechende Fortbildungen als Gewaltpräventionsberater bzw. Mediatorin / Mediator.
– Einbeziehung von und Kooperation mit Kinderschutzeinrichtungen sowie Einrichtungen der Jugendarbeit, der Jugendhilfe und der Polizei.

3.1 GEWALTPRÄVENTION IN DER SCHULE

- Sponsoren und zusätzliche finanzielle Mittel finden (Modellprojekte, Teilnahme an Wettbewerben, etc.).
- Entwicklung eines Programms zur Gewaltprävention, das Maßnahmen der Förderung einzelner Kinder, die Klassen und die gesamte Schule umfasst (M 3, M 4).
- Einen Stufenplan erarbeiten, der die Vorgehensweise detailliert beschreibt. Die Maßnahmen sind vielfältig und beziehen sich
    - auf einzelne Schüler
    - auf gesamte Klassen
    - auf das Lehrerkollegium
    - auf Elternarbeit
    - auf die gesamte Schule
    - auf Öffentlichkeitsarbeit (M 7 – M 9).
- Entscheidung, mit welchen Elementen zunächst begonnen wird und welche später folgen sollen (M 5, M 6).
- Fachliche Begleitung suchen. Maßnahmen der Gewaltprävention sind dann besonders erfolgreich, wenn sie fachlich von Expertinnen und Experten begleitet werden.
- Vernetzung mit anderen Schulen anstreben, ebenso wie die Vernetzung vor Ort bzw. im Stadtteil mit den relevanten Einrichtungen. Beteiligung an bzw. Aufbau eines Runden-Tisches „Gewaltprävention".
- Gewaltprävention als Teil von Schulqualität verstehen.
- Wissen, dass gewaltfreie Erziehung und Gewaltprävention und Schutz vor Gewalt durch Gesetze und internationale Konventionen gefordert wird (M 10).

Im Auge behalten ...
- Eine Bestandsaufnahme machen
- Gemeinsam handeln, Netzwerke bilden
- Alle Formen von Gewalt thematisieren
- Langfristigkeit
- Differenzierungen vornehmen
- Positives Verhalten verstärken
- Das „Wie" und das „Was" berücksichtigen

Grundwissen

To Do

Lehrerkollegium
- Auseinandersetzung mit Gewalt und Gewaltprävention
- Vereinbarung von Reaktionen und Verhaltensweisen
- Schulinterne Fortbildung

Steuergruppe
- Schulübergreifende Zusammenarbeit und Fortbildung
- Schulvereinbarung
- Fortbildungskonzepte
- Zusammenarbeit mit außerschulischen Expertinnen und Experten

Einzelne Schulklassen
- Lernmodule anwenden
- Klassenvertrag, Klassenregeln

Elternarbeit
- Beratung
- Elternvertreter
- Elternabend
- Hausbesuche
- Einbezug in Fortbildung

Die Materialien im Überblick

Materialien	Beschreibung	Vorgehen
M 1: Checkliste schulischer Gewaltprävention	In welchen Bereichen der Gewaltprävention und Konflitkbearbeitung ist die Schule bereits tätig? Was gelingt gut, was könnte verbessert werden?	Von einer Arbeitsgruppe wird anhand der Liste (mit den notwendigen Ergänzungen) systematisch und differenziert eine Übersicht erstellt.
M 2: Gewaltprävention in unserer Schule	Zentrale Themenfelder der Gewaltprävention werden aufgeführt.	M 2 dient als Diskussionsgrundlage, welche Bereiche aufeinander abgestimmt entwickelt werden sollen.
M 3: Sieben Bereiche effektiver Gewaltprävention	M 3 benennt zentrale Felder effektiver Präventionsarbeit (detaillierte Beschreibung im Grundlagenbereich, S. 2 ff.).	M 3 dient ebenso wie M 2 als Orientierungshilfe für die Entwicklung von Maßnahmen.
M 4: Probleme kennen und bewältigen	Die Schwierigkeiten und Probleme, an denen Gewaltpräventon scheitert, sind bekannt. M 4 listet sie auf.	Kleingruppen suchen und identifizieren anhand des Arbeitsblattes Beispiele und Situationen, in denen die einzelnen Aussagen verdeutlicht werden.
M 5: Die Grundregel: Gewalt wird nicht toleriert	M 5 verdeutlicht, dass Gewalt nicht toleriert wird, wo sie auftaucht, gestoppt werden muss.	M 5 dient (für die Steuerungsgruppe oder die Schulleitung) als Leitfaden, um die Stopp-Regel für die eigene Schule zu entwickeln und zu etablieren.
M 6: So können Sie sofort beginnen	M 6 zeigt erste Möglichkeiten, auf der Verhaltensebene sofort konstruktiv und produktiv mit Gewaltprävention zu beginnen.	M 6 kann als Vorlage bei pädagogischen Konferenzen oder Elternabenden, aber auch als Checkliste für eigenes Verhalten dienen.

3.1 GEWALTPRÄVENTION IN DER SCHULE

Materialien	Beschreibung	Vorgehen
M 7: „Das ist wichtig für uns ..."	M 7 benennt zentrale Gesichtspunkte, die für Lehrpersonen, Eltern, und eine Schule bei der Gewaltprävention wichtig sind.	Anhand von M 7 können konkrete Verhaltensweisen und Vorhaben, die implementiert werden sollen, identifiziert werden.
M 8: Prävention von Unterrichtsstörungen	M 8 benennt Aspekte von und Umgangsweisen mit Unterrichtsstörungen	In Kleingruppen können die Fragen und Hinweise von M 8 bearbeitet werden.
M 9: Risiko- und Schutzfaktoren	M 9 beschreibt die Risiko- und Schutzfaktoren für delinquentes Verhalten von Kinder und Jugendlichen, die in der Kriminologie sowie in der Resilienzforschung identifiziert wurden.	M 9 macht mit dem Forschungsstand bekannt (Kopie oder Folie) und ermöglicht dadurch die Diskussion und Entwickung von Handlungsansätzen.
M 10: Rechtliche Rahmenbedingungen	M 10 benennt die gesetzlichen Grundlagen für Gewaltprävention.	Anhand von M 10 kann verdeutlicht werden, dass Gewaltprävention kein „zusätzliches" pädagogisches Angebot darstellt, sondern Aufgabe und Verpflichtung vor dem Hintergrund zahlreicher rechtlicher Normen ist.

Grundwissen

FÜR LEHRKRÄFTE UND ELTERN

3. GRUNDSÄTZE DER GEWALTPRÄVENTION

M1 Checkliste schulischer Gewaltprävention - was machen wir bereits?

Lehrer, Eltern

In welchen Bereichen ist Ihre Schule bereits tätig?
Was gelingt gut, was könnte verbessert werden?

Unterrichtsbezogene Programme
„Was ist guter Unterricht?" (Lernkultur)
- Unterrichtskommunikation
- Unterrichtsformen überdenken
- Soziales Kompetenztraining
- Förderangebote
- Gewalt und Konflikt als Unterrichtsthema
- Medienpädagogik
- Entspannungsübungen / Meditationen / Rituale

Auf gesamte Schule bezogen
„Was ist eine gute Schule?"
- Regeln zum Umgang miteinander
- Regeln zum Umgang mit Gewalt
- Schulprogramm Gewaltprävention
- Demokratie lehren und lernen
- Schule öffnen, Begegnung organisieren (internationale Projekte)
- Gerechte Schulgemeinschaft
- Schule als Haus des Lernens
- Schulethos / Schulkultur

Schule in der Kommune
- Außerschulische Lernorte
- Integration ins Gemeinwesen
- Sozialpraktika

Über den Unterricht hinaus
- Freizeitangebote
- Arbeitsgemeinschaften
- Musik, Theater, Zirkus, Medien
- Sport
- Kreative Gestaltungsmöglichkeiten

Intervention / Konfliktbearbeitung
„Etablierung einer Konfliktkultur"
Prävention
- Mentoren / Patenschaften
- Klassenverträge / Klassenrat
- Aktive Pausengestaltung
Intervention
- Interventionsprogramme bei Gewalt
- Streit-Schlichter-Programme
Aufarbeitung
- Täter-Opfer-Ausgleich
- Wiedergutmachung
- Opferschutz, Stärkung von Opfern
- Täterbezogene Maßnahmen

Zusammenarbeit und Netzwerke
- Elternarbeit
- Kontakte, Austausch, Öffnung
- Vereine
- Jugendarbeit, Jugendhilfe
- Jugendpolizei
- Elterntrainings, Elternbriefe

Baulichkeiten überprüfen
„Schule als Lebensraum"
- Gebäude und Räume
- Schulhofgestaltung
- Schulwege / Fahrschüler
- Warteräume

M2 Gewaltprävention in unserer Schule

Vorhaben und Umsetzungsmöglichkeiten

`Lehrer, Eltern`

Umgang mit Konflikten
- Kommunikationsfähigkeit verbessern
- Konflikte selbstständig lösen lernen
- Schüler-Streitschlichtung etablieren
- Konfliktmanagement in der Schule

Entwicklung sozialer Schulqualität
- Akzeptanz und Wertschätzung
- Beteiligung und Mitbestimmung
- soziales Lernen
- soziale Unterstützung
- individualisierte Lehrer-Schüler-Beziehungen

Handeln in Gewaltsituationen
- Gewalt nicht tolerieren
- Opfer schützen
- Konsequenzen für Täter

Lernen von Normen
- Regeln des Zusammenlebens in der Klasse bzw. in der Schule formulieren und etablieren
- Umgang mit Regelverstößen

M3 Sieben Bereiche effektiver Gewaltprävention

Lehrer, Eltern

Was können wir tun?	sofort	mittelfristig	langfristig
1. Regeln etablieren, Grenzen setzen			
2. Eine Lernkultur entwickeln			
3. Das Sozialklima verbessern			
4. Etikettierungen vermeiden			
5. Räume und Orte im Blick haben			
6. Kooperation im Stadtteil			
7. Entwicklung einer Schulkultur			

M4 Probleme kennen und bewältigen

Lehrer, Eltern

**Typische Probleme
schulischer Gewaltprävention sind:** **Das können wir dagegen tun ...**

Typische Probleme	Das können wir dagegen tun ...
Mangelnde Mobilisierung bzw. Motivierung der Lehrerschaft.	
Die schon vorhanden relativ hohe Belastung der Lehrkräfte.	
Die Folgenlosigkeit einmaliger Veranstaltungen (z.B. Pädagogischer Tage).	
Mangelnder Konsens innerhalb der Lehrerschaft über die Sinnhaftigkeit und Vorgehensweise von Gewaltprävention.	
Die unzureichende Professionalität der Schulleitung.	
Das Fehlen von Prozesshelfern (z.B. Experten, Moderatoren, Beratern).	
Mit den durchgeführten Projekten werden die gewalttätigen Schüler meist nicht erreicht.	

Vgl. Schubarth, W.: Gewaltprävention in Schule und Jugendhilfe. Neuwied 2000, S. 18.

M5 Die Grundregel: Gewalt wird nicht toleriert

Lehrer, Eltern

Die Stopp-Regel: 5 Schritte

1. Verständigung und Einigung
Es wird im Kollegium und mit den Eltern besprochen und klar definiert, was unter Gewalt verstanden wird. Es wird Einigkeit erzielt, dass Gewalt nicht toleriert wird. Gleichzeitig werden aber Aggressionen und gewalttätige Handlungsweisen auch als spezifische Kommunikationsform gesehen, deren Botschaft entschlüsselt wird.

2. Handlungsrahmen
Es wird ein Handlungsrahmen erarbeitet, der Verhaltensweisen bei spezifischen Vorkommnissen beschreibt und Hilfsangebote umfasst.

3. Regeln kommunizieren
Die Verhaltenserwartungen werden klar an die Schülerinnen und Schüler weitergegeben.

4. Auf Einhaltung achten
Es wird darauf geachtet, dass die vereinbarten Regeln eingehalten werden.

5. Bei Gewalt eingreifen
Bei beobachteten oder mitgeteilten Gewaltsituationen wird sofort eingegriffen.

Gewalt wird nicht geduldet, weil sie: **verletzt**
ausgrenzt
Schmerzen verursacht
das Gespräch abbricht
neue Gewalt erzeugt

M6 So können Sie sofort beginnen

Die folgenden Punkte zeigen erste Möglichkeiten, auf der Verhaltensebene sofort konstruktiv und produktiv zu beginnen. Es empfiehlt sich, die einzelnen Vorschläge in Kleingruppen auszudifferenzieren und gemeinsam umzusetzen.

Lehrer, Eltern

Als Lehrerin / Lehrer
- *Als Lehrende/r:* Unterricht spannend und abwechslungsreich gestalten.
- Differenzierungen nach Lerntypen und Lernniveau vornehmen.
- Nicht als Einzelkämpfer, sondern im Team arbeiten.
- *Als Vorbild:* zeigen, wie mit Konflikten konstruktiv umgegangen werden kann.
- Als „Mensch": Achtung und Wertschätzung der Schüler und Schülerinnen. Die richtige Ansprache finden.

Als Elternteil
- Verzicht auf Gewalt als Erziehungsmittel.
- Interesse für die Belange des Kindes zeigen.
- Zeit haben / Zeit nehmen.
- Medienkonsum besprechen.

Als Schülerin und Schüler
- Selbstvertrauen und Ichstärke entwickeln.
- Sich in der Schule einmischen: Lehrkräften nicht alles durchgehen lassen (Pünktlichkeit, Korrektur von Arbeiten).
- Verantwortung für das eigene Tun und für den Sozialraum Schule übernehmen.
- Bei Gewalt nicht wegsehen: eingreifen, melden, konfrontieren.

Als Schulgemeinschaft
- Sich auf Ziele, Regeln, Werte und Normen verständigen.
- Sich als „gute Schule" verstehen und entwickeln.
- Die Kinder im Zentrum sehen.

M7 „Das ist wichtig für uns ..."

Lehrer, Eltern

Vor dem Unterricht
- Ist der Lehrer / die Lehrerin als erste anwesend?
- Begrüßt er / sie die Kinder persönlich?
- Fragt er/sie nach dem Befinden?

Der Unterricht beginnt
- Gibt es Rituale wie einen Morgenkreis?
- Werden die „Reste" vom Vortag aufgegriffen?

Der Unterricht
- Wechseln sich offene Phasen (offenes Lernen) mit anderen Unterrichtsformen ab?
- Gibt es individuelle Unterstützung zum Lernen?
- Werden vielfältige methodische Arrangements gewählt?
- Wie wird mit Hausaufgaben umgegangen?

Elternarbeit
- Was weiß der Lehrer / die Lehrerin über die Situation der Kinder zuhause?
- Gibt es (regelmäßig) Hausbesuche des Lehrers?
- Gibt es individuelle Elternbesuche auch ohne Problemdruck?
- Wie wird der Kontakt zu den Eltern gehalten?
- Gibt es einen regelmäßigen Elternbrief?

Konflikte
- Wie wird mit Konflikten auf der Schülerebene, bzw. der Lehrerebene umgegangen?
- Gibt es feste Rituale zur Konfliktbearbeitung?
- Gibt es für die Schüler spezifische Trainings zum Umgang mit Konflikten?
- Gibt es eine Streit-Schlichter-Gruppe?
- Gibt es ein Konfliktmanagement-System für die gesamte Schule?

Ruhephasen
- Gibt es einen „Ruheraum"?
- Werden regelmäßig Entspannungsübungen in den Unterricht integriert?

Tobephasen
- Wie wird mit dem Bewegungsdrang der Kinder umgegangen?
- Gibt es Möglichkeiten zum ritualisierten Kräftemessen?
- Werden Übungen und Spiele angeboten, die es ermöglichen, den eigenen Körper zu spüren?

Pausen
- Gibt es spezielle Angebote (Spielprogramme) für die Pausen?
- Ist der Pausenhof gegliedert und nach den Bedürfnissen der Kinder gestaltet?

Servicelernen
- Erhalten die Schülerinnen und Schüler regelmäßig soziale Aufgaben und Einblick in soziale Zusammenhänge?

Sport
- Werden im Sport klare Regeln eingehalten?
- Wird der Bereich von Fair-Play systematisch bearbeitet?
- Finden regelmäßig Wettkämpfe mit anderen Schulen statt?

Schulweg
- Gibt es eine Schulwegbegleitung?
- Gibt es Schülerlotsen?
- Gibt es spezielle Trainings zum Verhalten auf den Schulwegen?

Fortbildung, Koordination
- Gibt es eine Steuerungsgruppe für den Bereich der Gewaltprävention?
- Werden Fortbildungen für das gesamte Kollegium durchgeführt?
- Gibt es gemeinsam akzeptierte Überzeugungen und abgesprochene Handlungsstrategien?
- Gibt es Kontakte und Kooperationen mit der Polizei und Jugendhilfeeinrichtungen vor Ort?

M8 Prävention von Unterrichtsstörungen

Lehrer, Eltern

Bitte notieren Sie die Ihrer Meinung nach fünf wichtigsten Merkmale:

Damit in der Klasse wenig Unterrichtsstörungen auftreten, ist es vor allem wichtig, dass ...

1. _____

2. _____

3. _____

4. _____

5. _____

Besprechen Sie diese Merkmale in Kleingruppen mit Ihren Kolleginnen und Kollegen.

Welche Rolle spielt für Sie bei Unterrichtsstörungen
- die Schülerpersönlichkeit
- das Klassenklima
- das Lehrerverhalten
- das Elternhaus?

Welcher Aussage stimmen Sie zu?

1. Unterrichtsstörungen sind primär ein Disziplinproblem der Schüler und müssen durch strenges Durchgreifen beseitigt werden.

2. Unterrichtsstörungen sind primär ein Problem der Klassenführung durch die Lehrkraft und können durch präventive Maßnahmen stark reduziert werden.

Zur Prävention von Unterrichtsstörungen wurden folgende Merkmale des Lehrerverhalten identifiziert. Was bedeuten sie konkret?

Präsenz zeigen: _____

Unterbrechungen vermeiden: _____

Kollektive Aktivierung: _____

Unterrichtsplanung: _____

Regeln einführen und einhalten: _____

Belohnungen anbieten: _____

M9 Risiko- und Schutzfaktoren

Lehrer, Eltern

In der kriminologischen Forschung wurden folgende Risiko- und Schutzfaktoren identifiziert:

www.kriminalpraevention.de

Risikofaktoren

- Familiäre Disharmonie, Erziehungsdefizite,

- Multiproblemmilieu, untere soziale Schicht,

- genetische Faktoren, neurologische Schädigungen,

- Bindungsdefizite,

- schwieriges Temperament, Impulsivität,

- kognitive Defizite, Aufmerksamkeitsprobleme,

- Ablehnung durch Gleichaltrige,

- verzerrte Verarbeitung sozialer Informationen,

- Probleme in der Schule,

- Anschluss an deviante Peergruppen,

- problematisches Selbstbild, deviante Einstellung,

- Defizite in Fertigkeiten und Qualifikationen,

- problematische heterosexuelle Beziehungen,

- Probleme in Arbeit und Beruf,

- persistent antisozialer Lebensstil.

Schutzfaktoren

- eine sichere Bindung an eine Bezugsperson (Familienmitglieder, Verwandte, Lehrer, Übungsleiter oder andere Personen),

- emotionale Zuwendung und zugleich Kontrolle in der Erziehung und Bezügen zu nahestehenden Erwachsenen,

- Erwachsene, die positive Vorbilder unter widrigen Umständen sind,

- soziale Unterstützung durch nicht-delinquente Personen,

- ein aktives Bewältigungsverhalten von Konflikten,

- Bindung an schulische Normen und Werte,

- Zugehörigkeit zu nicht-delinquenten Gruppen,

- Erfahrung der Selbstwirksamkeit bei nicht-delinquenten Aktivitäten (z.B. Sport oder sonstige Hobbies),

- positives, nicht überhöhtes Selbstwerterleben,

- Struktur im eigenen Leben,

- Planungsverhalten und Intelligenz.

M10 Rechtliche Rahmenbedingungen

Rechtliche Rahmenbedingungen für Gewaltprävention sind neben Schulgesetzen und Schulordnungen:

Grundgesetz
Art. 1 (1) Die Würde des Menschen ist unantastbar.
Art. 2 (1) Jeder hat das Recht auf die freie Entfaltung seiner Persönlichkeit, soweit sie nicht die Rechte anderer verletzt …
Art. 6 (1) Ehe und Familie stehen unter dem besonderen Schutz der staatlichen Ordnung.
(2) Pflege und Erziehung der Kinder sind das natürliche Recht der Eltern und die zuvörderst ihnen obliegende Pflicht.

Bürgerliches Gesetzbuch (BGB): Viertes Buch Familienrecht
§ 1631 (2) Kinder haben ein Recht auf gewaltfreie Erziehung. Körperliche Bestrafungen, seelische Verletzungen und andere entwürdigende Maßnahmen sind unzulässig.

Kinder- und Jugendhilfegesetz
§ 1 (1) Jeder junge Mensch hat ein Recht auf Förderung seiner Entwicklung und auf Erziehung zu einer eigenverantwortlichen und gemeinschaftsfähigen Persönlichkeit.
§ 16 (1) Müttern, Vätern, anderen Erziehungsberechtigten und jungen Menschen sollen Leistungen der allgemeinen Förderung der Erziehung in der Familie angeboten werden. Sie sollen dazu beitragen, dass Mütter, Väter und andere Erziehungsberechtigte ihre Erziehungsverantwortung besser wahrnehmen können. Sie sollen auch Wege aufzeigen, wie Konfliktsituationen in der Familie gewaltfrei gelöst werden können.

UN-Konvention über die Rechte des Kindes vom 20.11.1989
Art. 19 (1) Die Vertragsstaaten treffen alle geeigneten Gesetzgebungs-, Verwaltungs-, Sozial- und Bildungsmaßnahmen, um das Kind vor jeder Form körperlicher oder geistiger Gewaltanwendung, Schadenszufügung oder Misshandlung, vor Verwahrlosung oder Vernachlässigung, vor schlechter Behandlung oder Ausbeutung einschließlich des sexuellen Missbrauchs zu schützen, solange es sich in der Obhut der Eltern oder eines Elternteils, eines Vormunds oder anderen gesetzlichen Vertretern oder einer anderen Person befindet, die das Kind betreut.
Art. 27 (1) Die Vertragsstaaten erkennen das Recht jedes Kindes auf einen seiner körperlichen, geistigen, seelischen, sittlichen oder sozialen Entwicklung angemessenen Lebensstandard an.
Art. 28 (1) Die Vertragsstaaten erkennen das Recht des Kindes auf Bildung an.

Allgemeine Erklärung der Menschenrechte
§ 1 Alle Menschen sind frei und gleich an Würde und Rechten geboren. Sie sind mit Vernunft und Gewissen begabt und sollen einander im Geiste der Brüderlichkeit begegnen.
§ 3 Jeder Mensch hat das Recht auf Leben, Freiheit und Sicherheit der Person.
§ 19 Jeder Mensch hat das Recht auf freie Meinungsäußerung; dieses Recht umfaßt die Freiheit, Meinungen unangefochten anzuhängen und Informationen und Ideen mit allen Verständigungsmitteln ohne Rücksicht auf Grenzen zu suchen, zu empfangen und zu verbreiten.

Gewaltprävention im Elternhaus

Grundwissen
- Familie – Konfliktbewältigung im Alltag ... S. 96
- Eltern und Lehrer: Zusammenarbeit in der Schule ... S. 103
- Überlegungen zur Umsetzung ... S. 104
- Die Materialien im Überblick ... S. 106

Materialien
Für Lehrkräfte und Eltern
- M 1: Alltagsweisheiten in der Erziehung hinterfragen ... S. 108
- M 2: Alltagsweisheiten und Tatsachen ... S. 109
- M 3: Erziehungsgewalt ... S. 111
- M 4: Belastungsfaktoren ... S. 112
- M 5: Was ist wichtig für die Erziehung? ... S. 113
- M 6: Fünf Säulen einer guten Erziehung ... S. 114
- M 7: Zwölf Erziehungstipps ... S. 115
- M 8: Qualitätsanfragen an Elternkurse ... S. 117
- M 9: Eltern – Kinder – Schule ... S. 119
- M 10: Zusammenarbeit verbessern ... S. 120
- M 11: Erziehungsvereinbarungen ... S. 121

In diesem Baustein geht es um die Rolle der Eltern und Familie im Kontext von Gewalt und Gewaltprävention. Eltern haben eine zentrale Erziehungsfunktion und sind ein wichtiger Kooperationspartner für die Schule. Andererseits darf nicht vergessen oder gar ignoriert werden, dass Kinder auch Gewalt und eskalierende Konflikte in der Familie erfahren. Hier ist ein einfühlsamer und sensibler Umgang mit den betroffenen Kindern wichtig.

Familie – Konfliktbewältigung im Alltag

Grundwissen

Kind sein
Es ist nicht leicht, Kind zu sein! Es bedeutet, dass man ins Bett gehen, aufstehen, sich anziehen, essen, Zähne und Nase putzen muss, wenn es den Großen passt, nicht wenn man selbst es möchte. Es bedeutet ferner, dass man ohne zu klagen die ganz persönlichen Ansichten jedes x-beliebigen Erwachsenen über sein Aussehen, seinen Gesundheitszustand, seine Kleidungsstücke und Zukunftsaussichten anhören muss. Ich habe mich oft gefragt, was passieren würde, wenn man anfinge, die Großen in dieser Art zu behandeln. Ob ein Kind zu einem warmherzigen, offenen und vertrauensvollen Menschen heranwächst oder zu einem gefühlskalten, destruktiven, egoistischen Menschen, das entscheiden die, denen das Kind in dieser Welt anvertraut ist, je nachdem, ob sie ihm zeigen, was Liebe ist, oder nicht. Ein Kind, das von seinen Eltern liebevoll behandelt wird und das seine Eltern liebt, gewinnt dadurch auch ein liebevolles Verhältnis zu seiner Umwelt und bewahrt diese Grundeinstellung sein Leben lang.

Astrid Lindgren, in: Brigitte 4/90, S. 173.

Gewalt an Schulen betrifft in starkem Maße auch das Elternhaus und die Eltern. Zum einen sind Eltern wichtige Partner bei allen Vorhaben und Projekten zur Gewaltprävention. Zum anderen gilt es, die Erziehungskompetenz von Eltern zu stärken und die Zusammenarbeit von Schule und Elternhaus zu intensivieren. Daneben darf nicht vergessen werden, dass Kinder auch und in vielfältiger Form im Elternhaus Gewalt erfahren und/oder beobachten.

Die Bedeutung der Familie

Kinder erhalten ihren ersten Zugang zur Welt über die Familie. Im familiären Zusammenleben werden die ersten (und grundlegenden) Weltbilder ebenso vermittelt wie Wertschätzung und Missachtung. Es entstehen Modelle für Konfliktregelungen und Interaktionsmuster verfestigen sich. Dabei ist die Familie nicht autonom. Erich Fromm beschreibt sie als „Transmissionsriemen für diejenigen Werte und Normen, die eine Gesellschaft ihren Mitgliedern einprägen will."(1) Was gedacht und wie gehandelt wird, wird vom gesellschaftlichen Umfeld, in dem sich die Familie bewegt, entscheidend mitgeprägt.

Die Normen und Rollenvorschriften, die in der Familie gelten, werden so in den ersten Jahren wie selbstverständlich Teil des eigenen Verhaltens und bestimmen die Erwartungen an andere soziale Gruppierungen.
Die Eltern beeinflussen die Einstellung und das Verhalten ihrer Kinder dabei im wesentlichen auf folgende Weise:
– Sie bestimmen durch ihre Zuwendung oder Ablehnung die emotionale Grundorientierung ihres Kindes.
– Sie dienen als Modell für Nachahmung und Identifikation, so dass die Kinder von ihnen Werte, Einstellungen und Verhaltensweisen übernehmen.
– Sie vermitteln den Kindern einen sozialen, ethischen und nationalen Kontext für ihr Denken und Handeln.
– Sie prägen durch ihre Beziehungen zueinander und zu den Kindern deren weitere Persönlichkeit.(2)
Dabei ist natürlich zu berücksichtigen, dass die Familienstruktur sich in

den letzten 30 Jahren grundlegend geändert hat. Es gibt heute kein einheitliches Familienmodell mehr, denn die Formen des Zusammenlebens sind vielfältiger und die traditionelle Familie mit zwei oder mehreren Kindern ist zur Ausnahme geworden.

Geborgenheitserfahrungen
Für eine positive Entwicklung der Kinder muss die Familie Zuverlässigkeit und Beständigkeit repräsentieren, um dadurch auch eine Reihe von Schutz- und Betreuungsaufgaben übernehmen zu können. Sie muss „schützender Hafen" sein und sie muss dem Kind Werte, Anleitungen, Vorbilder und sprachliche Möglichkeiten bieten, die es braucht, um sich in einer immer komplizierter und unübersichtlicher werdenden Welt zu orientieren. Diese Welt ist vom Leistungsprinzip und einem harten Konkurrenzkampf geprägt und erfordert deshalb Selbstbehauptung und ein hohes Maß an Selbstreflexion. Die doppelte Aufgabe, Geborgenheit in einer als feindlich erlebten Welt zu vermitteln und die Kinder gleichzeitig auf das Leben in einer solchen Welt vorzubereiten, überfordert immer mehr Eltern.

Grundwissen

Grundlegend für die Entwicklung jedes Kindes ist die emotional befriedigende Beziehung zwischen dem Säugling bzw. Kleinkind und den Erwachsenen. Nur wenn es ein „Ur-Vertrauen" entwickeln konnte, kann es auch zu einem „Du-Vertrauen" kommen. Aktivität, (Mit-)Gefühle und Offenheit für soziales Lernen erhalten in der frühesten Kindheit ihr Fundament.
Ein Kind kann nur Selbstvertrauen und Ich-Identität entwickeln, wenn

3. GRUNDSÄTZE DER GEWALTPRÄVENTION

Grundwissen

Wie können Eltern heute noch erziehen?

Es gibt eine große Verunsicherung und Orientierungslosigkeit von Eltern und Pädagogen. Das hängt mit der beschriebenen Offenheit der Gesellschaft, mit den vielen Möglichkeiten und Informationsquellen zusammen. Viele Menschen verirren sich in der Freiheit. Alles wird ständig und individuell neu ausgehandelt, sei es die Geschlechterbeziehungen, seien es die Hierachien am Arbeitsplatz. Da kommen viele ins Rutschen und fragen: Wie soll ich da erziehen?
Ein Drittel der Eltern kommt mit dieser offenen Situation sehr gut zurecht. Sie geben den Kindern Halt, arbeiten mit einem guten Maß an Autorität, kümmern sich aber auch um die Bedürfnisse. Das ist eine sinnvoll strukturierte Erziehung mit klaren Perspektiven. Und daraus entwickeln sich starke, leistungsfähige Kinder, die selbstständig und sozial kompetent sind. Ein zweites Drittel erzieht ohne richtig große Fehler.
Aber das letzte Drittel ist überfordert. Entweder treten Eltern total autoritär oder vollkommen unautoritär auf. Sie bekommen keine Struktur in die Beziehung zu den Kindern, lassen alles durchgehen oder verhalten sich autoritär ohne Autorität zu haben. Das führt dazu, dass Kinder sich nicht benehmen können, keine Regeln kennen, keine Leistung bringen.

„Die haben sich ausgeklinkt". Interview mit Professor Klaus Hurrelmann. In: Das Parlament, 15/16, 2006, S. 3.

eine positive tragfähige Beziehung zu seinen Eltern vorhanden ist. Wer nicht nur die Welt, sondern auch die eigene Familie als feindselig erlebt, wird schneller als andere zurückschlagen oder die Flucht in Scheinwelten und die Isolation vorziehen.

Strafen helfen nicht weiter

Das Ausmaß und die Art der Bestrafung von Kindern scheint in engem Zusammenhang mit dem Erwerb aggressiver Verhaltensweisen zu stehen. Viele Eltern betrachten körperliche Züchtigung immer noch als normales Erziehungsmittel, obwohl diese gesetzlich verboten sind und Kinder ein Recht auf gewaltfreie Erziehung haben. Körperstrafen und strenge Bestrafungsrituale durch Eltern bedeuten, dass Aggressionen oder Fehlverhalten des Kindes durch die Aggression der Eltern „beantwortet" werden.
Strafen werden oft damit begründet, dass Kinder nur so lernen würden, die gesetzten Normen einzuhalten. Doch was lernen sie dabei wirklich?
- Sie lernen, sich anzupassen anstatt persönlich Verantwortung zu übernehmen und werden so in einer eigenständigen Entwicklung gehindert.
- Sie erfahren, dass Erwachsene die Macht haben, ihre Vorstellungen mit Gewalt durchzusetzen und dass Gewalt zum Ziele führt.
- Sie werden gegenüber Strafandrohungen zunehmend gleichgültiger und kalkulieren Strafen in ihr Verhalten ein.

Strafen zerstören so nicht nur die Beziehungen und das soziale Klima, sondern auch die Persönlichkeit der Kinder. Dies gilt vor allem, wenn sie als hart und ungerecht empfunden werden. Strafe ist ihrem Wesen nach auf Diskriminierung gerichtet und wendet sich gegen das Selbstwertgefühl der Bestraften. Eine strafende Erziehung zielt vor allem auf eine optimale Anpassung des Kindes an die sozialen Erfordernisse der Umgebung.

Erziehungsverhalten

Neben den Strafmethoden ist die Nichtübereinstimmung des Erziehungsverhaltens von Vater und Mutter ein Moment, das bei Kindern zur Verwirrung und Desorientierung führen kann. Wenn Erziehung gelingen soll, müssen Vater und Mutter in ihren Einstellungen und Praktiken harmonieren. Desorientierend für das Kind ist auch, wenn das Erziehungsverhalten nicht den eigenen propagierten Grundsätzen entspricht. Wenn sich Eltern verbal gegen Gewalt wenden, selbst jedoch Gewalt in der Erziehung ausüben, werden Kinder schnell lernen, dass sie in der Position des Stärkeren offensichtlich beliebig aggressives Verhalten anwenden dürfen.
Die Auswirkungen eines Erziehungsstils, der auf Verboten, Bestrafungen und Anpassung beruht, sind zunächst spontane Formen des Widerstands

und der Auflehnung. Da das Kind jedoch von den Eltern abhängig ist und die Eltern über die größeren Machtmittel verfügen, können diese (zumindest eine gewisse Zeit) den Widerstand brechen. Solche Kinder können keine Selbständigkeit und Selbstsicherheit entwickeln, sie bleiben unselbstständig und abhängig.

Familienkonflikte konstruktiv austragen
Familien ohne Konflikte gibt es nicht. In jeder menschlichen Beziehung und in jedem Sozialgefüge sind Konflikte nicht nur selbstverständlich, sondern haben auch nützliche Funktionen: Sie machen auf Probleme aufmerksam, die bewältigt werden müssen; sie sind Ausdruck unterschiedlicher Bedürfnisse, Wünsche und Interessen und sie sind Zeichen einer inneren Dynamik mit der Chance einer gemeinsamen Entwicklung.
Familienkonflikte können zwischen den Eltern, zwischen Eltern und Kindern und zwischen Kindern auftreten. Desweiteren gibt es Familienkonflikte, die zwischen der Familie als Gesamtem oder einzelnen Familienmitgliedern und anderen (außenstehenden) Personen, Institutionen, Gruppen oder Verbänden bestehen.
Unterschiedliche Interessen werden dabei häufig negativ interpretiert, weil sie in „geordneten Verhältnissen" eigentlich nicht vorkommen dürfen. Konflikte werden deshalb von vielen als störend empfunden, werden unterdrückt oder verleugnet, zumal die Familienmitglieder wegen ihrer Nähe zueinander und der damit verbundenen Intimität besonders leicht verletzlich sind. Lösungs- oder Bearbeitungsmöglichkeiten werden dann nicht gesehen. Das Vertrauen zwischen den Partnern erlischt, Vorurteile und gegenseitige Verdächtigungen nehmen zu, eine weitere Eskalation des Konfliktes ist vorgezeichnet.
Konflikte zwischen den Eltern können das Familienklima stark beeinträchtigen und die Entwicklungsmöglichkeiten der Kinder behindern. Diese Gefahr ist besonders groß, wenn Eltern die Kinder als Verbündete missbrauchen. Andererseits ist es auch möglich, dass die Eltern ihren Kindern beispielhaft zeigen, wie mit Konflikten produktiv umgegangen werden kann.
Konflikte zwischen Eltern und Kindern sind von vornherein durch ein Machtgefälle geprägt. Partnerschaftliche Lösungen bedingen hier, dass Eltern (zumindest teilweise) auf die Anwendung von Machtmitteln verzichten und das Kind nicht in die unterlegene Position bringen.
Auseinandersetzungen zwischen Kindern sollten von diesen so weit wie möglich selbständig gelöst werden. Eltern haben jedoch darauf zu achten, dass jüngere oder schwächere Kinder nicht permanent übervorteilt werden.

Grundwissen

Elternpräsenz aus systemischer Sicht
Von „systemischer Präsenz" sprechen wir, wenn Eltern und Kinder die Erfahrung gemacht haben, dass die Umgebung die Eltern unterstützt und sie mit sozialer Bestätigung ausstattet. Eltern bewegen sich nicht in einem sozialen Vakuum, sondern stehen in Verbindung mit dem Ehepartner, Verwandten, Nachbarn und Freunden, Institutionen und der Gemeinschaft, in der sie leben. Elternteile, die nicht die Unterstützung eines Partners, von Verwandten oder Freunden haben, befinden sich in einer Position systemischer Schwäche in Beziehung zu dem aggressiven Kind. Elterliche Schwäche ist direkt gekoppelt an das Fehlen sozialer Unterstützung.
Haim Omer / Arist von Schlippe: Autorität durch Beziehung. Die Praxis des gewaltlosen Widerstands in der Erziehung. Göttingen 2004, S. 175.

Vergewisserung
– Was mag ich an meinem Kind besonders?
– Was kann ich von meinem Kind lernen?
– Was braucht mein Kind?
– Was bewundere ich besonders an meinem Kind?
– Was weiß ich eigentlich von meinem Kind?
– Von wem fühlte ich mich als Kind gut verstanden?
– Wie gehe ich als Mutter / Vater mit Konflikten um?
– Was trage ich aus meiner eigenen Kindheit in mir?
Johannes Schopp: Elternseminare. Ein gleichwürdiger Dialog. In: Pädagogik, 9/06, S. 22.

3. GRUNDSÄTZE DER GEWALTPRÄVENTION

Grundwissen

Geschlagene Kinder

Jeder vierte Deutsche (24 %) wurde als Kind häufig oder manchmal von seinen Eltern geschlagen. In einer Umfrage des Instituts Forsa gaben 7 % an, sie seien als Kind häufig geprügelt worden, 17 % erklärten, bei ihnen sei dies manchmal der Fall gewesen. Selten geschlagen wurden nach eigener Auskunft 42 %.

Südwest Presse 19.1.2006.

Kinder sind unschlagbar!

Der Deutsche Kinderschutzbund rief 2004 zum ersten Mal den Tag für gewaltfreie Erziehung aus. In den angelsächsischen Ländern hat der „No Hitting Day" eine lange Tradition.

Der Tag für gewaltfreie Erziehung soll:
– die Bevölkerung daran erinnern, dass die Verantwortung für ein gewaltfreies Aufwachsen aller Kinder in unserem Land von allen geteilt werden muss.
– Eltern dazu ermutigen, ihr Ideal einer gewaltfreien Erziehung Wirklichkeit werden zu lassen.

Seit November 2000 ist das Recht der Kinder auf gewaltfreie Erziehung gesetzlich verankert (§ 1631 Abs. 2 BGB).

Presseerklärung des Deutschen Kinderschutzbundes zum 30. April 2006, Auszug.

Nicht jeder Konflikt, der in der Familie aufbricht, ist auch dort entstanden. Die Arbeitslosigkeit eines Elternteils, mangelnder Wohnraum oder ein zu geringes Familieneinkommen sind Faktoren, die die betroffenen Familien stark belasten und sich sehr konfliktträchtig auswirken können. Es kann für die Familienmitglieder sehr entlastend sein, zu erkennen, dass nicht „böse Absichten" oder „zerstörerische Persönlichkeitsanteile" der anderen das Zusammenleben konflikthaft gestalten, sondern äußere Faktoren, selbst wenn diese nicht sofort oder nicht in absehbarer Zeit veränderbar sind. Solche Konflikte müssen zwar von der Familie ausgehalten werden, lösbar sind sie in diesem Rahmen jedoch nicht.

Kinder- und Jugendlichenbefragung 1992, 2002 und 2005
(Angaben in %)

	1992	2002	2005
leichte Ohrfeige	81,2	68,9	65,1
schallende Ohrfeige	43,6	13,9	16,5
mit Stock kräftig auf Po	41,3	4,8	4,5
Tracht Prügel mit Blutergüssen	30,6	3,2	4,9

Kai-D. Bussmann, Report über die Auswirkungen des Gesetzes zur Ächtung der Gewalt in der Erziehung. Bundesministerium der Justiz (Hrsg.), August 2005, S. 46.

Gewalt in der Familie

Gewalt wird in Deutschland am häufigsten in der Familie angewendet, so der Befund der regierungsunabhängigen Gewaltkommission in ihrem Schlussbericht von 1990, und daran hat sich bis heute nichts geändert.(3) Die Gewalt reicht von Misshandlungen und Vernachlässigung der Kinder über den sexuellen Missbrauch und die Vergewaltigung von Frauen in der Ehe bis zur Vernachlässigung alter Menschen durch Familienangehörige.
Die Übergänge von der Körperstrafe als „Erziehungsmittel" hin zur körperlichen Misshandlung sind fließend.
Besonders stark ist in den letzten Jahren die sexuelle Gewalt und Ausbeutung in der Familie ins Blickfeld gerückt. Denn sexuelle Übergriffe auf Kinder finden vor allem im sozialen Nahbereich statt.
Noch schwieriger ist es, psychische Gewalt zu fassen, die für die Betroffenen nicht minder verheerend ist als die körperliche. Psychische Gewalt kann mit den Stichworten „Ablehnung" (ständige Kritik, Herabsetzung,

Überforderung), „Terrorisieren" (Bedrohen, Ängstigen und Einschüchtern) und „Isolation" (Abschneiden von Außenkontakten, Gefühl der Verlassenheit) umschrieben werden.

Gibt es Auswege?

Kinder haben ein Recht auf gewaltfreie Erziehung, doch dieses Recht können sie aus eigener Kraft weder einfordern, noch durchsetzen, denn sie können (und dürfen) sich gegen die Gewalt i.d.R. nicht wehren. Sie sind nicht nur physisch und psychisch auf ihre Eltern angewiesen, sondern sie werden bei Gegenwehr auch massiv weiter misshandelt. Hinzu kommt, dass die übermächtigen Emotionen, die Angst, die Wut, das Gefühl der Ohnmacht nicht verarbeitet werden können und als traumatische Erfahrung bleiben. Die Gewalterfahrungen in der Familie sind nicht nur ein Vertrauensbruch, sie stellen eine grundsätzliche Verletzung, ja Zerstörung der Beziehung zu den Eltern dar. Die Verdrängung der damit verbundenen Gefühle und Erlebnisse ist oft der einzige Weg, der den betroffenen Kindern bleibt.

Der Berliner Arzt und Psychoanalytiker Horst Petri sieht drei Schritte, um diesen Gewaltzirkel zu öffnen:
1. Die Konfrontation mit der Realität: Das Aufdecken von Gewalt in der (eigenen) Familie. Dies ist mit Angst-, Scham- und Schuldgefühlen über eigene Fehler und eigenes Versagen verbunden. Dennoch, der erste Schritt muss sein, sich der Realität zu stellen.

Grundwissen

Wer Schläge einsteckt, wird Schläge austeilen.

Gewalt ist ein Teufelskreis und hat in der Kindererziehung nichts verloren. Kinder haben ein Recht auf gewaltfreie Erziehung. Und davon profitieren Eltern und Kinder gleichermaßen.

Anzeige des Bundesministeriums für Familie, Senioren, Frauen und Jugend zum Thema „Mehr Respekt vor Kindern".

Die Kinderrechtskonvention

Die Kinderrechtskonvention fordert, dass Kinder vor jeder Art von Gewalt zu schützen sind (Art. 19). Bis vor kurzem stand das im deutschen Erziehungsrecht noch nicht so deutlich. Eine Ohrfeige zum Beispiel war bis vor kurzem nicht in jedem Fall verboten.
Die Regierungsparteien von Deutschland, die 1998 gewählt wurden, wollten das ändern. Sie haben dem Bundestag, dem Parlament, daher einen Vorschlag gemacht. Im Juli 2000 hat der Bundestag den Vorschlag angenommen und in das Erziehungsrecht geschrieben: „Kinder haben ein Recht auf gewaltfreie Erziehung." Damit ist jetzt eine Ohrfeige in jedem Fall verboten!

Bundesministerium für Familie, Senioren, Frauen und Jugend (Hrsg.): Die Rechte der Kinder von logo einfach erklärt. Berlin 2004.
www.bmfsfj.de

3. GRUNDSÄTZE DER GEWALTPRÄVENTION

Grundwissen

Kinder in der Familie

- Fast jedes zehnte Kind in NRW berichtet von einem negativen Wohlbefinden in der Familie.
- Mit zunehmendem Alter sinkt das familiäre Wohlbefinden der Kinder deutlich.
- Das höchste familiäre Wohlbefinden haben Kinder, wenn beide Eltern in Teilzeit arbeiten.
- Fast alle Kinder erleben ihre Eltern als verlässlich.
- Bei getrennt lebenden Eltern bzw. Betroffenheit von Arbeitslosigkeit leidet allerdings die Verlässlichkeit des Vaters.
- Sowohl über Alltagserlebnisse als auch über Probleme sprechen die Kinder eher mit der Mutter als mit dem Vater.
- Kindern mit Migrationshintergrund ist es seltener möglich, Probleme mit ihren Eltern zu besprechen.
- Mit zunehmenden Alter reden die Kinder weniger mit ihren Eltern.
- Bei Arbeitslosigkeit der Eltern leidet die Kommunikation in der Familie deutlich.
- Hauptschüler und -schülerinnen kommunizieren seltener mit ihren Eltern.
- Je besser die Kommunikationsqualität, desto besser auch das familiäre Wohlbefinden.

Repräsentative Untersuchung von Kindern in NRW. Erhebung im Früjahr 2004. Altersgruppe 9 – 14 Jahre (Kinder der 4. – 7. Klassen befragt). N = 2348 Kinder aus 97 Schulklassen in ganz NRW. LBS-Kinderbarometer 2004. LBS-Initiative Junge Familie: LBS-Kinderbarometer 2004. Stimmungen, Meinungen, Trends von Kindern und Jugendlichen in NRW. Münster 2005, S. 22 ff.

2. Das Zulassen und Ertragen ambivalenter Gefühle: Ein Kind muss seinen Schmerz, seine Demütigungen und Gewalterfahrungen mitteilen dürfen und können und es muss dabei fragen dürfen, warum die Eltern Gewalt anwenden, ohne dass es Angst haben muss, die Liebe der Eltern zu verlieren oder neuerdings bestraft zu werden. Die Eltern müssen lernen, dass ihre Kinder sie nicht nur lieben, sondern ihnen gegenüber auch negative Gefühle haben.

3. Die Auseinandersetzung mit der eigenen Lebensgeschichte: Die Eltern sollten sich fragen, welche Erfahrungen sie als Kind gemacht haben; wie sie evtl. selbst erlebte Gewalt verarbeitet haben; welche Einstellung sie zur Anwendung von Gewalt haben; wo sie selbst Gewalt ausüben und wie sie sich gegen die Gewalt der anderen schützen.

Nur wenige Familien haben wohl die Möglichkeiten, diese Formen der Auseinandersetzung und Aufarbeitung aufzugreifen, zumal sie von Fachleuten begleitet werden sollten und nur selten in der Familie selbst durchgeführt werden können.

Anmerkungen

[1] Vgl. Erich Fromm: Beyond the Chains of Illusion. New York 1962. In: Rainer Funk: Mut zum Menschen. Erich Fromms Denken und Werk. Stuttgart 1978, S. 182.
[2] David Mark Mantell: Familie und Aggression. Zur Einübung von Gewalt und Gewaltlosigkeit. Eine empirische Untersuchung. Frankfurt 1972, S. 49.
[3] Vgl. Hans-Dieter Schwind (Hrsg.): Ursachen, Prävention und Kontrolle von Gewalt. Analysen und Vorschläge der Unabhängigen Regierungskommission zur Verhinderung und Bekämpfung von Gewalt. Band I, Berlin 1990.
[4] Horst Petri: Schläge, Selbsthass, Hass ... In: Psychologie heute, Februar 1991, S. 48.

Eltern und Lehrer: Zusammenarbeit in der Schule

Die Zusammenarbeit von Eltern und Schule ist wichtig und unabdingbar. Auch Gewaltprävention kann nur durch eine enge Kooperation und Vernetzung gelingen. Die Probleme, die Zusammenarbeit immer wieder erschweren und behindern, sind bekannt. Sie zu benennen ermöglicht es auch ihnen zu begegnen und sie zu überwinden. Dabei sollte auch zwischen gegenseitigen Vorurteilen und tatsächlichen Problemen unterschieden werden, denn natürlich sind auch Eltern sehr individuell und nicht als gesamte Gruppe zu charakterisieren.

Häufige Probleme auf Seiten der Eltern
- Eltern sehen immer nur ihr Kind, während Lehrkräfte alle Kinder im Blick haben müssen.
- Eltern fällt es oft schwer, Lehrkräfte als Profis ernst zu nehmen. Sie meinen zu wissen, was in der Schule und Klasse los ist und wie man es besser machen kann.
- Eltern begegnen den Lehrkräften häufig mit Angst, weil sie wissen, dass diese ihr Kind beurteilen und über die Zukunftschancen mitentscheiden.
- Eltern wollen, dass ihre Kinder gute Noten und Zeugnisse bekommen und machen die Lehrkräfte hierfür verantwortlich.
- Eltern wollen von Lehrern Rechenschaft und pochen auf ihre Elternrechte.
- Eltern erleben mit der Schulzeit ihrer Kinder immer auch ihre eigene Schulzeit wieder und beleben so auch Erlebnisse und Konflikte von früher.

Häufige Probleme auf Seiten der Lehrkräfte
- Lehrkräften fehlt es an Kenntnissen und Erfahrungen, wie sie mit Protesten, Beschwerden und Konflikten der Eltern umgehen können.
- Lehrkäfte sehen immer nur ihr Fach und haben viel zu wenig Zeit für Kontakte und Gespräche.
- Lehrkräfte verhalten sich distanziert zu Eltern und lassen deren Probleme nicht an sich heran.
- Lehrkräfte haben oft „keinen Draht" zu ihren Schülern, kennen deren Lebensverhältnisse nicht.
- Lehrkräfte sind letzlich einsam und unsicher, sie wissen nicht genau, ob und in welchem Maße sie etwas bei den Schülern erreichen.

Einsichten

Die folgenden Einsichten können helfen den gegenseitigen Respekt zwischen Eltern und Lehrkräften zu fördern.
- Die andere Seite ist in ihrem Territorium souverän (der Lehrer im Klassenzimmer und der Elternteil zu Hause).
- Die andere Seite tut sich genauso schwer, mit den Verhaltensproblemen des Kindes fertig zu werden.
- Wir können von ihnen Hilfe bekommen, genauso wie sie von uns Hilfe bekommen können.
- Wir sitzen im selben Boot und werden entweder untergehen oder zusammen weiterrudern.

Haim Omer / Arist von Schlippe: Autorität durch Beziehung. Die Praxis des gewaltlosen Widerstands in der Erziehung. Göttingen 2004, S. 175.

Grundwissen

Gerhard Eikenbusch: Von der stillen Partnerschaft zum aktiven Dialog. Wege zur Elternarbeit in der Schule. In: Pädagogik 9/2006, S. 6 ff., Auszüge.

3. GRUNDSÄTZE DER GEWALTPRÄVENTION

Überlegungen zur Umsetzung

Grundwissen

Eltern und Schule müssen zusammenarbeiten, wenn Erziehung und schulischer Erfolg gelingen sollen. Dies gilt allgemein und für Gewaltprävention im Besonderen. Eltern begegnen dem Lehrpersonal dabei in verschiedenen Rollen und Funktionen. Als Eltern, Sachwalter und Fürsprecher für die Belange und Interessen ihres Kindes. Als Partner für gemeinsame Anliegen der Schule, aber auch als Erziehende, die mit Problemen konfrontiert sind und Rat und Unterstützung benötigen. Schule ist aber auch mit Eltern konfrontiert, die in ihrem Erziehungsverhalten deutlich zeigen, dass sie überfordert sind. Körperliche, psychische Gewalt oder Vernachlässigung im Elterhaus dürfen von Seiten der Schule nicht ignoriert werden. Schule kann Eltern Erziehungsaufgaben nicht abnehmen, aber sie kann (und sollte) Eltern – so weit es geht – dabei helfen.

Eltern haben ein Recht auf Unterstützung bei ihren Aufgaben, ebenso wie auch Lehrkräfte schulische oder externe Unterstützung in Anspruch nehmen sollten. In der Zusammenarbeit von Schule und Eltern spielen Gremien der Elternarbeit, wie Elternpflegschaften oder (Gesamt-)Elternbeiräte eine wichtige Rolle, da diese häufig auch als Mittler auftreten.

Familien mit Migrationshintergrund einbeziehen
Besondere Aufmerksamkeit bei der Zusammenarbeit sollte auf Familien mit Migrationshintergrund gelegt werden, da diese oft an Schulveranstaltungen nicht (oder nur zögernd) teilnehmen und sprachliche Probleme hinzukommen können. Aufgrund unterschiedlicher kultureller Prägungen sind oft auch verschiedene Auffassungen über Erziehung, Geschlechterrollenverhalten und Wertvorstellungen vorhanden.

Umgang mit den Materialien
Mit den Materialien (M 1 – M 11) werden die genannten Aspekte aufgegriffen sowie einige vertiefende Möglichkeiten der Auseinandersetzung und Weiterarbeit angeboten.

Eigenes Erziehungsverhalten überprüfen
Dabei geht es darum, sich mit gängigen Vorstellungen von Erziehung auseinander zu setzen (M 1, M 2), und die Erziehungskompetenz zu stärken (M 5, M 6, M 7).
Eltern sollten darüber hinaus ermutigt werden, sich kompetente Hilfe zu

holen. Dies kann in Form von Ratgebern in Buchform, Teilnahme an Elternstammtischen, Erziehungskursen oder auch Gesprächen in Beratungsstellen geschehen. Professionelle Hilfe in Anspruch nehmen zu können ist ein Zeichen persönlicher Reife. Kriterien für Elternkurse bietet M 8 an.

Eltern mit (Erziehungs-)Problemen
Dass Gewalt in der Erziehung vorkommt, ist kein Geheimnis. Über Umfang und Formen informiert M 3. Welche Faktoren dabei das Risiko auf Gewaltanwendung erhöhen, zeigt M 4.

Grundwissen

Eltern als Partner
Formen vielfältiger Zusammenarbeit und Mitsprache zeigt M 10. Erziehungsvereinbarungen (M 11) stellen ein konkretes Instrument dieser Zusammenarbeit auf der Erziehungsebene dar.
Eine Ebene, die über die üblichen unterstützenden Tätigkeiten hinausgeht, ist die gemeinsame Arbeit an einer Schulvereinbarung oder einem Leitbild.

Ergänzende Bausteine

4.1.3 Kommunikation
4.2.4 Regeln etablieren
4.3.4 Sexualisierte Gewalt

3. GRUNDSÄTZE DER GEWALTPRÄVENTION

Die Materialien im Überblick

Grundwissen

FÜR LEHRKRÄFTE UND ELTERN

Materialien	Beschreibung	Vorgehen
M 1: Alltagsweisheiten hinterfragen	M 1 stellt sieben gängige Alltagsweisheiten über Erziehungspraktiken dar, wie z.B. „Eine Ohrfeige hat noch niemandem geschadet".	M 1 wird ausgeteilt und als Einzel- oder Gruppenarbeit diskutiert. Es sollen klar zustimmende oder ablehnende Statements formuliert werden.
M 2: Alltagsweisheiten und Tatsachen	M 2 setzt sich mit diesen Alltagsweisheiten auseinander und entlarvt sie als Vorurteile, die genau betrachtet für eine gelungene Erziehung nicht produktiv sind.	M 2 sollte als Hintergrundwissen den Eltern zugänglich gemacht werden. Dies kann im Anschluss an die Gruppendiskussion von M 1 geschehen, oder auch in Form eines Elternbriefes oder in einer Schulzeitschrift.
M 3: Erziehungsgewalt	Die Tabelle von M 3 zeigt Ergebnisse einer Untersuchung des kriminologischen Forschungsinstituts Niedersachsen über die Häufigkeit von Gewalt in der Erziehung. Es geht dabei nicht darum Eltern zu denunzieren, sondern die Realität zur Kenntnis zu nehmen.	Mit Hilfe von M 3 kann verdeutlicht werden, welche Erfahrungen Kinder heute mit körperlicher Erziehungsgewalt machen. Bei der Diskussion sollte auch auf andere Gewaltformen eingegangen werden.
M 4: Belastungsfaktoren	Welche Belastungsfaktoren führen dazu, dass unter bestimmten Bedingungen die Wahrscheinlichkeit der Gewaltanwendung größer wird. Die Belastungsfaktoren entstammen dem Hessischen Leitfaden für Arztpraxen.	M 4 bietet für Lehrerinnen und Lehrer, aber auch für Elternvertreter oder -vertreterinnen ein Instrumentarium, um auf Problemsituationen aufmerksam zu werden und evtl. unterstützend tätig werden zu können.
M 5: Was ist wichtig für die Erziehung?	M 5 listet eine Reihe von Aussagen auf, die Erziehungsverhalten beschreiben.	Aus den Aussagen von M 6 sollen zunächst in Einzelarbeit die 10 wichtigsten markiert werden. In Kleingruppen wird dann eine Gruppenentscheidung über die 10 wichtigsten Aussagen hergestellt, dann werden sie in eine Rangfolge von 1 – 10 gebracht.

3.2 GEWALTPRÄVENTION IM ELTERNHAUS

Materialien	Beschreibung	Vorgehen
M 6: Fünf Säulen einer guten Erziehung	M 6 beschreibt je fünf entwicklungsfördernde und fünf entwicklungshemmende Verhaltensweisen in der Erziehung.	Die fünf Säulen einer guten Erziehung werden im Anschluss an die Bearbeitung von M 5 in die Diskussion eingeführt.
M 7: Zwölf Erziehungstipps	M 7 benennt zwölf erprobte „Erziehungstipps", die sofort angewandt werden können.	Die Erziehungstipps können bei Elternversammlungen gemeinsam diskutiert und mit Beispielen angereichert werden.
M 8: Qualitätsanfragen an Elternkurse	Elternkurse gehören zum Angebot vieler Bildungsträger. Um die Qualität dieser Kurse beurteilen zu können, sind in M 8 zehn Kriterien benannt, nach denen sich diese bewerten lassen.	M 8 stellt ein Hintergrundmaterial dar, das bei Beratungsgesprächen oder auch an Elternabenden an Interessierte weitergegeben werden kann.
M 9: Eltern – Kinder – Schule	Die in M 9 formulierten Fragen können helfen, Kinder zu ermutigen, über ihre Erlebnisse und ihr Befinden in der Schule zu erzählen.	M 9 ist eine Anregung, wie Eltern mit ihren Kindern über ihr Befinden in der Schule reden (nachfragen) können. M 9 kann von Elternvertretern an interessierte Eltern weitergegeben werden.
M 10: Zusammenarbeit verbessern	M 10 stellt mögliche Formen der Zuammenarbeit von Eltern und Schule dar, die über die üblichen Vertretungsgremien hinausgehen. Dabei geht es darum, neue Formen der Kooperation mit und die Einbeziehung von Eltern zu etablieren.	M 10 kann als Ideenspeicher und Anregung für Eltern, Lehrer und Schulleitung dienen. Welche Formen werden bereits praktiziert, welche könnten neu aufgegriffen werden?
M 11: Erziehungsvereinbarungen	M 11 stellt ein Muster einer Erziehungsvereinbarung zwischen Eltern, Lehrer und Schüler zur Verfügung.	Die Einführung von Erziehungsvereinbarungen sollte für die gesamte Schule geregelt werden. Deshalb ist das Instrument zunächst in Elternversammlungen vorzustellen und zu besprechen.

Grundwissen

M1 Alltagsweisheiten in der Erziehung hinterfragen

Lehrer, Eltern

Alltagsweisheiten u. Erziehungspraktiken	Ihre Meinung:
1. Eine Ohrfeige ist doch keine Gewalt!	
2. Wer nicht hören will, muss fühlen!	
3. Manchmal provozieren Kinder so lange, bis sie einen Klaps bekommen!	
4. Eine Ohrfeige hat noch niemandem geschadet.	
5. „Gewaltfrei erziehen" heisst, dass ich alles durchgehen lasse.	
6. Erziehungstheorie ist schön und gut, aber ...	
7. Wer eine Beratungsstelle aufsucht, hat in der Erziehung versagt.	

M2 Alltagsweisheiten und Tatsachen – 1

Erziehungs-Vorurteile und Tatsachen

1. Eine Ohrfeige ist doch keine Gewalt! Eine Ohrfeige schadet nichts.
Ohrfeigen, Klapse auf den Po, unwirsches Gezerre und Geschubse sind eine Niederlage im erzieherischen Handeln. Körperliche Gewalt gegen Kinder resultiert aus einer unheilvollen Mischung von Zuckerbrot und Peitsche. Meist redet man als Mutter oder Vater lange auf das Kind ein, versucht erfolglos, sich Gehör zu verschaffen. Zeigt das Kind keine Einsicht, folgen lautstarke Drohungen („Muss ich erst böse werden?"), schließlich die körperliche Erniedrigung. Konflikte zwischen Eltern und Kindern, die normal und alltäglich sind, lassen sich nur in ruhiger, nicht aufgeheizter Atmosphäre lösen, jedoch keinesfalls in Form eines Gewaltaktes.

2. Wer nicht hören will, muss fühlen!
Kinder wollen Klarheit, wollen wissen, woran sie bei den Eltern sind – aber Kinder provozieren keine Schläge, schon deshalb nicht, weil sie ihren Eltern körperlich unterlegen sind. Mit Gewalt erreicht man nichts. Erst recht wachsen durch körperliche Züchtigung keine Kinder mit aufrechtem Gang heran. Aber nicht die Ohrfeigen und Klapse allein erniedrigen. Kinder leiden auch unter den Folgen seelischer und sprachlicher Gewalt: Man darf sie auch nicht „totreden" oder mit dem Entzug von Liebe bestrafen: „Wenn du das weiter machst, hat Mama/Papa dich nicht mehr lieb!"

3. Manchmal provozieren Kinder so lange, bis sie einen Klaps bekommen!
Kinder betteln nicht nach Schlägen und Niederlagen, sie sehnen sich nach Zuwendung und Anerkennung, sie möchten von ihren Eltern so angenommen werden, wie sie nun mal sind. Aber Kinder wünschen sich auch Klarheit – Klarheit in der Sprache und im Handeln von Eltern. Kinder wollen Mütter und Väter, die ihnen Halt geben und ihnen Grenzen setzen, weil sie Orientierung brauchen. Sie wollen Eltern, denen sie vertrauen können und die heute nicht anders reden, als sie morgen handeln. Kinder möchten sich auf ihre Eltern verlassen, denn sie benötigen Halt und Zuwendung durch Nähe und Distanz – nicht durch Schläge und sprachliche Abwertung.

4. Eine Ohrfeige hat noch niemandem geschadet.
Hinter Ohrfeigen und Klapsen versteckt sich ein Erziehungsstil, der Kinder nicht respektiert. Deshalb geht es nicht um eine Ohrfeige, den Klaps, die ab und zu gegeben werden oder die Schimpfkanonade, die man mal loslässt. Wenn Kinder körperliche und sprachliche Schläge im Namen des „Guten" – z. B. der elterlichen Autorität erfahren – lernen sie ein Modell, das sie später im Leben manchmal fortführen. Auch sie wenden dann sprachliche und körperlich Gewalt an, um eigene Interessen durchzusetzen. Geschlagene Kinder können so zu schlagenden Eltern werden.

5. „Gewaltfrei erziehen" heisst, dass ich alles durchgehen lasse.
Kinder brauchen Eltern, die Grenzen setzen, Kinder wollen Eltern, die konsequent erziehen. Kinder haben Probleme mit Eltern, die einen grenzenlosen Erziehungsstil praktizieren; Kinder fürchten Eltern, die mit Zuckerbrot und Peitsche handeln. Aber das Setzen von Grenzen in der Erziehung kann nur auf der Basis gegenseitiger Achtung und beidseitigen Respekts geschehen.

6. Erziehungstheorie ist schön und gut, aber ...
Erziehen ist ein schwieriges Geschäft, bei dem man häufig scheitert oder nicht mehr weiter weiß. Mehr denn je kommt es darauf an, Eltern nicht wegen jedes Fehlers an den Pranger zu stellen, ihnen mit Besserwisserei zu begegnen. Wichtiger ist, Eltern in ihrer pädagogischen

Lehrer, Eltern

M2 Alltagsweisheiten und Tatsachen – 2

Lehrer, Eltern

Unvollkommenheit anzunehmen, ihnen mit Verständnis zu begegnen. Nur Eltern, die sich verstanden und angenommen fühlen, sind bereit, an der Überwindung von Fehlern zu arbeiten, sich pädagogische Niederlagen einzugestehen. Ein Erziehungsperfektionismus lässt die Beziehung zum Kind erkalten, führt schnell zu Versagensgefühlen der Eltern („Warum ist es bei mir nur so?"). Eltern brauchen Begleitung, Unterstützung. Klapse und Ohrfeigen kommen im Alltag vor, sie entstehen in Stresssituationen oder sind Ausdruck brüchiger Eltern-Kind-Beziehungen. Wer sich als Mutter oder Vater dazu hinreißen lässt, sollte sich beim Kind entschuldigen und gemeinsam mit dem Kind darüber nachdenken, wie diese Erziehungsfehler zukünftig zu vermeiden sind.

7. Wer eine Beratungsstelle aufsucht, hat in der Erziehung versagt.

Eltern brauchen Begleitung bei ihrer verantwortungsvollen Aufgabe, Kinder in ihrer Entwicklung zu fördern und zu unterstützen. Eltern brauchen Bestätigung und Ermutigung, nicht ständige Kritik und Bevormunderei, schon gar nicht den drohenden Zeigefinger. Und schließlich: Man muss nicht so lange warten, bis ein Kind in den Brunnen gefallen ist. Wichtiger ist, Eltern dann zu unterstützen, wenn das Kind auf dem Brunnenrand turnt. Eltern, die sich Hilfe in einer Beratungsstelle holen, haben nicht versagt. Manche Eltern wissen einfach nicht mehr weiter. Und sie holen sich in ihrer Ratlosigkeit Unterstützung, sind bereit, aus gemachten Fehlern persönliche Konsequenzen zu ziehen. Wieder andere Eltern wollen in ihrem pädagogischen Handeln souveräner werden. Nötiger denn je ist eine professionelle Begleitung von Eltern, die sie unterstützt und ermutigt. Dazu bedarf es eines Netzwerkes, um viele Eltern zu erreichen.

Jan Uwe Rogge: Tausendmal gehört und doch falsch. Erziehungs-Vorurteile und Tatsachen. In: Bundesministerium für Familie, Senioren, Frauen und Jugend (Hrsg.): Worte vergehen, der Schmerz bleibt. Mehr Respekt vor Kindern. Informationsbroschüre zur gewaltfreien Erziehung. Berlin 2000, S. 13.

M3 Erziehungsgewalt

Kindheitserfahrungen mit körperlicher Erziehungsgewalt durch Eltern
(N=3249, Mehrfachnennungen möglich)

„Meine Eltern haben…" *(abgekürzte Formulierungen)*	selten	häufiger als selten
1. mit Gegenstand nach mir geworfen	7,0 %	3,7 %
2. mich hart angepackt oder gestoßen	17,9 %	12,1 %
3. mir eine runtergehauen	38,0 %	38,5 %
4. mich mit Gegenstand geschlagen	7,0 %	4,6 %
5. mich mit Faust geschlagen, getreten	3,3 %	2,6 %
6. mich geprügelt, zusammengeschlagen	4,5 %	3,5 %
7. mich gewürgt	1,4 %	0,7 %
8. mir absichtlich Verbrennungen zugefügt	0,5 %	0,4 %
9. mich mit Waffe bedroht	0,8 %	0,4 %
10. eine Waffe gegen mich angesetzt	0,3 %	
körperliche elterliche Gewalt insgesamt (1-10)	**36,1 %**	**38,8 %**
körperliche Züchtigung durch Eltern (1-4)	**36,1 %**	**38,4 %**
körperliche Mißhandlung durch Eltern (5-10)	**5,9 %**	**4,7 %**

In einer Untersuchung über Gewalt gegen Kinder in Deutschland gaben insgesamt 74,9 % (n=2432) der Befragten an, in ihrer Kindheit körperliche Gewalthandlungen seitens ihrer Eltern erlebt zu haben. Darunter finden sich 350 Befragte (10,8 % der Stichprobe), die Opfer elterlicher Misshandlungen wurden. 38,4 % wurden häufiger als selten körperlich gezüchtigt. Misshandlungen erlebten 4,7 % häufiger als selten.

Christian Pfeiffer / Peter Wetzels: Kinder als Täter und Opfer. Eine Analyse auf der Basis der Polizeilichen Kriminalstatistik und einer repräsentativen Opferbefragung. Kriminologisches Forschungsinstitut Niedersachsen. Hannover 1997.

Ursachen von Gewalt gegen Kinder und Jugendliche

Gesellschaftliche Ebene	Soz./kommunale Ebene	Familiäre Ebene	Individuelle Ebene
z.B. hohe Armutsquote, Toleranz gegenüber aggressiven / gewaltförmigen Konfliktlösungen oder Erziehungsgewalt, Mach- und Beziehungsgefälle zwischen den Geschlechtern.	z.B. fehlendes soziales unterstützendes Netzwerk der Familie, sozialer Brennpunkt.	z.B. Paarkonflikte, gestörte Eltern-Kind-Beziehungen, beengte Wohnverhältnisse	z.B. belastete Kindheit, psychische Störungen, Drogen- oder Alkoholmissbrauch, mangelnde Fähigkeiten im Umgang mit Stress und Konflikten.

Günther Deegener: Erscheinungsformen und Ausmaße von Kindesmisshandlung. In: Wilhelm Heitmeyer / Monika Schröttle (Hrsg.): Gewalt. Beschreibungen, Analysen, Prävention. Bonn 2006, S. 28 f.

3. GRUNDSÄTZE DER GEWALTPRÄVENTION

M4 Belastungsfaktoren

Belastungsfaktoren, die unter bestimmten Bedingungen zu Risikofaktoren werden können:

Lehrer, Eltern

Kind	Eltern	soziale Rahmenbedingungen
• Unerwünschtheit • Abweichendes und unerwartetes Verhalten • Entwicklungsstörungen • Fehlbildungen • Niedriges Geburtsgewicht und daraus resultierende körperliche und geistige Schwächen • Stiefkinder	• Misshandlungen in der eigenen Vorgeschichte • Akzeptanz körperlicher Züchtigung • Mangel an erzieherischer Kompetenz • Unkenntnis über Pflege, Erziehung und Entwicklung von Kindern • Eheliche Auseinandersetzungen • Aggressives Verhalten • Niedriger Bildungsstand • Suchtkrankheiten • Bestimmte Persönlichkeitszüge, wie mangelnde Impulssteuerung, Sensitivität, Isolationstendenz oder ein hoher Angstpegel • Depressivität der Bezugsperson	• Wirtschaftliche Notlage • Arbeitslosigkeit • Mangelnde Strukturen sozialer Unterstützung und Entlastung • Schlechte Wohnverhältnisse • Isolation • Minderjährige Eltern

Der Begriff Risikofaktor verdeutlicht, dass die Wahrscheinlichkeit der Kindesmisshandlung größer ist, wenn mehrere Faktoren zusammen vorliegen. Dies birgt jedoch auch die Gefahr, dass Vorurteile geschürt werden und damit der Blick der helfenden Person eingeengt wird. Darum wurde der Begriff des Belastungsfaktors gewählt, der nicht automatisch zum Risikofaktor werden muss.

Hessischer Leitfaden für Arztpraxen: Gewalt gegen Kinder. Was ist zu tun bei „Gewalt gegen Mädchen und Jungen". Herausgeber: Berufsverband der Ärzte für Kinderheilkunde und Jugendmedizin Deutschlands e.V./Landesverband Hessen. Wiesbaden 1998, S. 9-19, Auszug.

M5 Was ist wichtig für die Erziehung?

*Wählen sie 10 Aussagen aus und bringen Sie diese in eine Rangfolge von 1 bis 10.
Nr. 1 stellt für Sie das Wichtigste dar.*

Lehrer, Eltern

Anteilnahme

Zuwendung

Grenzen setzen

Trost spenden

Körperkontakt herstellen

Klare Regeln

Konsequenzen zeigen

Eigene Entwicklung zulassen

Schutz vor zu starken Reizen

Freiraum geben

Nähe zeigen

In Entscheidungen einbeziehen

Strukturierter Alltag

Aufmerksamkeit zeigen

Starke gefühlsmäßige Bindung

Nicht zuviel Emotionen zeigen

Bewahren und behüten

Eigene Unsicherheiten zugeben

Kontrolle

Humor

Freundliche Zuwendung

Wohlwollende Atmosphäre

Forderungen stellen

Sich selbst sicher sein

Auf Pflichten hinweisen

Disziplin einfordern

M6 Fünf Säulen einer guten Erziehung

Lehrer, Eltern

Entwicklungsförderndes Verhalten

Emotionale Wärme. Sie äußert sich darin, dass sich der Erwachsene dem Kind zuwendet, ihm das „Geschenk der einen Aufmerksamkeit" (Martin Buber) macht und es in einer wohlwollenden Atmosphäre anhört und wahrnimmt. Dazu gehört, dem Kind mit echter Anteilnahme zu begegnen.

Achtung und Respekt. Der Erwachsene wendet sich dem Kind in voller Aufmerksamkeit zu, aber er erkennt an, dass das Kind anders ist als er selbst; auch die ihm fremden Anteile werden akzeptiert. Er traut dem Kind eigene Wege zu und hält es für fähig, selbst Lösungen zu finden.

Kooperation. Hier geht es um das Miteinander, um Gespräche und Erklärungen, wechselseitiges Verstehen und Um-Verständnis-Ringen in der Eltern-Kind-Beziehung. Erwachsene vertreten ihren eigenen Standpunkt und hören sich die Meinung des Kindes an. Es wird in Entscheidungen einbezogen. Dem Erziehenden kommt es auf Teilhabe und Teilnahme des Kindes an, er übernimmt Verantwortung und Begleitung.

Struktur und Verbindlichkeit. Verbindlichkeit bedeutet hier, dass Regeln befolgt werden, die allen bekannt und einsichtig sind. Absprachen werden von beiden Seiten eingehalten. Werden abgesprochene und begründete Regeln nicht eingehalten, hat das erwartbare Konsequenzen, die durchgeführt und nicht nur angedroht werden.

Allseitige Förderung. Der Erwachsene sorgt für eine anregungsreiche Umgebung und macht das Kind bekannt mit Natur, Wissenschaft, Technik, Religion und Kosmos. Er antwortet auf Fragen, unterstützt das Neugierverhalten und ermöglicht dem Kind intellektuelle, sprachliche, motorische und sinnliche Erfahrungen.

Entwicklungshemmendes Verhalten

Emotionale Kälte oder emotionale Überhitzung. Emotionale Kälte herrscht, wenn der Erwachsene das Kind offen ablehnt, es ignoriert und Desinteresse an seiner Person und seinem Verhalten zeigt. Er ist wenig anteilnehmend und vermeidet Körperkontakt. Emotionale Überhitzung liegt vor, wenn der Erwachsene überbehütend agiert und Liebe und Körperkontakt einfordert. Er missbraucht das Kind zur Befriedigung seiner eigenen emotionalen Bedürfnisse.

Missachtung. Das Verhalten und die Person des Kindes werden gering geschätzt, abwertende Kommentare wirken entwürdigend und erniedrigend. Das Kind wird vor anderen bloßgestellt.

Dirigismus. Der Erwachsene bestimmt, was das Kind zu tun hat. Unternehmungen werden auch gegen den Widerstand des Kindes durchgezogen, weil sie „gut" für das Kind sind. Mittels Kontrolle, Liebesentzug und Verboten schränkt der Erwachsene die Autonomie des Kindes ein.

Chaos und Beliebigkeit. Der Erwachsene ist unsicher und inkonsequent. Aus vermeintlicher oder tatsächlicher Ohnmacht oder Überforderung neigt er einerseits zum Nichtstun und Geschehenlassen, ist aber im anderen Moment fordernd und bestimmend. Er gibt keine klare Orientierung, weder durch sich als Person noch durch eine geregelte Tages- und Alltagsstruktur.

Einseitige (Über-)Förderung und mangelnde Förderung. Während im Falle der Überförderung das Kind zur übertriebenen Leistung angehalten wird, werden ihm bei mangelnder Förderung bestimmte Welt- und Lebenszusammenhänge vorenthalten.

Sigrid Tschöpe-Scheffler: Fünf Säulen einer guten Erziehung. In: Psychologie heute, 5/2003, Auszüge.

M7 Zwölf Erziehungstipps – 1

Tipp 1: Stärken Sie das Positive
Nehmen Sie sich Zeit für Ihr Kind und räumen Sie dieser Zeit eine hohe Priorität in Ihrem Leben ein. Tun Sie gemeinsam Dinge, die Ihrem Kind und Ihnen selbst Spaß machen. Achten Sie auf das Positive bei Ihrem Kind, d.h. die vielen Situationen, in denen sich Ihr Kind so verhält, wie Sie es sich wünschen und gern sehen.

Tipp 2: Klären Sie Ihre Erziehungsstrategie
Was ist Ihnen für die Erziehung Ihres Kindes wirklich wichtig? Was wollen Sie ihm mit auf den Weg geben? Wie wollen Sie ihre Erziehungsziele im Alltag konkret umsetzen?

Tipp 3: Kontrollieren Sie Ihren Ärger
Ärger ist eine wichtige Gefühlsregung, die signalisiert, dass etwas nicht in Orgnung ist. Wenn der Ärger jedoch überhand nimmt, beeinträchtigt er die Fähigkeit, klar und vernünftig zu denken. Handeln Sie erst, nachdem sie Ihren „Adrenalinspiegel" gesenkt haben.

Tipp 4: Achten Sie auf direkte und verschlüsselte Botschaften
Es gibt Situationen, in denen Ihr Kind ein Problem hat und dann Ihre Hilfe benötigt. Gehen Sie auf jeden Fall unmittelbar darauf ein, wenn Ihr Kind sein Problem direkt anspricht (z.B. wenn es mit seinen Hausaufgaben nicht zurecht kommt oder wenn es einen Freund bzw. eine Freundin nicht sehen will). Versuchen Sie dann, zusammen mit Ihrem Kind, das Problem zu besprechen und eine Lösung zu finden.
Schwieriger ist es, wenn Ihr Kind auf verschlüsselte Weise zeigt, dass es ein Problem hat. Erkennbar ist dies an seiner momentanen Stimmungslage oder an dem, was es sagt. Greifen Sie diese Stimmungslage bzw. die Worte Ihres Kindes auf und versuchen Sie, mit ihm gemeinsam herauszufinden, was dahinter steckt. Unterstützen Sie dann Ihr Kind dabei, eine Lösung für sein Problem zu finden.

Tipp 5: Seien Sie kurz, präzise und positiv
Wenn Sie von Ihrem Kind etwas Bestimmtes wollen (z.B. wenn es in seinem Zimmer spielt und zum Essen kommen soll), gehen Sie zu Ihrem Kind und vergewissern Sie sich, dass es hört, was Sie zu sagen haben. Sagen Sie mit wenigen Worten, was Sie wollen. Sagen Sie genau, was Sie wollen, und sagen Sie es in einer positiven Weise (z.B. „In fünf Minuten ist das Essen fertig. Solange kannst Du noch spielen. Komm dann runter zum Essen. Wasch Dir aber bitte vorher noch die Hände.")

Tipp 6: Reden und handeln Sie respektvoll
Vergessen Sie nicht Ihre guten Manieren – auch wenn Ihnen „der Kamm schwillt", weil Ihr Kind nicht tut, was Sie wollen. Kontrollieren Sie Ihren Ärger und behandeln Sie Ihr Kind in Worten und Taten mit Respekt – so wie Sie es auch bei einem Erwachsenen tun würden, der Ihnen etwas bedeutet.

Tipp 7: Sprechen Sie von sich selbst
Geben Sie Ihrem Kind zu verstehen, wie Ihnen innerlich zumute ist – vor allem dann, wenn Sie sich durch sein Verhalten herausgefordert fühlen. Dies ist eine wichtige Voraussetzung dafür, dass Ihr Kind sein Verhalten ändern kann. Sprechen Sie offen Ihren Ärger aus und erklären Sie Ihrem Kind, warum Sie ärgerlich sind. Sagen Sie ihm dann, was Sie sich in der Zukunft anders wünschen.
Ein anderer Anlass, von sich selbst zu sprechen, sind Entschuldigungen. Wenn Sie Ihrem Kind gegenüber einmal überreagiert haben, fällt Ihnen

Lehrer, Eltern

M7 Zwölf Erziehungstipps – 2

Lehrer, Eltern

„kein Zacken aus der Krone", wenn Sie sich bei ihm dafür entschuldigen.
Ihr Kind lernt dadurch, dass auch Eltern nur Menschen sind und dass negative Emotionen zum Leben dazu gehören.

Tipp 8: Lassen Sie Ihr Kind entscheiden
Geben Sie Ihrem Kind so häufig wie möglich die Gelegenheit, selbst zwischen verschiedenen Alternativen zu entscheiden. Sie vermitteln damit Ihrem Kind die Erfahrung, dass es Wahlmöglichkeiten hat und für seine Entscheidung selbst verantwortlich ist – und darüber hinaus auch für die Konsequenzen, die sich daraus ergeben.

Tipp 9: Verwenden Sie Regeln und Absprachen
Führen Sie eine Regel ein oder treffen Sie mit Ihrem Kind eine Absprache, wenn es Ihnen wichtig ist, dass Ihr Kind sich in bestimmter Weise verhält. Zum Beispiel, wenn es darum geht, die Hausaufgaben zu erledigen oder für ein Haustier zu sorgen. Machen Sie Ihrem Kind klar, dass Regeln zwar nicht ewig gelten, aber auch nicht einseitig außer Kraft gesetzt werden können. Kündigen Sie Konsequenzen für den Fall an, dass Ihr Kind sich nicht an eine Regel oder Vereinbarung hält (siehe Tipp 10).

Tipp 10: Seien Sie konsequent mit Konsequenzen
Manche Konsequenzen – sogenannte natürliche Konsequenzen – ergeben sich unmittelbar aus dem Verhalten Ihres Kindes (z.B. wenn es morgens getrödelt hat und zu spät in die Schule kommt). Auch wenn es schwer fällt: lassen Sie Ihr Kind die Erfahrung machen, welche Konsequenzen sein Verhalten hat und fahren Sie es nicht in letzter Minute noch schnell in die Schule.

Tipp 11: Nehmen Sie sich Zeit für sich selbst
Machen Sie ab und zu mal „Urlaub" von Ihrem Kind und gönnen Sie sich selbst etwas Gutes. Sie tanken dadurch Kraft, die nicht zuletzt auch wieder Ihrem Kind zugute kommt.

Tipp 12: Holen sie sich Rat und Unterstützung
Es kann Lebensumstände geben, die es Ihnen schwer machen, mit Ihrem Kind zurecht zu kommen. Wenn dies der Fall ist, scheuen Sie sich nicht, kompetenten Rat und Unterstützung von außen zu holen. Es spricht für Ihre persönliche Reife und Ihr Verantwortungsbewusstsein, wenn Sie die Dinge nicht einfach laufen lassen.

Klaus A. Schneewind: Freiheit in Grenzen. Eine interaktive CD-ROM zur Stärkung elterlicher Erziehungskompetenzen für Eltern mit Kindern zwischen 6 und 12 Jahren. München 2003, S. 61 ff., Auszüge.

M8 Qualitätsanfragen an Elternkurse – 1

Elternkurse stellen ein wichtiges Element einer umfassenden Gewaltprävention dar. Sie haben den Anspruch, Hilfen für den Erziehungsalltag zu bieten und haben meist ähnliche Ziele: Eltern und Kinder sollen wieder ohne Stress miteinander auskommen können, das Selbstwertgefühl der Kinder soll ebenso wie die Elternrolle gestärkt, Achtung und Respekt voreinander sollen eingeübt werden und Kinder sollen sich ihrer Lebensphase angemessen entwickeln und entfalten können.

Das Angebot an Eltern- und Erziehungskursen ist groß. Die Menschenbilder allerdings, die den jeweiligen Konzepten zugrunde liegen, sind ebenso wie die Methoden und die Arbeitsweisen innerhalb der Kurse sehr unterschiedlich. Auf dem „Markt" sind standardisierte Kurse, die eine spezifische Trainerausbildung voraussetzen, ebenso zu finden wie selbst entworfene Angebote im Rahmen der lokalen Erwachsenenbildung.

Qualitätsanfragen

1. Die Frage nach der Transparenz der theoretischen Grundlagen des Kurses, seiner Ziele, Inhalte und Methoden.
Die Bezugstheorie muss bereits im Programm transparent gemacht werden, damit die theoretischen Grundlagen und die daraus resultierenden Methoden, Ziele und Inhalte nachvollziehbar sind.

2. Die Frage nach Evaluationsergebnissen.
Es reicht nicht, eine hohe Zufriedenheit der Eltern mit dem Kurs zu konstatieren. Die Erfolge eines Kurses im Hinblick auf das veränderte Elternverhalten, die Interaktion zwischen Eltern und Kindern, das veränderte Verhalten des Kindes oder andere Variablen sollten durch empirische Untersuchungen von unabhängigen Forschungsgruppen belegt sein.

3. Die Frage nach Methoden und Inhalten, durch die Alltagskonzepte von Eltern erweitert und verändert werden können.
In Elternkursen können Möglichkeiten zur Veränderung rigider Alltags- und Erziehungstheorien vor allem durch folgende Punkte gegeben sein:
- Die Teilnehmerinnen und Teilnehmer kommen freiwillig und haben einen (gewissen) Leidensdruck und/oder Veränderungswunsch.
- Die Teilnehmerinnen und Teilnehmer haben die Möglichkeit, ihr eigenes Verhalten zu reflektieren. Das setzt eine angstfreie Atmosphäre des emotionalen Lernens voraus.
- Die Kursleiterin/der Kursleiter ist ein positives Modell für ein neues Kommunikations- und Interaktionsverhalten.
- Fallbeispiele aus dem eigenen Erziehungsalltag werden besprochen, gespielt und durch erweiterte Handlungsoptionen neu bewertet und im Familienalltag erprobt.
- Neue Theorien über Erziehung und kindliche Entwicklung erweitern das vorhandene Wissen und werden auf das eigene Verhalten hin reflektiert.
- Der Erfahrungsaustausch mit anderen Eltern ermöglicht neue Perspektiven und relativiert die eigene Sicht.

4. Die Frage danach, wie positive Selbstwirksamkeitserwartungen und Kontrollüberzeugungen (und damit die Erziehungsautorität) der Eltern gefördert werden.
Die Selbstwirksamkeitserwartung beeinflusst das Verhalten und die jeweilige Zielsetzung. Durch die Erfahrung, dass neue Haltungen (z. B. „Achte auf die positiven Seiten deines Kindes.") Verhaltensweisen („Ich lerne, ‚Ich-Botschaften' zu senden.") und Handlungsalternativen („Ich bestehe darauf, dass die Regel ‚Die Schuhe gehören ins Regal' eingehalten wird.") im familiären Alltag umsetzbar

Lehrer, Eltern

M8 Qualitätsanfragen an Elternkurse – 2

Lehrer, Eltern

sind und diesen entspannen, führt zu der Erfahrung, dass die Eltern in ihren Rollen als Vater und Mutter etwas bewirken können (Erziehungsautorität).

5. Die Frage nach den Empowerment-Potenzialen.

Ist das Konzept
- ermutigend und ressourcenorientiert statt defizi- und problemorientiert?
- unterstützend statt belehrend?
- selbstreflektierend statt rezeptorientiert?
- Werden durch praktische Übungen neue Erfahrungen ermöglicht?
- Werden eigene Handlungsalternativen im Umgang mit den Kindern unterstützt?

6. Die Frage, ob eine Orientierung an der Subjektstellung des Kindes vorgenommen wird.

Ist auf der Basis der UN-Konventionen die Subjektstellung und Würde des Kindes der Ausgangspunkt für die Überlegungen von Interventionen und erzieherischen Konsequenzen und steht damit das Recht des Kindes auf eine gewaltfreie Erziehung im Mittelpunkt?

7. Die Frage nach der Ausbildung der Kursleiterinnen und Kursleiter.

Die Multiplikatorinnen haben durch ihren Sach-, Persönlichkeit- und Beziehungsaspekt einen maßgeblichen Einfluss auf die Erweiterung der elterlichen Alltagskonzepte. Sie müssen neben einer pädagogischen Grundausbildung in den Methoden dieses speziellen Konzeptes geschult sein und darüber hinaus über didaktische Kompetenz verfügen. Eine regelmäßige Supervision wäre sinnvoll.

8. Die Frage nach der Niederschwelligkeit und den Kosten der Angebote.

Wie sind die Angebote methodisch, räumlich und zeitlich in die jeweilige Lebenswelt der Familien eingebunden? Ideal ist eine Integration der Elternarbeit in Kooperation mit dem Gesundheitssystem (Hebammen, Kinderärzten), Kindertageseinrichtungen und Schulen (siehe Bündnis für Familien und Konzepte der Lernenden Region) oder in die Stadtteilarbeit.

9. Die Frage nach Unterstützung von Netzwerken und Nachbarschaftshilfen – Lebensraumorientierung.

Ermöglichen Elternkurse durch das Angebot des Austauschs mit anderen Eltern Netzwerke und helfen damit, die Handlungskompetenz von Eltern zu erhalten? Wird Hilfe zur Selbsthilfe initiiert, die auch nach Beendigung des Kurses noch „greift"?

10. Die Frage nach zusätzlichen Angeboten außerhalb der Kurszeit (z. B. Medien, Informationsmaterial, Möglichkeit der (telefonischen) Beratung, etc.).

Werden den Eltern zusätzliche (Einzel-)Gespräche ermöglicht, Lernmaterialien bereit gestellt, damit das Erfahrene vertieft und zu Hause wiederholt werden kann? Wird Hilfe bei der Organisation von Elternstammtischen nach dem Kurs gegeben?

Sigrid Tschöpe-Scheffler: Qualitätsanfragen an Elternkurse. Wie man Konzepte leichter beurteilen kann. In: TPS. Theorie und Praxis der Sozialpädagogik. 8/2004, S. 4-7, Auszüge.

Literatur
Sigrid Tschöpe-Scheffler: Kann man Erziehen lernen? Elternkurse im Vergleich. In: Aktion Jugendschutz, Landesarbeitsstelle Baden-Württemberg (Hrsg.): Von wegen Privatsache ... Erziehungspartnerschaft zwischen Familie und Gesellschaft. Stuttgart 2004, S. 113-127.

http://www.gewaltpraevention-tue.de/index.php?id=10097

M9 Eltern – Kinder – Schule

Kinder erzählen oft ungern über das, was in der Schule wirklich geschieht. Eltern können durch einige einfache Fragen ihr Kind zum Erzählen ermuntern.

Solche Fragen können u.a. sein:

Freust Du Dich auf den nächsten Schultag?

Gehst Du gerne in die Schule?

Hast Du den Eindruck, dass Dein Lehrer / Deine Lehrerin gerne in die Schule geht?

Hast Du Angst vor bestimmten Unterrichtsfächern oder Unterrichtssituationen?

Geht die Lehrerin / der Lehrer freundlich mit Euch um – wie zeigt Ihr Eure Freundlichkeit gegenüber der Lehrerin / dem Lehrer?

Spricht der Lehrer / die Lehrerin ein persönliches Wort mit Dir?

Findest Du den Unterricht interessant und trägst Du persönlich etwas dazu bei?

Bist Du sicher vom Lehrer /der Lehrerin niemals ausgelacht und bloßgestellt zu werden?

Horst Singer: Zivilcourage in der Schule. In: Gerd Meyer u.a. (Hrsg.): Zivilcourage lernen. Tübingen/Bonn 2004, S. 140.

Anmerkung für Lehrkräfte
Lehrpersonen sollten sich immer so verhalten, dass sie jederzeit den Kindern und Eltern gegenüber ihr Verhalten begründen und einsichtig machen können.
Diese Fragen sind nicht gegen einzelne Lehrkräfte gerichtet, sondern ein Hilfsmittel für Kinder, belastende Erlebnisse und Eindrücke loswerden und mitteilen zu können. Dadurch wird es möglich, diese aufzugreifen und zu bearbeiten.

M10 Zusammenarbeit verbessern

Zusammenarbeit als aktiver Dialog

Lehrer, Eltern

Eltern können in der Schule nur mitreden und mitarbeiten, wenn sie besser und aus eigener Anschauung wissen, was im Unterricht passiert und welche Entwicklungsmöglichkeiten in der Schule bestehen.

Mögliche Formen sind hier u.a.:

persönlich strukturierte Elterngespräche über die Lernentwicklung der Kinder.

Hospitationen im Unterricht.

Anwesenheit bei Präsentationen von Schülerinnen und Schülern.

regelmäßige Elterninformationen über Arbeit und Leistungen der Schüler.

Workshops, in denen Eltern neue Methoden selber kennenlernen.

Seminare über Erziehungsvereinbarungen.

Aufgaben, die gemeinsam von Eltern und Schülern zu lösen sind.

Mitarbeit von Eltern in Gremien auf Klassen-, Schul-, kommunaler und Landesebene.

Schaffung von Treffpunkten für Eltern.

Entwicklung von Lernmaterialien und Beteiligung an der Lernorganisation.

Familienbesuche der Lehrkräfte.

...

Arbeitsfragen

Welche Formen der Kooperation existieren?

Welche neuen Formen könnten aufgegriffen werden?

Welche Wirkung könnten diese Formen in Bezug auf Gewaltprävention haben?

Gerhard Eikenbusch: Von der stillen Partnerschaft zum aktiven Dialog. Wege zur Elternarbeit in der Schule. In: Pädagogik 9/2006, S. 9, Auszüge.

M11 Erziehungsvereinbarungen

Muster einer Vereinbarung zwischen Eltern – Schule – Schulkind

Unser Kind besucht jetzt die _____ Klasse der _____ Schule

Wir als Eltern bemühen und kümmern uns darum, dass
- unser Kind regelmäßig am Unterricht teilnimmt,
- wenn er/sie krank ist, werden wir im Sekretariat der Schule unter Tel. _____
  ihn/sie morgens bis _____ Uhr entschuldigen,
- die Hausaufgaben vollständig erledigt werden,
- die Schulmaterialien pfleglich behandelt und zum entsprechenden Unterricht mitgebracht werden,
- wir Zeit haben, mindestens zwei Mal jährlich an einem Elternabend teilzunehmen,
- wir an Elternsprechtagen die Gelegenheit zum Gespräch suchen,
- unser Kind ausgeschlafen, gewaschen, mit dem Wetter angepasser Kleidung und nach oder mit Frühstück ausgestattet pünktlich zum Unterricht kommt,
- es einen respektvollen Umgang miteinander gibt.
- ...

Ich als Lehrer(in) bemühe mich darum, dass
- der Erziehung- und Bildungsauftrag der Schule erfüllt wird,
- der Unterricht regelmäßig stattfindet und pünktlich beginnt,
- die Schüler(innen) ihren Leistungen entsprechend gefördert werden,
- es einen respektvollen Umgang miteinander gibt,
- die Eltern regelmäßig über den Lernstand ihres Kindes in Kenntnis gesetzt werden,
- ein jährlicher Hausbesuch zum gegenseitigen Kennenlernen mit Einverständnis der Eltern erfolgen kann,
- Elternabende oder -veranstaltungen zu bestimmten Themen angeboten werden.
- ...

Ich als Schüler / Schülerin bemühe mich darum, dass ich
- regelmäßig, pünktlich und ausgeruht am Unterricht teilnehme,
- meine Hausaufgaben vollständig erledigt habe, meine Schulmaterialien pfleglich behandelt und alle erforderlichen Materialien zum entsprechenden Unterricht mitbringe,
- fremdes Eigentum achte,
- einen respektvollen Umgang mit allen Beteiligten habe,
- Konflikte gewaltfrei löse,
- mich meinem Leistungsvermögen entsprechend am Unterricht beteilige.
- ...

Unterschriften von Eltern, Lehrer(in), Schüler(in)

_____

Mustervereinbarung. Gütersloher Bündnis für Erziehung (BfE): Flächendeckende Einführung von Erziehungsverträgen an Kindertagesstätten und Schulen.
www.wfe.guetersloh.de

Soziale Wahrnehmung

Grundwissen
- Soziale Wahrnehmung .... S. 124
- Vorstellungen über Wahrnehmung .... S. 126
- Kulturen prägen die Wahrnehmung .... S. 128
- Die Grenzen der Wahrnehmung .... S. 131
- Überlegungen zur Umsetzung .... S. 133
- Die Materialien im Überblick .... S. 134

Materialien
Für den Unterricht
- M 1: Was ist ein Elefant? .... S. 136
- M 2: Welche Linie ist länger? .... S. 137
- M 3: Welcher Punkt ist größer? .... S. 138
- M 4: Gleich oder verschieden? .... S. 139
- M 5: Die Gemüseschale .... S. 140
- M 6: Wie viele Vierecke? .... S. 141
- M 7: Das 9-Punkte-Problem .... S. 142
- M 8: Max und die Tasche .... S. 143
- M 9: Die „richtige" Reihenfolge .... S. 144
- M 10: Das eigene Bild vom Andern .... S. 145
- M 11: Was hilft bei der Wahrnehmung? .... S. 146

In diesem Baustein wird gezeigt, wie eingeschränkt und fehlerhaft menschliche Wahrnehmung sein kann.

Anhand vielfältiger Beispiele und Experimente wird soziale Wahrnehmung geschult und reflektiert. Desweiteren werden Möglichkeiten der Korrektur von Wahrnehmung angeboten.

Soziale Wahrnehmung

Soziales Kompetenztraining

Die Bausteine „Soziale Wahrnehmung", „Emotionale Intelligenz", „Kommunikation", und „Resilientes Verhalten" bilden einen umfassenden Ansatz für ein soziales Kompetenztraining. Diese Bausteine bauen aufeinander auf und ergänzen sich, können aber auch getrennt oder parallel eingesetzt werden.
Die Materialien dieser Bausteine lassen sich zu Trainingseinheiten mit individuell zugeschnitten Schwerpunkten zusammenstellen und kombinieren und dienen gleichzeitig auch der Qualifizierung der Lehrkräfte und Eltern.

Klassischer Aufbau eines sozialen Kompetenztrainings für Kinder

1. Stunde: Kennenlernen, Einführung
2. Stunde: Kommunikationsübungen
3. Stunde: Gefühle wahrnehmen
4. Stunde: Selbst- und Fremdwahrnehmung
5. Stunde: Beziehungsaufbau
6. Stunde: Wünsche und Bedürfnisse
7. Stunde: Beziehungen und Freundschaften pflegen
8. Stunde: Umgang mit Konflikten: Perspektivenübernahme
9. Stunde: Umgang mit Konflikten: Stabilisierung neuer Verhaltensstrategien
10. Stunde: Abschluss

Vgl. Norbert Beck / Silke Cäsar / Britta Leonhardt: Training sozialer Fähigkeiten mit Kindern im Alter von 8 bis 12 Jahren. Tübingen 2006.

Menschliches Verhalten wird wesentlich durch die Wahrnehmung bestimmt. Dass und wie ein Mensch sich verhält, hängt zu großen Teilen davon ab, wie er die ihn umgebende Welt wahrnimmt.

Wahrnehmung ist kein fotografisch-objektives Registrieren der Umwelt. Unsere Sinne können uns täuschen – sie sind zahlreichen Korrekturen, Störungen und Fehlern unterworfen.
Handeln in Problem- und noch mehr in Gewaltsituationen beruht häufig auf eingeschränkter Wahrnehmungsfähigkeit, verbunden mit mangelnder Informationsverarbeitung. Sind diese Situationen zudem noch emotional stark aufgeladen, schränken sich unsere Verhaltensmöglichkeiten auf wenige „erprobte Konstanten" ein. Doch diese sind meist nicht angemessen.
Fehlwahrnehmungen, eingeschränkte Wahrnehmungen oder falsche Interpretation und Verarbeitung des Wahrgenommenen, bewirken oft falsche oder unangemessene Reaktionen.
Die Schulung von Wahrnehmung, das Kennen von Wahrnehmungsprinzipien und das Wissen, dass Wahrnehmung immer lücken- und fehlerhaft ist, verbunden mit der Überprüfung des Wahrgenommenen und dessen Interpretation, sind zentrale Voraussetzungen für gelungene Kommunikation, aber auch für konstruktive Konfliktbearbeitung und einen deeskalierenden Umgang mit Gewaltsituationen.

Lernen beruht auf Wahrnehmung

Der Mensch benötigt seine Sinne, um die Welt und auch sich selbst erfahren und erkennen zu können. Doch alle Wahrnehmung ist bruchstückhaft und verzerrt. Aus der gewaltigen Menge der Reize werden nur wenige ausgewählt.
Die Auswahl entspricht nicht nur der Intensität der Reize, sondern auch den eigenen Bedürfnissen. Wahrnehmung vermittelt kein objektives Abbild von Realität, sondern ist ein komplizierter Prozess der Informationsverarbeitung, der neue – nämlich subjektive – Wirklichkeiten schafft.
Nicht das Auge, sondern das Gehirn ist das wichtigste Wahrnehmungsorgan. Unsere Sinne vermitteln uns keine direkten spiegelbildlichen Eindrücke, sondern unzählige Signale, die auf Nervenzellen treffen und dort in die „Sprache des Gehirns", in elektrische Nervenimpulse umgewandelt und an das Gehirn weitergeleitet werden. Die eigentliche Frage ist dabei, wie aus physikalischer Energie, psychologische Bedeutung entsteht. Denn erst das

4.1.1 SOZIALE WAHRNEHMUNG

Gehirn verbindet die elektrischen Impulse mit bestimmten Bedeutungsinhalten. Lichtwellen werden so z.B. im Gehirn als Farbe und Schallwellen als Töne empfunden. Dabei ist die Frage, wie dies genau vonstatten geht und warum wir aus all den Umweltreizen bestimmte ganzheitliche Eindrücke herausfiltern und als zusammenhängende sinnvolle Bedeutungsmuster erkennen, bislang weitgehend ungeklärt. Wie also kommt die Welt in den Kopf und wie bekommt diese Welt ihre Bedeutung?

Soziale Wahrnehmung

Soziale Wahrnehmung bedeutet sowohl Wahrnehmung von Sozialem (Personen) als auch die Mitbedingtheit der Wahrnehmung durch Soziales. Die jeweilige Wahrnehmung steuert das Verhalten.

Wahrnehmung ist dabei ein Kompromiss zwischen dem, was der Mensch wahrzunehmen erwartet (Hypothese) und dem, was er faktisch an Umweltaufschluss vorfindet.

Wahrnehmungsgesetze sind deshalb keine objektiven Mechanismen, sondern subjektive Konstruktionsprinzipien. In der Gestaltpsychologie wurden eine Reihe von „Wahrnehmungsgesetzen" formuliert:

Das Gesetz der Geschlossenheit: Geschlossene Wahrnehmungsgegenstände haben größere Aussichten als Gestalten (zusammengehöriges Ganzes) wahrgenommen zu werden, als nicht ganz geschlossene. Fehlende Teile werden zu geschlossenen Gestalten ergänzt.

Das Gesetz der Nähe: Näher zusammenliegende (stehende ...) Teile (Personen, Gegenstände ...) werden als zusammengehörig wahrgenommen (räumliche und/oder zeitliche Nähe).

Das Figur-Hintergrund-Prinzip: Gegenstände (Ereignisse, Personen ...) werden in ihrer Beziehung zur Umgebung (Umwelt) wahrgenommen, der Kontext bestimmt, was wirklich wahrgenommen wird.

Bewegung ermöglicht Wahrnehmung: Tiere, die still auf der Stelle verharren, können von ihren Feinden in der Regel nicht wahrgenommen werden. Erst, wenn sie sich bewegen, werden Sie zur Beute. Helle Punkte in einem dunklen Umfeld ergeben noch keine Struktur und noch keinen Sinn. Erst, wenn sie bewegt werden ist eine Figur zu erkennen.

Wahrnehmung ist dabei immer
- selektiv, d.h. aus den vielen Reizen werden besonders ansprechende „ausgesucht";
- organisiert und gestaltend, d.h. die Umwelt wird entsprechend den eigenen Stimmungen und Motiven organisiert;
- akzentuiert, d.h. das selektierte Material wird nochmals in wichtig und weniger wichtig differenziert;

Grundwissen

Drei Arten der Wahrnehmung

1. Wahrnehmung der äußeren Welt.
Hier ist der aktuelle sensorische Kontakt mit Gegenständen und Abläufen des gegenwärtigen Augenblicks gemeint (was sehe, rieche, schmecke, berühre ich ...).

2. Wahrnehmung der inneren Welt.
Damit meint man den aktuellen sensorischen Kontakt mit gegenwärtigen inneren Vorgängen (Muskelspannungen, Unbehagen, Gefühle ...).

3. Wahrnehmung, die sich auf die Aktivität der Phantasie gründet.
Hierzu gehört jede mentale Aktivität der Wahrnehmung gegenwärtiger Erlebnisse (Vorstellungen, Vermutungen, Denken, Planen, Erinnern ...).

Vgl. Stevens, John O.: Die Kunst der Wahrnehmung. Übungen zur Gestalttherapie. Gütersloh 2006.

– fixierend, d.h. Voreingenommenheiten, Stereotype und Vorurteile wirken sich bestätigend aus. Nur wenige Merkmale des Wahrgenommenen werden herausgegriffen.

Grundwissen

Vorstellungen über Wahrnehmung

Der naive Realismus
Die Innenwelt ist ein direkter Spiegel der Außenwelt. Es wird angenommen, dass eine direkte und unbeeinflusste Informationsaufnahme aus der Umwelt stattfindet. Die Intelligenz liegt dabei nicht in der Informationsverarbeitung, sondern in der Selektion.
Gedächtnis, Denken und Vorstellung werden in diesem Ansatz zu Randerscheinungen. Das Problem der Verarbeitung von Information wird völlig ausgeblendet.

Der kritische Realismus
Die Innenwelt ist eine subjektive Verarbeitung der Außenwelt, so die grundlegende Annahme. Der Erkenntnisprozess wird als Informationsaufnahme und Informationsverarbeitung beschrieben. Physikalische Reize aus der Umwelt treffen auf Sinnesrezeptoren. Die ausgelösten Impulse werden über verschiedene neuronale Filtermechanismen analysiert. Das eigentliche Erkennen findet im Wechselspiel mit Kontextinformationen und Gedächtnisinhalten statt. Am Ende des Prozesses steht ein durch die evolutionäre Gewordenheit und die individuelle Lerngeschichte des erkennenden Systems modifiziertes Abbild der physikalischen Wirklichkeit. Dieses Abbild wiederum ist die „kognitive Landkarte", also die Grundlage planvollen Handelns.
Die Vorstellung, mit der Summe der Filtereigenschaften der im Gehirn vorhandenen Nervenzellen und neuronalen Verknüpfungen einen Schlüssel

zum inneren Abbild einer objektiv-realen Umwelt zu besitzen, ist so nicht aufrechtzuerhalten. Der Versuch, kognitive Systeme als informationsverarbeitende Systeme zu begreifen, findet seinen Grenzen in der Komplexität der Ordnungsbildung, welche die Erlebniswirklichkeit auszeichnet.

Vgl. DIFF (Hrsg.): Funkkolleg Medien, Studienbrief 2,Weinheim und Basel 1991, S. 22 f.

Der Konstruktivismus
Die Wirklichkeit wird nicht gefunden, sondern erfunden, so die Vertreter des Konstruktivismus. Wirklichkeit ist das Ergebnis von Kommunikation. Es gibt keine absolute Wirklichkeit, sondern nur eine relative bzw. subjektive. Es gibt somit nicht nur eine Wirklichkeit, sondern zahllose Wirklichkeitsauffassungen, die sehr widersprüchlich sein können. Zwei verschiedene Begriffe von Wirklichkeit kennzeichnen dies:
Der Erste bezieht sich auf rein physische und daher weitgehend objektiv feststellbare Eigenschaften von Dingen und damit entweder auf Fragen des gesunden Menschenverstandes oder des objektiven wissenschaftlichen Vorgehens.
Der Zweite beruht ausschließlich auf der Zuschreibung von Sinn und Wert an diesen Dingen und daher auf Kommunikation. Der Wert und die Bedeutung von Gegenständen, Ereignissen usw. wird in dieser Wirklichkeit zweiter Ordnung geschaffen (zugeschrieben).
Kritiker geben zu bedenken, dass der Konstruktivismus keine Antwort auf die Frage habe, warum sich diese Konstruktion der Wahrnehmung, des Bewusstseins und der Erkenntnis nicht von Mensch zu Mensch gravierend unterscheidet. Das Gehirn konstruiere offensichtlich nicht willkürlich und beliebig.

Kulturen prägen die Wahrnehmung

Die Amerikaner zählen anders

Sie bestellen per Handzeichen in einem Restaurant drei Cola. Der Kellner bringt Ihnen jedoch nur zwei. Was ist passiert?

Wenn wir mit den Fingern Zahlen darstellen, so benutzen wir den Daumen für die Zahl eins; Daumen und Zeigefinger für zwei; Daumen, Zeigefinger, Mittelfinger für drei; Daumen, Zeigefinger, Mittelfinger, Ringfinger für vier und die gesamte Hand für fünf.

Die Amerikaner zählen anders: Zeigefinger für eins; Zeigefinger und Mittelfinger für zwei; Zeigefinger, Mittelfinger, Ringfinger für drei; Zeigefinger, Mittelfinger, Ringfinger und den kleinen Finger für vier und die gesamte Hand für fünf. Der Daumen steht also für fünf und nicht für eins, wie bei uns.

Vgl. Vera F. Birkenbihl: Signale des Körpers. Körpersprache verstehen. 10. Aufl. München 1995, S. 196 f.

Wahrnehmungsmuster sind auch kulturell geprägt. Die gleichen Ausdrucksgesten werden in verschiedenen Ländern unterschiedlich interpretiert und verstanden, was zu vielerlei Missverständnissen führen kann.
Selbst unsere Lesegewohnheiten sind nicht universell. Die arabische Schrift wird in unserer Wahrnehmung „falsch", nämlich von hinten nach vorne gelesen.
Die Forschung geht heute davon aus, dass es keine allgemeinverbindlichen nonverbalen Ausdrucksmuster aller Menschen gibt, sondern nur kulturspezifische.

Unsere Wirklichkeit kann also mit dem gleichen Anspruch auf Gültigkeit aus verschiedenen Blickwinkeln wahrgenommen werden. Einige Beispiele sollen dies verdeutlichen.

- Gebärdensprache wird permanent und weltweit benutzt. Doch sie ist nicht immer eindeutig:
- Kopfschütteln wird im europäischen Kulturkreis als Verneinung interpretiert. In Indien bedeutet Kopfschütteln jedoch Zustimmung.

- Kopfnicken wird im europäischen Kulturkreis als Zustimmung gewertet. Im Vorderen Orient wird jedoch zwischen Kopfnicken nach unten, was Zustimmung bedeutet, und Kopfnicken nach oben, was Verneinung oder Ablehnung bedeutet, unterschieden.

- „Blau sein ..." bedeutet für einen Engländer, dass er melancholisch ist. Wenn ein Deutscher „blau" ist, ist er betrunken. In Amerika wird jemand, der betrunken ist als „black" bezeichnet.

- Die Faust als Drohgebärde ist auf der ganzen Welt gebräuchlich. Als Grußsymbol haben sie z.B. Kommunisten und Black-Power-Mitglieder verwendet.

Der richtige Abstand
In jeder Kultur gibt es einen „richtigen Abstand", den man einem Fremden gegenüber einzunehmen hat. In Westeuropa und in Nordamerika ist diese Abstand die sprichwörtliche Armeslänge. Im Mittelmeerraum und in

Lateinamerika ist dieser Abstand wesentlich näher: zwei aufeinander zugehende Personen bleiben auf viel kürzerer Distanz voneinander stehen.

Farben haben unterschiedliche Wirkungen und Bedeutungen

Farben sind weit mehr als eine bestimmte Wellenlänge des Lichts. Sie werden z.B. im politischen Bereich verschiedenen Strömungen und Ideologien zugeordnet. So beinhaltet die Bezeichnung „Schwarzer", oder „Roter" hier etwas völlig anderes als z.B. im ethnonationalen Bereich. Unterschiedliche Lebensweisen in verschiedenen Kulturen haben zu unterschiedlichen Bedeutungsinhalten für Farben geführt. In Europa ist Grün die normale Landschaftsfarbe. Für Wüstenvölker aber ist es die Farbe des Paradieses. Grün ist deshalb die heilige Farbe des Islam. Der höchste ägyptische Gott hat eine grüne Hautfarbe. In Kulturen, in denen Grün hohe Werte symbolisiert, gilt es als männliche Farbe.

Eskimos kennen viele Namen für die Farbe Weiß, dies ist leicht verständlich, wenn man bedenkt, dass sie sich in einer „weißen Welt" zurechtfinden müssen.

Die „richtige" Lesefolge?

Die „natürliche" Lesefolge in unserem Kulturkreis (und damit auch die Aufmerksamkeit bei Schriftstücken) geht von links oben nach rechts unten. Hier ist der Lesevorgang beendet. Das Auge weicht nicht freiwillig von dieser Lesefolge ab. Die natürliche Lesefolge im arabischen Kulturkreis geht (bei Büchern und Zeitungen in unserem Verständnis) von hinten nach vorne und auf der jeweiligen Seiten von rechts oben nach links unten. Hier ist dann der Lesevorgang beendet.

Interkulturelle Wahrnehmung als Teil interkulturellen Lernens

Was wir sehen, hängt von der Bedeutungszuweisung an bestimmte Formen und Linien ab und somit von bestimmten kulturell geprägten Schemata. Eine differenzierte Wahrnehmung, Kenntnisse über unterschiedliche Bedeutungsinhalte für dieselben Vorgänge und eine entsprechende Interpretation von Situationen sind entscheidende Voraussetzungen für interkulturelles Lernen. Interkulturelles Handeln ist deshalb so schwierig, weil unterschiedliche Denkmuster, Verhaltensweisen und emotionale Ausdrucksformen aufeinandertreffen und (noch) keine gemeinsame Situationsinterpretation vorhanden ist. Deshalb ist das Kennen von anderen (fremden) Orientierungs- und Symbolsystemen, von Denkmustern und Ausdrucksformen für interkulturelles Lernen zentral. Dies alles ist verbunden mit der Relativierung oder gar Infragestellung bisher gültiger Orientierungsmuster. Dies verunsichert und macht oft genug sogar Angst.

Europäer und Südamerikaner

Was passiert, wenn ein Europäer und ein Südamerikaner aufeinander treffen? Der amerikanische Sozialpsychologe Paul Watzlawick erzählt folgende Begebenheit: „In einem Reitclub in Sao Paulo musste deshalb sogar der Schreiner kommen und ein Geländer höher machen. Immer wieder waren Leute rücklings über dieses Geländer gestürzt – nie Brasilianer, sondern immer nur Nordamerikaner oder Europäer. Jedesmal war Folgendes passiert: Ein Brasilianer und einer der Ausländer waren ins Gespräch gekommen. Der Brasilianer rückte immer näher auf, um die für ihn richtige Gesprächsdistanz einzunehmen. Der Ausländer wich zurück, um die für ihn richtige Distanz wieder herzustellen. Das ging solange weiter, bis der Ausländer rückwärts über die Brüstung fiel."

Paul Watzlawick: Jeder Mensch kommuniziert – auch wenn er gar nichts sagt. In: P.M. Perspektive Kommunikation, 89/112, S. 53 f.

4. LERNFELDER UND ANSATZPUNKTE — 4.1 SOZIALES LERNEN

Grundwissen

Der Erziehungswissenschaftler Bernd Sandhaas beschreibt verschiedene Stufen des interkulturellen Lernens:
- Aufmerksam/sich bewusst werden für Fremdes ist der erste Schritt weg vom Ethnozentrismus. Er besteht darin, die fremde(n) Kultur(en) überhaupt wahrzunehmen – ohne sich vor ihr/ihnen zu fürchten bzw. sie als feindlich zu erleben.
- Verständnis entwickelt sich, wenn jemand einzusehen beginnt, dass die andere(n) Kultur(en) eine eigene Identität und Komplexität besitzen.
- Akzeptieren/respektieren der fremden Kultur beginnt, wenn man kulturelle Differenzen, auf die man stößt, als für die fremde Gesellschaft gültig akzeptiert, ohne sie als schlechter oder besser zu bewerten.
- Bewerten/beurteilen findet statt, wenn man bewusst beginnt, Stärken und Schwächen der anderen Kulturen zu unterscheiden und für sich selbst einzelne Aspekte davon zu bewerten.
- Selektive Aneignung neuer Einstellungen und neuen Verhaltens kann sich ereignen, wenn oder sobald man bewusst oder unbewusst auf spezifische Charakteristika der Gastkultur stößt, die man als nützlich oder nacheifernswert empfindet.

Um sich mit anderen Kulturen auseinandersetzen zu können, ist neben der Möglichkeit zur Begegnung die Möglichkeit, fremde Sprachen zu lernen, zentral und sollte so früh wie möglich (bereits ab dem Kindergartenalter) gefördert werden.

Interkulturelles Lernen bedarf desweiteren der Unterstützung und Absicherung durch Eltern, Peer-Groups (also dem eigenen Bezugsfeld) sowie gesellschaftlicher Institutionen. Es kann nicht gegen diese, sondern nur mit diesen gemeinsam gelingen. Die Öffnung und Offenheit für andere Lebensweisen und Einstellungen, die gemeinsame Neugier auf andere Erfahrungen muss von diesen geteilt und bewusst betrieben werden. Nur dann ist es möglich, sich angstfrei auf solche Lernprozesse einzulassen.

Die Grenzen der Wahrnehmung

Nicht Wahrnehmen können

Unser Wahrnehmungsapparat ist äußerst eingeschränkt. Wir können nur einen Teil der äußeren Wirklichkeit mit unseren Sinnen aufnehmen:
- Hören: Es ist nur ein sehr schmaler Frequenzbereich, den unsere Ohren hören können. Der Mensch kann Schall im Frequenzbereich von 16 Hz bis 16.000 Hz wahrnehmen. Auf Frequenzen zwischen 1.000 Hz und 6.000 Hz reagiert das Gehör am empfindlichsten.
- Sehen: Unser Gesichtsfeld ist eingeschränkt. Wir sehen nur einen bestimmen Ausschnitt und wir nehmen nur bestimmte Wellenlängen des Lichtes war.
- Schmecken: Unsere Geschmacksorgane können uns nicht immer warnen. Viele gefährliche Substanzen sind geschmacksneutral oder können sogar mit künstlichem Geschmack belegt sein.
- Mit allen Sinnen: Wir können vieles spüren und intuitiv wahrnehmen, doch große Bereiche entziehen sich unseren Sensoren: So können wir z.B. weder Utraschall noch Radioaktivität registrieren. Wir können nicht feststellen, ob Lebensmittel mit chemischen Substanzen vermischt sind oder ob sie gentechnisch manipuliert wurden.
- Blinde Flecken: Blinde Flecken sind die Bereiche, die wir aus bestimmten Erfahrungen heraus nicht (mehr) wahrnehmen wollen. Jeder Mensch hat blinde Flecken. Doch man weiß i.d.R. nicht, welche man hat.

Viele Schadstoffe können von den menschlichen Sinnen nicht registriert werden. Umweltzerstörungen dringen deshalb oft erst sehr spät ins Bewusstsein.

Doch nicht nur biologische und anthropologische Faktoren spielen eine Rolle. Oft begünstigen Vorurteile oder Stereotype eine „falsche" Wahrnehmung. Auch Angst oder Stress führen zu stark eingeschränkter oder verzerrter Wahrnehmung.

Stereotypen und Vorurteile steuern Wahrnehmung

Menschen ordnen ihre subjektive Welt, indem sie klare Einteilungen vornehmen. Mit Begriffen schreiben sie anderen Eigenschaften zu und nehmen dabei auch soziale Wertungen vor. Nationale Stereotype („Die anderen sind ...") und Autostereotype („Wir Deutsche sind ...") dienen dabei der

Grundwissen

Vergewisserung der eigenen Identität. Solche Zuschreibungen haben auch die Funktion der schnellen Orientierung in einer unübersichtlich gewordenen Welt. Die Grenzlinie zu Feindbildern ist allerdings, wie am Beispiel der Berichterstattung über den Islam leicht zu zeigen ist, sehr schmal.

Die amerikanischen Sozialpsychologen Leyens und Codol definieren Soziale Stereotypen als die von einer Gruppe geteilten impliziten Persönlichkeitstheorien hinsichtlich dieser oder einer anderen Gruppe. Dabei sind zwei Kennzeichen dieser Definition wichtig: Einmal, dass die Theorien von einer Gemeinschaft von Individuen geteilt werden, und zum anderen, dass es Theorien über die Persönlichkeitseigenschaften einer ganzen Gruppe von Menschen sind. Zum Beispiel: „Sie arbeiten alle schwer" oder „Wir sind alle ganz schön clever" (daraus wird auch deutlich, dass soziale Stereotypen nicht notwendigerweise negativ sind).

Funktion und Opfer von Vorurteilen
Ordnungsfunktion: Vorurteile helfen die Welt zu ordnen; sie bedeuten Denkersparnis; die verwirrende Vielfalt des Lebens kann so in „geistige Schubladen" eingeordnet werden, es findet eine „Reduktion von Komplexität" statt.
Stabilisierungsfunktion: Stabilisierung des eigenen Selbstwertgefühls und des Gruppenzusammengehörigkeitsgefühls – auf Kosten anderer.
Angstabwehr: Angst und Unsicherheitsabwehr – auf Kosten anderer.
Aggressionsabfuhr: Vorurteile ermöglichen gesellschaftlich gebilligte Aggressionsabfuhr an Vorurteilsobjekten.

Bezugsgruppen beeinflussen die Wahrnehmung
Gruppen, denen man sich zugehörig fühlt, also Bezugsgruppen, beeinflussen außerordentlich stark die Wahrnehmung und damit verbunden die Bewertung des Wahrgenommenen. So besteht z.B. eine Tendenz zur Angleichung von Meinungen in Gruppen, deren Mitglieder in einen engen Kontakt miteinander stehen. In Gruppen, die längere Zeit bestehen, entwickelt sich die Tendenz zum Kleinhalten der Unterschiede in Denken und Handeln. Abweichende Meinungen werden nur in einem bestimmten Spektrum geduldet. Auch die Erwartungen der Gruppenteilnehmer beeinflussen stark das Verhalten der Einzelnen in der Gruppe. Gruppenteilnehmer trauen der Gruppenwahrnehmung mehr als ihrer eigenen und korrigieren die eigene Wahrnehmung zugunsten der Gruppenwahrnehmung. Vorurteile und Feindbilder sind vor allem Gruppenphänomene. Es sind Urteile von Gruppen über andere Gruppen, die sich hartnäckig einer Überprüfung und Korrektur entziehen.

Überlegungen zur Umsetzung

Eine differenzierte Wahrnehmung kann man lernen. Hierzu können bereits kleine regelmäßige Übungen und der Austausch über das Wahrgenommene beitragen.

Unterschiedliche Wahrnehmungen
Der gleiche Gegenstand, das gleiche Bild, das gleiche Ereignis wird von verschiedenen Personen unterschiedlich gesehen und wiedergegeben. M 1 bietet hierfür ein Beispiel und gleichzeitig einen Einstieg in das Thema.

Was stimmt?
Die Schülerinnen und Schüler können und sollen lernen, dass wir unseren Sinnen nicht immer trauen können. Häufig „nehmen sie Dinge wahr", die so gar nicht existieren. Optische Täuschungen, „unpassende" Farben, unmögliche Figuren oder Kippbilder sind nur einige Beispiele hierfür. Die Materialien M 2 – M 5 bieten hierfür Anregungen und Möglichkeiten des direkten Einsatzes.

Austausch und Perspektivenwechsel
Im Kontext von Problemen, Konflikten und Gewaltsituationen wird Wahrnehmung eingeengt, verzerrt und einseitig. Was heißt hier „Wahrheit" bzw. wie kann man ihr näherkommen? Der Austausch über das Wahrgenommene und ein Perspektivenwechsel sind hier besonders wichtig (M 8 – M 10).

Worte steuern Wahrnehmung
Begriffe, Empfindungen und Vorstellungen steuern Wahrnehmung. Von vielen Dingen haben wir Vorstellungen, wie sie (scheinbar) sind bzw. zu sein haben. Welche Farbe hat die Zukunft, welche Liebe, welche Hass? Wie sieht etwas Giftiges aus? Ist „Glück" eher bunt oder schwarz/weiß?
Da Worte und Begriffe Wahrnehmung steuern, kommt es im Unterrichtsgeschehen auch auf einem sensiblen Gebrauch der Sprache an, bzw. den bewussten und gekonnten Einsatz von solchen Begriffen, denn Worte können genaue Vorstellungen, die wir gespeichert haben, in Erinnerung rufen. Wer ein bestimmtes Bild schon bewusst betrachtet hat, wird es, wenn es erwähnt wird, sofort wieder vor seinem geistigen Auge sehen.
M 11 ermöglicht eine erste Reflexion über die Zuschreibung von Eigenschaften und die damit verbundenen Gefühle.

Was man sonst noch machen könnte

Einen Erlebnisparcours einrichten: Um die verschiedenen Sinne anzusprechen und zu schärfen kann auf dem Schulhof ein Erlebnisparcours eingerichtet werden. Dieser Parcours sollte vielfältige Möglichkeiten anbieten, Gegenstände zu ertasten und Untergrund zu spüren.
So können z.B. nacheinander kleine Abschnitte zum barfuß begehen angefertigt werden, aus Sand, Kies, Wasser, Gras, Stein oder Holz.

Zum Fühlen und Betasten können u.a. angeboten werden:
– verschiedene Formen (rund, eckig);
– verschiedene Oberflächen (flauschig, rau);
– verschiedene Temperaturen (kalt, warm).

Eine Klangstraße kann Töne aus den verschiedensten Materialien ermöglichen.
Visuelle Reize werden u.a. über Spiegel erzielt.
Entsprechende Arrangements ermöglichen verschiedene Bewegungsformen: gehen, kriechen, springen usw.

Die Materialien im Überblick

Materialien	Beschreibung	Vorgehen
M 1: Was ist ein Elefant?	Die Geschichte des „Königs von Benares" zeigt die unterschiedliche Wahrnehmung gleicher Phänomene.	Die Geschichte wird vorgelesen. Die Schülerinnen und Schüler malen aus der Perspektive der verschiedenen Bettler einen Elefanten. Die Geschichte kann auch mit verteilten Rollen gepielt werden.
M 2: Welche Linie ist länger?	M 2 stellt eine optische Täuschung dar. Welcher Strich ist länger. Wie kommt die Täuschung zustande?	Die beiden unteren Zeichnungen werden an die Tafel gemalt (oder als Kopie ausgegeben). Die Kinder sollen schätzen, vergleichen und das Bild selbst konstruieren.
M 3: Welcher Punkt ist größer?	Die angrenzenden Punkte bestimmen die wahrgenommene Größe des mittleren Punktes.	Die Kinder schätzen, messen und konstruieren selbst. Lässt sich eine Regel aufstellen?
M 4: Gleich oder verschieden?	Obwohl als völlig verschiedenartig wahrgenommen, sind diese Tischplatten in Größe und Form vollkommen identisch.	Die Kinder versuchen herauszufinden, warum diese identischen Tischplatten als verschiedenartig wahrgenommen werden.
M 5: Die Gemüseschale	Das Kipp-Bild von Acrimboldo zeigt je nach Lage eine Gemüseschale oder ein Gesicht. (Beim Kopieren jeweils bei der Hälfte der Kopien eine Seite abdecken.)	Die eine Hälfte der Klasse bekommt das Bild als „Gemüseschale", die andere als „Gesicht" (auf dem Kopf stehend). Wie werden die verschiedenen Bilder beschrieben? Welches ist „das eigentliche" Bild?
M 6: Wie viele Vierecke?	In der Zeichnung von M 6 sind 37 Vierecke versteckt. Was wird als Viereck wahrgenommen und was nicht?	Die Kinder zählen in Einzel- oder Partnerarbeit die Vierecke. Was ist ein Viereck? Welche Vierecke werden wahrgenommen und welche nicht? Die Kinder können selbst ein Suchbild mit Dreiecken anfertigen.

4.1.1 SOZIALE WAHRNEHMUNG

Materialien	Beschreibung	Vorgehen
M 7: Das 9-Punkte-Problem	Diese Knobelaufgabe verbindet Wahrnehmung mit einer Handlungsaufforderung. Intuitiv werden die Punkte als Begrenzung wahrgenommen und nicht überschritten. Lösung:	Die Aufgabe wird an die Tafel gemalt. Einzelne Schülerinnen und Schüler probieren ihre Lösung. Was muss man beachten, um zu einer Lösung kommen zu können?
M 8: Max und die Tasche	Das Foto zeigt eine unklare Situation, zu der eine Geschichte erzählt werden soll.	Die Schülerinnen und Schüler schreiben (in Einzelarbeit oder Kleingruppen) eine Geschichte zum Bild. Die Geschichten werden vorgestellt und besprochen. Was könnte das Bild alles darstellen? Was wissen wir wirklich?
M 9: Die „richtige" Reihenfolge	Die Fotos von M 9 sollen in eine richtige Abfolge gebracht werden.	Die Fotos von M 9 werden in eine Abfolge gebracht, so dass eine Geschichte entsteht, die erzählt wird. Welche Geschichten sind möglich?
M 10: Das eigene Bild vom Andern ...	M 10 zeigt, dass Wahrnehmung meist mit Interpretationen und Bewertungen verbunden ist.	M 10 wird ausgefüllt und besprochen. Was heißt „Jungen sind ..."? Die Schülerinnen können (in einem zweiten Schritt) ein eigenes Blatt erstellen, in dessen Mittelpunkt sie selbst stehen. „Ich bin ..." Wie möchten sie gesehen werden?
M 11: Was hilft bei der Wahrnehmung?	Merksätze, um Wahrnehmung zu überprüfen oder zu korrigieren.	Die Merksätze werden besprochen und evtl. ergänzt. Sie können aufgeschrieben oder an die Wand des Klassenzimmers gehängt werden.

Grundwissen

M1 Was ist ein Elefant?

Buddha, der indische Religionsstifter (560-480 v. Chr.) erzählt:

„Es war einmal ein König von Benares*, der rief zu seiner Zerstreuung etliche Bettler zusammen, die von Geburt an blind waren, und setzte einen Preis aus für denjenigen, der ihm die beste Beschreibung eines Elefanten geben würde. Zufällig geriet der erste Bettler, der den Elefanten untersuchte, an dessen Bein und er berichtete, dass der Elefant ein Baumstamm sei. Der zweite, der den Schwanz erfaßte, erklärte, der Elefant sei wie ein Seil. Ein anderer, welcher ein Ohr ergriff, beteuerte, dass der Elefant einem Palmblatt gleiche und so fort. Die Bettler begannen untereinander zu streiten, und der König war überaus belustigt."

Zitiert nach: Michael Wittschier: Erkenne dich selbst. Abenteuer Philosophie. Düsseldorf 1994, S. 54.
*Benares: Stadt im nordöstlichen Indien, hier lehrte Buddha.

Warum kommt jeder Bettler zu einer anderen Beschreibung?

Von welchen Dingen kannst Du nur einen Teil sehen bzw. wahrnehmen?

4.1.1 SOZIALE WAHRNEHMUNG

M2 Welche Linie ist länger?

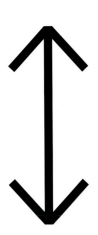
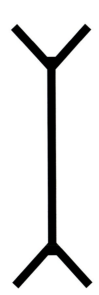
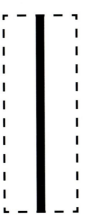

M3 Welcher Punkt ist größer?

M4 Gleich oder verschieden?

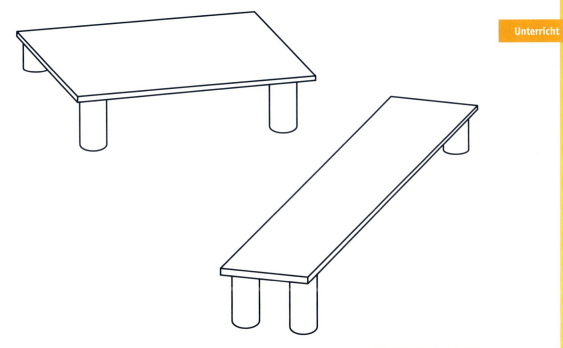

Nach Roger Shepard: Tischplatte.

M5 Die Gemüseschale

Das Spiel mit der Wirklichkeit

Der italienische Maler Giuseppe Acrimboldo beherrschte die Kunst der Augentäuschung aufs beste. Seine Gesichter aus Gemüse, Blumen oder Tieren fordern zu genauem Sehen heraus.

Der Gemüsegärtner (Umkehrbild) um 1590

Der Gemüsegärtner (Umkehrbild) um 1590

Kannst Du selbst ein solches Umkehrbild erfinden?

M6 Wie viele Vierecke?

Wie viele Vierecke sind hier verborgen?

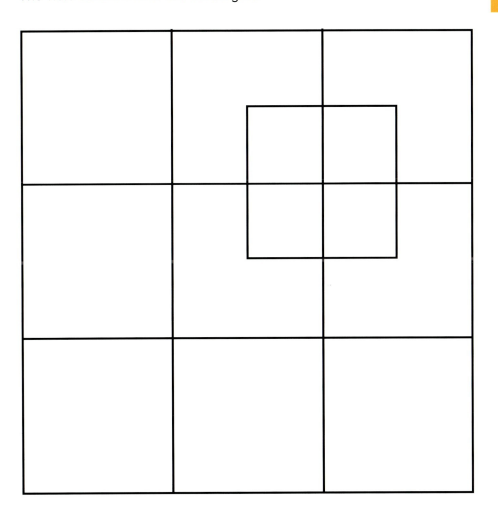

M7 Das 9-Punkte-Problem

Verbinde diese Punkte mit vier geraden Strichen (ohne abzusetzen), so dass alle Punkte berührt werden.

4.1.1 SOZIALE WAHRNEHMUNG

M8 Max und die Tasche

Was geschieht hier? Schreibe eine Geschichte:

M9 Die „richtige" Reihenfolge

Bringe die Bilder in eine Reihenfolge. Was passiert?

Wie lautet die Geschichte, wenn sich die Reihenfolge verändert?

M10 Das eigene Bild vom Anderen

Das ist Johannes

Johannes ist ein Junge.

Jungen sind _____

_____

Johannes ist Fußballspieler.

Fußballspieler sind _____

_____

Johannes ist Deutscher.

Deutsche sind _____

_____

_____

Das ist Nadine

Nadine ist ein Mädchen.

Mädchen sind _____

_____

Nadine fährt gerne Fahrrad.

Fahrradfahrer sind _____

_____

Die Eltern von Nadine kommen

aus Frankreich.

Franzosen sind _____

_____

Woher wissen wir, wie die anderen sind?

M11 Was hilft bei der Wahrnehmung?

Merksätze

Zweimal hinschauen:

Sich nochmals vergewissern, was wirklich war.

Nachfragen:

War es wirklich so? Kann ich mich auch täuschen?

Wahrnehmung austauschen:

Mit anderen darüber reden, was sie gesehen und gespürt haben.

Nach der Bedeutung fragen:

Was bedeutet es, wenn es so war? Was bedeutet es, wenn es anders war?

Emotionale Intelligenz

Grundwissen
- Gefühle und Gewaltprävention   S. 148
- Gefühle   S. 149
- Emotionale Intelligenz   S. 151
- Emotionale Intelligenz als Schutzfaktor gegen Gewalt S. 152
- Mitgefühl und Anerkennung   S. 154
- Wenn Kinder die Gefühle Erwachsener verletzen   S. 155
- Überlegungen zur Umsetzung   S. 156
- Die Materialien im Überblick   S. 158

Materialien
Für den Unterricht
- M 1: Welche Gefühle …?   S. 160
- M 2: Gefühle darstellen   S. 161
- M 3: Woran erkennt man Gefühle?   S. 162
- M 4: Mimik   S. 163
- M 5: Körperhaltung   S. 164
- M 6: Gefühle haben Farben   S. 165
- M 7: Angst   S. 166
- M 8: Wut   S. 167
- M 9: Wenn …, dann …   S. 168
- M 10: Wettermassage – Den Körper fühlen   S. 169
- M 11: Mit Gefühlen umgehen   S. 170
- M 12: Der Umkleideraum   S. 171
- M 13: Vom Büblein auf dem Eis   S. 172
- M 14: Bastelbogen Gefühlsbarometer   S. 173

Dieser Baustein beschäftigt sich mit emotionaler Intelligenz als Schutzfaktor gegen Gewalt.
Im Zentrum steht dabei das Erkennen und Ausdrücken von Gefühlen.

4. LERNFELDER UND ANSATZPUNKTE — 4.1 SOZIALES LERNEN

Gefühle und Gewaltprävention

Neuste Forschungen zeigen: der gekonnte Umgang mit Gefühlen und Emotionen (also emotionale Intelligenz) stellt einen hohen Schutzfaktor gegen Gewalt für sich selbst und für andere dar.

Konflikte und Gewaltsituationen sind oft äußerst emotionale Auseinandersetzungen in denen negative Gefühlsäußerungen zum Durchbruch kommen. Eigene und fremde Gefühle richtig erkennen und bewerten und mit Gefühlen umgehen zu können sind zentrale Aspekte des konstruktiven Verhaltens in Konflikten.

Deshalb ist es für Gewaltprävention (im Sinne der Primärprävention) wichtig, dass Kinder und Erwachsene lernen, eigene und fremde Gefühle zu erkennen, ernst zu nehmen, angemessen auszudrücken und darauf zu reagieren. Mitgefühl im Sinne von Empathie spielt dabei eine wichtige Rolle.

Grundwissen

Gefühle

Gefühle sind unmittelbare körperliche Empfindungen und Reaktionen, die unser gesamtes Bewusstsein bestimmen.

Sie tauchen z.B. als Warnsignale (Angst, Furcht), als Ausdruck von Überraschung (Freude) oder als Reaktion auf Verlust (Trauer) auf. Sie decken die gesammte Breite menschlicher Empfindungen ab. Sie sind ein zentraler Teil des menschlichen Ausdrucks.

Zu den Grundgefühlen gehören:
- Freude
- Angst und Furcht
- Trauer
- Scham und Schuldgefühl
- Neid
- Mitleid
- Liebe
- Aggression
- Freude
- Hilflosigkeit
- Wut, Zorn
- Kummer, Niedergeschlagenheit, Verzweiflung
- Langeweile.

> **Hierarchie menschlicher Bedürfnisse**
>
> - Vitale Bedürfnisse: Nahrung, Schlaf, Sexualität.
> - Soziale Geborgenheit: Unterstützung, Liebe, Versorgung.
> - Sicherheit: Schutzbedürfnis, Vorsorge gegen Krankheit und Not.
> - Wertschätzung: Anerkennung, Achtung, Erfolg, Kompetenz.
> - Selbstverwirklichung: Selbstachtung, geistige Unabhängigkeit, Freiheit, schöpferisches Tun.
>
> *Danzer. In: Wolfgang Rost: Emotionen. Elixiere des Lebens. 2. überarb. Auflage, Berlin u.a. 2001, S. 53.*

Gefühle sind bedürfnisspezifische Empfindungen.
Starke Gefühlsregungen treten dann auf, wenn Bedürfnisse nicht befriedigt oder verletzt werden.

Zu den Grundbedürfnissen gehören u.a.
- Nahrung (Hunger, Durst)
- Schlaf
- Bewegung
- Entspannung
- Gemeinschaft
- Sicherheit
- Anerkennung
- Neugier
- Haut- und Körperkontakt
- Sexualität.

Die Verletzung (oder Nicht-Befriedigung) dieser Bedürfnisse kann auf
- mehreren Ebenen erfolgen:
- als körperliche Verletzung
- als gesundheitlicher Schaden
- als materieller oder sozialer Verlust
- als Behinderung oder Beeinträchtigung bei der Befriedigung von Bedürfnissen.

Wo Gefühle entstehen

Gefühle werden im sogenannten Limbischen System des Gehirns ohne jegliche bewusste Wahrnehmung (Denken, Reflektieren) gebildet. Deshalb ist es so schwer, sie rational zu erfassen und zu verstehen. Gefühlsgesteuerte Verhaltensweisen laufen ohne hemmenden Denkfilter ab.
Sie sind spontane, automatische Reaktionen auf äußere und innere Wahrnehmungen, die am Wachbewusstsein vorbei entstehen. Gefühle sind entwicklungsgeschichtlich sehr alt und waren im Überlebenskampf des Menschen äußerst nützliche Reaktionen.

Vgl. Wolfgang Rost: Emotionen. Elixiere des Lebens. 2. überarb. Auflage, Berlin u.a. 2001, S. 61.

Gefühle ...
- bestimmen unsere „Stimmung".
- beeinflussen unsere Gedanken und unsere Weltsicht.
- veranlassen körperliche Reaktionen (z.B. Stimme, Gesichtsausdruck, Körperhaltung).
- bestimmen das Verhalten, z.B. im schulischen Bereich die Konzentrationsfähigkeit und die schulische Leistung.
- können verletzen.
- rufen Reaktionen der Umwelt hervor.
- werden oft unterdrückt und suchen sich dann andere Wege, um zum Vorschein zu kommen.

Der Ausdruck und die Wahrnehmung von Gefühlen machen oft Angst, wenn dies spontan und impulsiv geschickt werden. Doch die Wahrnehmung von eigenen und fremden Gefühlen und der konstruktive Umgang damit können gelernt werden.

Emotionale Intelligenz

Emotionen beeinträchtigen oder fördern die Fähigkeit zu denken und zu planen. Sie bestimmen die Möglichkeiten und Grenzen geistige Fähigkeiten zu nutzen und entscheiden so auch oft über den Lebenserfolg.
Emotionale Intelligenz ist eine übergeordnete Fähigkeit, die sich – fördernd oder behindernd – auf alle anderen Fähigkeiten auswirkt.

Emotionale Intelligenz beinhaltet:
- Emotionen korrekt wahrzunehmen;
- Emotionen ausdrücken zu können;
- Zugang zu den eigenen Gefühlen zu haben;
- Emotionen zu verstehen;
- Einfühlungsvermögen in andere und
- die Fähigkeit, mit Emotionen anderer umzugehen.

Da es vom Erlernen und Weiterentwickeln der Emotionalen Intelligenz abhängt, wie kognitive / intellektuelle Fähigkeiten sinnvoll eingesetzt werden können, ist die Entwicklung Emotionaler Intelligenz nicht nur für Gewaltprävention, sondern für das gesamte (schulische) Lernen von entscheidender Bedeutung.

Umgang mit eigenen Emotionen:
Goleman (1997) unterscheidet zwischen drei charakteristischen Stilen des Umgangs mit den eigenen Emotionen.

1. Der achtsame Charakter
Er ist ein guter Emotionsmanager, der es versteht, die Emotionen sowohl zu identifizieren, als auch zu nutzen, was einer im hohem Maße vorhandenen Achtsamkeit zu verdanken ist.

2. Der überwältigte Typ
Dieser ist sich seiner Emotionen wenig bewusst und kann folglich auch kaum Einfluss auf sie ausüben.

3. Der Hinnehmende
Dieser ist sich seiner Emotionen bewusst, versucht jedoch nicht, etwas gegen sie auszurichten. Er nimmt sie mit einer „laissez-faire" Haltung hin, was funktioniert, wenn man optimistisch ist. Allerdings kann diese Strategie sehr oft bei Depressiven beobachtet werden.

„Emotional gesunde Kinder lernen ihre Emotionen zu kontrollieren, indem sie sich selbst behandeln, wie ihre Eltern sie behandelt hätten. Geht es um unangenehme Gefühle wie Angst, Sorge oder Wut, müssen wir uns Wege überlegen, damit umzugehen."

Vgl. Jörg Mertens: Emotionale Intelligenz. http://emotions.psychologie.uni-sb.de

---

Angst und Leistung

Angst ist nicht nur ein schlechter Ratgeber, sondern verhindert auch, dass die eigenen Fähigkeiten richtig eingesetzt werden können. Forschungsergebnisse bestätigen die alltäglichen Erfahrungen, dass ängstliche Personen unter Druck häufiger Fehler beim Lösen von intellektuell anspruchsvollen Aufgaben machen. Eine Leistung fällt umso schlechter aus, je ängstlicher die Person ist.
Allerdings ist eine leichte Nervosität ein Antrieb für herausragende Leistungen. Während zu viel Angst alle Erfolgsbemühungen sabotiert. Ein angstbesetztes Klima verhindert also Lernen. Ein Klima der Anerkennung, aber auch schon einfache Entspannungsübungen können dazu beitragen, Angst zu reduzieren.

Vgl. Jörg Mertens: Emotionale Intelligenz.

Grundwissen

Emotionale Intelligenz als Schutzfaktor gegen Gewalt

Der gekonnte Umgang mit eigenen und fremden Emotionen ist ein Schutzfaktor für das Individuum selbst, wie für seine Sozialgruppe. Deshalb ist die sozial-kognitive Informationsverarbeitung ein spannendes Arbeitsgebiet der Präventionsforscher geworden.

Emotion und Kognition

Eine effektive soziale Informationsverarbeitung, die ganz wesentlich auf Empathie beruht, ist ein Element sozialer Kompetenz. Es gibt keine emotionsfreie Informationsverarbeitung. Emotionsregulation ist an allen Prozessen der sozial-kognitiven Informationsverarbeitung beteiligt.

Empathie wird gelernt
Erst seit wenigen Jahren wissen wir,
- dass Einfühlungsvermögen oder Empathie – anders als die angeborene Gefühlsansteckung – eine gedankliche Leistung ist, die eine differenzierte Erkenntnisfähigkeit voraussetzt: Das Kind muss ein Konzept seiner selbst entwickelt haben, bevor es den anderen Menschen als ein selbstständiges Wesen erfassen kann, dessen Erleben mit dem eigenen Erleben vergleichbar ist.
- dass Empathie einer entsprechenden Sozialisationserfahrung bedarf, Empathie also am eigenen Leib erlebt werden muss, um selbst einfühlsam sein zu können. Werden hilfesuchende oder freudige Appelle eines Kindes von seinen Bezugspersonen nicht bemerkt, nicht berücksichtigt oder gar bestraft, lernt das Kind, diese Gefühlsäußerungen zu unterdrücken, und es wird sie auch bei anderen Menschen nicht mehr bemerken und nicht darauf reagieren.

Kommen zur Empathie noch Gefühle der Sorge um diesen Menschen und willentliche Aktionen, um dessen Leiden zu verringern, sprechen wir von Mitgefühl. Oft wirkt die Hilfe noch unangemessen, da das Sich-Hineinversetzen in den anderen eben noch nicht perfekt klappt.
Was noch fehlt, ist die emotionale Perspektivenübernahme, die Fähigkeit, die Gefühle anderer gedanklich zu erschließen. Das ist eine Entwicklungsstufe, die dann etwa mit vier Jahren erreicht wird.

Ein Kind kann erst dann verlegen, neidisch oder mitleidend sein, wenn es Selbstbewusstsein entwickelt hat. Erst ab dem Alter von etwa 4 1/2 Jahren kann ein Kind bewusst lügen. Denn die wichtigste Voraussetzung hierfür ist die Fähigkeit, sich in einen anderen Menschen hineinzuversetzen. Denn erst, wenn man verstanden hat, dass ein anderer Mensch etwas anderes bzw. weniger über eine Sache wissen kann als man selbst, kann man ihn auch bewusst hinters Licht führen. Und um zu begreifen, dass es einem mitunter kurzfristig etwas bringen kann, genau dies zu tun, braucht man Übung und Vorbilder.

Kein Allheilmittel

Emotionale Intelligenz ist kein Allheilmittel für menschliche Probleme, sie kann sich sowohl positiv als auch negativ auswirken. Wer nur die entsprechenden emotionalen Fähigkeiten antrainiert, ohne die dahinterliegende Motivationen und Absichten zu kennen und zu berücksichtigen, führt das Konzept ad absurdum.

Psychologie heute, Juni 2006, S. 9.

Grundwissen

Voraussetzungen emotionaler Kommunikation

Zu den Voraussetzungen einer erfolgreichen emotionalen Kommunikation, die sich im Laufe der ersten Lebensjahre entwickelt, gehört neben der eigenen nonverbalen Ausdrucksfähigkeit das Erkennen der nonverbalen Signale der Anderen, die Fähigkeit eigene Gefühle zu verbalisieren, das Verständnis der Bedeutung von Gefühlen und nicht zuletzt die zunehmende Fähigkeit, die eigenen Gefühle regulieren zu können und ihnen nicht mehr hilflos ausgeliefert zu sein.

Emotionale Kompetenz in diesem Sinne zu erreichen, ist eine der bedeutendsten kindlichen Entwicklungsaufgaben.

Empathiefähigkeit hilft, Bindungen und Vertrauen zu stiften und zu festigen, Mitmenschen besser einzuschätzen und gemeinsame Aktivitäten zu synchronisieren. Ein freundschaftliches Sozialverhalten entsteht, das Raum für Aggression lässt, aber Gewalt verhindert.

Durch das Miterleben der Gefühle anderer Personen wird der emotionale Wissenskatalog der Kinder immer größer. Im Laufe der Jahre bilden sie emotionale Schemata für die verschiedenen Gefühle aus. Diese Schemata umfassen neben dem Wissen über mimische und gestische Signale, die Kenntnis weiterer sozialer Hinweisreize, die es ihnen erlauben, Emotionen und ihre Ursachen zu erkennen.

Nach: Gabriele Haug-Schnabel: Starke und einfühlsame Kinder – Die Bedeutung von Empathie als Schutzfaktor. Fühl Mal. Psychosozialer Dienst Karlsruhe, 14.7.2005.
http://www.verhaltensbiologie.com

Kinder wollen von ihren Eltern und Erziehern wissen:

- Nehmen sie mich wahr?
- Achten sie auf meine Signale?
- Ist es ihnen wichtig, meine Bedürfnisse zu befriedigen?

Gabriele Haug-Schnabel

Mitgefühl und Anerkennung

Neurobiologische Befunde: Spiegelneurone

Das System der Spiegelneurone stellt uns die neurobiologische Basis für das gegenseitige emotionale Verstehen zur Verfügung. Die Fähigkeit, Mitgefühl und Empathie zu empfinden, beruht darauf, dass unsere eigenen neuronalen Systeme – spontan und unwillkürlich – in uns jene Gefühle rekonstruieren, die wir bei einem Mitmenschen wahrnehmen.
Das System der Spiegelneurone gehört zur neurobiologischen Grundausstattung. Allerdings befindet es sich zum Zeitpunkt der Geburt noch in einer unreifen, wenig differenzierten Rohform.
Alle neueren Forschungsergebnisse zeigen: Die Entfaltung der neurobiologischen Grundausstattung des Menschen ist nur im Rahmen von zwischenmenschlichen Beziehungen möglich, Beziehungen, die aus dem persönlichen und sozialen Umfeld an das Kind herangetragen werden. Empathie ist nicht angeboren.

Soziologische Konzepte: gegenseitige Anerkennung

Ein Kind fühlt sich wertgeschätzt, wenn es merkt, wie wertvoll seine Beiträge sind, dass es Anteil hat an der Verwirklichung familiärer Zielvorstellungen und familiären Glücksempfindungen. Erwachsene, Eltern, weitere dem Kind nahe stehende Bezugspersonen und Pädagogen, die das, was ihnen wichtig und wertvoll ist, mit Kompetenz und persönlicher Überzeugung vertreten, können bestimmte Vorstellungen und Lebensideen erfolgreich an Kinder weitergeben.
Hans Rudolf Leu vom Deutschen Jugendinstitut geht davon aus, dass Erwachsene den Rahmen schaffen, in dem das Kind sich als leistungsfähig und ernstgenommen erlebt. Es fühlt sich anerkannt, wenn es mit anderen, die ihm wichtig sind, zusammen agiert. Das sind die Voraussetzungen, die sein Tun in seinen eigenen Augen bedeutsam machen. Das gibt Selbstvertrauen und Kraft. Es ist die verspürte Erwartung in einen von vertrauten Personen für möglich gehaltenen Erfolg, die ein Kind Herausforderungen annehmen und Neues lernen lässt.

Vgl. Gabriele Haug-Schnabel: Starke und einfühlsame Kinder – Die Bedeutung von Empathie als Schutzfaktor. Fühl Mal. Psychosozialer Dienst Karlsruhe, 14.7.2005.
http://www.verhaltensbiologie.com

Grundwissen

Was emotionale Kompetenz behindert

Emotionale Kompetenz wird behindert, wenn ein Kind erleben muss, dass bestimmte Aspekte seiner Empfindungen unbeantwortet bleiben und niemand eine Abstimmung versucht. Das kann z.B. Zärtlichkeitsäußerungen betreffen, aber genauso auch Mitteilungen, die seinen Ärger oder seine Wut spüren lassen.

Die in der Interaktion ausgeklammerten Empfindungen nimmt das Kind als nicht mitteilbar wahr. Sie sind nach wie vor als Gefühle und Erlebnisweisen vorhanden, bleiben jedoch vom zwischenmenschlichen Erleben ausgeschlossen.

Vgl. Gabriele Haug-Schnabel.

Wenn Kinder die Gefühle Erwachsener verletzen

Kinder haben die Möglichkeit, die Gefühle von Erwachsenen zu verletzen. Es gibt jedoch kein Rezept, damit richtig umzugehen.

- Selbstbewusste Eltern und Lehrer, die ihre Kinder oder Schüler „im Griff" haben und deren Autorität durch die Kinder bestätigt wird, werden aller Wahrscheinlichkeit nach wesentlich seltener unter verletzten Gefühlen leiden.
- Wenn eine klare und konsequente Kommunikation herrscht, und wenn Kinder die Erwartungen und Maßstäbe ihrer Eltern verstehen, neigen sie weniger dazu, die Gefühle ihrer Eltern zu verletzen bzw. dies überhaupt zu versuchen.
- Erwachsene können es vermeiden, verletzt zu werden, indem sie auf schlechtes Benehmen direkt und wohlüberlegt reagieren. Wenn Eltern und Lehrer zuversichtlich sind, dass sie über bestimmte Methoden verfügen, um mit Problemen umzugehen und wenn klare Ziele gesetzt werden, sind sie aufgrund ihrer Selbstsicherheit vor einer Verletzung geschützt.
- Sind Erwachsene in der Lage, sich mit Kindern sowohl über die eigenen Gefühle als auch über die der Kinder zu unterhalten, können sie zum Ausdruck bringen, dass sie verletzt sind und auch daran arbeiten, die Probleme zu lösen. Kinder wissen häufig nicht, dass sie andere verletzt haben, wenn ihnen dies nicht auf eine verständliche Art und Weise vermittelt wird.

Erwachsenen sind auch hier Vorbild und Modell

Werden Erwachsene von Kindern verletzt, so glauben manche, das Recht zu haben, es den Kindern heimzuzahlen. „Auge um Auge, Zahn um Zahn". Derartige Reaktionen tragen zu einem Klima bei, in dem „erlaubt" ist, sich gegenseitig zu verletzen. Vermeiden Erwachsene es, die Gefühle ihrer Kinder zu verletzen und bringen sie ihnen Achtung entgegen, werden auch die Kinder kein Bedürfnis haben, die Gefühle der Erwachsenen zu verletzen.

Harris Clemes / Reinold Bean: Verantwortungsbewusste Kinder. Was Eltern und Pädagogen dazu beitragen können. Reinbek 1993, S. 61.

Respektieren statt verwöhnen

„Kinder müssen geachtet und respektiert, ihre Wünsche und Bedürfnisse ernst genommen werden. Achtung, Respekt und Annahme des Kindes gelingen dann, wenn dies nicht auf Kosten anderer Bedürfnisse – z.B. der elterlichen – geschieht."

Jan-Uwe Rogge

Grundwissen

Überlegungen zur Umsetzung

Empathie, Feinfühligkeit und Mitgefühl müssen ständig entwickelt und trainiert werden.
Hierzu gehört es, eigene und fremde Gefühle (er)kennen, ausdrücken und benennen zu können. Dies ist eine wichtige Voraussetzungen, um Situationen richtig einzuschätzen und mit Konflikten angemessen umgehen zu können. Nur so kann auch Empathie entstehen und weiter entwickelt werden.
Das wichtigste und bedeutendste Lernfeld hierbei ist das Vorbild der Erwachsenen (Eltern, Lehrerinnen und Lehrer), die vorleben und verdeutlichen, wie mit Emotionen gekonnt umgegangen werden kann.

Materialien

Die folgenden Materialien bieten Möglichkeiten, anhand von Übungen und Spielen Aspekte der emotionalen Intelligenz zu fördern. Die Materialien sind zentralen Lernfeldern der emotionalen Intelligenz zugeordnet.

1. Gefühle erkennen und ausdrücken

Selbstwahrnehmung, das Erkennen eines Gefühls wird als Grundlage der emotionalen Intelligenz gesehen. Dies führt zu einem besseren Verständnis von sich selbst. Wer die eigenen Gefühle nicht zu erkennen vermag, ist ihnen ausgeliefert.

M 1 Welche Gefühle?
M 2 Gefühle darstellen
M 3 Woran erkennt man Gefühle?
M 4 Mimik
M 5 Körperhaltung
M 6 Gefühle haben Farben

2. Gefühle anschauen und ernst nehmen

Manche Gefühle machen Angst, andere überschwemmen uns. Innezuhalten, das Gefühl zuzulassen, anzuschauen und nachzuforschen, was es beinhaltet und worauf es aufmerksam machen will, sind wichtige Lernschritte im Umgang mit Gefühlen.

M 7 Angst
M 8 Wut
M 9 Wenn..., dann...

3. Mit Gefühlen angemessen umgehen

Gefühle so zu handhaben, dass sie angemessen sind, beinhaltet z.B. die Fähigkeit, sich selbst zu beruhigen, mit Angst, Gereiztheit oder aggressiven Impulsen umzugehen, aber auch Freude und Glück erleben zu können.

M 10 Wettermassage – den Rücken fühlen
M 11 Mit Gefühlen umgehen

Grundwissen

4. Mitfühlen / Empathie

Zu wissen, was andere fühlen, ist die Grundlage der Menschenkenntnis. Wer einfühlsam ist, nimmt eher die (oft versteckten) Signale wahr, die zeigen, was ein anderer braucht oder sich wünscht.

M 12 Der Umkleideraum
M 13 Vom Büblein auf dem Eis
M 14 Bastelbogen Gefühlsbarometer

Hinweis zu den Materialien

Auf verschiedenen Arbeitsblättern ist eine Arbeitsanweisung für die Lehrkräfte enthalten. Diese Arbeitsanweisung sollte beim Kopieren abgedeckt werden.
Dies betrifft hier: M 13.

4. LERNFELDER UND ANSATZPUNKTE — 4.1 SOZIALES LERNEN

Die Materialien im Überblick

Grundwissen

UNTERRICHT

Materialien	Beschreibung	Vorgehen
M 1: Welche Gefühle …?	Die Fotos von M 1 zeigen Gefühlsausdrücke.	Das Blatt wird kopiert oder als Folie gezeigt. Die Schülerinnen und Schüler schreiben zu jedem Bild, welches Gefühl sie erkennen.
M 2: Gefühle darstellen	M 2 beschreibt eine Übung bei der die Schülerinnen und Schüler selbst Gefühle darstellen sollen.	Die auf M 2 benannten Gefühle werden abwechselnd pantomimisch dargestellt. Eine genaue Arbeitsanweisung findet sich auf M 2.
M 3: Woran erkennt man Gefühle?	M 3 bietet einen Übersicht über Ausdrucksformen für Gefühle.	Mit Hilfe von M 3 wird erarbeitet, welche spezifischen Ausdrucksformen für Gefühle kennzeichnend sind.
M 4: Mimik	Auf M 4 sind vier verschiedene Gesichtsausdrücke dargestellt.	Was drückt das Gesicht der Frau aus? Die Kinder schreiben ihre Sichtweise. Anschließend wird die Mimik nachgespielt.
M 5: Körperhaltung	M 5 zeigt, wie Gefühle durch eine entsprechende Körperhaltung sichtbar werden.	Die Kinder beschreiben genau die Körperhaltung und das damit verbundene Gefühl. Sie spielen die Körperhaltung nach.
M 6: Gefühle haben Farben	M 6 verbindet Gefühle mit Farben.	Welche Gefühlszustände lassen sich durch Farben ausdrücken und welche Farben drücken welche Gefühle aus?
M 7: Angst	M 7 thematisiert das Gefühl Angst.	M 7 wird in Einzelarbeit bearbeitet und anschließend besprochen.
M 8: Wut	M 8 thematisiert das Gefühl Wut.	Das Arbeitsblatt wird in Einzelarbeit bearbeitet und anschließend besprochen. Wodurch unterscheiden sich die Gefühle „Angst" und „Wut"?

4.1.2 EMOTIONALE INTELLIGENZ

Materialien	Beschreibung	Vorgehen
M 9: Wenn …, dann …	M 9 thematisiert Handlungsimpulse, die bei bestimmten Ereignissen oder Gefühlen auftreten können.	M 9 kann als Arbeitsblatt bearbeitet oder als Grundlage für eine Rundgespräch verwendet werden.
M 10: Wettermassage – Den Körper fühlen	M 10 ist eine Anleitung für eine Entspannungsübung in Form einer Rückenmassage.	Die Schülerinnen und Schüler suchen sich eine Partnerin bzw. einen Partner und führen dann die Anweisungen der Lehrerin zur Rückenmassage aus.
M 11: Mit Gefühlen umgehen	M 11 benennt fünf Regeln zum Umgang mit Provokationen.	In einem Klassengespräch wird das Thema „Umgang mit Provokationen" aufgegriffen. Wer kennt Dinge, die provozieren? Was geschieht, wenn man provoziert wird? Die Regeln werden eingeführt und besprochen. Wer kennt weitere Verhaltensmöglichkeiten?
M 12: Der Umkleideraum	Das Foto von M 12 zeigt eine Mobbingsituation.	Die Schülerinnen und Schüler sollen ihre Gefühle benennen, die beim Betrachten des Fotos entstehen und dann eine Geschichte zum Bild erzählen.
M 13: Vom Büblein auf dem Eis	Auf M 13 wird das Gedicht „Vom Büblein auf dem Eis" vorgestellt. *(Beim Kopieren Arbeitsanweisung abdecken)*	Das Gedicht wird vorgetragen (evtl. auswendig gelernt) und kritisch in Bezug auf die enthaltenen Gefühle und Reaktionsweisen bearbeitet.
M 14: Bastelbogen Gefühlsbarometer	M 14 stellt eine Bastelanleitung für einen Gefühlsbarometer dar.	Die Kinder erhalten eine Kopie von M 14, malen Bilder zu den Begriffen und basteln das Barometer. Wenn möglich, die Vorlage auf dickeres Papier kopieren.

Grundwissen

M1 Welche Gefühle ...?

M2 Gefühle darstellen

Wie lassen sich folgende Gefühle körpersprachlich darstellen?

- aggressiv
- wütend
- drohend
- lustig
- cool
- ängstlich
- unterwürfig
- langweilig
- weich
- hart
- offen
- geschlossen
- unentschlossen
- gespannt
- angespannt
- zufrieden
- überrascht
- unsicher

Vorgehensweise
- Es werden Zettel mit jeweils einem Begriff an die Kinder verteilt.
- Die Begriffe sollen nun nacheinander (in einer frei gewählten Reihenfolge) pantomimisch dargestellt werden.
- Die anderen Kinder raten, welcher Begriff dargestellt wurde.
- Ist der Begriff erraten, stellen ihn alle Kinder gemeinsam dar, bevor zum nächsten Begriff übergegangen wird.
- Bei der Auswertung wird auch darüber gesprochen, welche Begriffe schwierig darzustellen sind und woran man die einzelnen Gefühle erkennt.

Variation
Die Begriffe können als Standbilder dargestellt werden, indem jeweils ein Kind ein Standbild arrangiert und die anderen den dargestellten Begriff erraten.

M3 Woran erkennt man Gefühle?

Gesicht
(Mimik)

Stimme

Hände
(Gestik)

Kleidung

Körperhaltung

M4 Mimik

Was drückt das Gesicht des Mädchens aus?

M5 Körperhaltung

Was siehst Du auf dem Bild?

_____

_____

_____

Welches Gefühl kannst Du erkennen?

_____

_____

_____

Was siehst Du auf dem Bild?

_____

_____

_____

Welches Gefühl kannst Du erkennen?

_____

_____

_____

M6 Gefühle haben Farben

Welche Gefühle verbindest du mit folgenden Farben?

schwarz:

blau:

rot:

gelb:

grün:

weiß:

M7 Angst

Wie sieht Angst für Dich aus? Male ein Bild.

Wovor hattest Du schon einmal Angst?

Was machst Du, wenn Du Angst hast?

Wie kannst Du mit der Angst fertig werden?

M8 **Wut**

Wie sieht Wut für Dich aus? Male ein Bild.

Wann bist Du wütend geworden?

Was machst Du, wenn Du wütend bist?

Was macht Deine Mutter, was Dein Vater, wenn Du wütend bist?

Was machst Du, damit Deine Wut nachlässt?

M9 Wenn ..., dann ...

Ergänze die Sätze.

Beispiel:
Wenn ich __traurig bin__, möchte ich am liebsten alleine sein.

Wenn ich _____, gehe ich zu meiner Mutter.

Wenn ich _____, schreie ich ganz laut.

Wenn ich _____, mache ich die Tür zu.

Wenn ich _____, renne ich schnell weg.

Wenn ich _____, möchte ich am liebsten nicht mehr reden.

Wenn ich _____, bekomme ich einen roten Kopf.

M10 Wettermassage – Den Körper fühlen

Entspannungsübungen und Partnermassagen eignen sich dazu angenehme Gefühle erleben zu können. Die Schülerinnen und Schüler bilden Paare. Jeweils eine Schülerin oder ein Schüler sitzt auf einem Stuhl, der/die andere steht hinter ihm bzw. ihr.

Wir sind auf einer Wiese. Es ist furchtbar heiß und schwül dort. Hörst Du es auch? Ein leises Rauschen ist in der Luft – der Wind weht leicht und die Blätter rascheln.	Mit beiden Händen auf dem Rücken langsam hin und her streichen.
Ein paar Wolken ziehen auf. Die Sonne verschwindet, es wird dunkler.	Mit beiden Händen auf Arme, Schultern und Rücken drücken.
Das Rauschen wird stärker, ein Sturm erhebt sich, so dass die Bäume sich biegen.	Mit beiden Händen auf dem Rücken schneller hin und her streichen.
Plötzlich spüre ich etwas.	Mit den Fingerspitzen sanft auf den Rücken tippen.
Es kommt immer öfter und stärker!	Mit den Fingerspitzen etwas schneller und stärker sanft auf den Rücken tippen.
Ja es fängt an zu regnen, und ich merke es an meinem ganzen Körper.	Auch auf Arme, Schultern und Rücken tippen.
Ich spüre, wie es mehr und mehr regnet. Aus dem anfänglichen Tröpfeln werden dicke Tropfen, und ein starker ...	Mit den Fingerspitzen immer schneller tippen/trommeln.
... Regenschauer erfrischt mich.	Mit einer Fingerkuppe im Zickzack von oben nach unten über den Rücken streichen und danach mit beiden Händen auf der Stelle rütteln.
Eine Hütte bietet uns Schutz. Mit einem Mal wird es taghell, ein Blitz zuckt über den Himmel und danach ist ein lautes Krachen zu hören.	Überall kräftig hin und her streichen.
Jetzt geht das Unwetter richtig los! Der Sturm pfeift und heult, der Regen prasselt hernieder, ...	Überall mit den Fingerkuppen trommeln.
... es blitzt und donnert pausenlos!	Mit einer Fingerkuppe im Zickzack von oben nach unten über den Rücken streichen und danach mit beiden Händen.

Bezirksamt Berlin Mitte (Hrsg.): Dokumentation Modellprojekt „Suchtprävention". Berlin 2001, S. 35 f.

M11 Mit Gefühlen umgehen

Fünf einfache Regeln, wenn Du provoziert wirst:

1. Ruhig bleiben, nicht an die Decke gehen

Zähle bis 10 und atme tief durch, bevor Du etwas machst oder sagst.

2. Lass Dich nicht provozieren

oder zum Clown machen.

3. Bleibe bei Dir selbst.

Beibe Du selbst. Du kannst selbst bestimmen, was Du sagst und was Du tust. Du musst nicht das tun, was andere von Dir sehen wollen.

4. Du bist nicht allein

Andere stehen zu Dir und halten zu Dir. Wende Dich an die, die Dich unterstützen.

5. Wer schreit, hat unrecht.

Sage klar und deutlich was Du möchtest. Schreien verhindert, dass andere Dich verstehen.

M12 Der Umkleideraum

Welches Gefühl hast Du, wenn Du das Bild anschaust?

Schreibe drei Worte zu dem Bild.

Was ist geschehen? Was fühlt das Mädchen?

M13 Vom Büblein auf dem Eis

Vom Büblein auf dem Eis

Gefroren hat es heuer
noch gar kein festes Eis;
das Büblein steht am Weiher
und spricht so zu sich leis:
Ich will es einmal wagen,
das Eis, es muss doch tragen. –
Wer weiß?

Das Büblein stampft und hacket
mit seinem Stiefelein,
das Eis auf einmal knacket,
und krach! Schon bricht's hinein.
Das Büblein platscht und krabbelt
als wie ein Krebs und zappelt
mit Schreien.

O helft, ich muss versinken
in lauter Eis und Schnee!
O helft, ich muss ertrinken
im tiefen, tiefen See!
Wär nicht ein Mann gekommen,
der sich ein Herz genommen,
o weh!

Der packt es bei dem Schopfe
und zieht es dann heraus,
vom Fuß bis zu dem Kopfe
wie eine Wassermaus.
Das Büblein hat getropfet,
der Vater hats geklopfet
zu Haus.

Friedrich Güll (1812-1879)

Zur Weiterarbeit
- Ein Bild zu dem Gedicht malen lassen.
- Einfühlen und Identifizieren mit dem „Büblein":
  - Wie geht es dem Büblein, wenn es im Eis versinkt? Was fühlt es, was wünscht es sich?
  - Wie geht es ihm, wenn es der Vater „klopfet"?
  - Wenn Du das Büblein wärst, was würdest Du Dir vom Vater / der Mutter wünschen, wenn Du heimkommst?
- Einen anderen Schlusssatz finden:
  Die Schülerinnen und Schüler formulieren in Paararbeit einen neuen Schlusssatz für das Gedicht.

M14 Bastelbogen Gefühlsbarometer

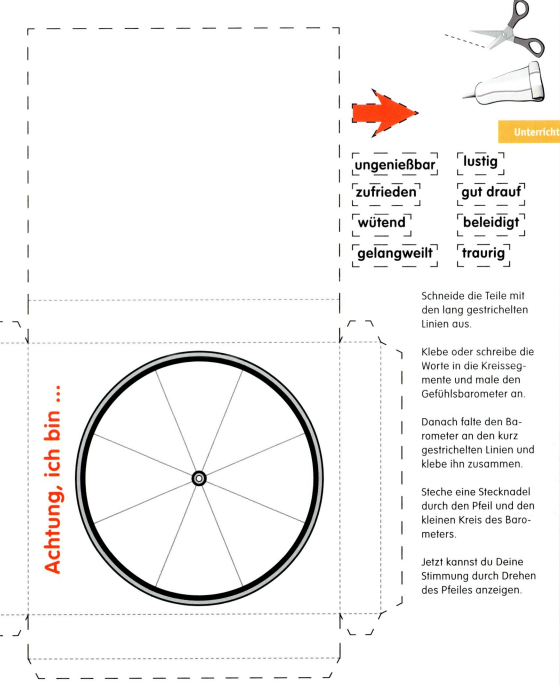

ungenießbar · lustig · zufrieden · gut drauf · wütend · beleidigt · gelangweilt · traurig

Achtung, ich bin ...

Schneide die Teile mit den lang gestrichelten Linien aus.

Klebe oder schreibe die Worte in die Kreissegmente und male den Gefühlsbarometer an.

Danach falte den Barometer an den kurz gestrichelten Linien und klebe ihn zusammen.

Steche eine Stecknadel durch den Pfeil und den kleinen Kreis des Barometers.

Jetzt kannst du Deine Stimmung durch Drehen des Pfeiles anzeigen.

Kommunikation

Grundwissen
- Kommunikation entwickeln — S. 176
- Grundfunktionen der Kommunikation — S. 177
- Die vier Seiten der Nachricht — S. 179
- Gelungene Kommunikation in Konflikten — S. 181
- Bedingungen für gute Gespräche mit Kindern — S. 183
- Gewaltfreie Kommunikation — S. 184
- Lehrer-Eltern-Kommunikation — S. 186
- Überlegungen zur Umsetzung — S. 188
- Die Materialien im Überblick — S. 190

Materialien

Für Lehrkräfte und Eltern
- M 1: Aktives Zuhören — S. 193
- M 2: Ich-Botschaften — S. 194
- M 3: Gewaltfreie Kommunikation — S. 195
- M 4: Lehrer-Eltern-Kommunikation — S. 196

Für den Unterricht
- M 5: Giraffensprache — S. 197
- M 6: Wolfssprache — S. 198
- M 7: Giraffensprache oder Wolfssprache? — S. 199
- M 8: Gutes Zuhören — S. 200
- M 9: Empfindungen — S. 201
- M 10: Information und Meinung — S. 202
- M 11: Körpersprache — S. 203
- M 12: Zehn coole Tipps — S. 204
- M 13: Gesprächsphasen — S. 205
- M 14: So oder so? — S. 206
- M 15: Feedback-Regeln — S. 207
- M 16: Gesprächsverhalten im Unterricht – Selbsteinschätzung — S. 208

In diesem Baustein werden die Grundlagen und Grundregeln gelungener Kommunikation vorgestellt.
Aktives Zuhören, Ich-Botschaften sowie das Modell der gewaltfreien Kommunikation stehen dabei im Mittelpunkt.

Kommunikation entwickeln

Kommunikation ist der Schlüssel zur gewaltfreien Konfliktbearbeitung. Allerdings muss diese Kommunikation bestimmten Ansprüchen genügen. Marshall B. Rosenberg bezeichnet diese Form als „gewaltfreie Kommunikation". Gewaltfreie Kommunikation ist inzwischen fester Bestandteil in allen Mediationsausbildungen und in ziviler Konfliktbarbeitung.

Grundwissen

Kommunikation wird im täglichen Miteinander gelernt und kann gezielt gefördert werden. Dabei geht es jedoch nicht nur um die verbalen und nonverbalen Kommunikationstechniken der Schülerinnen und Schüler, sondern auch um das Kommunikationsverhalten der Lehrerinnen und Lehrer sowie der Eltern. Kommunikation von Erwachsenen mit Kindern ist immer von einem deutlichen Machtgefälle geprägt. Dieses darf nicht zuungunsten der Kinder missbraucht werden. Der wichtigste Grundsatz für eine gelingende Kommunikationssituation ist deshalb der gegenseitige Respekt und die Akzeptanz.

Kommunikation			
verbale		nonverbale	
Vokal	Sprache	Körperausdruck *Gestik, Mimik*	Körperergänzend *Accessoires,* *Kleidung, Räume*

Grundfunktionen der Kommunikation

Ausloten von Macht
In vielen Kommunikationssituationen (also auch in Schule und Unterricht) versuchen die Schülerinnen und Schüler, die Kontrolle über die Situation und die anderen zu erlangen. Dies geschieht durch (bewusste oder unbewusste, verbale oder nonverbale) Beeinflussung der anderen. Solche Kontrollversuche können sich ausdrücken in:
- viel reden,
- viel fragen,
- wenig von sich zeigen,
- direktem (demonstrativem) Blickkontakt,
- betont lockerer Haltung,
- starker Steuerung des Gesprächs,
- Unterbrechen des Gegenübers,
- abrupter Beendigung des Gesprächs,
- ...

Grundwissen

Auch soziale Sprachstile unterstützen solche Kontrollversuche: Ein großer und differenzierter Wortschatz, hohe Sprechgeschwindigkeit, gute Aussprache sowie eine korrekte Hochsprache werden z. B. allgemein mit Kompetenz und hohem sozialen Status in Verbindung gebracht. Dies heißt auch, dass diese Merkmale bewusst zur Beeinflussung der anderen eingesetzt werden (können).

Die richtige Nähe finden
Die mit der Kommunikation verbundene Aufnahme sozialer Beziehungen hat immer auch eine Dimension von Nähe und Distanz, von Zuneigung und Ablehnung.
Dies kommt u. a. durch Blickkontakt (oder Vermeidung von Blickkontakt), offene (oder geschlossene) Körperhaltung oder das Einbeziehen (oder Vermeiden) privater Themen zum Ausdruck.

Welches Maß an Nähe bzw. Distanz als „normal" betrachtet wird, hängt dabei von der Art der Beziehung ab (Eltern – Kind, Lehrer – Schüler, Freund – Freundin, ...). Nähe drückt sich oft darin aus, dass einer einem anderen bewusst Informationen über sich selbst zur Verfügung stellt, die dem anderen normalerweise in dieser Situation nicht zur Verfügung stehen

4. LERNFELDER UND ANSATZPUNKTE — 4.1 SOZIALES LERNEN

(z. B. durch erzählen, Zimmer zeigen, Freunde vorstellen, ins Elternhaus mitnehmen etc.).

Diese Selbstenthüllung ist jedoch mit der Forderung nach angemessener Erwiderung verbunden. Die dahinterstehende Absicht ist, eine positive Wertschätzung für das eigene Selbst zu schaffen.

Vgl. J. M. Wiemann / H. Giles: Interpersonelle Kommunikation als Grundlage aller Beziehungen des Lebens. In: Wolfgang Stroebe u. a.: Sozialpsychologie. Berlin u. a. 1990, S. 209–231.

Grundwissen

Diese beiden Grundfunktionen spielen natürlich auch in der schulischen Kommunikation sowie in der zwischen Erwachsenen und Kindern eine besondere Rolle, da Kinder hier von ihren Voraussetzungen her, aber auch aufgrund der Rollendefinition, zunächst in der schwächeren Position sind, ist eine besondere Rücksichtnahme und Sensibilität der Erwachsenen notwendig.

Die vier Seiten der Nachricht

Jede Nachricht (Information, Kommunikation) hat neben der Inhalts- und Beziehungsseite noch zwei weitere wichtige Aspekte: die Selbstoffenbarung und den Appell.

Dieses Modell wurde von dem Hamburger Kommunikationswissenschaftler Friedemann Schultz von Thun auf der Grundlage der Überlegungen von Paul Watzlawik entwickelt.

Der Sachinhalt
Zunächst beinhaltet eine Nachricht eine Sachinformation (Darstellung von Sachverhalten). Dies ist der auf ein Sachziel bezogene Austausch von Informationen und Argumenten, das Abwägen und Entscheiden.

Die Selbstoffenbarung
In jeder Nachricht stecken nicht nur Informationen über die mitgeteilten Sachinhalte, sondern auch Informationen über die Person, die spricht. Mit dem Begriff Selbstoffenbarung soll sowohl die gewollte Selbstdarstellung als auch die unfreiwillige Selbstenthüllung eingeschlossen werden.

Die Beziehung
Aus jeder Nachricht geht hervor, wie der Sender zum Empfänger steht, was er von ihm hält. Oft zeigt sich dies in der gewählten Formulierung und im Tonfall und anderen nicht-sprachlichen Begleitsignalen. Für diese Seite der Nachricht ist der Empfänger besonders empfindlich; denn hier fühlt er sich als Person in bestimmter Weise behandelt (oder misshandelt).

Der Appell
Es wird kaum etwas nur so gesagt – fast alle Nachrichten haben den Zweck oder die tatsächliche Wirkung, auf den anderen Einfluss zu nehmen. Der Appell-Aspekt ist vom Beziehungsaspekt zu unterscheiden. Denn den gleichen Appell kann man ganz verschieden senden: der Empfänger kann sich vollwertig oder herabsetzend behandelt fühlen.

Da alle vier Seiten immer gleichzeitig im Spiele sind, muss der „kommunikationsfähige Sender" sie sozusagen alle beherrschen. Einseitige Beherrschung stiftet Kommunikationsstörungen. So nützt es z. B. wenig, sachlich recht zu haben, wenn man gleichzeitig auf der Beziehungsseite Unheil stiftet.

4. LERNFELDER UND ANSATZPUNKTE — 4.1 SOZIALES LERNEN

Grundwissen

Funktionen des Blickkontaktes
Ein Blickkontakt signalisiert
- Interesse an Kommunikation;
- Interesse, die (räumliche) Distanz zu verringern;
- Kontrolle der Situation, Einschüchterung;
- Aufforderung zur Antwort, Äußerung.

Vermeidung von Blickkontakt signalisiert
- dass kein Kontaktwunsch besteht;
- eine Dinstanz trotz erzwungener körperliche Nähe (z.B. in der S-Bahn) gewahrt werden soll;
- dass Gefühle nicht direkt gezeigt werden sollen.

Die Sicht des Gegenübers
Betrachtet man die vier Seiten der Nachricht aus der Sicht des Gegenübers, so ist, je nachdem auf welcher Seite er/sie hört, seine/ihre Empfangstätigkeit eine andere:
- Er/Sie versucht, den Sachinhalt zu verstehen.
- Sobald er/sie die Nachricht auf die Selbstoffenbarungsseite hin abklopft, ist er/sie personaldiagnostisch tätig: „Was ist das für einer?".
- Durch die Beziehungsseite ist die Empfängerin bzw. der Empfänger persönlich betroffen: „Wie steht der Sender zu mir?".
- Die Auswertung der Appell-Seite schließlich geschieht unter der Fragestellung „Wo will er/sie mich hinhaben?".

Was zwischenmenschliche Kommunikation so kompliziert macht, ist: Der Empfänger hat prinzipiell die freie Auswahl, auf welche Seite der Nachricht er reagieren will.
Auch Schülerinnen und Schüler haben diese Wahl, „nur" auf eine Seite der Nachricht zu hören. Wird im Unterricht nur und ausschließlich über Inhalte gesprochen, so wird man der Komplexität menschlicher Kommunikation nicht gerecht.

Vgl. Friedemann Schultz von Thun: Miteinander reden. 3 Bde. Reinbek 1998.

Gelungene Kommunikation in Konflikten

Die Grundlagen
Anerkennung, Wertschätzung und das Bemühen um ein Verstehen des Gegenübers sind die Grundlagen für Konfliktgespräche. Dies bedeutet auch, Menschen nicht mit den Problemen gleichzusetzten.

„Das Wesentliche ist unsichtbar"
Wie bei einem Eisberg ist auch im Konfliktgeschehen nur ein Teil der Dynamik (die Sachebene) unmittelbar zugänglich. Die anderen Teile (z.B. Gefühle und Wünsche) müssen erschlossen werden. Dies macht das Sprechen über Konflikte oft schwierig.

Subjektive Sichtweisen im Konflikt in Rechnung stellen
Konflikte werden von den Konfliktparteien jeweils in ihrer eigenen subjektiven Sichtweise und Logik wahrgenommen und interpretiert.

Den richtigen Sprachgebrauch finden
Der persönliche Sprachgebrauch sollte sensibel mit Bezeichnungen und Begriffen umgehen. Deshalb sollten sexistische Wendungen und gewaltförmige Ausdrücke vermieden werden. Auch Killerphrasen sind fehl am Platz.

Zuhören lernen
Ausreden lassen und einander einfühlsam zuhören ermöglichen es, die Anliegen des Anderen zu verstehen.

Ich-Botschaften verwenden
In Ich-Form zu sprechen bedeutet, Verantwortung für das Gesagte zu übernehmen, direkt und konkret zu sein. Der (Konflikt)Partner wird nicht beschuldigt („Du ..."), sondern die Wirkung seines Handeln auf mich selbst steht im Zentrum der eigenen Aussagen.

Körpersprache wahrnehmen und beachten
Körpersprache ist oft eindeutiger als Worte, wenngleich sie immer von neuem entschlüsselt werden muss. Konflikt- und Krisensituationen sind meistens am Gesichtsausdruck, unwillkürlichen Gesten und der gesamten Haltung ablesbar.

Nonverbale Kommunikation

Nonverbale Kommunikation ist direkter und aussagekräftiger als verbale. Sie richtig zu entschlüsseln und sie für den eigenen Ausdruck einzusetzen, ist für einen reibungslosen zwischenmenschlichen Umgang wichtig.
Auch in Konflikten und bei Gewalttätigkeiten spielt die Körpersprache eine wichtige Rolle. Zu wissen, welche nonverbalen Ausdrucksformen eher anheizen und eskalieren und welche eher deeskalierend wirken, ist für einen konstruktiven Umgang mit Konflikten zentral. Konflikte haben ihre eigene Dynamik – sie verlaufen in verschiedenen Phasen. Diese Phasen sind auch im Bereich der Kommunikation durch unterschiedliche körpersprachliche Ausdrucksweisen gekennzeichnet.
Körpersprache schließt dabei auch Symbole, Gesten und Rituale mit ein.

Zu diesen körpersprachlichen Ausdrucksweisen gehören:
- Höflichkeits- und Grußgesten;
- Drohgebärden, Demonstrationen von Macht und Überlegenheit;
- Unschuldsbeteuerungen;
- Trauer und Wut;
- Vergebung und Versöhnung.

4. LERNFELDER UND ANSATZPUNKTE — 4.1 SOZIALES LERNEN

Grundwissen

Augenkontakt
In westlichen Kulturen legt man viel Wert auf Augenkontakt, da dieser Interesse und Aufmerksamkeit signalisiert. In verschiedenen anderen Kulturen signalisiert Augenkontakt zu Eltern oder Erwachsenen Respektlosigkeit und wird deshalb vermieden. Manchmal ist es für ein Kind angenehmer, reden zu können, ohne Augenkontakt halten zu müssen, dies ist z.B. auch bei Gesprächen während eines gemeinsamen Tuns so.

Zuhören
Für ein gutes Gespräch ist eine gemeinsame Gesprächsbasis wichtig. Hierzu gehört, dass das Machtgefälle zwischen Erwachsenen und Kindern nicht ausgenutzt wird und das Kind ungestört seine Gedanken und seine Version einer Geschichte darstellen kann. Zuhören können ist ein Schlüssel für das Gespräch mit Kindern.

Demonstration von Überlegenheit und Stärke kann hier ebenso dazugehören wie Unsicherheiten oder Demutsgesten.

Mit Fragen sparsam umgehen
Fragen sind ein wichtiges Hilfsmittel, um Interessen zu klären und verschiedene Sichtweisen eines Konfliktes zu erhellen. Mit Fragen muss jedoch sehr sensibel umgegangen werden. Nicht „Ausfragen" darf das Ziel sein, sondern ein besseres gegenseitiges Verstehen.

Feedback ermöglichen
Feedback soll beschreiben, nicht interpretieren. Es soll sich auf konkrete Einzelheiten beziehen. Moralische Bewertungen und Interpretationen sollen vermieden werden.

Metakommunikation
Darüber zu sprechen, wie man spricht, die bewusste Auseinandersetzung darüber, wie Streitende miteinander umgehen, welche Gefühle die Äußerungen ihres Konfliktpartners bei ihnen auslösen und wie die Botschaften des Gesprächspartners bei ihnen ankommen, kann zur Konfliktlösung beitragen.

Bedingungen für gute Gespräche mit Kindern

Qualität eines Gesprächs mit Kindern

Ein „gutes" Gespräch bedeutet,
dass sich die Gesprächspartner wohl fühlen und dass die wechselseitigen Ziele einigermaßen erreicht sind oder dass sie sich über das Nichterreichen des Ziels einig sind. Mit anderen Worten: dass nicht nur der Erwachsene erreicht hat, was er will. Das bedeutet, dass sich die Gesprächspartner respektieren, unabhängig vom Inhalt des Gesprächs.

Ein „offenes" Gespräch heißt,
dass das Kind seine Meinung und Gefühle äußern kann, ohne vom Erwachsenen gelenkt oder in die Irre geführt zu werden, also wenn es keinen Erwachsenen gibt, der einseitig die Richtung des Gesprächs bestimmt.

Ein „gutes" Gespräch ist voller Wärme, Respekt und Interesse.

Kommunikationsbedingungen für die Gesprächsführung mit Kindern

1. Dieselbe (Augen-)Höhe wie das Kind einnehmen.
2. Das Kind anschauen, während man spricht.
3. Abwechselnd Augenkontakt herstellen und unterbrechen, während man mit dem Kind spricht.
4. Dafür sorgen, dass sich das Kind wohl fühlt.
5. Dem Kind zuhören.
6. Mit Beispielen zeigen, dass bei einem ankommt, was das Kind sagt.
7. Das Kind dazu ermutigen, zu erzählen, was es empfindet oder will, weil man das sonst nicht weiß.
8. Spielen und reden möglichst kombinieren.
9. Darauf hinweisen, dass man das Gespräch unterbricht und später fortsetzen wird, sobald man merkt, dass das Kind nicht mehr bei der Sache ist.
10. Dafür sorgen, dass das Kind nach einem schwierigen Gespräch wieder zu sich kommen kann.

Martine F. Delfos: „Sag mir mal ..." Gesprächsführung mit Kindern. Weinheim und Basel 2004, S. 72 f.

Dieselbe (Augen-)Höhe

„Wenn wir möchten, dass uns ein Kind zuhört, sollten wir besser stehen bleiben. Wollen wir uns mit einem Kind austauschen, werden wir uns auf die gleiche Höhe begeben müssen. Wollen wir, dass uns ein Kind etwas erzählt und Verantwortung für das Gespräch empfindet, dann müssen wir eine niedrigere und tiefere Körperhaltung einnehmen als das Kind."

Martine F. Delfos: „Sag mir mal ..." Gesprächsführung mit Kindern. Weinheim und Basel 2004, S. 78.

Grundwissen

Gewaltfreie Kommunikation

Um für das Kommunikationsverhalten sensibel zu werden, werden in Anlehnung an das Konzept der Gewaltfreien Kommunikation nach Marschall B. Rosenberg oft die Begriffe und Metaphern „Wolfssprache" und „Giraffensprache" verwendet. Damit soll zum Ausdruck gebracht werden, dass es förderliche und hinderliche Kommunikationsstrategien gibt. Gerade für Grundschüler ist dieses Konzept sehr anschaulich und nachvollziehbar.

Wolfssprache

Der Wolf steht für das, was Kommunikation schwierig macht. Er gibt sich manchmal äußerlich höflich und diplomatisch, manchmal emotional, aggressiv und verletzend. Er zeigt sich nicht immer wild, erschreckend und zähnefletschend, sondern versucht auch im Zorn, seine Emotionen in den Griff zu bekommen. Seine wirklichen Gefühle will er verbergen.

In der Wolfssprache wird beurteilt, was gut und schlecht ist, was normal und unnormal ist. Es geht darum, wer Recht oder Unrecht hat.
Die Verantwortung wird auf andere geschoben. Man beruft sich auf Anordnungen und Hinweise „von oben".
Menschen verdienen für ihr Verhalten Strafe oder Belohnung. Das Böse wird bestraft, das Gute belohnt.
Rosenberg nennt unseren „normalen" sozialen Umgangston „Wolfssprache". Sie ist gekennzeichnet durch:
– Analyse: „wenn du das beachtet hättest ..."
– Kritik: „so ist das falsch, das macht man so ..."

- Interpretationen: „du machst das, weil ..."
- Wertungen: „du bist klug, faul, richtig, falsch ..."
- Strafandrohungen: „wenn du nicht sofort ..., dann ..."
- Regeln und Normen
- Sich im Recht fühlen.

Resultat der Wolfssprache ist in der Regel, dass der andere sich schlecht fühlt, sich wehrt oder ausweicht. In jedem Fall provoziert die Wolfssprache gegenseitige Aggressionen.
Nach Rosenberg repräsentiert die Wolfssprache den eher missglückten Versuch, ein Bedürfnis auszudrücken.

Giraffensprache

Giraffensprache macht Kommunikation leichter und angenehmer. Sie versucht, keine Ängste und Unsicherheiten zu wecken. Sie ist geprägt vom Bemühen um einen achtsamen Umgang und von Einfühlungsvermögen in andere und sich selbst.
- Die Giraffe zeigt, wie ihr zumute ist und was sie braucht. Sie hat keine Angst vor Gefühlen.
- Sie verletzt nicht und setzt andere nicht herab.
- Sie geht davon aus, dass jeder die Verantwortung für sein Handeln übernehmen sollte.

Mit „Giraffenohren" hören bedeutet, die Gefühle, Bedürfnisse und Wünsche, die angesprochen werden, wahrzunehmen.
Die Giraffensprache ist die Sprache des Herzens.
- Sie achtet auf Gefühle.
- Sie versucht, die Bedürfnisse des Anderen herauszufinden.
- Sie trennt Beobachtung und Bewertung.
- Sie bittet statt zu fordern.

Niemand kommuniziert nur in der einen oder anderen Art und Weise. Im Alltag vermischen sich die beiden Strategien.

Nach: Psychologische_Gesprächsführung/Gewaltfreie_Kommunikation/ gewaltfreie_kommunikation.html
Bundeszentrale für gesundheitliche Aufklärung (Hrsg.): Achtsamkeit und Anerkennung. Materialien zur Förderung des Sozialverhaltens in der Grundschule. Köln 2002, S. 39 f.
Marshall B.Rosenberg: Gewaltfreie Kommunikation. Paderborn 2002.

Hinter die Kulissen schauen

Gewaltfreie Kommunikation heißt für Sie also, hinter die Kulisse der üblichen Drohgebärden auf die verletzten und versteckten menschlichen Gefühle, auf die eigentlichen Handlungsmotive zu schauen?

„Es gibt einen Ort jenseits von richtig und falsch, da treffen wir uns," sagt ein persisches Sprichwort. Ich helfe den streitenden Parteien, sich über ihre wechselseitigen Grundbedürfnisse klar zu werden. Die sind bei allen Menschen gleich. Gewaltfreie Kommunikation ist ein Ansatz, der uns helfen kann, vertrauensvoll und mitfühlend miteinander umzugehen und zum gegenseitigen Wohl beizutragen, nicht die ewig gleichen Kampfschemen und verletzenden Argumente auszutauschen. Ich habe die Erfahrung gemacht, dass sowohl in der politischen Arena, in Unternehmen, in der Schule oder in der Familie jeder Konflikt gelöst werden kann, sobald die Beteiligten nicht mehr mit Schaum vor dem Mund reden, sondern die Motive und Grundbedürfnisse des anderen verstehen lernen.

Interview mit Marshall B. Rosenberg über Weltfrieden und gewaltfreie Kommunikation von Swantje Strieder.
www.peace-counts.org

Grundwissen

Lehrer-Eltern-Kommunikation

Lehrer-Eltern-Kommunikation ist oft Krisenkommunikation. Welche Probleme auftreten und welche Lösungsmöglichkeiten von den Betroffenen gesehen werden, zeigt folgender Auszug aus dem Protokoll eines Elternrates.

Vergangenheit
– Abwehrhaltung bei Gespräch/Anruf
– Eltern und Lehrer haben gute Erfahrung mit Kommunikation untereinander
– Positiv: Terminplanung
– Vorurteile gegen Lehrer im direkten Gespräch abgebaut
– Fehlende Offenheit von Lehrkräften in wichtigen Fragen von Verantwortung
– Lehrer sehen sich bei Aufsichtspflicht in ihrem Vertrauen missbraucht

Gegenwart
– Betroffene Eltern sollten kommen und offen reden
– Lehrer stellen sich vor (Elternabend)
– Mangelnder Informationsfluss
– Anhörung gut (gemeint ist: vor der Zeugniskonferenz)
– Erziehungsauftrag der Eltern kann nicht durch die Schule erfüllt werden
– Vieles ist okay
– Eine Minderheit kostet zuviel Kraft
– Lehrer wünschen sich Respekt

Zukunft
– Persönliche Gespräche statt Telefonat
– Lehrer wollen direkt und angemessen kritisiert werden
– Konflikte stellvertretend ansprechen
– Häufige Elternstammtische, auch ohne Lehrer
– Aktive Elternvertreter
– Gemeinsame Eltern-Schüler-Abende
– Gespräche lösungsbereit und ergebnisoffen führen
– Rechtzeitige Information
– Transparenz von Planung
– Wir wollen ein Elternsprechzimmer
– Offenheit
– Ernstnehmen gegenseitiger Interessen

Elternarbeit

Zur Elternarbeit gehören Maßnahmen, Veranstaltungen und Angebote von Schulen und Kindergärten für Eltern, mit denen eine wechselseitige Abstimmung und Unterstützung der jeweiligen Arbeit mit den Kindern und Jugendlichen erreicht werden soll. Dazu gehören v.a. Elternsprechstunden, regelmäßige Elternabende, Mitbestimmung der Eltern bzw. Elternvertretungen, Hausbesuche und Elternarbeit im Unterricht.

Peter Matthias Gaede / Bibliographisches Institut & F.A. Brockhaus AG (Hrsg.): GEO-Themenlexikon Psychologie. A.-L. Mannheim 2007, S. 130.

- Feste Sprechzeiten
- Bildung positiv erleben
- Regeln sollen von allen konsequent eingehalten werden
- Besserer Austausch der Eltern untereinander
- Überprüfung von eigener Kommunikation
- Bessere Kommunikation innerhalb der Elternschaft
- Üben von Kommunikation
- Mehr Infos über die Funktion von Beratungslehrern
- Fehler eingestehen
- Information
- Wir Eltern/Lehrer wollen zusammenarbeiten
- Kürzere Wege
- Aus Schwierigkeiten lernen
- Eltern-Lehrer-Schüler-Veranstaltungen, z.B. Spielenachmittage
- Aufbau eines Vertrauensverhältnisses zwischen Lehrern
- Mehr Kommunikation zwischen Lehrern – Eltern über Anrufe
- Wunsch, dass Eltern Lehrern vertrauen
- Initiative von BEIDEN Seiten
- Eltern wünschen sich konsequentes Lehrerverhalten
- Stammtisch mit Lehrern
- Umgang mit den Eltern von volljährigen Schülern
- Mediation
- Bei Verhaltensauffälligkeiten schneller reagieren

Elternrat Gymnasium Coreystraße, Protokoll, 29.9.2002.
http://www.hh.schule.de/GyCor/eltern/Archiv.html

Überlegungen zur Umsetzung

Kommunikation wird hier nicht in allen Bezügen und Facetten aufgegriffen, sondern primär unter dem Aspekt des angemessenen Selbstausdrucks sowie im Kontext von Konfliktbearbeitung gesehen.

Bei allen Konzepten der konstruktiven Konfliktbearbeitung (u.a. Mediation, Schüler-Streit-Schlichtung) spielen das „aktive Zuhören" sowie „Ich-Botschaften" als Grundqualifikationen eine zentrale Rolle. Desweiteren hat Marshall B. Rosenberg ein spezifisches Modell der Gewaltfreien Kommunikation entwickelt das von einem bedürfnisorientierten Ansatz ausgeht und bereits bei Kindern eingeführt werden kann.

Eltern, Lehrerinnen und Lehrer
Da Eltern sowie Lehrerinnen und Lehrer für die Kinder zentrale Lernmodelle sind, kommt es auch stark darauf an, deren Kommunikationsverhalten immer wieder kritisch zu überprüfen. (M 1 – M 3)
Die Eltern-Lehrer-Kommunikation ist in vielen Schulen nicht immer optimal entwickelt. (M 4)

Schülerinnen und Schüler
In der Grundschule geht es für die Schülerinnen und Schüler um folgende Bereiche:
– Hilfreiche Kommunikationsformen zu erlernen. (M 5 – M 8)
– Kommunikations- und Gesprächsregeln zu kennen. (M 9 – M 10)
– Informationen differenziert zu erfassen. (M 10, M 11).
– In Problemsituationen angemessen zu reagieren. (M 12 – M 14).
– Feedback geben und annehmen zu können und mit Kommunikationsstörungen umgehen zu lernen. (M 15)
– Die eigenen Fähigkeiten realistisch einschätzen zu können. (M 16).

Interkulturelle Kommunikation
Aspekte interkultureller Kommunikation spielen auch im Schulbereich eine zunehmend wichtige Rolle. Kulturelle Besonderheiten zu kennen, wahrzunehmen und zu respektieren, ist dabei wichtig. Dialog zwischen Kulturen ist immer zunächst Dialog zwischen Menschen.

Schulischer Unterricht stellt eine spezifische Kommunikationssituation dar, in der die Grundformen von Kommunikation laufend geübt werden können. Spezielle Übungseinheiten vertiefen und reflektieren das Geschehen.

4.1.3 KOMMUNIKATION

Zentrale Lernbereiche in diesem Kontext sind:
- Sich ausdrücken können.
- Wünsche, Gedanken und Interessen mitteilen können.
- Verantwortung für das Gesprochene übernehmen.
- „Ich- und Du-Botschaften" unterscheiden können.
- Aktiv Zuhören können.
- Informationen erfragen können.
- Feedback geben und annehmen können.
- Das Konzept der Gewaltfreien Kommunikation kennen.
- Nonverbale Signale entschlüsseln können.
- Gefühle ausdrücken und benennen können.

Grundwissen

Bitte beachten Sie, dass die Bereiche „Nonverbale Kommunikation" und „Gefühle ausdrücken" ausführlich im Baustein „Emotionale Intelligenz" aufgegriffen werden.

Hinweis zu den Materialien
Auf verschiedenen Arbeitsblättern ist eine Arbeitsanweisung für die Lehrkräfte enthalten. Diese Arbeitsanweisung sollte beim Kopieren abgedeckt werden.
Dies betrifft hier: M 6.

Ergänzende Bausteine

4.1.1 Soziale Wahrnehmung
4.1.2 Emotionale Intelligenz

4. LERNFELDER UND ANSATZPUNKTE — 4.1 SOZIALES LERNEN

Die Materialien im Überblick

Materialien	Beschreibung	Vorgehen
M 1: Aktives Zuhören	M 1 beschreibt das Konzept des aktiven Zuhörens und bietet hierzu Übungen an.	Das Konzept wird vorgestellt und in Kleingruppen geübt. Die Relevanz für Konfliktbearbeitung und Gewaltprävention wird diskutiert.
M 2: Ich-Botschaften	Das Arbeitsblatt verdeutlicht, was Ich-Botschaften sind und gibt konkrete Beispiele.	Vorstellung und Übung in Kleingruppen (Eltern und Lehrkräfte). Was bedeutet die Anwendung von Ich-Botschaften für die tägliche Kommunikation?
M 3: Gewaltfreie Kommunikation	Die Grundelemente von gewaltfreier Kommunikation werden beschrieben: genau beobachten, Gefühle ausdrücken, Bedürfnisse erkennen, Bitten aussprechen.	Als Weiterführung und Vertiefung von M 1 und M 2 wird Gewaltfreie Kommunikation eingeführt. Welche Bedürfnisse kommen in der jeweiligen Handlung / Äußerung zum Ausdruck?
M 4: Lehrer-Eltern-Kommunikation	M 4 beinhaltet ein Frageraster, das die Erfahrungen und Wünsche an die Lehrer-Eltern-Kommunikation unter den Aspekten Verangenheit, Gegenwart, Zukunft aufgreift.	M 4 wird zunächst individuell ausgefüllt. In einer zweiten Runde bilden sich Kleingruppen, um die individuellen Sichtweisen zu diskutieren. Die Gruppenergebnisse werden im Plenum vorgestellt.
M 5: Giraffensprache	„Giraffensprache" als Element der Gewaltfreien Kommunikation wird beschrieben.	Der Text „Giraffensprache" wird vorgetragen oder vorgelesen. Die Kinder finden in Kleingruppen Merksätze dazu.
M 6: Wolfssprache	„Wolfssprache" als Element der Gewaltfreien Kommunikation wird beschrieben.	Der Text „Wolfssprache" wird vorgetragen oder vorgelesen. Die Kinder finden in Kleingruppen Merksätze dazu.

Materialien	Beschreibung	Vorgehen
M 7: Giraffensprache oder Wolfssprache?	M 7 beinhaltet Sätze aus der Giraffen- bzw. Wolfssprache.	Die Schülerinnen und Schüler ordnen die Sätze der Giraffen- bzw. Wolfssprache zu und finden weitere Sätze.
M 8: Gutes Zuhören	Merksätze für „gutes Zuhören"	Was heißt Zuhören? Was muss man beim guten Zuhören beachten? Im Unterrichtsgespräch werden Merkmale gesammelt. Die Merksätze werden eingeführt und besprochen.
M 9: Empfindungen	Worte und Begriffe können wertschätzend oder abwertend sein. Sie lösen Empfindungen aus. M 9 fragt nach diesen Empfindungen.	M 9 wird zunächst in Einzelarbeit ausgefüllt. Das Arbeitsblatt wird besprochen. Es werden Worte gesammelt, die Anerkennung und Wertschätzung ausdrücken.
M 10: Information und Meinung	M 10 greift den Unterschied zwischen Information, Meinung und Bewertung auf.	Anhand von Beispielen wird der Unterschied von Information, Meinung und Bewertung verdeutlicht. Die Kinder ordnen die Sätze zu.
M 11: Körpersprache	Wie wird Aufmerksamkeit bzw. Langeweile nonverbal ausgedrückt?	Die Schülerinnen und Schüler zeigen, wie sie die Begriffe körpersprachlich darstellen. Danach werden die vorgeschlagenen Begriffe gespielt und zugeordnet.
M 12: Zehn coole Tipps	M 12 zeigt Möglichkeiten sich in schwierigen Gesprächssituationen zu verhalten.	Sammeln von Beispielen, in denen man wütend wird oder aggressiv reagiert. Welche anderen Reaktionsmöglichkeiten gibt es? Besprechen der „Zehn coolen Tipps." Jede Schülerin, jeder Schüler malt zu jeweils drei Tipps ein Bild.

4. LERNFELDER UND ANSATZPUNKTE — 4.1 SOZIALES LERNEN

Grundwissen

UNTERRICHT

Materialien	Beschreibung	Vorgehen
M 13: Gesprächsphasen	Gute Gespräche duchlaufen bestimme Phasen. Diese werden in M 13 aufgegriffen.	Die Phasen werden auf große Zettel geschrieben. Anfang und Ende (sowie Zwischenschritte) als Weg auf dem Boden markiert. Kinder können einzelne Zettel ziehen und zuordnen.
M 14: So oder so?	Andere Ausdrucksmöglichkeiten üben. An Stelle verletzender Worte werden Alternativen gesucht.	Was sind Schimpfworte oder Beleidigungen? Welche kennen die Kinder? Welche sind die schlimmsten? Welche anderen Worte gibt es?
M 15: Feedback-Regeln	Wie kann man angemessene Rückmeldungen geben und angebotene Rückmeldungen annehmen?	Die Regeln für Feedback werden eingeführt, besprochen und geübt.
M 16: Gesprächsverhalten im Unterricht	M 16 ist ein Fragebogen zur Selbsteinschätzung des eigenen Kommunikationsverhaltens in der Klasse.	Die Selbsteinschätzung wird von den Schülerinnen und Schülern ausgefüllt. Anschließend benennen sie einen Bereich, den sie verbessern wollen.

M1 Aktives Zuhören

Aktives Zuhören ist keine Technik, die es immer anzuwenden gilt, sondern eine Haltung, die in bestimmten Situationen hilfreich sein kann. Aktives Zuhören heißt, die Aussagen und Botschaften des anderen, also auch die nonverbalen Anteile und Gefühle, die mitschwingen, zu erfassen und in eigenen Worten ausdrücken zu können. Dadurch soll dem Gegenüber geholfen werden, die richtigen Worte zu finden. Der andere soll dabei in seiner Person und mit seinem Anliegen optimal verstanden werden.

Aktives Zuhören heißt:
– Darauf achten, was zwischen den Zeilen gesagt wird.
– Sich auf den Gesprächspartner konzentrieren.
– Sich nicht ablenken lassen.
– Die eigene Meinung und Bewertung zurückhalten.
– Nachfragen bei Unklarheiten.
– Auf eigene Gefühle achten.
– Die Gefühle des Partners erkennen und ansprechen.

„Das aktive Zuhören sollte man sehr gut können, um es dann aber auch zu lassen und nur im echten Bedarfsfall einzusetzen. Der Bedarfsfall ist dann gegeben, wenn sich jemand bemüht, etwas in Worte zu fassen, aber nicht die rechten Worte findet. Wenn ich dann meine, den Kern verstanden zu haben, ohne dass die Worte schon klar herausgekommen sind, kann das aktive Zuhören fruchtbare Hebammendienste leisten, indem ich dem anderen sage: ‚Ich habe dich so und so verstanden. Meinst du das?!' Ist das Gemeinte aber schon klar herausgekommen, leistet das aktive Zuhören keine zusätzlichen Dienste mehr."

Friedemann Schultz von Thun: Lass und drüber reden! In: Personalführungsplus 98.

Aktive Zuhörregeln:
– Hören Sie zu, was die Person wirklich sagt.
– Überprüfen Sie, ob Sie richtig verstanden haben, indem Sie mit eigenen Worten wiederholen was gesagt wurde und fragen „Ist es das, was Sie meinen?"
– Fassen Sie die Hauptaspekte zusammen und überprüfen Sie diese mit dem Sprecher, sobald dieser fertig ist.
– Wenn der Sprecher emotional ergriffen ist (verärgert oder traurig), achten Sie darauf, dass Sie sich auf seine Worte konzentrieren und nicht nur auf seine Gefühle.
– Verlangen Sie nach Klarstellung von Ideen und Informationen, um sicher zu sein, dass Sie die gesamte Geschichte mitbekommen haben.
– Stellen Sie Fragen, um die Details der Geschichte zu erfahren, wenn diese wichtig sind.

INEE: Peace Education Programme. Youth Manual. Nairobi, Kenya, o.J., S. 55.

Lehrer, Eltern

Übungen
Bilden Sie Dreier-Gruppen. Zwei Personen unterhalten sich, die dritte beobachtet das Geschehen.

M2 Ich-Botschaften

Lehrer, Eltern

Eine Ich-Botschaft besteht aus einem Gefühls- und einem Tatsachenanteil: Die eigenen Gefühle werden in der Ich-Form zum Ausdruck gebracht. Was die Gefühle verursacht hat, wird im sachlichen Teil der Botschaft mitgeteilt.
In Ich-Form zu sprechen bedeutet, Verantwortung für das Gesagte zu übernehmen, direkt und konkret zu sein. Der (Konflikt-)Partner wird nicht beschuldigt („Du ..."), sondern die Wirkung seines Handeln auf mich selbst steht im Zentrum der eigenen Aussagen. Es bedeutet auch, die eigene Wahrnehmung, die eigenen Wünsche, Bedürfnisse und Interessen einzubeziehen.

Ich-Botschaften verkörpern einen authentischen Sprachstil, der jedoch, wenn er nur technokratisch übernommen wird, leicht unglaubwürdig klingen kann. Er sollte nicht als Technologie eingesetzt werden, sondern echtes Empfinden ausdrücken.

Die Auswirkungen des Verhaltens auf das eigene Empfinden deutlich machen:
„Wenn Sie das sagen/machen ... löst das bei mir ... aus/fühle ich mich ... weil mich das ..."

Verallgemeinerungen werden vermieden:
Nicht:
- „Wir wissen doch alle, dass ..."
- „Das sagt doch jeder ..."
- „Wenn man bedenkt ..."
- „Es ist immer dasselbe ..."
- „Du bist ein ganz ..."

Sondern:
- „Ich wünsche mir, dass ..."
- „Ich mache mir Sorgen, dass ..."
- „Das löst bei mir aus, dass ..."
- „Ich bin mir nicht sicher, ob ich das richtig verstanden habe ..."

M3 Gewaltfreie Kommunikation

Die vier Komponenten der gewaltfreien Kommunikation:

1. Beobachtung oder Bewertung?
Genau beobachten, was geschieht. Die Beobachtung dem anderen ohne Bewertung mitteilen.

2. Gefühle ausdrücken
Was fühlen wir, wenn wir diese Handlung beobachten?

3. Bedürfnisse erkennen und akzeptieren
Welche Bedürfnisse stecken hinter diesen Gefühlen?

4. Bitten aussprechen
Was wollen wir vom anderen?

Das Modell der gewaltfreien Kommunikation umfasst:

– Konkrete Handlungen, die wir beobachten können, und die unser Wohlbefinden beeinträchtigen;

– wie wir uns fühlen, in Verbindung mit dem, was wir beobachten;

– unsere Bedürfnisse, Werte, Wünsche usw. aus denen diese Gefühle entstehen;

– die konkrete Handlung, um die wir bitten möchten, damit unser aller Leben reicher wird.

Gewaltfreie Kommunikation ist keine Technik, sondern eine Kommunikationsform, die auf Wertschätzung und Anerkennung des anderen beruht.

Vgl. Marshall B. Rosenberg: Gewaltfreie Kommunikation. Paderborn 2002, S. 21, f.

Lehrer, Eltern

M4 Lehrer-Eltern-Kommunikation

Vergangenheit
Womit sind wir zufrieden? _____

Worauf sind wir stolz? _____

Womit sind wir unzufrieden? _____

Was bedauern wir? _____

Welche Kränkungen, Verletzungen oder _____
Missverständnisse wirken noch nach?

Gegenwart
Welche Wünsche und Erwartungen haben wir? _____

Welche Vorbehalte und Ängste gibt es? _____

Welche Differenzen sind vorhanden? _____

Wo liegen unsere Gemeinsamkeiten? _____

Zukunft
Welches Bild von der Zukunft haben wir? _____

Welche Ideen für Weiterentwicklung gibt es? _____

Was nehmen wir uns vor? _____

Wer geht konkret welchen Schritt? _____

Welche Vereinbarungen treffen wir? _____

Elternrat Gymnasium Coreystraße, Protokoll, 29.9.2002.
http://www.hh.schule.de/GyCor/eltern/Archiv.html

Anmerkung
Die Fragen können allgemein und unspezifisch auf die Schule bezogen bearbeitet werden, oder sie werden auf das Thema Gewaltprävention und Konfliktbearbeitung zugeschnitten.

Lehrer, Eltern

M5 Giraffensprache

Giraffensprache für Kinder

Das größte Herz aller Landtiere auf der Welt hat die Giraffe. Sie braucht so ein großes Herz, um das Blut durch den langen Hals bis in den Kopf zu pumpen. Die Giraffe lebt friedlich mit anderen Tieren zusammen, mit den Antilopen, den Zebras, den Löwen und Elefanten.

Die Giraffe hat diesen langen Hals und sieht die Welt mehr von oben. Daher kann sie vieles sehen und beobachten, was andere Tiere nicht sehen können.

Sie nimmt keinem Tier etwas weg, weil sie mit ihrem langen Hals nur dort frisst, wo kein anderes Tier hinkommen kann. Es gibt somit keinen Streit mit der Giraffe und sie kann mit allen friedlich zusammenleben.

Aus diesen Gründen leihen wir uns den Namen der Giraffe für eine bestimmte Art, miteinander zu reden und miteinander umzugehen. Wir wollen von der Giraffensprache reden, wenn Menschen ein großes Herz haben, wenn sie andere gut verstehen und wenn sie offen und freundlich mit anderen sprechen. Die Giraffensprache hilft uns, wenn wir uns streiten oder unterschiedliche Meinungen haben.

Bundeszentrale für gesundheitliche Aufklärung (Hrsg.): Achtsamkeit und Anerkennung. Materialien zur Förderung des Sozialverhaltens in der Grundschule. Köln 2002, S. 40 f.

Merkmale der Giraffensprache

- Ich sage dem anderen, was mich stört, ohne ihn zu beleidigen.
- Ich sage, was ich fühle.
- Ich sage deutlich, was ich wünsche. Ich formuliere eine Bitte oder einen Wunsch.

M6 Wolfssprache

Erwachsene und Kinder schaffen es nicht, immer in der Giraffensprache zu sprechen. Manchmal haben sie Sorgen, sind wütend und enttäuscht oder sie haben Angst. Dann benutzen sie die Wolfssprache.

Wölfe stehen hier für Lebewesen, die nicht den Überblick wie die Giraffen haben und nicht über ein so großes Herz verfügen. Wenn Wölfe wütend sind, dann schnappen sie zu, knurren andere an und verletzen sie in irgendeiner Weise. Wenn Wölfe Angst haben, dann verstecken sie ihre Gefühle und sagen nicht, wie es ihnen wirklich geht.

Eine Sprache, die mit Ängsten, Enttäuschungen, Wut und Verschlossenheit einhergeht, wollen wir jetzt die Wolfssprache nennen.

Bundeszentrale für gesundheitliche Aufklärung (Hrsg.): Achtsamkeit und Anerkennung. Materialien zur Förderung des Sozialverhaltens in der Grundschule. Köln 2002, S. 41 f.

Merkmale der Wolfssprache

- Ich tue dem anderen mit meinen Worten weh.
- Ich sage etwas Schlechtes über den anderen.
- Ich lasse dem anderen mit meinen Worten keine Wahl.
- Ich rede voller Wut und suche Streit.

Weiterarbeit
- Welche Sätze sagt ihr, wenn ihr wütend, enttäuscht oder verletzt seid? (Jede Schülerin, jeder Schüler schreibt drei Sätze auf.)
- In der Klasse werden dann Begriffe und Sätze gesammelt, die für die Wolfssprache typisch sind.
- Gemeinsam wird die Frage diskutiert, woran man die Wolfssprache erkennt.

M7 Giraffensprache oder Wolfssprache?

Welche Aussage gehört zur Giraffensprache, welche zur Wolfssprache?	Giraffensprache	Wolfssprache
Du bist böse.		
Ich habe recht.		
Das war falsch.		
Der Lehrer hat das aber so gesagt.		
Das macht man nicht.		
Das geschieht Dir gerade recht.		
Du nervst mich.		
Einverstanden.		
Du bist immer so gemein.		
Gestern habe ich mir den Fuß verstaucht.		
Bitte mach wieder mit, dann ist es leichter für uns.		
Ich mag jetzt nicht mehr.		
Melde Dich gefälligst.		
Ich hätte gerne, dass auch Du Dich meldest.		
Das macht mir Angst.		
Wenn Du so etwas sagst, finde ich das nicht gut.		
Das habe ich so gemacht.		
Es tut mir leid, dass das geschah.		

Finde zwei eigene Beispiele.

M8 Gutes Zuhören

Merksätze

Blickkontakt
Ich schaue den, der redet an.

Aufmerksamkeit
Ich konzentriere mich auf das, was gesprochen wird und geschieht.

Achtsamkeit
Ich unterbreche das Gespräch nicht und warte, bis ich an der Reihe bin.

Zusammenfassung
Ich kann den Inhalt des Gesprächs mit eigenen Worten zusammenfassen.

Spiegeln
Ich sage dem anderen, was ich verstanden habe und frage ihn, ob dies richtig ist.

Respekt
Ich respektiere die Meinungen der anderen.

M9 Empfindungen

Was empfindest Du, wenn jemand mit Dir redet und

Dir befiehlt, Dich kommandiert: _____

_____

Dir droht: _____

_____

Dir Ratschläge gibt: _____

_____

Dich belehren will: _____

_____

Dir einen Vorwurf macht und Dich beschuldigt: _____

_____

Dich verhört: _____

_____

Dich von der Sache ablenkt: _____

_____

Du kannst auch diese Aussagen verwenden:
Angst / Wut / Ärger / nicht ernst genommen werden / klein gemacht werden / für dumm gehalten werden / nicht akzeptiert werden

M10 Information und Meinung

Eine Mitteilung machen:

„Heute haben wir keine Hausaufgaben auf."

Eine Information einholen:

„Welche Rechenaufgaben haben wir heute als Hausaufgaben auf?"

Eine Meinung ausdrücken:

„Ich finde, wir haben zu viele Hausaufgaben auf."

Eine Meinung erfragen:

„Frau Schuster, was meinen Sie, wie viel Zeit sollten Kinder mit Hausaufgaben verbringen?"

Eine Diskussion anregen:

„Ich möchte gerne darüber reden, wieviele Hausaufgaben wir haben sollten."

Information oder ...?	Information	Meinung	Bewertung
Die Fernsehsendung gestern Abend kam auf RTL.			
Die Sendung gestern Abend fand ich langweilig.			
Ich halte von solchen Sendungen nicht viel.			
Tina weiß viele Neuigkeiten.			
Tina erzählt immer alles weiter.			
Tina ist doof, die petzt.			

Finde zwei eigene Beispiele.

M11 Körpersprache

Aufmerksamkeit oder Langeweile können auf verschiedene Art und Weise ausgedrückt werden.
Stelle die unten stehenden Aussagen dar und ordne sie zu.

Wenn jemand aufmerksam ist, dann ...	Wenn jemand gelangweilt ist, dann ...	
		nickt er mit dem Kopf.
		lächelt er freundlich.
		schaut er weg.
		verschränkt er die Arme.
		muss er dauernd gähnen.
		redet er mit den anderen.
		hat er Blickkontakt.
		lehnt er sich vor.
		lehnt er sich zurück.

Finde eigene Beispiele.

M12 Zehn coole Tipps

Zehn coole Tipps für gute Gespräche in kritischen Situationen.

1. Zunächst mal tief durchatmen ...
2. bis 5 (oder 10) zählen ...
3. abwarten, zuhören ...
4. „o.k., o.k., ist ja gut ..."
5. sich entschuldigen (bei Unrecht)
6. einen Vermittler holen
7. Botschaften übersetzen und nachfragen
8. Verständnis zeigen
9. sich selbst klar äußern
10. lieber ein Gespräch beenden als weiter streiten.

Vgl. Reinhold Miller: „Halt's Maul du dumme Sau." Schritte zum fairen Gespräch. Lichtenau 1999, S. 44 f.

Merke:

- Vermeide Anschuldigungen.
- Höre aufmerksam zu.
- Finde den richtigen Abstand.
- Suche nach Gemeinsamkeiten.
- Sei flexibel.
- Verwende freundliche Gesten.
- Bleibe gelassen.

M13 Gesprächsphasen

Gute Gespräche durchlaufen bestimmte Phasen. Ordne diese Sätze zu. Was steht am Anfang eines Gesprächs, was in der Mitte, was am Ende?

- Jeder kommt zunächst zu Wort.

- Jeder kann sagen, wie es ihm bei dem Gespräch ergangen ist.

- Jeder kann an die anderen Klärungsfragen stellen („Habe ich dich da richtig verstanden ...?").

- Begrüßung, Kontaktaufnahme

- Perspektivenwechsel hilft manchmal weiter. („Wenn ich mich mal in deine Lage versetzte ...").

- Verabschiedung, Vereinbarung weiterhin Kontakt zu halten.

- Jeder kann Vorschläge und Ideen einbringen ....

- Es werden Vereinbarungen getroffen („Wir machen es jetzt mal so ...").

Vgl. Reinhold Miller: „Halt's Maul du dumme Sau." Schritte zum fairen Gespräch. Lichtenau 1999, S. 44 f.

Anfang

1.

2.

3.

4.

5.

6.

7.

8.

Ende

M14 So oder so?

Lassen sich folgende Sätze auch so formulieren, dass sie weniger verletzen?

Aus dem   **wird also ...**

„Du Arschloch ..."   *„Ich habe eine Wut auf Dich."*

„Du dumme Sau ..."   _____

„Du blöde Sau, kannst Du nicht aufpassen ...?"   _____

„Du tickst wohl nicht richtig."   _____

„Du Blödmann, kapierst Du denn das noch immer nicht?"   _____

Du kannst auch diese Sätze verwenden:

„Ich ärgere mich über Dich." / „Ich versteh Dich überhaupt nicht." / „Ich weiß nicht mehr, wie ich Dir das erklären soll."

Aber: Wie kann man erreichen, dass einem solche Worte nicht einfach herausrutschen, wenn man erregt ist?

Vgl. Reinhold Miller: „Halt's Maul du dumme Sau." Schritte zum fairen Gespräch. Lichtenau 1999, S. 9.

M15 Feedback-Regeln

Feedback geben

Feedback annehmen

1. Ich sage als erstes etwas, das mir gefallen hat.

2. Ich kritisiere nicht, sondern beschreibe das Verhalten genau, das ich beobachtet habe.

3. Ich wähle Worte, die nicht verletzen.

4. Ich mache Vorschläge, wie es anders sein könnte.

5. Ich mache deutlich, dass dies „nur" meine Meinung ist.

1. Ich höre mir das Feedback an.

2. Ich weiß, es ist die persönliche Meinung des anderen.

3. Ich muss mich nicht verteidigen.

4. Ich frage nach, wenn ich etwas nicht verstanden habe.

5. Ich wähle mir das aus, was für mich wichtig ist.

M16 Gesprächsverhalten im Unterricht – eine Selbsteinschätzung

	Das fällt mir eher leicht.	Das fällt mir eher schwer.	Das möchte ich lernen.
Vor der Klasse zu reden.			
Nachzufragen, wenn ich etwas nicht verstanden habe.			
An der Tafel etwas erläutern.			
Laut und deutlich sprechen.			
Mich verständlich ausdrücken.			
Zuhören, wenn andere reden.			
Zuhören, wenn die Lehrperson etwas erklärt.			
Beim Reden andere anschauen.			
Auf die Fragen und Argumente meiner Mitschülerinnen und Mitschüler eingehen.			

Vgl. Arbeisgruppe ILP: Individuelle Lehrpläne ..., denn wir haben Stärken. Bildungsserver Hessen 2005. Zitiert nach: Pädagogik 9/06, S. 44.

Resilientes Verhalten fördern

Grundwissen
- Soziale Kompetenzen und resilientes Verhalten — S. 210
- Biegen statt brechen – Ergebnisse der Resilienzforschung — S. 211
- Was Resilienz fördert — S. 214
- Resilientes Verhalten lernen — S. 215
- Risiko- und Schutzfaktoren — S. 217
- Wohlbefinden und Stress — S. 219
- Überlegungen zur Umsetzung — S. 220
- Die Materialien im Überblick — S. 221

Materialien
Für Lehrkräfte und Eltern
- M 1: Stress für Kinder — S. 223
- M 2: Protektive Faktoren — S. 224
- M 3: Kinder stark machen — S. 225
- M 4: Seelische Grundnahrungsmittel — S. 226

Für den Unterricht
- M 5: Selbstwirksamkeit — S. 227
- M 6: Das bin ich – das kann ich gut — S. 228
- M 7: Ich bin ... — S. 229
- M 8: Ich bin ich — S. 230
- M 9: Das kann ich gut — S. 231
- M 10: Freundschaft — S. 232

Dieser Baustein beschäftigt sich mit Risiko- und Schutzfaktoren für gewalttätiges Verhalten.

Insbesondere werden die Ergebnisse der Resilienzforschung aufgegriffen und konkrete Hinweise und Materialien gegeben um prosoziales Verhalten zu unterstützen.

Soziale Kompetenzen und resilientes Verhalten

Resiliente Verhaltensweisen haben sich als äußerst wirksame Schutzfaktoren gegen delinquentes und gewalttätiges Verhalten erwiesen. Sie bewusst und gezielt zu fördern, ist deshalb ein zentraler Ansatz jeder Gewaltprävention in der Grundschule.

Resilientes Verhalten kann als Teil sozialer Kompetenz verstanden werden. Soziale Kompetenz, so das Lexikon Wikipedia, bezeichnet die persönlichen Fähigkeiten und Einstellungen, die dazu beitragen, das eigene Verhalten von einer individuellen auf eine gemeinschaftliche Handlungsorientierung hin auszurichten. „Sozial kompetentes" Verhalten verknüpft die individuellen Handlungsziele von Personen mit den Einstellungen und Werten einer Gruppe.

Resilientes Verhalten geht jedoch über diese Aspekte hinaus. Es geht um die Frage, warum bestimmte Menschen oder Menschengruppen besser mit Schwierigkeiten und belastenden Situationen umgehen können als andere und warum sie „Schicksalsschläge" und traumatische Erlebnisse so verarbeiten können, dass sie daran wachsen und nicht zerbrechen.

Die Resilienzforschung hat inzwischen die förderlichen Faktoren identifiziert und klare Hinweise zum Erlernen und Fördern resilienter Verhaltensweisen erarbeitet.

„Resilienz sollte als unerlässliches Erziehungsziel angesehen werden, welches für alle Kinder anwendbar ist. Resiliente Kinder und Jugendliche sind optimistisch und haben ein hoch entwickeltes Selbstwertgefühl im Gegensatz zum herrschenden Zeitgeist. Wir denken oft, wenn Kinder nicht mit Problemen in Kontakt kommen, ist es gut. Das ist falsch. Fehler bringen junge Menschen weiter und machen sie stark."

Edgar Friederichs in: Robert Brooks / Sam Goldstein. Das Resilienz-Buch. Wie Eltern ihre Kinder fürs Leben stärken. Stuttgart 2007, S. 16.

Grundwissen

**Soziale Kompetenz
Kenntnisse und Fähigkeiten**

Im Umgang mit anderen:
- Empathie (Mitgefühl bzw. Einfühlungsvermögen)
- Menschenkenntnis
- Kritikfähigkeit
- Wahrnehmung
- Selbstdisziplin
- Toleranz
- Sprachkompetenz
- Interkulturelle Kompetenz

Im Bezug auf Zusammenarbeit:
- Teamfähigkeit
- Kooperation
- Konfliktfähigkeit
- Kommunikationsfähigkeit

Führungsqualitäten:
- Verantwortung
- Flexibilität
- Konsequenz
- Vertrauen
- Vorbildfunktion

Im Allgemeinen:
- Emotionale Intelligenz
- Engagement

www.wikipedia.org

Biegen statt brechen – Ergebnisse der Resilienzforschung

Ein relativ neuer und noch wenig bekannter und beachteter Ansatz zur Förderung und Unterstützung kindlicher Entwicklung in schwierigen Situationen bietet die Resilienzforschung.(1) Der Begriff Resilienz stammt aus der Baukunde und beschreibt dort die Biegsamkeit von Material. Er lässt sich am Besten mit „biegen statt brechen" umschreiben. Gewaltprävention und Gewaltforschung beschäftigt sich häufig mit den negativen Folgen von schlimmen Kindheitserfahrungen und Traumatisierungen. In den letzten Jahren hat sich jedoch im Rahmen der Resilienzforschung die Blickrichtung verändert. Forscher interessieren sich zunehmend für jene Menschen, die an seelischen Belastungen nicht zerbrechen, sondern daran wachsen: „sie gedeihen trotz widriger Umstände" so der Titel eines großen internationalen Kongresses 2005.(2)

Unter Resilienz wird die Fähigkeit von Menschen verstanden, Krisen unter Rückgriff auf persönliche und sozial vermittelte Ressourcen zu meistern und als Anlass für Entwicklung zu nutzen, wobei dieser Prozess das ganze Leben hindurch andauert.

Die Fragestellung der Resilienzforschung lautet also: warum können bestimmte Menschen oder Menschengruppen besser mit Schwierigkeiten und belastenden Situationen umgehen als andere, warum können sie „Schicksalsschläge" und traumatische Erlebnisse so verarbeiten, dass sie nicht aus der Bahn geworfen werden? Dabei ist das Ziel protektive Faktoren identifizieren und entwickeln zu können. Vorhandene Fähigkeiten und Kompetenzen weiter zu fördern und zu stärken, die Selbstheilungskräfte und sozialen Netzwerke zu aktivieren und somit „schützende" Faktoren und Beziehungen entwickeln und stabilisieren zu können, steht im Mittelpunkt der Resilienzforschung. Resilienzforschung ist nicht nur im westlichen Kulturkreis angesiedelt und auch nicht nur auf diesen bezogen.

Während herkömmliche Ansätze der Gewaltprävention reaktiv sind und unerwünschtes Verhalten verhindern sollen, geht der Ansatz der Entwicklung der „seelischen Stärke" davon aus, dass Resilienz in jedem Lebensalter erlernt werden kann. Denn Resilienz ist mehr als Anpassung an widrige Verhältnisse und mehr als pures Durchstehen oder Überleben. Resilientes Verhalten zeigt ein Mensch nicht trotz, sondern wegen dieser widrigen Verhältnisse.

4. LERNFELDER UND ANSATZPUNKTE — 4.1 SOZIALES LERNEN

Resilienzforschung weist darauf hin, dass Menschen nicht einfach Produkt ihrer Umstände oder ihrer Sozialisation sind, sondern sich auch aus eigener Kraft entwickeln können. Mit ihren Aussagen und Erkenntnissen, dass auch schwerwiegende frühkindliche Beeinträchtigungen wie Vernachlässigung oder Misshandlungen nicht zu späteren gesundheitlichen und psychischen Problemen führen müssen, steht Resilienzforschung im Gegensatz zu sog. „Bindungsforschern", die die Wichtigkeit frühkindlicher Erlebnisse für die spätere Lebensbewältigung herausstellen.(3)

Resilienzforschung untersucht schwerpunktmäßig drei Bereiche:(4)
- wie ist Kindern eine gesunde Entwicklung möglich, obwohl sie mehrfach vorhandenen Risikofaktoren wie Armut, Vernachlässigung, Misshandlung oder alkoholkranken Eltern ausgesetzt sind?
- warum zerbrechen Menschen nicht an extremen Stressbedingungen?
- warum und wie sind Menschen in der Lage sich von traumatischen Erlebnissen (Gewalterfahrungen, Naturkatastrophen, Kriegserlebnissen, Tod eines nahe stehenden Menschen) relativ schnell zu erholen?

Grundwissen

„Die Annahme, dass sich ein Kind aus einer Hochrisikofamilie zwangsläufig zum Versager entwickelt, wird durch die Resilienzforschung widerlegt."(5)
Resiliente Kinder verfügen über Schutzfaktoren, welche die negativen Auswirkungen widriger Umstände abmildern:
- Sie finden Halt in einer stabilen emotionalen Beziehung zu Vertrauenspersonen außerhalb der zerrütteten Familie. Großeltern, ein Nachbar, ein Lieblingslehrer, der Pfarrer oder auch Geschwister bieten vernachlässigten oder misshandelten Kindern einen Zufluchtsort und geben ihnen die Bestätigung, etwas wert zu sein. Diese Menschen fungieren als soziale Modelle, die dem Kind zeigen, wie es Probleme konstruktiv lösen kann.

- Weiterhin wichtig ist, dass einem Kind, das im Elternhaus Vernachlässigung und Gewalt erlebt, früh Leistungsanforderungen gestellt werden und es Verantwortung entwickeln kann. Zum Beispiel indem es für kleine Geschwister sorgt oder ein Amt in der Schule übernimmt.
- Auch individuelle Eigenschaften spielen eine Rolle: Resiliente Kinder verfügen meist über ein „ruhiges" Temperament, sie sind weniger leicht erregbar. Zudem haben sie die Fähigkeit, offen auf andere zuzugehen und sich damit Quellen der Unterstützung selbst zu erschließen. Und sie besitzen oft ein spezielles Talent, für das sie die Anerkennung von Gleichaltrigen bekommen.

Resilienz ist nicht Schicksal, sondern kann erlernt werden. Die Amerikanische Psychologenvereinigung (APA) schickt deshalb speziell geschulte

4.1.4 RESILIENTES VERHALTEN

Psychologen in die Grundschulen, um Kindern beizubringen, wie sie mit den unvermeidlichen Widrigkeiten des Lebens am besten fertig werden. Sie trainieren die Kinder in resilientem Verhalten. Das Programm, das über das übliche soziale Kompetenztraining hinausgeht, will Kindern helfen, mit alltäglichen Stresssituationen wie Schikane, schlechten Noten oder Enttäuschungen umzugehen, aber auch vor schwerwiegenderen Problemen wie Vernachlässigung, Scheidung der Eltern oder Gewalterfahrungen nicht zu kapitulieren. Beigebracht werden den Kindern die Kernpunkte der Resilienz:
– Suche dir einen Freund und sei anderen ein Freund.
– Fühle dich für dein Verhalten verantwortlich.
– Glaube an dich selbst.(6)

Eine unbedingte Voraussetzung und Grundlage für die Herausbildung von Resilienz ist die Zugehörigkeit zu einem größeren Verbund von Menschen, der über die Familien hinausgeht. Diese wird jedoch zunehmend durch den Prozess der Modernisierung und Individualisierung in Frage gestellt. Um günstige Bedingungen für Resilienz entwickeln zu können, ist die Entwicklung von Gemeinwesen, Freundeskreisen, Nachbarschaft oder religiösen Gemeinschaften und konstruktiven Gruppen notwendig.

Grundwissen

Das Resilienzkonzept steht im Kontext von ressourcenorientierten Zugängen, geht aber darüber hinaus, indem es nicht nur die positiven Ressourcen sieht, sondern auch die gemachten schlimmen Erfahrungen anerkennt und beides miteinander in Beziehung setzt. Es ermöglicht für die Gewaltprävention neue positive Zugänge, die eine hohe Wirkung versprechen.

Das Resilienzkonzept darf jedoch nicht als Freibrief für die Politik verwendet werden („die individuellen Stärken werden sich schon durchsetzen"), sondern kann als Rahmen für effektive Präventionsarbeit verstanden werden, den es auszufüllen und zu stützen gilt. Auch das UNESCO Konzept einer schützenden Umwelt (protective environment) greift diesen Ansatz auf.

Anmerkungen
1) Vgl. Günther Opp / Michael Fingerle / Andreas Freytag (Hrsg.): Was Kinder stärkt. Erziehung zwischen Risiko und Resilienz. Ernst Reinhardt Verlag. München / Basel 1999.
2) Vgl. Corinna A. Hermann: Veranstaltungsbericht: „Resilienz – Gedeihen trotz widriger Umstände". Internationaler Kongress vom 09.02. bis am 12.02.05 in Zürich. Vgl. http://www.systemagazin.de/berichte/hermann_resilienzkongress.php.
3) Vgl. Rosmarie Welter-Enderlin in: Psychologie heute, 9/2005, S. 26.
4) Vgl. Ursula Nuber: Resilienz: Immun gegen das Schicksal? In: Psychologie heute. 9/2005, S. 21f.
5) Emmy Werner in: Psychologie heute. 9/2005, S. 22.
6) Psychologie heute. 9/2005, S. 23.

Günther Gugel: Gewalt und Gewaltprävention. Tübingen 2006, S. 176-179.

Was Resilienz fördert

Was Kinder resilient werden lässt.
Die Resilienzforschung benennt drei wichtige Kategorien von Schutzfaktoren:

Persönliche Merkmale:
- eine freundliche, aufgeschlossene, positive und herzliche Grundstimmung, die bei Bezugspersonen eine ähnlich positive Reaktion auslöst.
- ein sicheres Bindungsverhalten zumindest zu einem Familienmitglied.
- eine hohe „Effizienzerwartung", die Menschen mit Behinderung zur Bewältigung von Aufgabenstellungen motiviert.
- ein realistischer Umgang mit Situationen und deren Problematik, verbunden mit gut handhabbaren Gefühlen von Verantwortung und Schuld.
- durchschnittliche bis überdurchschnittliche Fähigkeiten und hohe soziale Kompetenzen, insbesondere Empathie und Fähigkeiten zum Lösen von Konflikten, aber auch zum Auslösen von sozialer Unterstützung durch die Bereitschaft der „Selbstenthüllung".
- ein hohes Maß an Selbstwertgefühl und Selbstvertrauen.

Schützende Faktoren in der Familie:
- eine verlässliche primäre Bezugsperson.
- ein Erziehungsstil, der Risikoübernahme und Unabhängigkeit möglich macht bzw. zum Ziel hat.
- die Ermutigung, Gefühle auszudrücken, verbunden mit einer positiven Identifikationsfigur.

Schützende Faktoren außerhalb der Familie:
- stabile Freundschaften.
- unterstützende Erwachsene, z.B. Erzieherinnen und Erzieher, Lehrerinnen und Lehrer, Betreuerinnen und Betreuer etc.
- eine erfreuliche und unterstützende Situation in Kindertageseinrichtungen und Schule mit angemessenen Leistungsanforderungen, klaren und gerechten Regeln, der Übernahme von Verantwortung und vielfacher positiver Verstärkung von Leistung und Verhalten.
- eine sensible Öffentlichkeit.

Daniela Kobelt Neuhaus, in: TPS. Theorie und Praxis der Sozialpädagogik. 5/2004, S. 7.

Jedes Kind erwartet von seinen Bezugspersonen:
- ein emotionales Beziehungsangebot, das durch Aufmerksamkeit, Zugewandtheit und Ansprechbarkeit geprägt ist.
- Geborgenheit und Sicherheit.
- Antworten auf seine Fragen.
- Orientierungshilfe im sozialen Miteinander.
- eine kindgerechte Gestaltung seines Lebensraums.
- altersgemäße Entwicklungsanreize.
- Nachahmungsmodelle in der Welt der Erwachsenen.
- Aufgaben und Herausforderungen, die in der Welt des Kindes liegen und deshalb nicht in die Hilflosigkeit führen.

Kinder brauchen Bezugspersonen, die sie begleiten, damit sie wenigstens eine Vorstellung oder wenigstens eine Vision davon erhalten, weshalb sie auf der Welt sind, wofür es lohnt, sich anzustrengen, eigene Erfahrungen zu sammeln, sich möglichst viel Wissen, Fähigkeiten und Fertigkeiten anzueignen. Kinder brauchen Orientierungshilfen, äußere Vorbilder und innere Leitbilder, die ihnen Halt bieten und an denen sie ihre Entscheidungen ausrichten. Dann können sie sich im Wirrwarr von Anforderungen, Angeboten und Erwartungen zurechtfinden.

Gabriele Haug-Schnabel: Kinder von Anfang an stärken. Wie Resilienz entstehen kann. In: TPS. Theorie und Praxis der Sozialpädagogik. 5/2004, S. 6.

Resilientes Verhalten lernen

Die Amerikanische Psychologenvereinigung benennt sieben Wege die zum Ziel „Resilienz" führen.

1. Soziale Kontakte aufbauen
Gute Beziehungen zu Familienmitgliedern, Freunden oder anderen Menschen sind äußerst wichtig. Sie stärken das Selbstwertgefühl und sind hilfreiche Unterstützer in Notzeiten. Auch das soziale Engagement in einem Ehrenamt oder die Teilnahme an religiösen oder spirituellen Gruppen wirken als Puffer.

2. Krisen sollen nicht als unüberwindliches Problem betrachtet werden
Die Tatsache, dass etwas Schlimmes passiert ist, kann nicht rückgängig gemacht werden. Aber man hat Einfluss darauf, wie man darüber denkt und wie man darauf reagiert. Stressereignisse sind dann weniger belastend, wenn man glaubt, sie kontrollieren zu können und sie nicht als dauerhaft, sondern zeitlich begrenzt wahrnehmen kann. Wer die Hoffnung nicht verliert, dass die Zukunft Besseres für ihn bereithält, wird von der schweren Gegenwart nicht niedergedrückt.
Die Überzeugung, die eigenen Lebensumstände positiv beeinflussen zu können, keine Marionette des Schicksals zu sein, ist eines der wichtigsten Merkmale der Resilienz.

3. Realistische Ziele entwickeln
Wichtig ist weiterhin, die Zukunft nicht aus den Augen zu verlieren. Wünsche und Ziele sind trotz des Verlustes, trotz der Schmerzen noch vorhanden. Man muss sie erkennen und regelmäßig etwas tun, um sie zu verwirklichen.

4. Die Opferrolle verlassen, aktiv werden
Es ist verständlich, angesichts einer schweren Krise oder scheinbar unlösbarer Probleme den Kopf in den Sand zu stecken und zu resignieren. Doch das Verharren in der Opferrolle schwächt zusätzlich. Vielmehr sollte man eine Bestandsaufnahme der Situation machen – worin liegt die Herausforderung, wie groß sind die Belastungen, welche Handlungsmöglichkeiten habe ich? – und sich dann darauf konzentrieren, was man selbst verändern kann. Resiliente Menschen ergreifen in schwierigen Situationen die Initiative. Sie lassen sich nicht vom Geschehen lähmen.

Grundwissen

5. An die eigene Kompetenz glauben
Menschen lernen oftmals etwas aus widrigen Umständen, sie wachsen und entwickeln sich angesichts eines Verlustes. Viele, die Tragödien erlebten, berichteten später von intensiveren Beziehungen, einem gewachsenen Selbstwertgefühl und einem intensiveren Lebensgefühl. Wer fähig ist, sich in Krisenzeiten neu zu entdecken, zieht daraus Kraft.

6. Eine Langzeitperspektive einnehmen
Auch wenn die Gegenwart äußerst schmerzhaft ist, sollte man versuchen, sie in den gesamten Lebenskontext zu stellen. Hilfreich dabei ist die Frage: Was war in der Vergangenheit für mich ähnlich schwierig, wie bin ich damit umgegangen, und welche Bedeutung hat dieses Ereignis heute für mich?

7. Für sich selbst sorgen
So wichtig es ist, in einer Krise aktiv zu bleiben und Unterstützung zu suchen, so wichtig ist auch der Rückzug, um zu trauern, zu klagen, nachzudenken, aber auch um neue Energie zu tanken.

Resilienz ist das Endprodukt eines Prozesses, der Risiken und Stress nicht eliminiert, der es den Menschen aber ermöglicht, damit effektiv umzugehen

The road to resilience; www.apahelpcenter.org
Vgl. Ursula Nuber: Resilienz: Immun gegen das Schicksal? In: Psychologie Heute, 9/2005, S. 24 ff.

Risiko- und Schutzfaktoren

Präventive Strategien orientieren sich heute an sogenannte Risiko- und Schutzfaktoren, die aus Metaanalysen empirischer Forschung und aus Literaturübersichten abgeleitet worden sind.

Die so auf den Punkt gebrachten empirischen Ergebnisse zur negativen und positiven Beeinflussung entsprechenden Verhaltens ermöglichen Gegen- bzw. Stärkungsstrategien der primären Prävention.

Die Risiko-Faktoren (risk-factors) sind mit dem gesamten Umfeld der Kinder und Jugendlichen verknüpft und tragen dazu bei, dass bei ihnen Gewalt und Kriminalität mit erhöhter Wahrscheinlichkeit entstehen und auftreten können.
Zu den Risikofaktoren im frühen Lebensalter zählen z.B.:
- Familiäre Disharmonie, Erziehungsdefizite,
- Multiproblemmilieu, untere soziale Schicht,
- genetische Faktoren, neurologische Schädigungen,
- Bindungsdefizite,
- schwieriges Temperament, Impulsivität,
- kognitive Defizite, Aufmerksamkeitsprobleme,
- Ablehnung durch Gleichaltrige,
- verzerrte Verarbeitung sozialer Informationen,
- Probleme in der Schule,
- Anschluss an deviante Peergruppen,
- problematisches Selbstbild, deviante Einstellung,
- Defizite in Fertigkeiten und Qualifikationen,
- problematische heterosexuelle Beziehungen,
- Probleme in Arbeit und Beruf,
- persistent antisozialer Lebensstil.

Die Schutzfaktoren (protective factors) wirken gegen das Auftreten von Delinquenz und Kriminalität und sind ebenfalls mit dem Umfeld des Individuums verbunden. Diese Faktoren tragen dazu bei, negative Entwicklungen im Aufwachsen zu verhindern oder abzumildern. Als besonders wichtig werden u.a. genannt:
- eine sichere Bindung an eine Bezugsperson (Familienmitglieder, Verwandte, Lehrer, Übungsleiter oder andere Personen),
- emotionale Zuwendung und zugleich Kontrolle in der Erziehung und Bezüge zu nahestehenden Erwachsenen,

4. LERNFELDER UND ANSATZPUNKTE — 4.1 SOZIALES LERNEN

- Erwachsene, die positive Vorbilder unter widrigen Umständen sind,
- soziale Unterstützung durch nicht-delinquente Personen,
- ein aktives Bewältigungsverhalten von Konflikten,
- Bindung an schulische Normen und Werte,
- Zugehörigkeit zu nicht-delinquenten Gruppen,
- Erfahrung der Selbstwirksamkeit bei nicht-delinquenten Aktivitäten (z.B. Sport oder sonstige Hobbies),
- positives, nicht überhöhtes Selbstwerterleben,
- Struktur im eigenen Leben,
- Planungsverhalten und Intelligenz,
- einfaches Temperament.

Schutz- und Risikofaktoren sind eng miteinander verknüpft und wirken meist gemeinsam.

Hilfen, die früh und umfassend ansetzen und sich auf möglichst viele Risiko-Faktoren beziehen, werden langfristig positiv wirken. Damit ist – so die Annahme – ein Beitrag zur Reduzierung von Kriminalität und Gewalt möglich. Auch wenn das „wie" des Zusammenwirkens und die Frage danach, „welche Wirkungen" tatsächlich erzeugt werden, bislang noch nicht endgültig geklärt sind, zählen die Schutz- und vor allem die Risikofaktoren in den präventiven Strategien dennoch zu den wichtigen und international akzeptierten Bausteinen.

Gerade die Schutzfaktoren zeigen, dass sie mit Maßnahmen der (frühen) primären Prävention wirkungsvoll beeinflusst werden können. Hier liegen also die entscheidenden Wirkungsfaktoren zur Verhütung vorurteilsbedingter Gewaltkriminalität.

Deutsches Forum für Kriminalprävention / Bundesministerium der Justiz: Arbeitsgruppe: Primäre Prävention von Gewalt gegen Gruppenangehörige – insbesondere: junge Menschen –. Endbericht. Bonn 2003. www.kriminalpraevention.de

Grundwissen

Eltern, denen das Resilienzvermögen ihrer Kinder ein Anliegen ist, haben die wegweisenden Überlegungen verinnerlicht:
- Sie üben Empathie.
- Sie äußern sich klar und hören aktiv zu.
- Sie wandeln „negative Skripts" ab.
- Sie geben ihrem Kind mit ihrer Liebe das Gefühl, als Mensch in seinem eigenen Wert geschätzt und willkommen zu sein.
- Sie akzeptieren ihr Kind so, wie es ist, und verhelfen ihm zu realistischen Erwartungen und Zielvorstellungen.
- Sie verhelfen ihrem Kind zu Erfolgserlebnissen, indem sie seine Kompetenzinseln identifizieren und stärken.
- Sie geben ihrem Kind Gelegenheit zu erkennen, dass man aus Fehlern lernen kann.
- Sie wecken Verantwortungsbewusstsein, Mitgefühl und ein soziales Gewissen bei ihrem Kind, indem sie ihm Gelegenheit geben, sich zu beteiligen.
- Sie lehren ihr Kind, Probleme zu lösen und Entscheidungen zu treffen.
- Sie setzen Regeln und Vorschriften, die das Selbstwertgefühl und die Selbstdisziplin ihres Kindes fördern.

Robert Brooks / Sam Goldstein. Das Resilienz-Buch. Wie Eltern ihre Kinder fürs Leben stärken. Stuttgart 2007, S. 28.

Wohlbefinden und Stress

Wichtig: der Freundeskreis.
Der Freudeskreis der Kinder ist der Lebensbereich, in dem sie sich am besten fühlen. Die besten Freundinnen bzw. Freunde teffen die Kinder fast täglich. Nur 9 % der Kinder sehen ihre besten Freundinnen bzw. Freunde seltener als einmal in der Woche.

Gute Freundinnen und Freunde haben die Kinder in der Schule oder im Wohnumfeld. In der Verwandtschaft werden eher lose Freundschaften gepflegt. Jungen haben – im Vergleich zu Mädchen – ihre besten Freundinnen und Freunde eher im Verein.
Gute Freundschaften in Kirchengemeinden gibt es – wenn überhaupt – nur auf dem Lande. Freundschaften in der Schule zu haben steigert das Wohlbefinden im Freundeskreis.
Fast allen Freizeitaktivitäten gehen die Kinder eher gemeinsam mit Freundinnen und Freunden als alleine nach.

LBS-Initiative Junge Familie: LBS-Kinderbarometer 2004. Stimmungen, Meinungen, Trends von Kindern und Jugendlichen in NRW. Münster 2005, S. 52 f.

Sozialer Bezug der Freizeitaktivitäten von Kindern
Antwort auf „mache ich eher mit Freunden/Freundinnen"

Computer spielen	28 %
Musik machen	31 %
Musik hören	40 %
TV/Video/DVD	50 %
Ausgehen	50 %
Drinnen spielen	59 %
In der Stadt bummeln	69 %
Sport	75 %
Draußen rumhängen	82 %
Draußen spielen	87 %

Repräsentative Untersuchung von Kindern in NRW. Erhebung im Früjahr 2004. Altersgruppe 9 – 14 Jahre (Kinder der 4. – 7. Klassen befragt). N = 2348 Kinder aus 97 Schulklassen in ganz NRW. LBS-Kinderbarometer 2004.

Grundwissen

Was Kindern Stress macht

Stresssituation	Punktezahl	Stresssituation	Punktezahl
Ein Elternteil stirbt	100	Neue außerschulische Aktivitäten	36
Die Eltern lassen sich scheiden	73	Änderung der Haushaltspflichten	29
Ein Elternteil ist viel unterwegs	63	Außergewöhnliche Leistungen	28
Ein nahes Familienmitglied stirbt	63	Umzug	26
Das Kind erkrankt oder verletzt sich	53	Verlust eines Haustieres	25
Ein Elternteil heiratet wieder	50	Ärger mit Lehrkräften	24
Ein Elternteil wird arbeitslos	47	Einschulung in eine andere Schule	20
Die Eltern versöhnen sich	45	Urlaub mit der Familie	18
Die Mutter wird berufstätig	45	Neue Freunde / Freundinnen	18
Ein Familienmitglied erkrankt	44	Teilnahme an einem Ferienlager	17
Die Mutter wird schwanger	40	Familientreffen	15
Schulschwierigkeiten	39	Änderung der Essgewohnheiten	15
Neue Lehrkräfte oder neue Klasse	39	Geburtstagsfeier	12
Änderung der Finanzlage	38		

Ulrich Barkholz, Georg Israel, Peter Paulus, Norbert Posse: Gesundheitsförderung in der Schule. – Ein Handbuch für Lehrerinnen und Lehrer. Landesinstitut für Schule und Weiterbildung, Soest 1997.

4. LERNFELDER UND ANSATZPUNKTE — 4.1 SOZIALES LERNEN

Überlegungen zur Umsetzung

Resilientes Verhalten kann gelernt werden. Zentrale Aspekte dabei sind soziale Unterstützung geben und nehmen können, sich für das eigene Verhalten verantwortlich zu fühlen und an sich selbst glauben zu können. Hierzu kann auch in der Grundschule ein wichtiger Beitrag geleistet werden und dies nicht nur im Unterricht, sondern durch wertschätzendes, unterstützendes Verhalten der Lehrkräfte und der Eltern.

Für Lehrkräfte und Eltern
Anhand der Materialien M 1 – M 5 können sich Lehrkräfte und Eltern vergewissern und kundig machen, was förderliche und was hinderliche Faktoren kindlicher sozialer Entwicklung sind. Insbesonders werden häufig die Stressfaktoren, die auf Kinder einwirken nicht wahrgenommen oder falsch bewertet. (M 1).
Die Materialien können an Elternabenden oder im Rahmen von Fortbildungen für Lehrkräfte eingebracht werden.

Für den Unterricht
- Grundlage für soziales Verhalten ist ein klares Bild von sich selbst zu haben, die eigenen sozialen Bezüge zu kennen und die eigenen Stärken und Schwächen einschätzen zu können. Hierzu bieten M 5 – M 8 wichtige Anleitungen.
- Der Aufbau positiver sozialer Beziehungen, insbesonder von Freundschaften ist ein zentrales Moment positiver Entwicklungen. M 9 ermöglicht hierzu einen Zugang.
- Über den schulischen Kontext hinaus geht es darum, im Gemeinwesen kleine Verantwortlichkeiten und Dienste (für eine gewisse Zeit) regelmäßig zu übernehmen um dadurch die eigene Wirksamkeit und Wichtigkeit erfahren zu können.

Ergänzende Bausteine

4.1.1 Soziale Wahrnehmung
4.1.2 Emotionale Intelligenz
4.1.3 Kommunikation
4.2.1 Konflikte konstruktiv bearbeiten

Grundwissen

Besuche und kleine Dienste

Verantwortung übernehmen kann man lernen. Etwa dadurch, dass Schülerinnen und Schüler kleine Dienste und Aufgaben (alleine oder in kleinen Gruppen) übernehmen, z.B.
- im Kindergarten;
- in der Stadtbibliothek (z.B. kleinen Kindern vorlesen);
- im Seniorenheim (z.B. mit alten Menschen spielen oder spazierengehen).

Aufgaben, um zu wachsen

Schüler müssen nach Ansicht des Hirnforschers Gerald Hüther mehr Möglichkeiten bekommen, ihr erworbenes Wissen praktisch anzuwenden. „Sie können zum Beispiel älteren Menschen vorlesen oder Englisch beibringen", sagte der Professor für Neurobiologie an der Universität Göttingen.
„Kinder sind keine Gefäße, die man mit Wissen füllen kann. Sie brauchen Aufgaben, an denen sie wachsen können. Müll runterbringen und Küche aufräumen zählen nicht dazu", sagte Hüther.
„Alle Kinder kommen mit einem unglaublichen Potenzial zur Welt", sagte der Neurobiologe. „Es müssen Voraussetzungen dafür geschaffen werden, dass die Kinder viele unterschiedliche praktische Erfahrungen machen können. Nur diese werden im Gehirn fest verankert."

Frankfurter Rundschau, 4.7.2006, S. 27.

Die Materialien im Überblick

Materialien	Beschreibung	Vorgehen
M 1: Stress für Kinder	Der „Stresstest" gibt Erfahrungen wider, wie stark ein Ereignis Kinder belastet.	Eltern und Lehrkräfte vergeben Punkte je nach der eingeschätzten Höhe des Stressfaktors. Auflösung, S. 11. Wie kann Stress reduziert werden?
M 2: Protektive Faktoren	M 2 beschreibt 10 protektive Faktoren, die von der Resilienzforschung identifiziert wurden.	Im Anschluss an M 1 wird überlegt, welche Schutzmechanismen wirken können. M 2 wird vorgestellt. Welche Schutzfaktoren lassen sich wie aufbauen?
M 3: Kinder stark machen	M 3 verdeutlicht wesentliche Lern- und Erfahrungsbereiche, die dazu beitragen, Kinder „stark zu machen".	Die Lernbereiche werden diskutiert. Wie wichtig sind sie für Erwachsene? Wie wichtig für Kinder? Wie können sie erreicht werden?
M 4: Seelische Grundnahrungsmittel	M 4 beschreibt, was ein Mensch braucht, der Gewalt nicht braucht.	M 4 dient der zusammenfassenden Vergewisserung, was für Kinder (und nicht nur für sie) auf der emotionalen Ebene wichtig ist.
M 5: Selbstwirksamkeit	Der Fragebogen von M 5 ermöglicht eine Einschätzung über die erlebte Selbstwirksamkeit.	Der Fragebogen wird ausgefüllt. Es wird überlegt, wie und wodurch Kinder Selbstwirksamkeit erleben können.
M 6: Das bin ich – das kann ich gut	Die Schülerinnen und Schüler beschreiben sich mit Hilfe von M 6. Insbesondere werden Wünsche und Stärken aufgegriffen.	M 5 – 9 dienen der Selbstwahrnehmung und Selbstdarstellung. Die Schülerinnen malen zu jeder Aussage ein Bild und schreiben einen kurzen Text. Die Bögen werden im Klassenzimmer aufgehängt.

Grundwissen

4. LERNFELDER UND ANSATZPUNKTE — 4.1 SOZIALES LERNEN

Grundwissen

UNTERRICHT

Materialien	Beschreibung	Vorgehen
M 7: Ich bin ...	M 7 fragt nach den sozialen Einbindungen der Schülerinnen und Schüler.	Die Schülerinnen und Schüler füllen den Bogen aus, der dann gemeinsam besprochen wird.
M 8: Ich bin ich	Das Gedicht von M 8 beschreibt soziale Verhaltensweisen.	Das Gedicht wird gemeinsam gesprochen und in Bewegung umgesetzt.
M 9: Das kann ich gut	Anhand vorgegebener Aussagen und möglichen eigenen Formulierungen dient M 9 der Selbsteinschätzung in Bezug auf verschiedene soziale Fähigkeiten.	Die Schülerinnen und Schüler vergewissern sich, wo ihre Stärken liegen und welche Verhaltensweisen sie noch entwickeln sollten (Selbstbild). Das Arbeitsblatt wird in Einzelarbeit ausgefüllt und dann besprochen. Die Schülerinnen und Schüler können sich auch gegenseitig Rückmeldung geben.
M 10: Freundschaft	In Form eines Frage- und Ankreuzbogens werden wichtige Aspekte von Freundschaft benannt.	Die Schülerinnen und Schüler benennen in dem Arbeitsblatt zentrale Aspekte von Freundschaft. Warum ist es wichtig, Freunde zu haben?

M1 Stress für Kinder

Was Erwachsenen banal erscheint, kann für Kinder bereits „Stress" sein. Die folgende Übersicht gibt Erfahrungswerte von Psychologinnen und Psychologen wieder, wie stark ein Ereignis Kinder belastet.

Bitte vergeben Sie Punkte. 100 Punkte bedeuten, dass hier der höchste Stressfaktor wirkt.

Ernst, A./Herbst, V./Langbein, K./Skalnik, Ch.: Kursbuch Kinder. Köln: Kiepenheuer & Witsch 1993, S. 716.
Ulrich Barkholz, Georg Israel, Peter Paulus, Norbert Posse: Gesundheitsförderung in der Schule. – Ein Handbuch für Lehrerinnen und Lehrer. Landesinstitut für Schule und Weiterbildung, Soest 1997.

Punkte	Stresssituation	Punkte	Stresssituation
_____	Das Kind erkrankt oder verletzt sich	_____	Urlaub mit der Familie
_____	Ein Elternteil heiratet wieder	_____	Neue Freunde / Freundinnen
_____	Ein Elternteil wird arbeitslos	_____	Teilnahme an einem Ferienlager
_____	Neue Lehrkräfte oder neue Klasse	_____	Änderung der Haushaltspflichten
_____	Änderung der Finanzlage der Familie	_____	Außergewöhnliche Leistungen
_____	Neue außerschulische Aktivitäten	_____	Umzug
_____	Ein Elternteil stirbt	_____	Die Eltern lassen sich scheiden
_____	Ein nahes Familienmitglied stirbt	_____	Ein Elternteil ist viel unterwegs
_____	Einschulung in eine andere Schule	_____	Verlust eines Haustieres
_____	Die Eltern versöhnen sich	_____	Ärger mit Lehrkräften
_____	Die Mutter wird berufstätig	_____	Familientreffen
_____	Ein Familienmitglied erkrankt	_____	Änderung der Essgewohnheiten
_____	Die Mutter wird schwanger	_____	Geburtstagsfeier
_____	Schulschwierigkeiten		

_____   _____ **insgesamt**

Die von Fachleuten ermittelte Punktezahl finden Sie auf S. 11.

Lehrer, Eltern

M2 Protektive Faktoren

Folgende allgemein protektive Faktoren für eine psychisch gesunde Entwicklung werden von der Resilienzforschung identifiziert:

1. Eine stabile emotionale Beziehung zu mindestens einem Elternteil oder einer anderen Bezugsperson;

2. ein emotional positives, unterstützendes und strukturgebendes Erziehungsklima;

3. Rollenvorbilder für ein konstruktives Bewältigungsverhalten bei Belastungen;

4. soziale Unterstützung durch Personen außerhalb der Familie;

5. dosierte soziale Verantwortlichkeiten;

6. Temperamentsmerkmale wie Flexibilität, Annäherungstendenz, Soziabilität;

7. kognitive Kompetenzen wie z.B. eine zumindest durchschnittliche Intelligenz;

8. Erfahrungen der Selbstwirksamkeit und ein positives Selbstkonzept;

9. ein aktives und nicht nur reaktives oder vermeidendes Bewältigungsverhalten bei Belastungen;

10. Erfahrungen der Sinnhaftigkeit und Struktur der eigenen Entwicklung.

Friedrich Lösel / Doris Bender: Von generellen Schutzfaktoren zu differentiellen protektiven Prozessen: Ergebnisse und Probleme der Resilienzforschung. In: Günther Opp / Michael Fingerle / Andreas Freytag (Hrsg.): Was Kinder stärkt. Erziehung zwischen Risiko und Resilienz. Ernst Reinhardt Verlag, München / Basel 1999, S. 37 ff., Auszüge.

Lehrer, Eltern

M3 Kinder stark machen

In Erziehungsratgebern und Präventionsbroschüren wird immer wieder darauf hingewiesen, dass „starke" Kinder weniger suchtgefährdet und weniger gewalttätig seien. Selbstvertrauen und emotionale Kompetenz gelten dabei als Schlüsselbegriffe. Wie aber werden Kinder „stark" und gewinnen Selbstvertrauen?

Wesentliche Lern- und Erfahrungsbereiche sind:

Lehrer, Eltern

1. Einen Sinn im eigenen Tun sehen, Hoffung haben, eine Zukunft vor sich zu haben.

2. Das Gefühl haben, durch sein Tun etwas bewirken zu können, Ermutigung und Anerkennung zu erfahren.

3. Sich gut fühlen, sich selber sein können, Selbstvertrauen haben, genießen können, feiern können.

4. Sinnvolle Grenzen erfahren, akzeptieren und aushalten können, über Orientierungswissen verfügen.

5. Spannungen und Langeweile aushalten können, konflikt- und krisenfähig sein.

6. Sich aufgehoben fühlen in der Familie / in der Gruppe / einem sozialen Netz, Solidarität spüren.

Klaus J. Beck: Jungen und Gewalt. In: Ingo Bieringer / Walter Buchacher / Edgar J. Forster (Hrsg.): Männlichkeit und Gewalt. Konzepte für die Jungenarbeit. Leske+Budrich, Opalden 2000, S. 205 f.

M4 Seelische Grundnahrungsmittel

Was braucht ein Mensch, der Gewalt nicht braucht?

Als seelische Grundnahrungsmittel werden hier fünf Zuwendungsqualitäten verstanden:

Anerkennen
- Ich werde geschätzt.
- Mein Tun wird anerkannt.
- Mein Wort gilt etwas.

- _____
- _____
- _____

Widerstand
- Ich bekomme Widerspruch.
- Ich stelle mich.
- Ich werde wohlwollend kritisiert.

- _____
- _____
- _____

Mitgefühl
- Jemand fühlt mit mir.
- Jemand hört mich.
- Ich bin nicht allein in meinem Schmerz.

- _____
- _____
- _____

Verlässlichkeit
- Ich kann mich auf andere verlassen.
- Ich weiß, woran ich bin.
- Ich übernehme Verantwortung.

- _____
- _____
- _____

Wahrnehmen
- Ich werde gesehen.
- Ich bekomme Aufmerksamkeit.
- Andere interessieren sich für mich.

- _____
- _____
- _____

Vgl. Eva Maringer / Reiner Steinweg: GewaltAuswegeSehen. Anregungen für den Abbau von Gewalt. Tübingen/Oberwart 2002, S. 52 f.

M5 Selbstwirksamkeit

	stimmt nicht	stimmt kaum	stimmt eher	stimmt genau
1. Wenn sich Widerstände auftun, finde ich Mittel und Wege, mich durchzusetzen.				
2. Die Lösung schwieriger Probleme gelingt mir immer, wenn ich mich darum bemühe.				
3. Es bereitet mir keine Schwierigkeiten, meine Absichten und Ziele zu verwirklichen.				
4. In unerwarteten Situationen weiß ich immer, wie ich mich verhalten soll.				
5. Auch bei überraschenden Ereignissen glaube ich, daß ich gut mit ihnen zurechtkommen kann.				
6. Schwierigkeiten sehe ich gelassen entgegen, weil ich meinen Fähigkeiten immer vertrauen kann.				
7. Was auch immer passiert, ich werde schon klarkommen.				
8. Für jedes Problem kann ich eine Lösung finden.				
9. Wenn eine neue Sache auf mich zukommt, weiß ich, wie ich damit umgehen kann.				
10. Wenn ein Problem auftaucht, kann ich es aus eigener Kraft meistern.				

Matthias Jerusalem & Ralf Schwarzer (1981), revidiert 1999.
http://www.fu-berlin.de/gesund/skalen/Allgemeine_Selbst wirksamkeit/allgemeine_ selbst-wirksamkeit.htm

M6 Das bin ich – das kann ich gut.

Ich heiße _____

Das macht mir Spaß:

Das kann ich gut:

Mein Hobby:

Das wünsche ich mir:

Wenn ich ein Vogel wäre, wäre ich ein _____

M7 Ich bin ...

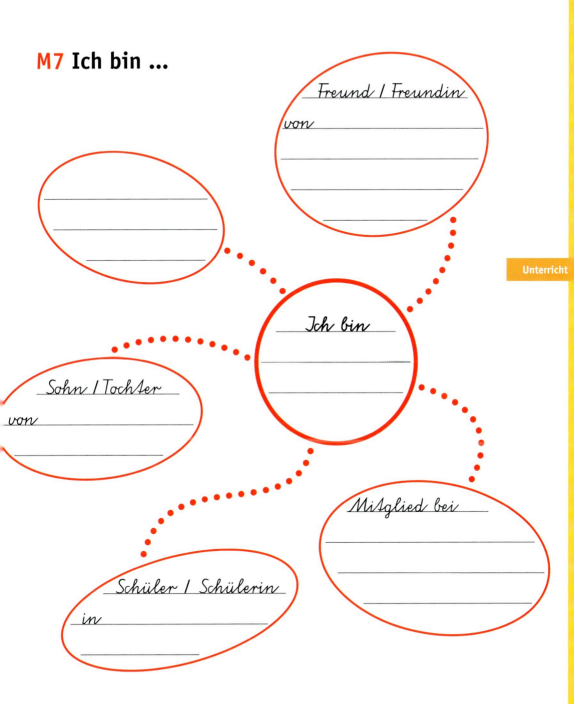

M8 Ich bin ich

Gedicht

Ich bin ich – und du bist du
wenn ich rede, hörst du zu.

Wenn du sprichst, dann bin ich still,
weil ich dich verstehen will.

Wenn du fällst, helf ich dir auf,
und du fängst mich, wenn ich lauf.

Wenn du kickst, steh ich im Tor,
pfeif ich Angriff, schießt du vor.

Spielst du pong, dann spiel ich ping,
und du trommelst, wenn ich sing.

Allein kann keiner diese Sachen,
zusammen können wir viel machen.

Ich mit dir – und du mit mir –
das sind wir.

Stadt Frankfurt a.M., Dezernat für Bildung, Umwelt und Frauen (Hrsg.): Umgang mit Konflikten in Kita und Elternhaus. Frankfurt a.M. 2003, S. 4.

M9 Das kann ich gut

Das kann ich gut.	Das fällt mir schwer.	
		Zu einem Kindergeburtstag gehen.
		Hausarbeiten machen.
		Jemanden um Hilfe bitten.
		Abends einschlafen.
		Freunde finden.
		Anderen helfen.
		Das Fernsehgerät ausschalten.
		Mich beschäftigen, wenn es regnet.
		Zuhören.
		Mich selbst leiden.

Finde eigene Beispiele.

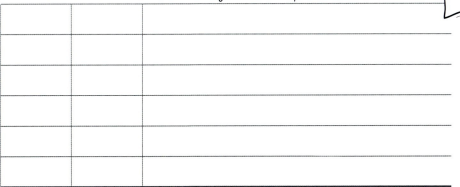

M10 Freundschaft

1. Was ist für Dich Freundschaft?

_____
_____
_____
_____

2. Was sollte ein Freund / eine Freundin tun? Finde die besonders wichtigen Dinge. Unterstreiche die richtigen Worte.

> xsblskeinexGeheimnissenverratennnnxxxxxlkerklmircvertrauennnn
> ablssisichamitbmircfreuenddrlklsrxaalmicheverstehenpolka
> eesvesichxfürcmicheeinsetzennmlkilfvielcxZeitmmittmirbverbringenmo
> ulvmirxetwasaausleihenpolxmnmireseinemMeinungesagenuklj
> adbmmirphelfenuztr

3. Was machst Du, wenn Du ein Problem mit Deinem Freund / Deiner Freundin hast?

_____
_____
_____
_____

Konflikte konstruktiv bearbeiten

Grundwissen
- Konfliktbearbeitung und Gewaltprävention ... S. 234
- Was sind Konflikte? ... S. 235
- Konflikteskalation ... S. 236
- Konstruktive Konfliktbearbeitung ... S. 237
- Kinder und Konflikte ... S. 239
- Konflikte in der Schule ... S. 240
- Überlegungen zur Umsetzung ... S. 241
- Die Materialien im Überblick ... S. 242

Materialien

Für Lehrkräfte und Eltern
- M 1: Streitfähigkeit entwickelt sich ... S. 245
- M 2: Zehn Regeln für konstruktive Konfliktverläufe ... S. 246
- M 3: Merksätze zum Umgang mit Konflikten ... S. 247
- M 4: Konfliktbearbeitung im Gespräch ... S. 248
- M 5: Lehrer-Schüler-Konflikte bearbeiten ... S. 249

Für den Unterricht
- M 6: Der Getränkeautomat ... S. 250
- M 7: Konflikte befragen ... S. 251
- M 8: Was ist typisch für Konflikte? ... S. 252
- M 9: Der Konfliktbogen ... S. 253
- M 10: Konflikteskalation und Kommunikation ... S. 254
- M 11: Anheizen oder beschwichtigen ... S. 255
- M 12: Der Konflikt – ein Eisberg ... S. 256
- M 13: Arbeit mit Streitgeschichten ... S. 257
- M 14: Die Flasche ... S. 258
- M 15: Konfliktlösungsmöglichkeiten ... S. 259
- M 16: Sechs-Stufenplan der Problemlösungen ... S. 260
- M 17: Grundregeln für die Konfliktbearbeitung ... S. 261
- M 18: Das Hosentaschenbuch ... S. 262

Der hier vorgestellte Verlauf und die dargestellten Materialien ermöglichen einen ersten Zugang zum Themenbereich „Umgang mit Konflikten". Es geht dabei um ein grundsätzliches Verständnis der Konfliktdynamik und um grundlegende Einsichten in den Umgang mit Konflikten.
Streitschlichtung in der Schule wird in einem eigenen Baustein aufgegriffen.

Konfliktbearbeitung und Gewaltprävention

Konflikte sind so alt wie die Menschheit, sie sind ein allgemeines Phänomen, das auf allen Ebenen des Zusammenlebens anzutreffen ist. Nicht das Vorhandensein von Konflikten ist als problematisch oder gar friedensgefährdend einzustufen, sondern gewaltfördernde Austragungsformen, die Unrecht weiterschreiben, einzelne Parteien übervorteilen, die auf Macht und einseitige Interessendurchsetzung ausgerichtet sind und davon ausgehen, dass nur eine Seite über „die Wahrheit" und „das Recht" verfügt.

Wie verhalten sich Menschen in Konflikten?
Untersuchungen haben ergeben, dass das Konfliktverhalten vieler Menschen so aussieht:
- Kampf oder Flucht sind Grundformen des Konfliktverhaltens.
- Die eigenen Vorteile sollen durchgesetzt werden.
- Hierfür werden immer intensivere Mittel eingesetzt.
- Selbst wenn sich Misserfolge abzeichnen, wird an den einmal eingenommenen Positionen festgehalten.
- Es findet ein Verlust der Differenzierung auf allen Ebenen statt.
- Konflikte werden als Nullsummenspiele erlebt, die gewonnen werden müssen oder sonst verloren gehen.
- Konfliktsituationen werden als Bedrohung der eigenen Sicherheit erlebt.

Vgl. Kurt R. Spillmann: Konfliktdynamik und Kommunikation. Strategien der De-Eskalation. In: Manfred Prisching / Gerold Mikula (Hrsg.): Krieg, Konflikt, Kommunikation. Der Traum von einer friedlichen Welt. Wien 1991. S. 51.

Konflikte – Bedrohung oder Chance?
Werden Konflikte nicht als Bedrohung sondern als Chance wahrgenommen, so wird der Gegner als Person akzeptiert und in seinen Interessen zunächst anerkannt. Es werden gemeinsame Lösungen gesucht. Verzicht auf Gewalt ist selbstverständlich, und die Wahrung von Würde und Identität aller Beteiligten ist die Basis für das weitere Zusammenleben.

Konstruktive Konfliktbearbeitung in der Schule stellt eine wirksame Gewaltprävention dar. Konflikte sind dabei immer auch ein Hinweis auf Probleme, die angepackt werden müssen.

Grundwissen

Konfliktkompetenz für alle Schülerinnen und Schüler vermitteln.

Kinder im Grundschulalter werden nicht hinreichend gefördert,
- wenn nur einige wenige ausgebildet werden, um bei anderen oder mit anderen Streit zu beseitigen,
- wenn nicht alle Kinder Rituale erlernen, die zu einem „anders streiten" beitragen und die eine andere Gesprächskultur für ein sinnvolles Zusammenleben in der Klasse unterstützen und verstärken,
- wenn nicht alle Kinder Handwerkszeug an die Hand bekommen, um Lösungen für ihren Streit zu finden,
- wenn nicht alle Kinder sich eine „Schatzkammer an Erfahrungen" zulegen können, auf die sie im Ernstfall zurückgreifen können.
- wenn Kinder nicht behutsam Schritt für Schritt so geführt werden, dass sie tatsächlich selbstverantwortlich und gewaltfrei ihre Lösungen in einem dialogorientierten Gespräch untereinander aushandeln.

Günther Braun u.a.: Kinder lösen Konflikte selbst! Mediaton in der Grundschule. Das Bensberger Mediations-Modell. Bensberg 2005, S. 7.

Was sind Konflikte?

Im Wörterbuch „Der große Duden" wird Konflikt mit „Zusammenstoß, Zwiespalt, Widerstreit" beschrieben. Im Alltag werden Konflikte häufig gleichgesetzt mit Streit, mit Interessensgegensätzen, mit Macht oder Gewaltanwendung. Die Friedensforscherin Ulrike C. Wasmuth weist darauf hin, dass es wichtig ist, den Konflikt unvoreingenommen als sozialen Tatbestand zu betrachten und ihn nicht mit Austragungsformen zu verwechseln, ihn nicht durch Bewertungen einzugrenzen und ihn nicht mit seiner Ursächlichkeit zu vermischen.

Sie definiert Konflikt deshalb als einen sozialen Tatbestand, bei dem mindestens zwei Parteien (Einzelpersonen, Gruppen, Staaten) beteiligt sind, die
- unterschiedliche, vom Ausgangspunkt her unvereinbare Ziele verfolgen oder das gleiche Ziel anstreben, das aber nur eine Partei erreichen kann, und/oder
- unterschiedliche, vom Ausgangspunkt her unvereinbare Mittel zur Erreichung eines bestimmten Zieles anwenden wollen.

In den modernen Sozialwissenschaften werden Konflikte in ihrer Prozessform betrachtet.

Konflikte zwischen Eltern und Kindern

- Die meisten Streitigkeiten zwischen Kindern und Eltern sind schnell beigelegt.
- Mit zunehmendem Alter der Kinder wird vor allem der Steit mit dem Vater länger anhaltend.
- Kinder Alleinerziehender können sich bei Streitigkeiten mit dem Vater merklich langsamer wieder vertragen als Kinder, die bei beiden Elternteilen wohnen.
- Der Streitstil sowohl mit dem Vater als auch mit der Mutter beeinflusst das familiäre Wohlbefinden deutlich. Das bedeutet, dass die schnelle Lösung von Streitigkeiten mit den Eltern das Wohlbefinden der Kinder in der Familie fördert.
- Die meisten Kinder erleben nur selten Streit der Eltern untereinander.
- Alleinerziehende streiten sich mit dem ehemaligen Partner noch immer häufiger als Paare, die zusammen leben.
- Kinder mit Migrationshintergrund erleben seltener einen Streit der Eltern.

Repräsentative Untersuchung von Kindern in NRW. Erhebung im Frühjahr 2004. Altersgruppe 9 - 14 Jahre (Kinder der 4. - 7. Klassen befragt). N = 2348 Kinder aus 97 Schulklassen in ganz NRW. LBS-Initiative Junge Familie: LBS-Kinderbarometer 2004. Stimmungen, Meinungen, Trends von Kindern und Jugendlichen in NRW. Münster 2005, S. 22 ff.

Grundwissen

Definitionen

„Wir definieren Konflikt als eine Eigenschaft eines Systems, in dem es miteinander unvereinbare Zielvorstellungen gibt, so dass das Erreichen des einen Zieles das Erreichen des anderen ausschließen würde."
Johan Galtung: Theorien zum Frieden. In: Dieter Senghaas (Hrsg.): Kritische Friedensforschung. Frankfurt 1972, S. 235.

„Ein Konflikt ist ein Kampf um Werte und um Anrecht auf mangelnden Status, auf Macht und Mittel, ein Kampf, in dem einander zuwiderlaufende Interessen einander notwendig entweder neutralisieren oder verletzen oder ganz ausschalten."
Lewis A. Coser: Theorie sozialer Konflikte. Neuwied und Berlin 1965, Auszüge. S. 8.

Konflikteskalation

„Konflikte beeinträchtigen unsere Wahrnehmungsfähigkeit und unser Denk- und Vorstellungsleben so sehr", schreibt der Konfliktmanager Friedrich Glasl „dass wir im Lauf der Ereignisse die Dinge in uns und um uns herum nicht mehr richtig sehen. Es ist so, als würde sich unser Auge immer mehr trüben; unsere Sicht auf uns und die gegnerischen Menschen im Konflikt, auf die Probleme und Geschehnisse wird geschmälert, verzerrt und völlig einseitig. Unser Denk- und Vorstellungsleben folgt Zwängen, deren wir uns nicht hinreichend bewusst sind."

Das eigentliche Problem von Konflikten liegt in der permanenten Gefahr ihrer Eskalation, wenn bei ihrer Austragung immer mehr auf Macht- und Gewaltstrategien gesetzt wird. Der Konflikt wird so immer schwerer zu steuern, bis er schließlich außer Kontrolle gerät, die Schwelle zur Gewalt überschreitet und damit Zerstörung und Leiden verursacht. Ein weiteres Zusammenleben wird so erschwert oder auf lange Zeit unmöglich gemacht.

Die Eskalation von Konflikten ist mithin gefährlich, weil
- Konflikte außer Kontrolle geraten können;
- immer weniger Handlungsalternativen zur Verfügung stehen; Gewalt als Handlungsmöglichkeit zunehmend einbezogen und angewandt wird;
- nicht mehr gemeinsame Lösungen sondern Sieg oder Niederlage des Gegners im Vordergrund stehen;
- eine Personifizierung des Konfliktes stattfindet;
- Emotionen die Überhand gewinnen;
- Zerstörung und Vernichtung leitende Handlungsziele werden.

Eine zentrale Aufgabe im Rahmen einer konstruktiven Konfliktbearbeitung ist es deshalb, einer Konflikteskalation Stufen der Deeskalation gegenüberzustellen, Antworten und Handlungsmöglichkeiten auf jeder Stufe zu finden, die Gewalt begrenzen oder ganz ausschließen, sowie auf Kooperation und Verhandlungslösungen abzielen.

Vgl. Friedrich Glasl: Konfliktmanagement. Bern 2002.

Grundwissen

Gefahren
Konflikte können sich negativ auswirken, wenn
- sie unterdrückt, vermieden oder verdrängt werden;
- Angst vor einer Klärung und Auseinandersetzung besteht;
- die Kommunikation abgebrochen wird;
- ein Beharren auf Standpunkten zu verzeichnen ist;
- Droh- und Konfrontationsstrategien angewendet werden;
- sie mit unbrauchbaren Mitteln ausgetragen werden.

Chancen
Konflikte können sich positiv auswirken, da sie dazu beitragen
- auf Probleme aufmerksam zu machen;
- Kommunikation zu fördern;
- Standpunkte zu klären und Positionen zu verdeutlichen;
- die Suche nach kooperativen Lösungen zu beschleunigen;
- den eigenen Standpunkt neu zu bedenken und zu bewerten;
- die eigenen (berechtigten) Interessen vertreten zu lernen;
- den Gruppenzusammenhalt zu festigen.

Konstruktive Konfliktbearbeitung

Konflikte werden vielfach durch unproduktive und eher destruktive Methoden zu lösen bzw. zu regeln versucht, deren Wirkungslosigkeit längst offensichtlich ist. Hierzu gehören etwa Zwangs-, Einschüchterungs- und Drohstrategien, die die Konfliktparteien nötigen sollen, ihre Feindseligkeiten einzustellen.
Die Möglichkeiten konstruktiver Konfliktbearbeitung hängen von der Art des Konfliktes sowie dessen Entwicklungs- und Eskalationsstufe ab. Auch muss bedacht werden, ob es sich um Konflikte zwischen Einzelpersonen, zwischen Gruppen oder Institutionen im gesellschaftlichen Nahbereich oder auf gesamtgesellschaftlicher oder gar internationaler Ebene handelt, und ob der Konflikt latent schwelt oder bereits gewaltsam ausgetragen wird.

Grundwissen

Für eine konstruktive Konfliktbearbeitung sind eine Reihe prinzipieller Prämissen entscheidend:

Die grundsätzliche Sichtweise für Konfliktlösungen ändern.
Konflikte sollten nicht unter dem Aspekt von eigenem Gewinn und gegnerischem Verlust betrachtet werden, sondern unter dem des anzustrebenden gemeinsamen Gewinns. D.h. der Konflikt wird von Anfang an mit dem Ziel ausgetragen, dass beide Konfliktparteien ihre Ziele partiell erreichen können.

Grundwissen

Auf Androhung und Einsatz von Gewalt verzichten.
Die herkömmlichen Kommunikationsmuster der Drohung und Beschuldigung müssen abgelöst werden durch kooperative Muster des Verstehens und Erklärens. Eine unabdingbare Voraussetzung für eine Deeskalierung und eine konstruktive Konfliktlösung ist es, Gewalt weder anzudrohen noch anzuwenden.

Die eigene Wahrnehmung nicht als die allein richtige vertreten.
Da die Trübung der Wahrnehmungsfähigkeit ein typisches Kennzeichen von eskalierenden Konflikten ist, darf die eigene Wahrnehmung und Interpretation der Ereignisse nicht absolut gesetzt werden, vielmehr ist sie einer Überprüfung und Korrektur zu unterwerfen, um so auch die eigenen Anteile am Konflikt zu erkennen. Die Bereitschaft hierfür ist bereits ein wichtiger Schritt zur Anerkennung von Rechten der anderen Konfliktpartei.

Eine dritte Partei einbeziehen.
Die Überprüfung der Wahrnehmung kann am ehesten durch die Einbeziehung einer unabhängigen dritten Partei, eines Mediators/einer Mediatorin, geschehen. Diese/r kann als Vertrauensinstanz für beide Seiten dazu beitragen, eine gemeinsame Sicht der Dinge zu erreichen. Doch dies ist nicht ausreichend, der Wille zu einer kooperativen Lösung muss hinzukommen.

Gemeinsame Gespräche statt vollendete Tatsachen.
Die Schaffung von Tatsachen wirkt sich auf den Konfliktverlauf in der Regel eskalierend aus, da die Gegenseite diese nicht ohne Gesichtsverlust hinnehmen kann. Um gemeinsame Gespräche realisieren zu können, sind oft Vorgespräche erforderlich, in denen zunächst die Grundregeln für weitere Treffen und Gespräche festgelegt werden und der Weg für Verhandlungen geebnet wird. Sie vermögen, vorteilhaft vom Druck überhöhter Erfolgserwartungen zu entlasten. Gemeinsame Gespräche können in vielerlei Formen geführt werden. In Form von „Runden Tischen" haben sie in den letzten Jahren Eingang in die politische Kultur gefunden.

Lösungen an den Interessen aller Beteiligten orientieren.
Konfliktlösungen dürfen nicht durch die Interessen der stärkeren Partei diktiert werden. Sie müssen so geartet sein, dass sie möglichst allen Parteien Vorteile verschaffen und damit nicht wiederum Ausgangspunkt für neue Konflikte sind. Darüber hinaus haben sie auch einen Beitrag zum Abbau von struktureller Gewalt zu leisten und müssen sich an ethischen Maßstäben messen lassen.

Kinderkonflikte

Die Streitthemen können Hinweise auf die Interessen der Kinder geben, müssen aber nicht zwangsläufig die Ursachen der Konflikte sein. Dittrich u.a. nennen folgende Schlüsselthemen, die Kinder im sozialen Miteinander beschäftigen: einander kennen lernen, Besitzklärung, Positionen finden, festigen oder ändern wollen, Gruppen und Freundschaften bilden, Territorien erobern, Regeln testen, einfordern, erfinden oder verändern, Grenzen bei anderen testen, andere herausfordern. ...

Kinder und Konflikte

Konfliktanlässe – Konfliktverarbeitung
Als typische und immer wiederkehrende Situationen, die Konflikte zwischen Kindern veranlassen, gelten nach den Untersuchungen des Deutschen Jugendinstituts:
- einander kennen lernen;
- Regeln erfinden, festigen, verändern, sicherstellen;
- Streit um Platz, Material, Spielgerät;
- andere ärgern, provozieren;
- Streit um Positionen, Rollen oder die Rangfolge;
- spielimmanente Störungen (z. B. beim Aushandeln der Spielidee oder -rollen);
- territoriale Übergriffe bzw. Androhung eines Übergriffs;
- aus Spaß oder Versehen wird Ernst;
- sich einmischen, Grenzen bei anderen testen;
- Gelegenheit nutzen, um an Stelle anderer zu handeln.

Stufen der Konfliktbearbeitung bei Kindern
1. Kinder regeln das Geschehen im Wesentlichen mit Körpersprache. Die Körpersprache ist die erste „Muttersprache" aller Kinder, das heißt auch, Auseinandersetzungen finden (nur) auf dieser Handlungsebene statt!
2. Auseinandersetzungen verlaufen hauptsächlich körperlich, aber verbunden mit ausdrucksstarker Sprache (Worte können auch gewalttätig sein).
3. Der Konflikt wird auf sprachlicher Ebene angegangen, die Austragung verlagert sich dann jedoch auf die körperliche Ebene.
4. Kinder tragen einen Konflikt stark sprachlich aus, Argumente werden von den Beteiligten verstanden und akzeptiert. Aus dem nicht direkt involvierten Umfeld werden Lösungsvorschläge vorgebracht und eine erneute Diskussion aller Beteiligten bringt eine Klärung.

Welche Rolle der Beobachter in Konfliktsituationen spielt, hängt davon ab, wie er von den Kindern einbezogen wird oder ob und wann er von sich aus eingreift.

Stadt Frankfurt a.M., Dezernat für Bildung, Umwelt und Frauen (Hrsg.): Umgang mit Konflikten in Kita und Elternhaus. Frankfurt a.M. 2003, S. 14.

Grundwissen

...
Alle diese Themen konzentrieren sich um den Aufbau des sozialen Umgangs miteinander. Die Kinder verfolgen damit indirekt das Ziel, Orientierung zu bekommen, um ihren eigenen Platz in der Gruppe zu finden. Die Entwicklungspsychologie benennt als eine zentrale Entwicklungsaufgabe von Kindern in dieser Altersphase den Aufbau von Kommunikationsfähigkeit und sozialem Bindungsverhalten. Die Kinder haben ein gemeinsames Interesse daran, dass letztlich eine harmonische Beziehung untereinander entsteht, da sie wissen, dass sie eine lange Zeit gemeinsam in der Gruppe verbringen werden. Streitereien sind deshalb für die soziale Orientierung im Gruppengefüge außerordentlich wichtig und wenn Erwachsene nicht sofort eingreifen, stellt sich meist heraus, dass die Kinder selbstständig integrative Lösungswege finden können. Dabei nutzen sie zur Kommunikation ein breiteres Verhaltensrepertoire als Erwachsene. Körpersprache und metaphorische Symbolik spielen vor allem bei Kindern, deren Sprachfertigkeit noch nicht differenziert ausgebildet ist, eine große Rolle.
Zudem bildet sich bei langem Zusammensein in einer Gruppe eine ganz eigene Form der Verständigung heraus. Die Gruppe verfügt über ein gemeinsames Wissen und eine Kommunikationskultur, die Außenstehenden nicht sofort und unmittelbar zugänglich ist.

Christian Büttner / Anna Buhde: Kinderkonflikte und die Einmischung Erwachsener. Ein Plädoyer für die Kompetenz der Kinder. In TPS 3/2006, S. 51 f.

Konflikte in der Schule

Konfliktarten und Vorkommen

Es zeigt sich, dass Konfliktformen wie Störungen im Unterricht, Beschimpfungen unter Schüler/innen, Hinter-dem-Rücken-Reden unter Schüler/innen, wiederholtes Hänseln und Ausgrenzen von Schüler/innen und Rangeleien unter Schüler/innen in 70 bis 90 % der Schulen mehrmals pro Woche vorkommen.

Schwerwiegendere Konfliktformen wie die Erniedrigung von Schüler/innen (31 %), körperliche Gewalt unter Schüler/innen (29 %) und Bedrohung durch Schüler/innen (16 %) gehören in einem Teil der Schulen zum Alltag. 20 % der Schulen geben an, dass bei ihnen ca. jeden Monat oder häufiger eine Erpressung oder Nötigung durch Schüler/innen bekannt wird. Deutlich höhere Werte erreichen Diebstahl (30 %) und Sachbeschädigung (49 %). Körperliche Gewalt wird in 69 % der Schulen mindestens jeden Monat festgestellt.

84 % der Schulen geben an, das Vertrauensverhältnis zwischen Schüler/innen und Lehrer/innen sei sehr gut oder überwiegend gut. Mehr als die Hälfte der Schulen geben an, dass sich Eltern ca. jeden Monat an Aktivitäten der Schule beteiligen.

Befragt nach dem offenen Ansprechen von Konflikten im Kollegium, geben 16 % der Schulen an, dies mehrmals pro Woche zu tun. Weitere 31 % thematisieren Konflikte jeden Monat.

Sabine Behn u.a.: Evaluation von Mediationsprogammen an Schulen. Hamburg u.a. 2005, S. 20.

Eine Schule ist ein komplexes Gebilde mit unterschiedlichen Personengruppen, Interessen, Verantwortlichkeiten und Abhängigkeiten. Schulische Konflikte nur auf Schüler-Schüler-Konflikte reduzieren zu wollen wird den konkreten Gegebenheiten nicht gerecht.

Für konkrete Konfliktkonstellationen sollten entsprechende Instrumente der Konfliktbearbeitung entwickelt werden. Beteiligt sein können die Schulleitung, Lehrkräfte, Schülerinnen und Schüler, ganze Schulklassen, die Schulverwaltung, die Schule als Gemeinschaft, die Schulbehörden, die Kommunale Verwaltung, die Eltern usw.

Zentrale Aufgabe ist die Klärung der Frage „Wie gehen wir in der Schule mit den verschiedenen Arten von Konflikten um?" Letztlich kann es nur um den Aufbau eines Konfliktmanagement-Systems für die Schule gehen. Dies muss durch eine Steuerungsgruppe vorbereitet und begleitet werden und kann als Teil von Schulentwicklung verstanden werden.

Für die konkrete Arbeit in der Schule wurde ein breites Instrumentarium entwickelt. Hierzu gehören u.a. der Klassenrat, der Klassenvertrag, Mentorenprogramme, Schüler-Streit-Schlichtung, das Ärgerbuch, soziale Lernprogramme, Kommunikationstrainings, Pausenhelfer, Fahrzeugbegleiter, Konfliktgespräche, Konfliktmanagement-Systeme für die Schule.

Die Instrumente sollen für sich oder in sinnvoller Kombination miteinander angewendet werden.

Überlegungen zur Umsetzung

Für Eltern und Lehrkräfte
Die Materialien M 1 - M 5 dienen der inhaltlichen Fundierung für Eltern und Lehrkräfte. Diese Materialien können sowohl bei Elternabenden als auch bei pädagogischen Veranstaltungen für Lehrkräfte Verwendung finden. Sie ermöglichen eine schnelle Orientierung und stellen eine Ausgangsbasis für die Verständigung über die Frage des Umgangs mit Konflikten dar.

Für Schülerinnen und Schüler
Kinder brauchen Konflikte, um sich erproben zu können, um zu erfahren, wie Gemeinsamkeiten und Unterschiede verhandelt werden können.
Das Ziel kann deshalb nicht „Harmonie" sein, sondern Aufbau einer konstruktiven Streitkultur, in der unterschiedliche Interessen ihren Platz haben und in der es Regeln für den Umgang mit Konflikten gibt.

Kinder haben ihre eigenen Regeln – aber Erwachsene sind Vorbilder. Gerade jüngere Kinder haben ihre eigene Art und Weise mit Konflikten umzugehen. Erwachsene (Eltern, Lehrkräfte) können dabei zeigen und helfen, dass es fair zugeht und die Interessen aller Berücksichtigung finden müssen.

Ziele der Auseinandersetzung mit Konfliktbearbeitung

Wahrnehmung
- Konflikte wahrnehmen (M 6);
- Früherkennung von Konflikten.

Verstehen / Beurteilen
- Eigene Konflikte besser verstehen (M 6, M 7);
- den eigenen Anteil an Konflikten verstehen (M 8, M 9);
- fremde Konflikte besser verstehen;
- Sichtweisen und Perspektiven wechseln;
- Konfliktentwicklungen beurteilen können (M 10, M 12);
- zwischen Person und Sache unterscheiden können;
- Lösungsphantasie entwickeln.

Handeln
- In Konfliktsituationen rational handeln können (M 11, M 13);

Grundwissen

„Das Spannungsfeld zu akzeptieren zwischen persönlichem Harmoniebestreben und der fachlichen Sicht, Konflikte als wichtigen Bestandteil der Erziehungsarbeit anzuerkennen, ist für viele pädagogische Fachkräfte (...) ein erster Schritt auf dem Weg zu einem professionellen Umgang mit Konflikten."

Stadt Frankfurt a.M., Dezernat für Bildung, Umwelt und Frauen: Umgang mit Konflikten in Kita und Elternhaus. Frankfurt a.M. 2003, S. 11.

- Interessen vertreten können (M 14, M 15);
- Möglichkeiten der externen Hilfe kennen und in Anspruch nehmen.

Konflikte lösen
- Lösungsmöglichkeiten kennen und anwenden lernen (M 16 - M 17);
- Kompromissmöglichkeiten finden.

Methodische Aspekte
Bei der Umsetzung mit Schülerinnen und Schülern kann vor allem mit zwei pädagogischen Instrumenten gearbeitet werden: Konfliktgeschichten und Rollenspielen.
Streitgeschichten dienen dazu, Konflikte verstehen zu lernen und Konfliktlösungen zu erarbeiten (Vgl. M 6, M 13, M 14).

Hinweis zu den Materialien
Auf verschiedenen Arbeitsblättern ist eine Arbeitsanweisung für die Lehrkräfte enthalten. Diese Arbeitsanweisung sollte beim Kopieren abgedeckt werden.
Dies betrifft hier: M 13.

Die in diesem Modul erarbeiteten Umgangsweisen mit Konflikten können und sollen natürlich auch auf realen Konflikte in der Klasse angewendet werden, obwohl dies nicht im Zentrum steht. Dies wird in dem Baustein „Streitschlichtung" gezielt aufgegriffen.

Ergänzende Bausteine

4.2.2 Schüler-Streitschlichtung

Die Materialien im Überblick

Materialien	Beschreibung	Vorgehen
M 1: Streitfähigkeit entwickelt sich	M 1 zeigt die Entwicklung von Streitfähigkeit in verschiedenen Altersstufen.	Die Arbeitsblätter M 1 – M 4 dienen als Hintergrundinformation und Erinnerungsstütze. Sie können von Eltern und Lehrkräften diskutiert und ergänzt werden. Oder es werden in Gruppenarbeit die Materialien bearbeitet, mit dem Ziel für die eigene Schule zu gemeinsamen Aussagen zu kommen.
M 2: Zehn Regeln für konstruktive Konfliktverläufe	Diese Grundregeln stellen die Basis für konstruktive Konfliktverläufe dar.	

4.2.1 KONFLIKTE KONSTRUKTIV BEARBEITEN

Materialien	Beschreibung	Vorgehen
M 3: Merksätze zum Umgang mit Konflikten	M 3 stellt die zentralen Merksätze für die Kommunikation in Konfliktsituationen vor.	siehe M 1 und M 2
M 4: Konfliktbearbeitung im Gespräch	M 4 verdeutlicht, was bei Konfliktgesprächen zwischen Lehrkräften und Schülern beachtet werden sollte.	siehe M 1 und M 2
M 5: Lehrer-Schüler-Konflikte bearbeiten	M 5 stellt exemplarisch Konflikte zwischen Lehrkräften und Schülern vor	Anhand des Fallbeispiels können verschiedene Reaktionsmöglichkeiten besprochen und durchgespielt werden.
M 6: Der Getränkeautomat	Das Konfliktbeispiel in M 6 dient als Ansatzpunkt, um zentrale Elemente eines Konfliktes zu erarbeiten.	Der Konflikt kann, nachdem er vorgestellt und besprochen wurde, mit verteilten Rollen mehrmals durchgespielt werden.
M 7: Konflikte befragen	M 7 beinhaltet ein einfaches Analyseraster für Konflikte	Mit Hilfe von M 7 kann der Konflikt von M 6 (oder ein anderer Konflikt) systematisch befragt werden.
M 8: Was ist typisch für Konflikte?	M 8 zeigt, was sich in einem Konfliktgeschehen alles verändern kann.	Die Schülerinnen und Schüler kreuzen an und finden Beispiele.
M 9: Der Konfliktbogen	Der Konfliktbogen veranschaulicht die verschiedenen Phasen eines Konfliktes.	Die Schülerinnen und Schüler ordnen zu und finden Beispiele.
M 10: Konflikteskalation und Kommunikation	M 10 ermöglicht herauszufinden, welches Kommunikationsverhalten zu einer Eskalation bzw. Deeskalation beiträgt.	Welche Worte und welche Begriffe heizen Konflike an? Eigene Beispiele werden gefunden.

FÜR LEHRKRÄFTE UND ELTERN

UNTERRICHT

Grundwissen

4. LERNFELDER UND ANSATZPUNKTE — 4.2 KONFLIKTBEARBEITUNG

Grundwissen — Unterricht

Materialien	Beschreibung	Vorgehen
M 11: Anheizen oder beschwichtigen	M 11 bietet eine vertiefende Auseinandersetzung mit der Frage nach eskalierenden und deeskalierenden Verhaltensweisen.	Die Aufgabe kann in Kleingruppen bearbeitet und in der Klasse besprochen werden.
M 12: Der Konflikt – ein Eisberg	Das Eisbergmodell wird zur Veranschaulichung des „unsichtbaren" Konfliktgeschehens verwendet.	Die Schülerinnen und Schüler finden Beispiele für Ängste, Wünsche, Hoffnungen …
M 13: Arbeit mit Streitgeschichten	M 13 zeigt, wie mit Streitgeschichten umgegangen werden kann.	Die Fallbeispiele werden von den Schülerinnen und Schülern in Rollenspielen und mit Rollenwechsel durchgespielt.
M 14: Die Flasche	Die Bildergeschichte stellt einen Konflikt dar.	Die Bildergeschichte ist Ausgangspunkt für Erzählungen, aber auch für Rollenspiele.
M 15: Konfliktlösungsmöglichkeiten	M 15 bietet einen Übersicht prinzipieller Möglichkeiten	Mit Hilfe von M 15 kann verdeutlicht werden, welche Lösungen in den Rollenspielen gefunden wurden und welche anderen es noch gibt.
M 16: Sechs-Stufenplan der Problemlösungen	M 16 benennt sechs notwendige Schritte für Problemlösungen	Die sechs Schritte können exemplarisch auf die Fallbeispiele (M 6, M 13, M 14) angewendet werden.
M 17: Grundregeln für Konfliktgespräche	M 17 zeigt, wie Kinder Konflikte selbst lösen können.	Die Grundregeln werden der Klasse vorgestellt und besprochen.
M 18: Das Hosentaschenbuch	Als Merkhilfe und Erinnerungsstütze dient das „Hosentaschenbuch", das Merksätze zur Konfliktlösung beinhaltet.	Die Vorlage wird kopiert. Die Kinder schneiden die Streifen aus und basteln daraus ein kleines „Hosentaschenbuch".

M1 Streitfähigkeit entwickelt sich

Für 5-6-jährige
bedeutet Streit unter Freunden: handgreiflich aneinander geraten.
Die Lösung ist: auseinandergehen: „Wollen wir wieder Freunde sein …"
Motive und Gefühle sind den Kinder eher weniger bewusst.

Für 8-10-jährige
bedeutet Streit ebenfalls handgreiflich aneinander geraten. Gefühle sind hier entscheidend: Der verletzte Gleichheitsgrundsatz und enttäuschte Erwartungen werden als Auslöser wahrgenommen: „Der hat angefangen."
Die streitauslösenden Handlungen sollen konkret, symbolisch oder sprachlich rückgängig gemacht werden:
- einen Schaden wieder gut machen;
- eine Entschuldigung äußern, die sich auf die verletzende Handlung bezieht („Ich wollte dir keine Wunde machen").

Für 10-12-jährige
bedeutet Streit: sprachlich aneinander geraten, verletzen und handgreiflich aneinander geraten.
Selbstreflektiertes Denken und die Anerkennung, dass auch andere dazu fähig sind, ermöglichen den Perspektivenwechsel.
Die Beteiligung beider Kontrahenten kann gesehen und zur Klärung bewusst eingesetzt werden.
Die folgerichtigen Lösungen sind:
- eine Einigung, die dem Willen beider entspricht.
- ein Kompromiss, den beide akzeptieren können.

Nach R. Valtin: Steiten und Sich-Vertragen. In: Balhorn, Heiko / Hans Brügelmann: Bedeutungen erfinden – im Kopf, mit Schrift und miteinander. Konstanz 1993, S. 192-199.
Zitiert nach: Ortrun Hagedorn: Konfliktlotsen. Stuttgart u.a. 1995, S. 14.

Ansprüche von Erwachsenen zum Konfliktverhalten
- Regelungen mit sprachlichen Mitteln sind möglich.
- Es gibt keinen Sieger und keinen Verlierer.
- Kompromisse werden gefunden.
- Die Interessen der anderen werden gesehen.
- Die Beteiligten können die Interessen des anderen nachvollziehen.
- Der Konflikt kann selbst gelöst werden.
- Gelingt dies nicht, bitten Beteiligte andere Personen um Unterstützung.

Kinder dagegen tragen ihre Konflikte in der Regel anders aus und finden trotzdem Lösungen!

Stadt Frankfurt a.M., Dezernat für Bildung, Umwelt und Frauen (Hrsg.): Umgang mit Konflikten in Kita und Elternhaus. Frankfurt a.M. 2003, S. 20

Lehrer, Eltern

M2 Zehn Regeln für konstruktive Konfliktverläufe

1. Gewaltverzicht
Wenn ein Konflikt zu eskalieren droht oder schon eskaliert ist, bleibt als oberstes Gebot der Verzicht auf eine körperliche Schädigung oder Bedrohung des Gegners.

2. Sichtwechsel
Einseitige Schuldzuweisungen behindern massiv die konstruktive Auseinandersetzung mit Konflikten. Wird der Konflikt als gemeinsames Problem erkannt, eröffnen sich neue Sichtweisen.

3. Gesprächsbereitschaft
Ohne Kontakt zur anderen Konfliktpartei sind die Wege für eine Entschärfung des explosiven Konfliktpotentials verbaut. Gespräche können eine erste Definition des Konfliktgegenstandes ermöglichen. Chance: Die Gefahr von Missverständnissen verringert sich.

4. Dialogfähigkeit
Über den Dialog lernen die Kontrahenten, sich als Konfliktpartner zu begreifen. Dann wächst die Bereitschaft, eine gemeinsame Lösung zu suchen.

5. Vermittlung
Wenn ein Dialog nicht zustande kommt, ist die Lage keineswegs hoffnungslos. Häufig hilft es, in einer solchen Situation eine „Dritte Partei" um Vermittlung zu bitten.

6. Vertrauen
Konfliktbearbeitung braucht Vertrauen. Deshalb werden einseitige Handlungen unterlassen und das eigene Vorgehen transparent gemacht.

7. Fair Play-Regeln
Für die Konfliktbearbeitung werden gemeinsame Regeln vereinbart. Sie betreffen alle Aspekte des miteinander Umgehens. Vertraulichkeit ist notwendig. Das Vertrauen wächst, wenn sich die Konfliktpartner fair verhalten.

8. Empathie
Im Dialog oder über die Vermittlung gelingt es, die Sichtweisen, Zwänge und Interessen des Konfliktpartners zu verstehen und im eigenen Vorgehen zu berücksichtigen. Umgekehrt wächst die Bereitschaft, Verantwortung für den eigenen Konfliktanteil zu übernehmen.

9. Gemeinsamkeiten
Die Gemeinsamkeiten und nicht mehr die Unterschiede werden von den Konfliktpartnern zunehmend erkannt. Eine Annäherung an die jeweiligen Überzeugungen und Werte findet statt.

10. Interessenausgleich und Versöhnung
Ein neues Verhältnis zwischen den Konfliktparteien entwickelt sich. Im idealen Fall wird eine Lösung gefunden, mit der die Interessen beider Seiten mindestens teilweise befriedigt sind. Versöhnung wird möglich.

Günther Gugel / Uli Jäger: Streitkultur.
Eine Bilderbox. Institut für Friedenspädagogik,
Tübingen 2006.

M3 Merksätze zum Umgang mit Konflikten

1. Das Problem sofort ansprechen.
Nicht zu lange abwarten, wenn ungute Gefühle sich aufstauen. Möglichst in der Situation oder kurz danach, wenn Gelegenheit dazu ist, das Problem ansprechen.

2. In der Ich-Form sprechen.
Je mehr ich bei Konflikten von meinen Gefühlen und meinen Empfindungen spreche, um so besser lernt mich mein Gegenüber kennen und verstehen. In einer Streitsituation „ich" anstatt „du" zu sagen, hat noch einen weiteren Vorteil: Ich muss Farbe bekennen und mir selbst klar werden, was ich nun eigentlich möchte. Meine Offenheit fördert zudem die Offenheit der andern.

3. Sich nicht unterbrechen.
Ich lasse mein Gegenüber ausreden und höre aufmerksam zu, ohne sie/ihn zu unterbrechen. Dabei achte ich insbesondere auf Gefühle, Bedürfnisse, Interessen, die sie/er äußert. Ich versuche, die Interessen, Bedürfnisse, Gefühle der anderen herauszuhören und darauf einzugehen.

4. Mein Gegenüber direkt ansprechen und dabei anschauen.
Wenn ich etwas mitteilen oder loswerden möchte, spreche ich die betreffende Person direkt an. Also nicht zur ganzen Gruppe sprechen, wenn nur eine/r gemeint ist.

5. Eine gemeinsame Problemsicht finden.
Worum geht es bei dem Streit? Wo werden von mir die Ursachen, wo werden sie von meinem Konfliktpartner gesehen? Ist es möglich, eine gemeinsame Problemsicht zu finden?

6. Beim Thema bleiben.
Ich bleibe beim Problem, für das ich eine Lösung suche. Ich lasse auch nicht zu, dass mein Konfliktpartner / meine Konfliktpartnerin von einem Thema zum anderen springt.

7. Beschuldigungen und Verletzungen vermeiden.
Gegenseitige Vorwürfe bringen keine Klärung und Lösung des Problems, sondern verhärten die Fronten.

Vgl. Walter Kern: Friedenserziehung heißt: Streiten lernen. In: Suchtpräventionsstelle der Stadt Zürich (Hrsg.) Leben hat viele Gesichter. Lausanne 1993.

Lehrer, Eltern

Fragen an die Konfliktparteien:
– Was möchten die Konfliktparteien mit ihrem Verhalten erreichen?
– Worauf kommt es ihnen vor allem an?
– Was wünschen sich die jeweiligen Konfliktparteien?
– Was müsste passieren, damit diese Wünsche realisiert werden könnten?
– Läßt sich ein Handlungsmotiv feststellen? Welche Motive könnten vermutet werden?
– Was lösen die jeweiligen Konfliktparteien durch ihr Verhalten / Handeln beim anderen aus?
– Durch welche Aktionen versuchen sie, die Situation in ihrem Sinne zu beeinflussen?

M4 Konfliktbearbeitung im Gespräch

In den folgenden Überlegungen zum konfliktbearbeitenden Gespräch handelt es sich nicht um eine Gesprächs-„technik". Es geht viel mehr um die Frage, wie sich Lehrer und Schüler in Konflikten besser verstehen und annehmen können.

Das Befinden von Kindern und Jugendlichen erkunden.

Fragen nach intellektueller Einsicht erschweren konfliktlösende Gespräche. Die Wahrnehmung kann durch teilnehmendes Zuhören geschärft werden. Entscheidend ist, dass der Lehrer das Erleben des Schülers und sein eigenes annimmt. Die Beziehungsstörung ist nicht durch die richtigen Worte „Warum" oder „Wie" zu beheben, sondern indem der Lehrer die Beziehung zulässt, so wie sie ist. Dazu gehört, dass er in jeder Konfliktsituation sich selbst nicht außer Acht lässt.

Emotionale Erste Hilfe in der Konfliktsituation ausüben.

In einer emotional beladenen Situation sollte das aktuelle Erleben des Kindes sofort aufgenommen werden, ohne hier jedoch sogleich tiefere Klärung erreichen zu wollen. Zornig zu werden, ärgerlich zu schimpfen, gekränkt zu reagieren, ist alltäglich. Dies zuzulassen und in der Situation darüber wegzukommen ist die eine Seite, die andere ist, eine tiefere Klärung in einer ruhigeren Phase anzustreben.

Nicht „einwirken" – sondern „da sein".

Lehrerinnen und Lehrer sollten das Kind nicht belehren wollen, Ratschläge erteilen, Einsichten vermitteln. Das Kind kann so nicht aussprechen, was es bedrückt. Der Lehrer kann lernen aufmerksam zuzuhören und dabei versuchen, zu verstehen, was der Schüler empfindet.

Die Angst vor Nähe respektieren.

Kinder, die „schwierig" sind, haben es schwer – auch mit dem Reden: sie müssen schlagen, weil sie nicht sprechen können, sie müssen schweigen, um nicht gefährdet zu sein, sie müssen „träumen", weil sie das sie Bewegende und Bedrückende nicht sagen dürfen, sie müssen trotzen, um ihr Ich zu behaupten, sie müssen schreien, weil sie kaum erhört werden, sie müssen auf Distanz gehen, um sich nicht verwundbar zu machen.

Lehrerinnen und Lehrer haben es schwer mit solchen Kindern, weil diese auf den üblichen Kontakt nicht ansprechen. Bei Kindern mit einem solchen Entwicklungshintergrund kann es lang dauern, bis der Lehrer mit ihnen in Beziehung kommt. Sie fordern ihm viel „Warten können" und Einfühlung ab.

Im Gespräch die Ich-Stärkung des Schülers unterstützen.

Schüler, die als „disziplinlos" gelten, sind oft Ich-schwach. Ihre „Schwierigkeiten" können der Versuch sein, etwas zu gelten. Deshalb ist es in konfliktbearbeitenden Gesprächen wichtig, den Schüler nicht „klein" zu machen, auch wenn dieser im Unrecht ist oder etwas „angestellt" hat.

Auch Lehrerinnen und Lehrer brauchen ein gutes Wort.

„Ja wer lobt denn mich? – Die nützen meine Schwäche aus". Lehrerinnen und Lehrer befürchten oft, Kinder würden ihre „Schwäche ausnutzen". Das ist jedenfalls dann wenig wahrscheinlich, wenn der Lehrer für die Schüler „spürbar" wird.

Kurt Singer: Lehrer-Schüler-Konflikte gewaltfrei regeln. Weinheim und Basel 1991, S. 122 ff., Auszüge.

Lehrer, Eltern

M5 Lehrer-Schüler-Konflikte bearbeiten

Das Diktat

Stellen Sie sich vor, Sie sind Lehrer bzw. Lehrerin in einer 3. Grundschulklasse.
In dieser Klasse lassen Sie ein Diktat schreiben, das vorher geübt wurde. Ein Schüler kommt nicht mit dem Diktat zurecht. Er legt den Stift weg und erklärt: „Ich schreibe nicht mehr weiter."

Wie reagieren Sie?

1. Sie fordern den Schüler auf, den Text vorzunehmen und ihn abzuschreiben. _____

2. Sie akzeptieren das Verhalten und bieten dem Schüler an, dann wieder mitzuschreiben, wenn er Lust dazu hat. _____

3. Sie fordern ihn auf, zwei Zeilen freizulassen und die versäumten Sätze am Schluss nachzuholen. _____

4. Sie fragen ihn nach dem Grund der Arbeitsverweigerung. _____

5. Sie akzeptieren sein Verhalten, deuten aber die Konsequenzen für die Benotung an. _____

6. Sie ignorieren die Bemerkung. _____

7. _____

8. _____

9. _____

10. _____

Lehrer, Eltern

M6 Der Getränkeautomat

In der Schule gibt es einen Getränkeautomaten. Er steht in einer Nische unterhalb der Treppe. Axel, Pit und Celim kommen schnell die Treppe herunter. Pit stolpert und kracht gegen den Getränkeautomaten. Dieser rasselt komisch und spuckt eine Flasche Cola aus.

„Was ist das?", fragt Axel. „Nicht schlecht" meint Pit. „Probieren wir es noch einmal", schlägt Celim vor und tritt mit dem Fuß kräftig gegen die Seite des Automaten. Schon hat er eine zweite Flasche in der Hand.

Es klappt prima: Ein Fußtritt, eine Flasche. Das Geheimnis bleibt jedoch unter den Dreien.

Eines Tages, als Axel zu seiner unter der Bank aufbewahrten Flasche greifen will, ist diese weg.

Er ist verärgert. „Hier klaut einer", ruft er, „das ist das letzte!" „Bestimmt war es Patrick, der klaut ja immer", meint Pit. Tatsächlich, Patrick hat eine Colaflasche in der Hand.

„Dem werden wir's zeigen", ruft Celim, „Klauen, sowas gibt es bei uns nicht."

Nach: Wir sind anständige Leute. In: Herausforderungen I., W. Crüwell Verlag, Dortmund 1970, S. 120.

Was sagst Du dazu?

- Was geht in den drei Jungen vor, wenn sie sich eine Colaflasche aus dem Automaten holen?
- Hast Du schon ähnliches erlebt?
- Weshalb ärgern sich die Drei über den Diebstahl „ihrer Flasche" von Patrick?
- Worin liegt der Unterschied zwischen ihrem Handeln und dem von Patrick?

M7 Konflikte befragen

Konflikte kann man besser vestehen, wenn man Fragen an sie stellt:

1. Konfliktbeschreibung:
- Wie heißt das Konfliktthema?
- Worum geht es?

2. Konfliktparteien:
- Wer sind die beteiligten Konfliktparteien?

3. Konfliktgeschichte:
- Welche Geschichte hat der Konflikt?
- Wie wird die Konfliktgeschichte von den Konfliktparteien erzählt?

4. Interessen und Bedürfnisse
- Welche Interessen haben die Konfliktparteien?
- Welche Bedürfnisse haben die Parteien?

5. Mittel
- Wie wird der Konflikt ausgetragen?
- Welche Mittel werden angewandt?

Vgl. Ulrike C. Wasmuht: Friedensforschung als Konfliktforschung.
Zur Notwendigkeit einer Rückbesinnung auf den Konflikt als zentrale Kategorie.
AFB-Texte, Nr. 1/1992, S. 4 ff.

M8 Was ist typisch für Konflikte?

Im Rahmen von Konflikten verändert sich die Art und Weise, wie Menschen miteinander umgehen. Dies bezieht sich auf viele Bereiche.

Kreuze an, was in einem Konflikt eher zutrifft.

Die Streitenden sind eher					
freundlich					unfreundlich
hilfsbereit					nicht hilfsbereit
vertrauensvoll					misstrauisch
feindselig					nicht feindselig

Die Streitenden sprechen eher					
miteinander					nicht miteinander

M9 Der Konfliktbogen

① „Kannst Du nicht besser aufpassen?"
② „Felix redet dauern dazwischen."
③ „Du hast die Luft aus meinem Fahrrad gelassen!"
④ „Können wir miteinander reden?"
⑤ „Wenn Du nicht ruhig bist, haue ich Dir eine rein."
⑥ „Bernd wäscht sich nicht, deshalb stinkt er so."
⑦ „Wollen wir uns wieder vertragen?"

Konflikte verlaufen in Phasen. Ordne die Sätze zu:

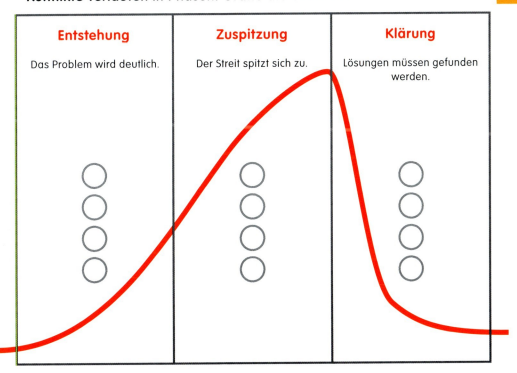

M10 Konflikteskalation und Kommunikation

Bei Konflikten ist es wichtig, miteinander zu sprechen.
Ordne mit Pfeilen zu.

Worte und Sätze, die einen Konflikt abkühlen.

„Du verstehst mich nicht."

„Lass uns in Ruhe darüber reden."

„Das geht so nicht."

„Immer willst Du recht haben."

„Typisch!"

„Das kann jedem einmal passieren …"

„Kannst Du mir das nochmals erklären?"

Worte und Sätze, die einen Konflikt anheizen.

„Blödmann …"

„Danke" / „Bitte"

Merke:

- Drohungen, Beschuldigungen, Behauptungen heizen einen Konflikt an.
- Nachfragen, gegenseitiges Verständnis, Sachlichkeit tragen zu einer Lösung bei.

M11 Anheizen oder beschwichtigen

Erstellt in Kleingruppen eine Liste und begründet Eure Meinung.

Signale die provozieren.
Faust
Stinkefinger

Signale die beruhigen.
offene Hand

Das heizt einen Konflikt eher an:
- keine Begrüßung, keine Verabschiedung
- kein Blickkontakt
- rechtfertigen
- beschuldigen
- am anderen vorbeireden
- überreden wollen
- ins Wort fallen
- Reizwörter gebrauchen
- nur die eigene Seite sehen
- persönliche Angriffe
- falsche Behauptungen

Das entspannt einen Konflikt:
- begrüßen und verabschieden
- Blickkontakt
- begründen
- auf den Anderen eingehen
- nachfragen
- ausreden lassen
- zusammenfassen
- Reizwörter vermeiden
- Humor
- Zeit haben
- Gegenargumente ernst nehmen
- Person und Sache trennen

M12 Der Konflikt - ein Eisberg

Konflikte sind oft wie ein Eisberg. Bei einem Eisberg ist nur ein kleiner Teil sichtbar. Der Rest ist unter der Wasseroberfläche.

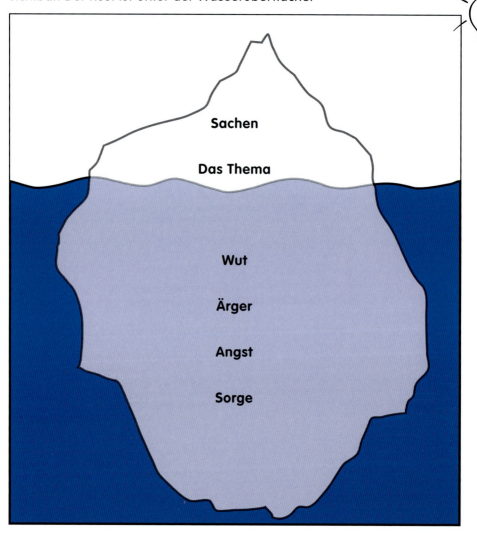

M13 Arbeit mit Steitgeschichten

Rollenspiele
Eine zentrale Rolle beim Bearbeiten von Konfliktgeschichten spielen Rollenspiele. Hier können Verhaltensweisen spielerisch erprobt und verändert werden. Wichtig ist dabei, klar zwischen Person und Rolle zu unterscheiden und verschiedene Lösungen eines Konfliktes durchspielen zu lassen.

Umgang mit Streitgeschichten:
Die Arbeit mit Streitgeschichten dient einer vertiefenden Auseinandersetzung. Streitgeschichten können in folgenden Schritten erarbeitet werden:

1. Die Streitgeschichte
Die Geschichte erzählen, evtl. mit Handpuppen spielen.

2. Den Streit nachvollziehen
Worum geht es? Welche Anteile hat jede Seite?

3. Rollenübernahme (Partnerarbeit)
Die Schülerinnen und Schüler übernehmen die Rolle eines der Kontrahenten und spielen den Konflikt durch (in „Ich-Form" reden, erzählen).

4. Rollenwechsel
Die Rollen werden getauscht, sodass eine Perspektivenübernahme möglich wird.

5. Gefühle ausdrücken
In den jeweiligen Rollen die Gefühle (Ärger, Wut, Angst) ausdrücken (in Worte kleiden).

6. Lösungen finden, Lösungen bewerten
Die Kinder formulieren zunächst in ihren Rollen, wie sie sich eine Lösung vorstellen können. Sie schreiben dabei auf, was sie bereit sind zu tun und was sie vom Konfliktpartner erwarten.
Welche Lösungen sind denkbar? Welche Lösungen würden den Bedürfnissen aller am besten entsprechen? Die Kinder schreiben ihre Lösungsvorschläge auf.

7. Auswertung
Die Schülerinnen und Schüler berichten ihre Erlebnisse und Empfindungen.

M14 Die Flasche

Erzähle eine Geschichte zu den Bildern.

Worin besteht der Konflikt?

M15 Konfliktlösungsmöglichkeiten

Wie kann der Konflikt gelöst werden?

___

___

___

„Konfliktlösungen"

Kampf
- besiegen
- unterwerfen
- gewinnen

Flucht
- weglaufen
- nachgeben

Verhandeln / eine eigene Lösung finden
- sich einigen
- jeder gibt nach
- eine gemeinsame Lösung finden

Gesetze / Regeln
- Recht sprechen
- Regeln anwenden
- Richter entscheidet

M16 Sechs-Stufenplan der Problemlösungen

1. Bedürfnisse feststellen.
„Was brauchst du (oder willst du)?" Jede Person, die an dem Konflikt beteiligt ist, sollte diese Frage beantworten, ohne der anderen die Schuld zu geben oder sie anzuklagen.

2. Das Problem definieren.
„Was glaubst du, ist in diesem Fall das Problem?" Die ganze Klasse kann dabei helfen, zu einer Antwort zu finden, die die Bedürfnisse beider Personen berücksichtigt, aber niemandem die Schuld gibt.

3. Eine Vielzahl von Lösungsmöglichkeiten im Brainstorming ermitteln.
„Wer kann sich eine Möglichkeit vorstellen, wie dieses Problem gelöst werden kann?" Alle aus der Klasse dürfen eine Antwort vorschlagen. Die Antworten werden ohne Kommentar, ohne Beurteilung oder Bewertung aufgeschrieben.

4. Die Lösungen bewerten.
„Wärst du mit dieser Lösung zufrieden?" Jede Partei des Konflikts geht die Liste der Alternativen durch und sagt, welche Lösungen für sie akzeptabel wären.

5. Sich für die beste Lösung entscheiden.
„Stimmt ihr beide dieser Lösung zu?" Ist das Problem damit gelöst? Man sollte sichergehen, dass beide Parteien zustimmen.

6. Überprüfen ob die Lösung funktioniert.
„Lasst uns bald wieder miteinander sprechen, um sicherzugehen, dass das Problem wirklich gelöst ist." Es sollte ein Plan gemacht werden, wie die Lösung zu bewerten ist. Die Bewertung kann ein paar Minuten später stattfinden oder eine Stunde später oder am nächsten Tag oder in der nächsten Woche.

Sousan Fountain: Leben in Einer Welt. Anregungen zum globalen Lernen. Braunschweig 1996, S. 156.

M17 Grundregeln für die Konfliktbearbeitung

1. Lasse den anderen ausreden und höre ihm zu.
2. Stoßen, schlagen oder andere Handgreiflichkeiten sind absolut verboten!
3. Auch wenn Du Dich sehr ärgerst, gilt: Laute Stimmen sind erlaubt, aber anschreien oder gar brüllen ermöglichen keinen fairen Streit.
4. Suche gemeinsam mit dem anderen nach Lösungen, mit denen beide einverstanden sind.
5. Wähle die richtigen Worte: Gemeinheiten oder Beschimpfungen verletzen den anderen. Ganz bestimmt führen sie zu keiner Lösung.
6. Es fällt zwar schwer, aber: wer seine eigenen Fehler offen zugeben kann, bringt einen Streit schneller zu Ende.
7. Und nun das Schönste: die Versöhnung. Da gibt es ganz viele Möglichkeiten. Ihr könnt Euch auf die Schulter klopfen, in die Arme nehmen oder zusammen ein Eis essen gehen. Bestimmt fallen Dir noch mehr Beispiele ein.

Deutscher Sparkassen Verlag GmbH (Hrsg.): HALLO. Für Kinder mit Köpfchen, Stuttgart, 40. Jahrgang, Oktober 1999, S. 16.

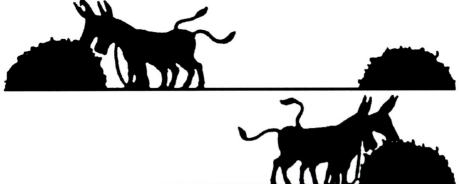

M19 Das Hosentaschenbuch

Dieses „Hosentaschenbuch" zeigt Dir, wie Du Konflikte lösen kannst.

Schneide die Seite aus, falze sie in der Mitte an der langen, gestrichelten Linie und klebe sie zusammen. Danach falze das Blatt an den drei fein gestrichelten Linien im Zick-Zack.

Konflikte löst man so ...

Dieses Buch gehört:

1.
Ausreden lassen.
Nicht schimpfen.
Zuhören.

2.
Erzähle, was passiert ist!
Ich wiederhole, was du gesagt hast.
Habe ich dich richtig verstanden?

3.
Sage, was dich geärgert hat.
Sage, wie es dir geht.

4.
Sage, was du im Streit getan hast.

5.
Tauscht jetzt Eure Rollen (Plätze).
Du sprichst jetzt als ...
– Sage, was dir als ... passiert ist.
– Sage, worüber du dich als ... geärgert hast.
– Setz dich jetzt wieder auf deinen alten Platz.

6.
Suche nach Vorschlägen, wie der Streit beendet werden kann.
Was kann ... für dich tun, damit es dir wieder besser geht („Ich wünsche ...")?
Was kannst du für ... tun („Ich bin bereit ...").

7.
Wir machen einen Friedensvertrag.
Wir schreiben unsere Vereinbarung auf und unterschreiben sie.

Nach Günther Braun u.a.: Kinder lösen Konflikte selbst! Mediation in der Grundschule. Bensberg 2003, S. 156.

Schüler-Streitschlichtung

Grundwissen
- Streitschlichtung und Gewaltprävention — S. 264
- Was ist Mediation? — S. 266
- Das Mediationsgespräch — S. 267
- Schulmediation und Schulentwicklung — S. 269
- Erfahrungen mit Schulmediation — S. 270
- Implementierung von Streitschlichtung — S. 271
- Überlegungen zur Umsetzung — S. 273
- Die Materialien im Überblick — S. 274

Materialien
Für Lehrkräfte und Eltern
- M 1: Rahmenbedingungen — S. 276
- M 2: Checkliste Einführung — S. 277
- M 3: Schritte zur Implementierung — S. 278
- M 4: Einführung von Schulmediation — S. 279
- M 5: Mediation – Übersicht in Stichworten — S. 281

Für den Unterricht
- M 6: Jörg und Judith — S. 282
- M 7: Streit schlichten — S. 283
- M 8: Phasen der Streitschlichtung — S. 284
- M 9: Einleitung — S. 285
- M 10: Klärungen — S. 286
- M 11: Lösungen — S. 287
- M 12: Vereinbarungen — S. 288

In diesem Baustein werden die Grundlagen der Mediation und die Grundzüge der Schüler-Streitschlichtung vorgestellt.
Es wird darüber informiert welche Voraussetzung für die Implementierung in der Schule vorhanden sein müssen. In Verbindung mit den Materialien der anderen Bausteine lässt sich ein Ausbildungsprogramm für Streitschlichter zusammenstellen.

Grundwissen

Streitschlichtung und Gewaltprävention

Schüler-Streitschlichtung und Möglichkeiten gewaltfreier Konfliktbearbeitung sind zentrale Elemente der Gewaltprävention und der Verbesserung des Schulklimas.

Wie zahlreiche Beispiele aus der Schulpraxis zeigen, können Streitschlichtungsprogramme bereits in der Grundschule mit Erfolg implementiert werden. Besonders weit entwickelt und in der Praxis vielfach erprobt ist z.B. das Bensberger Mediations-Modell für Grundschulen.

Kinder zu befähigen, ihre Konflikte selbständig zu lösen bzw. durch Mediationstechniken bei der Lösung zu unterstützen bedarf der Akzeptanz und der Unterstützung durch alle Lehrkräfte und die gesamte Schulgemeinschaft.
Wenn Schüler-Streitschlichtung lediglich das Steckenpferd einiger engagierter Lehrerinnen und Lehrer ist, wird sie kaum Bestand haben können.

Für die Kinder geht es darum, dass sie schrittweise Handlungsweisen lernen, wie ein „anders streiten" möglich ist. Sie sollen lernen durch Gespräche und Aushandeln Lösungen für Probleme zu finden, um dabei Konfliktlösungskompetenz zu entwickeln.

Mediation und Gewaltprävention

Liegen die Stärken von Streitschlichtungs-Programmen im Bereich des sozialen Lernens und der Regelung von kleinen Alltagskonflikten, so muss in Bezug auf Gewaltprävention vor überhöhten Erwartungen gewarnt werden.

Die Evaluation von Mediationsprogrammen an Schulen zeigt, dass die enge Verknüpfung von Schulmediation mit Gewaltprävention oft zu hohen Erwartungen an eine Veränderung des Schulklimas führt, die so nicht immer erfüllt werden können. (...)
Die konsequente Umsetzung von Projekten in den Bereichen Gewaltprävention und Demokratieerziehung, die sich komplementär zu dem Mediationsprojekt verhalten und es ergänzen, sowie die Einbindung des Mediationsprojektes in das Schulprogramm sind zentrale Faktoren, um das Mediationsprojekt zu einem wichtigen Baustein zur Gewaltprävention zu machen. Wird dieser Weg eingeschlagen, entwickelt sich die Schule insgesamt: Konfliktbearbeitung, Gewaltprävention und Soziales Lernen bilden ein Gesamtkonzept. Das Mediationsprojekt ist dann Teil einer übergreifenden Veränderung der Schule und kann in diesem Prozess die Rolle eines Motors einnehmen.

Sabine Behn u.a.: Evaluation von Mediationsprogrammen an Schulen. Hamburg u.a. 2005, S. 11, 32.

> **Streitschlichtung auf dem Lehrplan**
>
> „Zukünftig sollte Konfliktschlichtung genauso selbstverständlich im Lehrplan stehen wie Mathematik, Deutsch und Fremdsprachen. Denn wer früh lernt, Auseinandersetzungen zu einem konstruktiven Ende zu führen, wird davon sein Leben lang profitieren."
>
> *Renate Schmidt, Bundesministerin für Familie, Senioren, Frauen und Jugend von Oktober 2002 bis November 2005. In: Sabine Behn u.a.: Evaluation von Mediationsprogrammen an Schulen. Hamburg u.a. 2005, S. 9.*

Grundwissen

Was ist Mediation?

Mediation ist ein Verfahren der Konfliktlösung, das in den sechziger und siebziger Jahren in den USA entwickelt wurde und dort mit Erfolg in vielen Lebensbereichen angewendet wird. Wörtlich übersetzt bedeutet „mediation" Vermittlung. Gemeint ist die Vermittlung in Streitfällen durch unparteiische Dritte, die von allen Seiten akzeptiert werden. Die vermittelnden Mediatorinnen und Mediatoren helfen den Streitenden, eine einvernehmliche Lösung ihrer Probleme zu finden. Aufgabe der Mediatorinnen und Mediatoren ist es nicht, einen Schiedsspruch oder ein Urteil zu sprechen. Vielmehr liegt es an den Konfliktparteien selbst, eine ihren Interessen optimal entsprechende Problemlösung zu erarbeiten. Alle sollen durch die Übereinkunft „gewinnen". Diese konstruktive Konfliktlösung wird durch das Mediationsverfahren ermöglicht. Sie kann selbst dann gelingen, wenn die Konfliktparteien in einer offenkundigen Sackgasse stecken und alleine nicht mehr weiterkommen bzw. gar nicht mehr miteinander reden. Die Vermittler und Vermittlerinnen hören sich die Anliegen aller Beteiligten an, lassen sie ihre Gefühle ausdrücken und helfen bei der Klärung der eigentlichen Interessen der Konfliktparteien. In zunehmendem Maße stellen sie wieder eine direkte Verbindung zwischen den Streitenden her. Die Kontrahenten und Kontrahentinnen erfahren durch diese Vorgehensweise, welches die eigentlichen Probleme, Gefühle und Interessen der anderen Seite sind. Im geschützten Raum eines solchen Gesprächs können sie Verständnis und neues Vertrauen zueinander entwickeln und schließlich gemeinsam an einer Lösung ihrer Probleme arbeiten. Das Ziel ist eine Vereinbarung, die alle Konfliktparteien unterzeichnen und umsetzen.

Christoph Besemer: Mediation. Vermittlung in Konflikten. 4. Auflage, Karlsruhe 1997. Auszüge.

Wichtige Merkmale des Mediationsverfahrens sind:

- die Anwesenheit der vermittelnden Mediatoren bzw. Mediatorinnen,
- die Einbeziehung aller Konfliktparteien, die in der Regel auch anwesend sind,
- die informelle, außergerichtliche Ebene,
- die Freiwilligkeit der Teilnahme am Mediationsverfahren,
- die Selbstbestimmung bezüglich der Konfliktlösung: Die Entscheidungsbefugnis wird nicht an Dritte abgegeben.
- Das Verhandlungsergebnis ist nicht bindend, solange nicht alle Beteiligten zugestimmt haben. Es muss also ein Konsens erzielt werden.

Christoph Besemer: Mediation. Vermittlung in Konflikten. 4. Auflage, Karlsruhe 1997. Auszüge.

Perspektivenwechsel

Die Betrachtung des Konflikts aus verschiedenen Perspektiven ist konstitutiv für Mediation. Der Moment, in dem die Parteien einzelne Konfliktereignisse aus dem Blickwinkel des Anderen sehen können, äußert sich oft als erleichterndes Aha-Erlebnis, in spürbarer Überraschung und oftmals auch in spontan entstehendem Mitgefühl für das Gegenüber.

Dirk Splinter/Ljubjana Wüstehube: Perspektivenwechsel: Der Weg auf den Stufen der Anerkennung. In: perspektive mediation, Heft 2/2005, S. 66.

Das Mediationsgespräch

Einleitung

Die Mediatoren und Mediatorinnen sorgen dafür, dass das Gespräch in einer wohltuenden, offenen und vertrauensfördernden Atmosphäre stattfinden kann. Der Gesprächsraum sollte sorgfältig ausgewählt und gestaltet sein, die Sitzordnung eine gleichwertige Kommunikation untereinander ermöglichen und die einleitenden Worte ein Klima des Angenommenseins und des Vertrauens schaffen. Die Gesprächsteilnehmer und -teilnehmerinnen werden (noch einmal) über den Ablauf, die Rolle des Mediators / der Mediatorin und die Grundregeln informiert.

Unverzichtbare Grundregeln sind:
– Ausreden lassen!
– Keine Beleidigungen oder Handgreiflichkeiten!
– Die Mediatorin bzw. der Mediator haben die Verantwortung für den Gang des Gesprächs und greifen ein, wenn es erforderlich ist.

Weitere Regeln können gemeinsam vereinbart werden. Nach der Erklärung des Mediationsverfahrens werden offene Fragen beantwortet. Schließlich werden alle Beteiligten nach ihrer Bereitschaft gefragt, sich auf die Regeln und das Verfahren einzulassen.

Sichtweise der einzelnen Konfliktparteien

Jede Seite hat nun die Gelegenheit, den Konflikt aus ihrer Sicht zu erzählen. Sie bekommt dafür soviel Zeit, wie sie nötig hat, um alles auszusprechen was dazugehört. Die Mediatoren und Mediatorinnen hören aktiv zu, stellen gegebenenfalls Fragen und fassen das Gehörte zusammen. Die anderen Kontrahentinnen und Kontrahenten hören in diesem Stadium nur zu und müssen ihre Erwiderungen auf den Zeitpunkt verschieben an dem sie selbst mit dem Erzählen an der Reihe sind.

Konflikterhellung: Verborgene Gefühle, Interessen, Hintergründe
Soweit das noch nicht in der vorangegangenen Phase geschehen ist, sollen nun die mit dem Konflikt verbundenen Gefühle zum Ausdruck gebracht sowie die Interessen und Wünsche herausgearbeitet werden, um die es den Beteiligten eigentlich geht. Alles was als Hintergrund zum offenen Streit von Bedeutung ist, soll zur Sprache kommen. Die Mediatoren und Mediatorinnen sind bei der Erhellung des Konfliktes behilflich, indem sie geeignete Fragen stellen und Hilfstechniken einsetzen. Die Kommunikationsrichtung wird zunehmend auf den Kontakt der Kontrahenten und Kontrahentinnen untereinander verlagert. Kernsätze zum Verständnis einer Konfliktpartei sollen in eigenen Worten von den Kontrahenten bzw. Kontrahentinnen zusammengefasst werden (Spiegeln). Die Mediatoren und Mediatorinnen leiten sie dazu an und geben Hilfestellungen.

Problemlösung: Sammeln und Entwickeln von Lösungsmöglichkeiten
Wenn durch die vorangegangene Phase ein gegenseitiges Verstehen ermöglicht wurde, können die Streitenden nun gemeinsam überlegen, wie sie ihre Meinungsverschiedenheiten beilegen wollen. Aus dem „Konflikt" wurde ein „Problem", für dessen Lösung alle Kontrahenten und Kontrahentinnen gemeinsam Verantwortung tragen. Mit geeigneten Methoden (z.B. Brainstorming) werden kreative Ideen gesammelt und die interessantesten zu Lösungsvorschlägen ausgearbeitet.

Übereinkunft
Die Konfliktparteien einigen sich auf die Lösungsvorschläge, die ihnen am meisten zusagen. Sie regeln alle Fragen, die mit der Überprüfung und eventuell erforderlichen Überarbeitung der Vereinbarung zu tun haben. Das Ganze wird schriftlich festgehalten und von den Beteiligten unterschrieben.

Umsetzungsphase
Nach einer gewissen Zeit nehmen die Mediatorinnen und Mediatoren sowie die Konfliktbeteiligten noch einmal Kontakt zueinander auf, um zu klären, ob die Übereinkunft tatsächlich die Probleme gelöst hat. Falls nötig, müssen Korrekturen angebracht werden oder es muss ganz neu verhandelt werden.

Christoph Besemer: Mediation. Vermittlung in Konflikten. 4. Auflage, Karlsruhe 1997. Auszüge.

… 4.2.2 SCHÜLER-STREITSCHLICHTUNG

Schulmediation und Schulentwicklung

Mediation kann Teil einer sich wandelnden Schule werden, wenn angestrebt wird, die Prinzipien von Schulmediation auf die Schule insgesamt auszuweiten. Dies geschieht in langfristig angelegten Prozessen, die auch auf strukturelle Veränderungen abzielen und mit einem Verständigungs- und Entwicklungsprozess aller Beteiligten beginnen.

Gewaltprävention und ein partnerschaftlicher Umgang werden z.B. als eines der Globalziele der Schule definiert oder in eine gemeinsam entwickelte Schulvision aufgenommen. Einige Schulen setzen sich das Ziel, Grundprinzipien einer konstruktiven, demokratischen Konfliktkultur auf allen Ebenen der Schule und des Lernens zu etablieren oder langfristig das „Einzelkämpfertum" unter Lehrerinnen und Lehrern durch Teamstrukturen zu ersetzen.

Die Untersuchung zeigte folgende Ansatzpunkte zur Erreichung dieser Ziele.
- Fortbildung für das gesamte Kollegium zum Thema Konfliktbearbeitung,
- programmatische Einbindung von Schulmediation,
- Einrichtung einer Steuerungsgruppe,
- gleichberechtigte Zusammenarbeit mit Sozialarbeiterinnen und Sozialarbeitern,
- Verknüpfung verschiedener Maßnahmen im Bereich Konfliktbearbeitung, Gewaltprävention und Soziales Lernen,
- Förderung von Teamarbeit durch strukturelle Veränderungen,
- Kollegiale Beratung/Supervision.

Sabine Behn u.a.: Evaluation von Mediationsprogrammen an Schulen. Hamburg u.a. 2005, S. 31.

Streitschlichtung an der Internationalen Gesamtschule Heidelberg

Streiten ist oft auch wichtig
Nichts ist schlimmer, als wenn man immer wieder ungerecht behandelt wird. Da muss man sich wehren. Und wenn dann alles nur noch ärger wird? Dann muss man richtig streiten. Doch das ist oft nicht einfach. In der Streitschlichtung helfen wir Euch, richtig zu streiten. Wir gehen der Geschichte auf den Grund und finden mit Euch zusammen eine Lösung, die wirklich gerecht ist.

Streit ist Vertrauenssache
Du weißt, dass ein Streit nicht unbedingt besser wird, wenn sich jemand einmischt.
Wenn ein Lehrer oder eine Lehrerin einfach der anderen Seite Recht gibt, wirst Du nur wütend werden. Wir Streitschlichter und Streitschlichterinnen sind dafür ausgebildet, dass ihr wirklich ernst genommen werdet. Das kostet Zeit und das geht natürlich nur, wenn die Sache unter uns bleibt. Deshalb erzählen wir auch nichts von dem weiter, was wir von Euch erfahren. Ehrensache.

Streitschlichtung muss gelernt sein
Du kannst Dir denken, dass die Aufgabe, die wir übernommen haben, nicht leicht ist. Wir Win-Winners sind für die Streitschlichtung gründlich ausgebildet. Wir haben gelernt, wie man richtig vorgeht, damit niemand benachteiligt wird, welche Fragen man stellt und wie man einen Vertrag aushandelt, mit dem beide Seiten zufrieden sind.

Faltblatt: The Win-Winners, Mediations-Team der IGH. Heidelberg 2000.

Grundwissen

Erfahrungen mit Schulmediation

Eine repräsentative Untersuchung über Schulmediation in der Bundesrepublik Deutschland kommt zu folgenden Ergebnissen:

- Mediation findet sich an allen Schularten. Die Laufzeit der Mediationsprojekte liegt bei einem Drittel der Schulen bei ein bis zwei Schuljahren. Ein weiteres Drittel ist seit zwei bis drei Schujahren dabei.
- Befragt nach den wichtigsten Zielen, die die Schulen mit der Einführung des Mediationsprojektes verbunden haben, formulieren viele sehr allgemeine und weitreichende Zielvorstellungen, die sich grob folgenden Kategorien zuordnen lassen: Gewaltprävention, Stärkung der Eigenverantwortlichkeit der Schüler/innen, Verbesserung des Schulklimas, Entlastung der Lehrer/innen sowie Kommunikationsfähigkeit und Steigerung der sozialen Kompetenz der Schüler/innen.
- Die Anzahl der Mediationen im vergangenen Schuljahr liegt bei 38 % der Schulen bei zehn Mediationen oder weniger. An 29 % der Schulen wurden elf bis 20 Mediationen durchgeführt, an 26 % der Schulen 21 bis 50, an 7 % mehr als 50 Mediationen. Wenn Mediationen stattfinden, führen sie in der großen Mehrzahl auch zu einer, zwischen den Konfliktparteien ausgehandelten, Vereinbarung.
- Externe Beratung für die Umsetzung des Mediationsprojektes wird von 59 % der Schulen in Anspruch genommen. 60 % dieser Schulen messen der Beratung einen hohen oder sehr hohen Stellenwert für den Erfolg des Projektes bei.
- 44 % der Befragten geben an, den zeitlichen Aufwand für Schulmediation unterschätzt zu haben.
- An den befragten Schulen sind im Schnitt 4,6 Jungen und 7,3 Mädchen als Streitschlichter und Streitschlichterinnen tätig.
- Die Ausbildung der Lehrer/innen wird häufig über Lehrerfortbildungsinstitute finanziert. Ergänzt wird die Finanzierung durch Fördervereine oder Eigenmittel aus dem Schuletat, aus Landesmitteln aus dem Ressort Schule sowie durch Stiftungen und Sponsoren.

Sabine Behn u.a.: Evaluation von Mediationsprogrammen an Schulen. Hamburg u.a. 2005, S. 20 f, Auszüge.

Grundwissen

Grenzen von Schulmediation

Die Grenzen von Schulmediation werden dann sichtbar, wenn nicht genau geklärt ist, welche Fälle für Schulmediation geeignet sind und welche auf andere Art und Weise geklärt werden müssen. „Schulen mit erfolgreich implementierten Projekten definieren genauer Themen und Konflikte, die nach ihrer Auffassung für eine Bearbeitung durch Schülermediator/innen ungeeignet sind."

Mediation und Sanktion

Mediation ist nur dann eine Alternative zu den herkömmlichen Sanktionen in der Schule, wenn die Schule auf die traditionellen schulrechtlichen Verfahren zu Gunsten konstruktiver Konfliktbearbeitung verzichtet. Mediation darf durch Zwangsverpflichtung zur Mediation nicht den Charakter einer Sanktion bekommen.

Sabine Behn u.a.: Evaluation von Mediationsprogrammen an Schulen. Hamburg u.a. 2005, S. 28.

Implementierung von Streitschlichtung

Erfahrungen zeigen, dass folgende Punkte bei erfolgreichen Mediationsprojekten an Schulen signifikant häufiger vorkommen:

- Regelmäßige Öffentlichkeitsarbeit innerhalb und außerhalb der Schule. Regelmäßige Berichterstattung über das Mediationsprojekt im Rahmen von Konferenzen.
- Ausbildung von Lehrkräften im Laufe des Projektes, sowie die Einrichtung einer Projektsteuerungsgruppe und Supervision oder kollegialen Beratung für die Begleitlehrer/innen.
- Training sozialer Kompetenz und Konfliktbearbeitung für einen Großteil der Schülerinnen und Schüler.
- Zusammenarbeit von Jugendhilfe und Schule im Bereich der Schulmediation. Die Einbindung von Schulsozialarbeiter/innen erweist sich häufig als hilfreich für das Gelingen.
- Produktive Gestaltung der Einführungsphase. Informationsveranstaltungen für Schülerinnen und Schüler, Eltern und Lehrerinnen und Lehrer vor dem Hintergrund eines Entscheidungsverfahrens das alle mit einschließt sind entscheidend für den Umsetzungserfolg des Projektes.
- Überdenken der Sanktionsformen zusammen mit der Einbindung von Mediation in die Schulordnung. Ein Konfliktmanagementsystem mit klaren, für die Lehrerinnen und Lehrer verbindlichen und die Schülerinnen und Schüler transparenten Regelungen bietet Schulmediation einen zuverlässigen Rahmen.
- Freistellung der Begleitlehrerinnen und -lehrer für die Ausbildung und Begleitung der Schülermediatorinnen und -mediatoren, die Freistellung der Schülerinnen und Schüler für Mediationsgespräche innerhalb der Unterrichtszeit sowie die Einrichtung eines Mediationsraumes und die Unterstützung des Projektes durch die Schulleitung sind weitere zentrale Rahmenbedingungen.

Sabine Behn u.a.: Evaluation von Mediationsprogrammen an Schulen. Hamburg u.a. 2005, S. 34.

Akzeptanz der Schule

Alle Mediatorinnen und Mediatoren – gleich ob Jugendliche oder Erwachsene – brauchen für ihre Arbeit auch und vor allem die volle Akzeptanz an der Schule. Fehlt die Unterstützung der Schulleitung und des Kollegiums, bleibt Mediation in der Schule eine Rand- oder Modeerscheinung. Deshalb möchte ich alle Verantwortlichen, alle Lehrerinnen und Lehrer bitten: Begreifen Sie Mediation als Teil des gesamten Schulentwicklungsprozesses, nutzen Sie sie als Grundlage der Werteerziehung, des sozialen Lernens und als Ansatz für demokratisches Handeln. Sie leisten damit einen Beitrag zu einer neuen „Streitkultur" an der Schule – eine „Streitkultur", von der sich, wie ich finde, so manche und mancher Erwachsene eine Scheibe abschneiden könnten.

Renate Schmidt, Bundesministerin für Familie, Senioren, Frauen und Jugend von Oktober 2002 bis November 2005. In: Sabine Behn u.a.: Evaluation von Mediationsprogrammen an Schulen. Hamburg u.a. 2005, S. 9.

Grundwissen

Grundwissen

Stufen der Streitschlichtung im schulischen Bereich

Methoden der eigenen Konfliktlösung können mit Streitschlichtung und Schiedsverfahren kombiniert werden.
– Zunächst versuchen die Kontrahenten, ihren Konflikt (nach den erlernten Regeln) selbst zu bearbeiten.
– Wenn die Konfliktparteien es nicht schaffen, ihr Problem selbst zu bewältigen, nehmen sie Schlichtung durch Mitschüler in Anspruch.
– Wenn diese Schlichtung keinen Erfolg hat, wird Schlichtung von der Lehrkraft durchgeführt.
– Falls auch diese Schlichtung den Konfliktparteien nicht weiterhilft, fällt die Lehrkraft einen Schiedsspruch. Der Schiedsspruch dient als extrinsische Motivation, eine tragfähige Lösung selbst zu erarbeiten, weil der Schiedsspruch möglicherweise beiden Parteien weniger gefallen wird als eine selbst erarbeitete Problemlösung.
– In schwerwiegenden Fällen wird Schlichtung und Schiedsspruch von der Schulleitung als letzter Instanz angeboten.

Karin Jefferys-Duden: Streit schlichten lernen. In: Pädagogik, 7-8/99, S. 53 f.

Klärung des Fallmanagements

Für die Praxis in der Schule ist es wichtig, klare Regelungen zu finden, die für die Lehrkräfte verbindlich und für die Schülerinnen und Schüler transparent sind. Die Einführung von Schulmediation sollte genutzt werden, um den vorhandenen institutionellen Umgang mit Konflikten zu reflektieren und ein systematisches, verbindliches und transparentes Konfliktmanagementsystem an der Schule einzuführen. Dabei ist es wichtig, dass sowohl für Schülerinnen und Schüler als auch für die Lehrkräfte das Vorgehen im Konfliktfall geklärt ist. Hierfür sind z.B. folgende Fragen zu klären:
– Welche Fälle werden von den Schülermediatorinnen und -mediatoren mediiert?
– Welche Fälle überschreiten die Grenzen der Schülermediation?
– Wie wird mit diesen Fällen umgegangen?
– Werden Konflikte zwischen Schülerinnen bzw. Schülern und Lehrkräften mediiert?

Klärung des „Fallzugangs"

Eine transparente Regelung könnte so aussehen:
– Mediation ist freiwillig. Keiner kann zur Mediation gezwungen werden.
– Wer nicht zur Mediation gehen will, hat keine Konsequenzen zu erwarten.
– Vor jedem Mediationsgespräch werden die Konfliktparteien nochmals gefragt, ob sie die Vermittlung wollen.
– Mit den Schülerinnen und Schülern wird besprochen, dass die Empfehlung, zur Mediation zu gehen, keine Verpflichtung sondern eine Bitte ist.
– Wenn eine oder beide Konfliktparteien nicht zur Mediation wollen und sie den Konflikt nicht selbst lösen können, können sie sich an eine Lehrkraft oder andere Instanzen zur Konfliktbearbeitung wenden.
– Mediation ist ein Instrument zur Konfliktbearbeitung, das vor allem konfliktpräventiv wirken soll. Konflikte sollten in einem frühen Stadium bearbeitet werden, so dass sie nicht weiter eskalieren.

Sabine Behn u.a.: Evaluation von Mediationsprogrammen an Schulen. Empfehlungen und Ideen für die Praxis. Mainz 2006, S. 9 ff., Auszüge.

Überlegungen zur Umsetzung

Schulische Streitschlichtung ist Teil schulischer Konfliktbearbeitung. Kern der hier vorgestellten Materialien ist die Ausbildung von Streitschlichtern. Streitschlichtung im Grundschulbereich ist ein klar strukturiertes und ritualisiertes Verfahren, das es einzuüben gilt.

Für Eltern und Lehrkräfte
Eltern und Lehrkräfte machen sich mit den Rahmenbedingungen einer Einführung von Schüler-Streitschlichtung vertraut (M 1 – M 4). Sie informieren sich selbst über die Grundlagen von Mediation (M 5) und erarbeiten auf der Grundlage von M 5 einen detaillierten Plan zur Einführung von Schulmediaton.

Für Schülerinnen und Schüler
M 6 und M 7 bieten einen ersten Zugang zur Frage der Streitschlichtung. M 8 – M 12 beschreiben den detaillierten Ablauf einer Schüler-Streitschlichtung in allen Phasen und Unterpunkten. Diese Übersichten stellen gleichzeitig den Rahmen für die Ausbildung von Schüler-Streitschlichtern dar. Hinzu kommen müssen jedoch ergänzende Inhalte und Vertiefungen aus anderen Bausteinen des Handbuches:

- Baustein Soziale Wahrnehmung: Optische Täuschungen, Schärfung der Wahrnehmung, Perspektivenwechsel.
- Baustein Emotionale Intelligenz: Gefühle erkennen und ausdrücken, Gefühle spiegeln, Körperhaltung und Gefühle, mit Gefühlen umgehen.
- Baustein Kommunikation: aktives Zuhören, Ich-Botschaften, Gewaltfreie Kommunikation, Körpersprache, Feedbackregeln.
- Konfliktbearbeitung: Verständnis von Konflikten, Eskalation / Deeskalation von Konflikten, Möglichkeiten der Konfliktlösung, Grundregeln für Konfliktgespräche.

Grundwissen

Ergänzende Bausteine

- 4.1.1 Soziale Wahrnehmung
- 4.1.2 Emotionale Intelligenz
- 4.1.3 Kommunikation
- 4.2.1 Konflikte konstruktiv bearbeiten

Bitte beachten Sie:
Eine Ausbildung in Schüler-Streitschlichtung sollten nur Lehrkräfte mit einer eigenen Mediations-Ausbildung durchführen. Die Materialien in diesen Bausteinen decken zwar die Ausbildungsinhalte ab, ohne die notwendigen Praxiserfahrungen können sie jedoch nicht adäquat eingesetzt werden.

Die Materialien im Überblick

Materialien	Beschreibung	Vorgehen
M 1: Rahmenbedingungen	M 1 beschreibt verschiedene Zielgruppen und Zugangsweisen zur Schulmediation.	Mit Hilfe von M 1 kann geklärt werden welche Gruppen / Klassen in welchem Kontext und Rahmen in die Streitschlichtung einbezogen werden sollen.
M 2: Checkliste Einführung	Die Checkliste benennt zentrale inhaltliche Aspekte die bei der Einführung geprüft werden sollten.	M 2 bietet erste Anhaltspunkte für eine schuleigene Konzeption. Die Fragen werden in der Vorbereitungsgruppe diskutiert und erste Vorschläge für Lösungen erarbeitet.
M 3: Schritte zur Implementierung	M 3 beschreibt konkrete Schritte der Implementierung.	M 3 dient als Raster für die zeitliche Abfolge verbunden mit der Übernahme von Verantwortlichkeiten.
M 4: Einführung von Schulmediation	M 4 beschreibt ausführlich die Schritte zur Einführung von Schulmediation.	M 4 erweitert das Raster von M 3 und benennt detailliert die Abfolge der Vorgehensweise.
M 5: Mediation – Übersicht in Stichworten	M 5 stellt das Konzept der Mediaton in Stichworten vor.	M 5 kann als Handreichung zur Erstinformation über Mediation verwendet werden.
M 6: Jörg und Judith	M 6 zeigt wie zwischen Jörg und Judith ein Streit entsteht.	Die Kinder entwickeln Ideen was man machen könnte, damit Jörg und Judith sich wieder vertragen.
M 7: Streit schlichten	Die Bilder von M 7 zeigen wie Patrick den Streit schlichtet.	Die Kinder sollen anhand der Bilder formulieren, was Patrick genau sagt und tut.

Materialien	Beschreibung	Vorgehen
M 8: Phasen der Streitschlichtung	M 8 zeigt die „klassischen" Phasen einer Schüler-Streitschlichtung.	M 8 – 12 dienen als Grundlage für eine Streitschlichter-Ausbildung. M 8 vermittelt den Ablauf einer Schüler-Streitschlichtung. Die Phasen werden den Kindern vorgestellt. Die Inhalte werden in Gesprächen und Rollenspielen geübt.
M 9: Einleitung	Beschreibung der „Einleitung" einer Streitschlichtung.	Begrüßen, erklären des Schlichtungsprozesses sowie erläutern der Grundregeln. Die Inhalte werden in Gesprächen und Rollenspielen geübt.
M 10: Klärungen	Beschreibung der Phase der „Klärungen" einer Streitschlichtung.	Berichten, Befindlichkeiten ausdrücken, Anteile am Konflikt artikulieren, überleiten ... sind Teile des Klärungsprozesses, die vorgestellt und in Gesprächen und Rollenspielen geübt werden.
M 11: Lösungen	Beschreibung der Phase der „Lösungen" einer Streitschlichtung.	In dieser Phase werden gemeinsam Lösungsmöglichkeiten gefunden, ausgewählt und vereinbart. Die Inhalte werden in Gesprächen und Rollenspielen geübt.
M 12: Vereinbarungen	Beschreibung der Phase der „Vereinbarungen" einer Streitschlichtung.	Die Vereinbarungen werden aufgeschrieben, unterschrieben und verabschiedet. Die Inhalte werden in Gesprächen und Rollenspielen geübt.

Grundwissen

M1 Rahmenbedingungen

Rahmenbedingungen klären
Konstruktive Konfliktbearbeitung kennt viele verschiedene Formen und Vorgangsweisen.
Am Beispiel der Einführung von Mediation in einer Schule sollen verschiedene Zugangsweisen verdeutlicht werden:

Mögliche Zielgruppen
- eine Klasse
- mehrere Klassen
- eine Klassenstufe
- mehrere Klassenstufen
- alle Schüler
- ein Lehrer
- mehrere Lehrerinnen und Lehrer
- alle Lehrerinnen und Lehrer
- Eltern
- Hauspersonal

Zeitrahmen
- einzelne Unterrichtsstunden
- Projektwoche
- mehrere Monate
- gesamtes Schuljahr
- längerfristiges Projekt
- im Rahmen des normalen Unterrichts
- außerhalb des Unterrichts

Begleitmaßnahmen
- Unterrichtseinheiten
- Projekte
- Ausbildung von Schülermediatorinnen und Schülermediatoren
- schulinterne Lehrerfortbildung
- Bestandsaufnahme zum Bereich Konflikte und Gewalt an der Schule / Kommune
- Verankerung der Schülermediation in der Schule
- Schulentwicklungsprogramme
- Einbeziehung außerschulischer Lernorte
- gemeinwesenorientierte Ansätze

Ziel
- Wann soll das Projekt beendet werden?
- Wann ist das Projekt erfolgreich?
- Wer definiert dies?

M2 Checkliste Einführung

Schulen sollten bei der Einführung und Umsetzung von Schulmediation folgende Aspekte im Vorfeld kritisch prüfen:

Angemessenheit der Mediationsmethode im Hinblick auf die Altersstruktur der Zielgruppe
- Wer soll von wem mediiert werden?
- Welche Methoden eignen sich für welche Altersstufe?

Schaffung von adäquaten Zugangswegen
- Welche Anreize müssen geschaffen werden, damit Mediation angenommen wird?
- Welche Mut machenden und motivierenden Maßnahmen können hierzu eingesetzt werden?

Berücksichtigung der besonderen Stellung der Schülermediatorinnen und -mediatoren
- Welche Auswahlkriterien sollten zur Teilnahme an der Streitschlichterausbildung angelegt werden bzw. sind überhaupt sinnvoll?
- Wer oder was soll durch die Ausbildung zur Streitschlichterin / zum Streitschlichter gefördert werden?
- Inwiefern müssen Unterstützungs- und Begleitungsstrukturen für die Streitschlichterinnen und -schlichter bereitgestellt werden?

Gewährleistung angemessener Informationen über das Projekt
- Auf welche Medien kann zur Präsentation des Projektes an der Schule zurückgegriffen werden?
- Welche Informationen benötigen Schülerinnen und Schüler bzw. Lehrerinnen und Lehrer, damit sie ausreichend Kenntnis über das Projekt erhalten, um es zu verstehen?

Sabine Behn u.a.: Evaluation von Mediationsprogrammen an Schulen. Hamburg u.a. 2005, S. 26.

Lehrer, Eltern

M3 Schritte zur Implementierung

Schritte zur Implementierung von Schüler-Streitschlichtung	Ist-Stand?	Wer?	Was?	Wann?	Wie?
Gründung einer Steuerungsgruppe					
Information der Lehrkräfte, Beschluss der Gesamtlehrerkonferenz					
Information der Eltern					
Bekanntmachung und Werbung					
Qualifizierung von Lehrerinnen und Lehrern					
Erarbeitung eines Konzeptes					
Auswahl der Schülerinnen und Schüler					
Ausbildung der Schülerinnen und Schüler					
Arbeitsbedingungen klären					
Praktische Einführung der Streitschlichtung im Schulalltag					
Begleitung der Streitschlichter					
Sicherung der Kontinuität					
Evaluation und Korrektur					

Lehrer, Eltern

M4 Einführung von Schulmediation

1. Info-Veranstaltungen für das Kollegium, die Eltern, die SchülerInnen.
In vorbereitenden Veranstaltungen werden in geeignetem Rahmen das Kollegium, die Eltern und die SchülerInnen mit den Grundprinzipien der Mediation und den Möglichkeiten und Grenzen, sowie den Rahmenbedingungen für die Entwicklung eines SchülerInnen-Mediationsprogramms vertraut gemacht.

2. Pädagogische Konferenz zur Willensbildung.
Bewährt haben sich Studientage oder ein- bis zweitägige Einführungsseminare, in denen die wichtigsten Potentiale und Möglichkeiten der gewaltfreien und konstruktiven Konfliktbearbeitung für die betroffene Schulform vorgestellt werden.

3. Lehrgang zur Vermittlung von Grundkenntnissen konstruktiver Konfliktbearbeitung.
Für mindestens 10 beteiligte Lehrkräfte, bei kleineren Lehrerkollegien im Verbund mit anderen Schulen (24 – 32 Zeitstunden).
Zunächst werden den Lehrerinnen und Lehrern einer oder mehrerer benachbarter Schulen in einem Seminar Grundkenntnisse der konstruktiven Konfliktbearbeitung vermittelt. (...) Nach Möglichkeit sollten sich auch Mitglieder der Schulleitung beteiligen.

4. Beschlussfassung durch das maßgebliche Gremium (Einführung des Programms, Ort und Zeit der SchülerInnenmediation).
Wichtig ist, dass möglichst die ganze Schule, zumindest aber eine qualifizierte Mehrheit des entscheidenden Gremiums hinter der Einführung von SchülerInnenmediation steht. Mediation muss auch während des Unterrichts stattfinden können.

5. Klärung für die SchulmediatorInnen (Lehrkräfte, die SchülermediatorInnen ausbilden und begleiten) hinsichtlich einer entsprechenden Anrechnung auf ihre Unterrichtsverpflichtung.
Begleitung dieser Lehrkräfte während des Schuljahres (Supervision, Coaching, Intervision).
Wenn SchülerInnenmediation Teil des Schulprogramms werden soll, muss in der Schule dafür auch die entsprechende Kapazität an Stunden bereitgestellt werden (Empfehlung: pro Lehrkraft mind. 2 Std. pro Woche).

6. Motivation und Anwerbung künftiger SchülermediatorInnen in mindestens einer Unterrichtsstunde.
Für die Entscheidung, sich zu SchülermediatorInnen ausbilden zu lassen und danach auch als solche tätig zu werden, benötigen die SchülerInnen zahlreiche Informationen über den Umfang der Ausbildung, die zeitliche Planung, Vorteile, Nachteile und die eigene Rolle bei solch einer Aufgabe.

7. Ausbildung der SchülerInnen zu SchülermediatorInnen (mind. 40 Std.).
AusbilderInnen sind zwei bis drei SchulmediatorInnen, davon mindestens zwei interne.
Die Ausbildung soll den Mindestanforderungen entsprechen, die an SchülermediatorInnen zu stellen sind. D.h. die SchülermediatorInnen müssen den Ablauf einer Mediation trainieren, in der Lage sein, das Gespräch in der Mediation zu führen, den Prozess zu steuern und in ihrer allparteilichen Rolle zu bleiben.

Lehrer, Eltern

4. LERNFELDER UND ANSATZPUNKTE — 4.2 KONFLIKTBEARBEITUNG

8. Regelmäßige Begleitung der SchülermediatorInnen während des Schuljahres durch die SchulmediatorInnen.
Die SchülermediatorInnen brauchen nach ihrer Ausbildung eine regelmäßige Reflexion ihrer durchgeführten Mediationen. Dazu ist eine kontinuierliche Begleitung durch die zuständigen SchulmediatorInnen erforderlich.

9. Sozialkompetenztraining für alle SchülerInnen wenigstens zweimal während der Schulzeit.
Dieses Training bereitet ganz wesentlich die Motivation und die Fähigkeit der SchülerInnen vor, sich mit ihren Konflikten auseinander zu setzen. Gleichzeitig sensibilisiert dieses Training alle Beteiligten für ihre Alltagskonflikte und ihre Ursachen und Verläufe.

Lehrer, Eltern

10. Vorbereitung der Eingangsklassen auf die Mediation zu Beginn des Schuljahres in mindestens drei Stunden.
Damit auch die neuen SchülerInnen einer Schule über diesen wichtigen Teil des Schulprogramms informiert sind und daran teilhaben können, müssen sie gut auf die Möglichkeit der Mediation vorbereitet sein.

11. Information der Eltern neuer SchülerInnen zu Beginn des Schuljahres. Vorstellung der SchülermediatorInnen.
Diese Information kann bei einem Elternabend zu diesem Thema oder auch in einer eigenen Informationsveranstaltung erfolgen, zu der auch andere Eltern, die Fragen oder Anregungen haben, eingeladen werden.

12. Einrichtung eines Mediationsraumes, in dem die SchülermediatorInnen agieren; ein abschließbarer Schrank und notwendiges Arbeitsmaterial.
Um die nötige angenehme Atmosphäre für eine gedeihliche Mediation zu schaffen, ist ein eigener, gestalteter Raum für die SchülermediatorInnen erforderlich, den sie sich mit Unterstützung der Schule selbst einrichten sollten. Dieser Raum sollte gut erreichbar sein. Für vertrauliche Unterlagen ist auf jeden Fall ein abschließbarer Schrank vorzusehen. Das notwendige Arbeitsmaterial sollte den SchülerInnen zur Verfügung gestellt werden.

13. Einbindung der Mediation ins Schulprogramm und in die (schuleigene) Schulordnung.
Dem wird sicherlich eine längere Phase des Ausprobierens und Experimentierens vorausgehen. Dann aber geht es darum, die Mediation fest im Schulprogramm zu verankern. Sie soll ein wesentlicher Bestandteil und ein Markenzeichen der Schule werden. Dabei sind auch alte und neue Ordnungsprinzipien zu überdenken. Verbunden ist das mit einem stetigen Prozess der Information aller Beteiligten in einer Schule über den Stand der Mediationsarbeit.

Bundesverband Mediation e.V.: Standards und Ausbildungsrichtlinien für Schulmediation. http://www.konflikthilfe.com/sss.html

M5 Mediation – Übersicht in Stichworten

Merkmale des Mediationsverfahrens

- Die Anwesenheit der vermittelnden Dritten Partei (Mediator),
- die Einbeziehung aller Konfliktparteien, die in der Regel auch anwesend sind,
- die informelle, außergerichtliche Ebene,
- die Freiwilligkeit der Teilnahme,
- die Selbstbestimmung bezüglich der Konfliktlösung,
- die Erziehung eines Konsens.

Schritte im Mediationsverfahren

Vorphase:
Die Konfliktparteien an einen Tisch bekommen.

Das Mediationsgespräch:
1. Einleitung
2. Sichtweise der einzelnen Konfliktparteien
3. Konflikterhellung: Verborgene Gefühle, Interessen, Hintergründe
4. Problemlösung: Sammeln und Entwickeln von Lösungsmöglichkeiten
5. Übereinkunft

Umsetzungsphase:
Überprüfung und ggf. Korrektur der Übereinkunft.

Grundregeln sind:

- Ausreden lassen!
- Keine Beleidigungen oder Handgreiflichkeiten!
- Die Mediatorinnen und Mediatoren haben die Verantwortung für den Gang des Gesprächs und greifen ein, wenn es erforderlich ist.

Grundlegende Methoden

- Aktives Zuhören
- Ich-Botschaften
- Einzelgespräche
- Brainstorming

Der Mediator / die Mediatorin

- muss von allen Konfliktbeteiligten akzeptiert und respektiert werden,
- soll kein eigenes Interesse an einem bestimmten Konfliktausgang haben,
- setzt sich für die Interessen und Belange aller Konfliktparteien ein,
- bewertet oder urteilt nicht,
- nimmt alle Standpunkte, Interessen und Gefühle ernst,
- sorgt dafür, dass Machtungleichgewichte ausgeglichen werden,
- geht mit dem Gehörten vertraulich um,
- ist für den Gang des Mediationsgesprächs verantwortlich, die Kontrahentinnen bzw. Kontrahenten für den Inhalt.

Lehrer, Eltern

M6 Jörg und Judith

Jörg und Judith sind beschäftigt ... *Erzähle was dann geschieht.*

Was kann man tun, damit die beiden sich wieder vertragen?

M7 Streit schlichten

Patrick ist Streitschlichter. Er will den Streit beenden. Was macht er. Schaue Dir die Fotos genau an. Schreibe zu jedem Foto auf, was er sagt und was er tut.

M8 Phasen der Streitschlichtung

Streit-Schlichtung durch Schülerinnen und Schüler bedeutet, dass diese selbst Verantwortung für die Gestaltung ihres Lebensbereiches übernehmen. Das Schüler-Streitschlichtungs-Verfahren verläuft in mehreren Stufen:

1. Einleitung
- Begrüßen
- Ziele verdeutlichen
- Grundsätze benennen
- Schlichtungsprozess erklären
- Gesprächsregeln erläutern
- Gesprächsbeginn vereinbaren

2. Klärungen
- Berichten
- Zusammenfassen
- Nachfragen
- Befindlichkeit ausdrücken
- Anteile am Konflikt artikulieren
- Überleiten

3. Lösungen
- Lösungsmöglichkeiten überlegen
- Lösungsmöglichkeiten aufschreiben
- Lösungen auswählen
- Lösungen vereinbaren

4. Vereinbarungen
- Vereinbarungen aufschreiben
- Vereinbarung unterschreiben
- Verabschieden

Vgl. Günther Braun / Wolfgang Hünicke: Streit-Schlichtung: Schülerinnen und Schüler übernehmen Verantwortung für Konfliktlösungen in der Schule. Soest 1996.

M9 Einleitung

1. Begrüßen
Sich vorstellen. Die Schlichterin oder der Schlichter stellt sich vor, nennt den eigenen Namen und fragt ggf. nach den Namen der Konfliktpartner.

2. Ziele verdeutlichen
Das Ziel des Schlichtungsgesprächs wird verdeutlicht. Die Streitenden selbst suchen Lösungen, die beide zufriedenstellen. Für diesen Prozess bietet die Schlichterin oder der Schlichter Hilfe an.

3. Grundsätze benennen
Die Schlichterin oder der Schlichter sichert den Konfliktpartnern Vertraulichkeit und Neutralität zu.

4. Schlichtungsprozess erklären
Die Schlichterin oder der Schlichter erklärt die nächsten Schritte des Schlichtungsprozesses: Standpunkte vortragen, Lösungen suchen und Verständigung finden, die Vereinbarungen schriftlich festhalten.

5. Gesprächsregeln erläutern
Die Schlichterin oder der Schlichter erklärt die wichtigsten Regeln beim Schlichtungsgespräch:
- sich nicht gegenseitig unterbrechen, ggf. stattdessen eigene Gedanken notieren;
- sich nicht gegenseitig beschimpfen oder angreifen.

Die Schlichterin oder der Schlichter holt die Zustimmung der Konfliktparteien ein,
- dass diese Regeln im Schlichtungsgespräch gelten sollen,
- dass die Konfliktpartner bereit sind, sich an die Gesprächsregeln zu halten, und dass
- die Schlichterin oder der Schlichter bei Nichtbeachtung an die Einhaltung der Spielregeln erinnern darf.

6. Gesprächsbeginn vereinbaren
Es wird geklärt, wer mit dem Bericht des Konflikts aus seiner Sicht beginnen soll. Entweder einigen sich die Konfliktpartner auf eine Reihenfolge, oder es wird ausgelost, wer beginnt.

Günther Braun / Wolfgang Hünicke: Streit-Schlichtung: Schülerinnen und Schüler übernehmen Verantwortung für Konfliktlösungen in der Schule. Soest 1996.

M10 Klärungen

1. Berichten
Die Konfliktparteien tragen nacheinander ihre Sicht des Konflikts und der augenblicklichen Situation vor.

2. Zusammenfassen
Die Schlichterin oder der Schlichter wiederholt die wesentlichen Punkte und fasst die Konfliktdarstellungen zusammen (möglichst mit Worten der Streithähne). *„War das so?"*

3. Nachfragen
Wenn möglich sollen Emotionen und Motive der Konfliktpartner in Bezug auf den konkreten Streitfall zur Sprache kommen. *„Warum hast Du ...?"*, *„Was hast Du gedacht, als ...?"*.

4. Befindlichkeit ausdrücken
Da es oft zur Weiterführung des Schlichtungsprozesses erforderlich oder nützlich ist, fragt die Schlichterin / der Schlichter nach der augenblicklichen Befindlichkeit oder Stimmung der Konfliktparteien, auch als eine Form der Rückmeldung über das gerade Gehörte. *„Wir kommen vielleicht ein Stück weiter, wenn Ihr sagen könnt, wie es Euch jetzt im Augenblick geht."*

5. Anteile am Konflikt artikulieren
Anteile am Konflikt lassen sich möglicherweise leichter besprechen, wenn Schuldzuweisungen vermieden werden. *„Kannst Du sagen, was Du zum Konflikt oder seinem Anwachsen beigetragen hast? Vielleicht durch bestimmte Äußerungen, durch Lachen, Drohen oder Ähnliches?"*, *„Ihr solltet nicht nur auf den materiellen Schaden achten."*

6. Überleiten
Zum Abschluss dieser Phase sind erneut Rückmeldungen möglich. Die Kernpunkte können noch einmal zusammengefasst werden. Der Blick sollte dann auf den nächsten Schritt, die Suche nach Lösungen, gelenkt werden. *„Nun solltet Ihr überlegen, wie der Schaden wiedergutzumachen ist und wie evtl. Eure Beziehung besser werden kann."*

Hinweis:
In dieser Phase kann es gelegentlich auch notwendig werden, Einzelgespräche mit den Kontrahenten einzuschieben, beispielsweise, wenn
- die Diskussion zu hitzig geworden ist,
- sich die unterschiedliche Konfliktsicht überhaupt nicht angenähert hat,
- das Gespräch außer Kontrolle zu geraten droht,
- einer nicht offen sprechen kann oder will oder
- grundsätzlich die Regeln nicht eingehalten werden.

Schlichterin oder Schlichter sollten den Schlichtungsprozess immer dann unterbrechen, wenn der Eindruck besteht, dass es fast ausgeschlossen ist, mit diesen Konfliktpartnern im Augenblick eine geeignete Lösung zu finden.
In diesem Fall sollte die Schlichterin oder der Schlichter:
- einen Termin zur Fortsetzung vereinbaren, und
- sich von den Konfliktpartnern die Erlaubnis holen, sich selbst durch Gespräche mit anderen Schlichtern oder Beratern (auch Lehrkräften) Unterstützung zu verschaffen.

Eventuell kommt eine Ko-Schlichtung (durch zwei Personen in der Gesprächsleitung) in Frage.

Günther Braun / Wolfgang Hünicke: Streit-Schlichtung: Schülerinnen und Schüler übernehmen Verantwortung für Konfliktlösungen in der Schule. Soest 1996.

M11 Lösungen

1. Lösungsmöglichkeiten überlegen
Die Konfliktpartner sammeln Lösungen. Jeder notiert seine Vorschläge still.
„Überlegt dabei: Was bin ich bereit zu tun? Was erwarte ich vom anderen?"

2. Lösungsmöglichkeiten aufschreiben
Alle Lösungsmöglichkeiten werden vorgelesen und gehört, gesammelt und in der Regel von der Schlichterin oder dem Schlichter auf Kärtchen geschrieben.

3. Lösungen auswählen
Die Lösungsvorschläge werden gemeinsam bewertet. Gute Lösungen sind: realistisch, ausgewogen und genau genug!
„Welcher Vorschlag ist der beste? Oder kann es eine Kombination von Lösungsvorschlägen geben?"

4. Lösungen vereinbaren
Die möglichen Vereinbarungen werden mündlich genannt und es wird geprüft, ob die Konfliktpartner diesen Lösungsvorschlägen zustimmen können.

Günther Braun / Wolfgang Hünicke: Streit-Schlichtung: Schülerinnen und Schüler übernehmen Verantwortung für Konfliktlösungen in der Schule. Soest 1996.

M12 Vereinbarungen

1. Vereinbarungen aufschreiben
Die schriftliche Vereinbarung wird erstellt. Die Lösung muss genau formuliert werden: Wer will wo und wann was tun, um den Konflikt beizulegen oder den Schaden zu beheben?
Einfache, neutrale Wörter benutzen (keine Beschuldigungen). Gegebenenfalls sollte festgehalten werden, was passiert, wenn eine Partei ihre Pflichten aus dem Vertrag nicht erfüllt, z.B. dann den Schlichtungsprozess fortsetzen bzw. ihn wieder aufgreifen.

2. Vereinbarung unterschreiben
Ist die Schlichtungsvereinbarung formuliert, wird sie, Satz für Satz, vorgelesen und von den Konfliktpartnern gebilligt.
Wenn alle Einzelheiten angenommen wurden, fragt die Schlichterin oder der Schlichter, ob die Vereinbarung auch insgesamt gebilligt wird oder ob noch Fragen offen sind.
Die Vereinbarung wird unterschrieben.

3. Verabschieden
Vielleicht bietet sich noch ein Rückblick an, wie die Konfliktpartner das Schlichtungsgespräch erlebt haben und wie sie jetzt im Augenblick die weitere Beziehung sehen.
Die Gesprächspartner verabschieden sich.

Günther Braun / Wolfgang Hünicke: Streit-Schlichtung: Schülerinnen und Schüler übernehmen Verantwortung für Konfliktlösungen in der Schule. Soest 1996.

Demokratie lehren und lernen

Grundwissen
- Demokratieerziehung als Gewaltprävention — S. 290
- Erziehung zur Demokratie — S. 291
- Was ist Demokratiepädagogik? — S. 292
- Mitwirkung von Schülerinnen und Schülern — S. 293
- Demokratie in der Familie — S. 294
- Demokratie lernen in der Grundschule — S. 295
- Mitbestimmungswünsche der Kinder — S. 296
- Überlegungen zur Umsetzung — S. 297
- Die Materialien im Überblick — S. 299

Materialien

Für Lehrkräfte und Eltern
- M 1: Magdeburger Manifest zur Demokratiepädagogik — S. 302
- M 2: Klärungen — S. 303
- M 3: Formen von Partizipation — S. 304
- M 4: Anforderungen an Partizipation — S. 305
- M 5: Checkliste demokratische Kultur in der Schule — S. 306
- M 6: Demokratie in der Schule — S. 307
- M 7: Prinzipien für die Partizipation mit Kindern — S. 308
- M 8: Demokratisches Verhalten lernen — S. 309

Für den Unterricht
- M 9: Mitbestimmung zu Hause — S. 310
- M 10: Mitbestimmung in der Schule — S. 312
- M 11: Demokratieprofil — S. 314
- M 12: Was meinst Du dazu? — S. 315

Für die Schule
- M 13: Nonverbale Beteiligungsmöglichkeiten — S. 316
- M 14: Verbale Beteiligungsmöglichkeiten — S. 317
- M 15: Kleine und große Versammlungen — S. 318

Dieser Baustein zeigt, wie „Demokratie lehren und lernen" in der (Grund-) Schule verankert werden kann, auf welche Prinzipien geachtet werden muss und welche praktischen Umsetzungsmöglichkeiten bestehen.

Demokratieerziehung als Gewaltprävention

Erziehung zur Demokratie kann und muss bereits in der Grundschule beginnen, denn Demokratieerziehung ist nicht nur für den Bestand einer Demokratie äußerst wichtig, sondern sie erweist sich auch als ein wirkungsvolles Instrument der Gewaltprävention. Demokratie ist nicht nur eine Staatsform, sondern vor allem auch eine Lebensform. Die Einführung und Verankerung von Demokratieerziehung und die Schaffung von demokratischen Schulstrukturen haben unmittelbar positive Auswirkungen auf gewaltpräventive Maßnahmen. Leider werden diese Zusammenhänge bislang viel zu wenig in der Schulpraxis aufgegriffen und umgesetzt. Eine internationale Vergleichstudie zur politischen Bildung und politischen Handlungsbereitschaft von 14-jährigen Jugendlichen kommt zum Ergebnis, dass deutsche Schülerinnen und Schüler nur geringes Interesse und wenige Möglichkeiten haben sich in der Schule zu beteiligen. Im Bereich der schulischen Partizipation rangiert Deutschland auf den letzten Plätzen der untersuchten Länder. Es zeigt sich auch hier, dass Gewaltprävention keine Symptombehandlung ist und auch keine Bereitstellung von Rezepten für kritische Situationen bedeutet, sondern ein umfassender Ansatz, der in die Lernkultur und Demokratisierung von Schule einfließt.

Schülerinnen und Schüler machen von Mitwirkungsmöglichkeiten nur wenig Gebrauch.
Eine 2005 von der Bertelsmann Stiftung veröffentlichte Studie über Kinder- und Jugendpartizipation in Deutschland bilanziert: „Zusammengefasst lässt sich feststellen, dass die Kinder und Jugendlichen von den Mitwirkungsmöglichkeiten in der Schule (die allerdings auch nicht sehr reichlich bemessen sind) relativ wenig Gebrauch machen. Dabei spielen die repräsentativen Formen (Schülermitverwaltung, Schülervertretung), die von den Schulleitungen favorisiert werden, aus Sicht der Schüler nur eine untergeordnete Rolle. (...) Die wichtigste Einflussgrößen, welche die Partizipation in der Schule bestimmen, sind die Zufriedenheit der Kinder und Jugendlichen mit dem Ergebnis und dem Prozess ihres Mitwirkens sowie mit dem Klima, das in der Schule herrscht."

Bertelsmann Stiftung (Hrsg.): Kinder- und Jugendpartizipation in Deutschland. Gütersloh 2005, S. 22.

Grundwissen

„Es gibt einen grundlegenden und empirisch nachgewiesenen Zusammenhang zwischen Demokratieerfahrung und Gewaltverzicht: Wenn Kinder und Jugendliche die Erfahrung machen, dass in Schule und Erziehung Mitwirkung, demokratisches Handeln und Verantwortungsübernahme erwünscht sind und als wichtig anerkannt werden, sind sie für Gewalt und Rechtsextremismus weniger anfällig als Jugendliche, denen diese Erfahrung versagt bleibt.
Die Schule verfügt hier also über eigene, grundlegende und nachhaltig wirksame Mittel und Möglichkeiten."

Wolfgang Edelstein / Peter Fauser: Demokratie lernen und leben. Bund Länder-Kommission für Bildungsplanung und Forschungsförderung. Materialien zur Bildungsplanung und Forschungsförderung. 96/2001, S. 20.

Erziehung zur Demokratie

"Partizipation" ist neben "Öffentlichkeit" der wichtigste Grundpfeiler jedes demokratischen Gemeinwesens. Unter Partizipation ist zu verstehen, dass die Bürger das Gemeinwesen aktiv mitgestalten, dass sie in allen sie betreffenden Belangen mitwirken, mitentscheiden und Verantwortung übernehmen. Das gilt nicht nur für die Erwachsenen, sondern auch und in besonderem Maße für Kinder und Jugendliche als gleichberechtigte Mitglieder des Gemeinwesens. Denn eine aktive Mitwirkung in ihren Lebensbereichen – sei es in Familie, Schule, Freizeit, Verein oder Gemeinwesen insgesamt – festigt ihr Selbstvertrauen und trägt so zu ihrer Persönlichkeitsentwicklung sowie zur Bildung ihres politischen Bewusstseins bei. Sie stärkt ihre Identifikation mit dem Gemeinwesen und dessen Institutionen, erweitert ihre Handlungsmuster und dient auf diese Weise ihrer sozialen und gesellschaftlichen Integration. In diesem Sinne ist Partizipation auch ein Mittel der Erziehung zur Demokratie.

Viele Erwachsene – in der Politik und in der Erziehung – verstehen unter Partizipation nur, dass man Kinder und Jugendliche zu Wort kommen lässt und ihnen Gehör schenkt. So wird oft die Anwesenheit von Kindern oder Jugendlichen bei politischen Veranstaltungen, Anhörungen und Podiumsdiskussion schon als Partizipation ausgegeben. Tatsächlich aber dienen sie dabei häufig nur als Staffage, als Dekoration und somit als Alibi. Erst wenn Kinder und Jugendliche an Entscheidungen mitwirken, die sie betreffen, wenn sie in wichtigen Belangen mitbestimmen und auf diese Weise aktiv ihre Lebensbereiche mitgestalten, kann von Partizipation im eigentlichen Sinne gesprochen werden.

Bertelsmann Stiftung (Hrsg.): Kinder- und Jugendpartizipation in Deutschland. Daten, Fakten, Perspektiven. Gütersloh 2005, S. 7.

Grundwissen

Konvention über die Rechte des Kindes der Vereinten Nationen: Art. 12
„Die Vertragsstaaten sichern dem Kind, das fähig ist, sich eine eigene Meinung zu bilden, das Recht zu, diese Meinung in allen das Kind berührenden Angelegenheiten frei zu äußern, und berücksichtigen die Meinung des Kindes angemessen und entsprechend seinem Alter und seiner Reife."

Mitbestimmung
Die Mitbestimmungsmöglichkeiten in der Schule sind aus Sicht der Schülerinnen und Schüler eher gering. Vor allem bei der Schulhofgestaltung, der Auswahl der Lektüre im Deutschunterricht, der Themenbestimmung für Projektwochen und dem Ziel der Klassenfahrt können die Kinder nach eigener Ansicht wenig mitentscheiden. Entsprechend wünschen sie sich auch mehr Einfluss auf Klassenfahrten, Unterrichtsthemen und Hausaufgaben.
LBS-Initiative Junge Familie: LBS-Kinderbarometer 2004. Stimmungen, Meinungen, Trends von Kindern und Jugendlichen in NRW. Münster 2005, S. 6.

Grundwissen

Verständnis von Demokratie

Demokratie als …
Staatsform
– Gewaltenteilung
– Rechtsstaatlichkeit
– Parlamentarismus

Politisches Prinzip
– Legitimation von Macht
– Mehrheitsprinzip
– Freiheit

Lebensform
– Teilhabe an Entscheidungen
– Demokratie in allen Lebensbereichen
– Demokratisches Bewusstsein

Was ist Demokratiepädagogik?

Versuch einer operativen Bestimmung

Demokratiepädagogik umfasst pädagogische, insbesondere schulische und unterrichtliche Aktivitäten zur Förderung von Kompetenzen, die Menschen benötigen,
– um an Demokratie als Lebensform teilzuhaben und diese aktiv in Gemeinschaft mit anderen Menschen zu gestalten;
– um sich für Demokratie als Gesellschaftsform zu engagieren und sie durch partizipatives Engagement in lokalen und globalen Kontexten mitzugestalten;
– um Demokratie als Regierungsform durch aufgeklärte Urteilsbildung und Entscheidungsfindung zu erhalten und weiter zu entwickeln.

Um ihre Aufgaben zu erfüllen, erfordert Demokratiepädagogik
– schulische und außerschulische Erfahrungs- und Handlungsfelder. Diese demokratieförderlich zu gestalten und zu nutzen ist Aufgabe aller an Unterricht und Schulleben beteiligten Personen und Gruppen.
– Kenntnisse und Wissensbestände als Grundlage für Urteils- und Entscheidungsfähigkeit. Dies ist vor allem die Aufgabe des politischen Unterrichts in fachlichen, fächerübergreifenden und projektdidaktischen Kontexten.
– Kompetenzen für demokratisches und politisches Handeln. Dies ist vor allem die Aufgabe einer schulischen Lernkultur, die durch die Gestaltung des Schullebens und durch Kooperation mit außerschulischen Partnern Lerngelegenheiten zur Partizipation, zur Übernahme von Verantwortung und zur Mitarbeit im Gemeinwesen bietet.
– Demokratische Werte, Orientierungen und Einstellungen. Durch Unterricht und Schulleben sollen Kinder und Jugendliche soziale Kompetenzen, Orientierungen und persönliche Einstellungen entwickeln können, die dazu beitragen, die Bedeutung der für ein demokratisches Gemeinwesen konstitutiven Werte zu verstehen, diese in Entscheidungssituationen kritisch zu reflektieren und sie gegen demokratiekritische Einwände mit Argumenten zu verteidigen.

Wolfgang Edelstein, www.degede.de

Mitwirkung von Schülerinnen und Schülern

Mitwirkung bedeutet, die Möglichkeit zu haben, eigene Vorstellungen in einen Prozess einzubringen und ihn dadurch mitzugestalten. Mitwirkung kann und darf sich dabei nicht auf verfasste Gremien beschränken, so wichtig sie sind.
Partizipation bedeutet die direkte Beteiligung (zumindest die Möglichkeit dazu) von Schülerinnen und Schülern am Unterricht, wie auch im außerunterrichtlichen Schulgeschehen. Sie bedeutet auch die Beteiligung und Mitarbeit an Gruppen, Arbeitsgemeinschaften und Gremien der Schule.

Partizipation wird von Thomas Jaun als eine verbindliche Einflussnahme von Schülerinnen und Schülern auf Planungs- und Entscheidungsprozesse, von denen sie betroffen sind, verstanden. Es geht also nicht nur um Anhörungs- und Beratungsmöglichkeiten, sondern auch um Entscheidungsrechte.
Die Formen schulischer Partizipation kann man in repräsentative (in der Regel verfasste) Elemente (Schülersprecher, Schülerrat, Schulkonferenz) und plebiszitäre (Mitwirkung im Unterricht, Klassenrat, Vollversammlung ...) unterteilen. Bei den plebiszitären Elementen der schulischen Partizipation werden nicht nur ausgewählte Personen, sondern alle Personen (einer Klasse oder Schule) in den Entscheidungsprozess einbezogen.

Vgl. Dirk Richter: Partizipation in Schule – Illusion oder Wirklichkeit. In: Mike Seckinger (Hrsg.): Partizipation – ein zentrales Paradigma. Tübingen 2006, S. 141 ff.

Formen schulischer Partizipation

	repräsentativ	plebiszitär
verfasst	Gremien (Schulkonferenz, Schülerrat)	Vollversammlung, Schülerrechte (z.B. Informationsrecht)
nicht verfasst		Mitwirkung im Unterricht, Klassenrat, Arbeitsgemeinschaften

Grundwissen

Vermutungen über die Gründe geringer schulischer Partizipation

- Frontalunterricht als Unterrichtsform macht Schülerinnen und Schüler zu Konsumenten des Unterrichtsgeschehens.
- Lernen wird als Reproduktion von Wissen verstanden.
- Das eigentliche Unterrichtsgeschehen wird von Lehrerinnen und Lehrern bestimmt und gesteuert.
- Verinnerlichung von Denk- und Verhaltensweisen die diesem Lernstil entsprechen.
- Die Schülerrolle wird nicht als aktive, selbstbestimme Rolle verstanden.
- Effektivitätsdenken vieler Lehrerinnen und Lehrer.

Demokratie in der Familie

Kann eine Familie demokratisch sein? Müssen Eltern nicht in Verantwortung und Fürsorge für ihre Kinder Entscheidungen treffen. Ist Erziehung nicht immer mit einem „Machtgefälle" verbunden und wissen Eltern nicht am Besten, was für ihr Kind gut ist?

Dennoch lohnt es sich, darüber nachzudenken, was Partizipation von Kindern in der Familie bedeuten kann. Ob die Anerkennung des Kindes als eigenständige Person auch die Anerkennung seines Willens und seiner Bedürfnisse bedeutet?

Dorothea Fuckert nennt als wichtigste Voraussetzung für spätere Demokratiefähigkeit das Erwünschtsein und Willkommensein eines Kindes in der Familie. Die Förderung von Autonomie als „Selbstregulation" des Kindes steht an zweiter Stelle.

„Selbstregulation", so die aktuelle Definition von Dorothea Fuckert, „ist zu verstehen als Gegensatz zu einem sich einmischenden, versagenden, kontrollierenden, autoritären Umgang mit Kindern einerseits und antiautoritärer, nachlässiger, laissez-faire- oder benutzender Haltung andererseits. (...) Selbstregulation ist das Instrument des Zusammenlebens mit Kindern, welches eine reife und gesunde psychosoziale Persönlichkeitsentwicklung ermöglicht und damit auch Demokratiefähigkeit".

Christian Büttner: Demokratie und Erziehung. HSFK- Report. 3/2001, Frankfurt M.

Der Familienrat – ein Vorschlag

Wichtige Entscheidungen, aber auch Konflikte sollten im Familienrat besprochen werden.
Hier einige Anregungen:
- Alle Familienmitglieder sollten anwesend sein.
- Es sollten regelmäßige Gespräche stattfinden (ein Mal in der Woche / Monat?).
- Entscheidungen sollten einstimmig getroffen werden, niemand sollte überstimmt werden.
- Es wird jedesmal eine andere Gesprächsleitung bestimmt.
- Ausreden lassen, nicht unterbrechen.
- Hören was gesagt wird, und nicht bewerten oder gar abwerten.
- Alle Äußerungen und Meinungen ernst nehmen.
- Nicht die eigene Macht oder Stärke ausspielen.
- Keine Beschuldigungen vorbringen, sondern Wünsche formulieren.
- Alle Lösungsvorschläge sammeln, erst dann darüber im Einzelnen reden.
- Alle sind für die Einhaltung der Gesprächsregeln und Entscheidungen verantwortlich.
- Die Entscheidungen dürfen nur auf der nächsten Familiensitzung geändert werden.

Was steht der Partizipation von Kindern im Weg?

Fünf Hürden:
- Mangelndes Zutrauen zu den Kindern;
- Mangelnde methodische Kompetenzen der Erwachsenen;
- Ängste der Erzieherinnen und Erzieher;
- Unklarheit über die eigene Rolle;
- Strukturelle Hindernisse.

Rüdiger Hansen / Raingard Knauer / Bianca Friedrich: Die Kinderstube der Demokratie. Partizipation in Kindertageseinrichtungen. Kiel 2004, S. 74.

Demokratie lernen in der Grundschule

Demokratie lernen kann in jeder Schulart und in jeder Schulstufe stattfinden. Es ist nie zu früh damit zu beginnen. Demokratie lernen ist auch hier keine Frage der formellen, institutionalisierten Mitwirkungsgremien, sondern vollzieht sich über Möglichkeiten der Beteiligung, Verantwortungsübernahme und Zugehörigkeit.

Demokratie lernen heißt in der Grundschule Demokratie leben, sie auf der Ebene der Regelung von alltäglichen Angelegenheiten anzuwenden. Dabei geht es darum, eigene Interessen und Bedürfnisse erkennen und formulieren zu können, die Vorstellungen, Meinungen und Bedürfnisse von anderen wahrzunehmen und zu einem Interessenausgleich zu kommen. Dies erfordert Einfühlungsvermögen und Kompromissbereitschaft. Wechselseitige Anerkennung und Respekt sind die Grundlagen hierfür. Eltern und Lehrerinnen und Lehrer sind hierbei für die Kinder Modelle.

Klassenrat

Im Klassenrat lernen die Kinder sich gegenseitig zuzuhören, andere Meinungen zu bedenken und nach Lösungen in Konfliktsituationen zu suchen. Es werden Probleme besprochen und Regeln für das Miteinander aufgestellt.
Regelmäßig (einmal pro Woche) werden Probleme der Klasse besprochen, die Klasse selbst wird zum Thema gemacht. Bei großen Problemen können hier auch Moderatoren von außen hinzugeholt werden. Alle größeren Streitigkeiten werden im Kreis diskutiert. Anschließend wird gemeinsam nach Lösungsmöglichkeiten gesucht. Um den Klassenrat zu unterstützen, wurde von verschiedenen Schulen sog. Klassenverträge ausgearbeitet. Das sind Regeln des Umgangs, die von Schülerinnen und Schüler selbst erarbeitet werden.

Sir Karl Popper Schule

Die Schule legt besonderen Wert auf die Lehrer-Schüler-Kommunikation:
Das Popperforum
Einmal pro Vierteljahr wird das Popperforum einberufen, in dem jeder (Eltern, Schüler, Lehrer) im Beisein des Direktors seine Vorschläge zur Verbesserung der Schule einbringen kann.
Das Contracting
Das Contracting (Vertrag) ist eine Übereinkunft zwischen Schülern und Lehrer, die am Anfang des Jahres getroffen wird und die Lernziele des Faches festlegt. Auch werden die Beurteilungskriterien, Erwartungen und Verpflichtungen darin niedergeschrieben, um im Falle einer Notendiskussion eine fundierte Grundlage zur Notenfindung zu besitzen.
http://de.wikipedia.org/wiki/Sir-Karl-Popper-Schule

Demokratie lernen in der Grundschule

1. Schülerinnen und Schüler regeln ihre Konflikte selbst. Dies erfolgt über Mediationsgespräche, die gemeinsame Entwicklung von Rechten und Pflichten (Rechten- und Pflichtenheft) für Schülerinnen und Schüler, Eltern und Lehrkräfte.
2. Schülerinnen und Schüler planen und gestalten Unterricht und Schulleben mit. Grundhaltung sind Gewaltfreiheit und Erziehung zum friedlichen Miteinander.
3. Klassenräte und Schülerparlamente sind oder werden Teil des Schullebens und sind Organe realer Mitbestimmung. Unterricht verändert sich durch offene Unterrichtsformen, Werkstattunterricht, Projektunterricht, Wochenplanarbeit.

Helmolt Rademacher: Mediation und Partizipation im Programm „Demokratie lernen und leben". In: Spektrum der Mediation 20/2005, S. 45 f.

Grundwissen

Mitbestimmungswünsche der Kinder

Eine repräsentative Umfrage unter Kindern (ab der 4. Schulklasse) in Nordrhein Westfalen über Mitbestimmungswünsche der Kinder in der Schule brachte folgende Rangliste. Es waren keine Antworten vorgegeben. Mehrfachnennungen waren möglich.

Ausflüge / Klassenfahrten	17 %
weiß nicht	13 %
Lerninhalte / Themen	12 %
Hausaufgaben	10 %
Schulhofgestaltung	7 %
Schulzeiten	7 %
Lehrkräfte	6 %
Abläufe in der Klasse	6 %
nichts	6 %
Sport	4 %
Zeugnis / Arbeiten	4 %
Gestaltung der Schule	4 %
sonstiges	3 %

LBS-Initiative Junge Familie: LBS-Kinderbarometer 2004. Stimmungen, Meinungen, Trends von Kindern und Jugendlichen in NRW. Münster 2005, S. 34.
Repräsentative Untersuchung von Kindern in NRW. Erhebung im Frühjahr 2004. Altersgruppe 9 - 14 Jahre (Kinder der 4. - 7. Klassen befragt).
N = 2348 Kinder aus 97 Schulklassen in ganz NRW.
LBS-Kinderbaromenter 2004.

Grundwissen

Mitbestimmung im Gemeinwesen
- 61 % der Kinder möchten bei Entscheidungen in ihrer Stadt beziehungsweise ihrer Gemeinde gerne mitreden.
- 38 % der Kinder fühlen sich alt genug zu wählen. Viele Kinder, die sich zum Wählen noch zu jung fühlen, möchten in ihrer Kommune aber trotzdem mitreden.
- Fast zwei Drittel der Kinder, die sich gerne kommunal beteiligen würden, kennen keine Ansprechpartner dafür.
- Mehr als die Hälfte der Kinder glaubt, dass in ihrer Kommune die Meinung von Kindern nicht ernst genommen wird. Dieser Glaube steigt mit zunehmendem Alter noch an.
- Kinder- und Jugendgremien sind den Kindern weitgehend unbekannt, beinahe unabhängig davon, ob es in der Kommune ein solches Gremium gibt oder nicht.
- Nur ein Drittel der Kinder kennt kommunale Beteiligungsangebote.
- Kinder mit niedrigem Sozialstatus sind über Beteiligungsangebote am wenigsten informiert.
- Mehr als die Hälfte der Kinder zöge zeitlich begrenzte Beteiligtungsangebote institutionellen Angeboten vor.
- Bekannte Jugendgremien steigern das Gefühl der Kinder, ernst genommen zu werden, die Bereitschaft sich zu beteiligen und die Bekanntheit von kommunalen Ansprechpartner.
- Kinder, die sich ernst genommen fühlen, haben am Wohnort ein höheres Wohlbefinden.

LBS-Initiative Junge Familie: LBS-Kinderbarometer 2004. Stimmungen, Meinungen, Trends von Kindern und Jugendlichen in NRW. Münster 2005, S. 94 f.

Überlegungen zur Umsetzung

Wer Gewaltprävention will, kommt an Demokratieerziehung nicht vorbei. Die Entwicklung einer demokratischen Schulkultur ist ein starker Ansatz für Gewaltprävention und sollte in einer Demokratie eine Selbstverständlichkeit für jede Schule sein. Der Schulalltag bringt viele Gelegenheiten mit sich, demokratisches Verhalten auf den Prüfstand zu stellen: Wie werden Entscheidungen auf den verschiedenen Ebenen gefällt und begründet? Wie wird mit Konflikten umgegangen? Werden Fairnessregeln eingehalten? Werden legitime Rechte von Minderheiten geachtet? Wird Diskriminierung verhindert? Vielfältige Formen der Beteiligung können in den normalen Unterricht integriert werden und auf Klassen- und Schulebene geht es darum, Möglichkeiten angemessener Partizipation zu entwickeln und zu verwirklichen. Dies bedeutet, dass Schule und Unterricht sich auf den Weg zu einer demokratischen Schule machen müssen, in der Eltern, Lehrkräfte und Schüler gemeinsam wichtige Entscheidungen treffen.

Lehrkräfte und Eltern

Natürlich können einzelne Elemente einer Demokratieerziehung (wie z.B. der Klassenrat) von einer Schulklasse eingeführt werden, ohne dass weitergehende Entscheidungen oder Beteiligungsformen diskutiert werden oder notwendig erscheinen. Sinnvoller ist es jedoch, die mit Demokratieerziehung zusammenhängenden Fragen aufzugreifen und zu klären.
- Die Notwendigkeit und Ausgestaltung von Demokratieerziehung wird in M 1 erläutert.
- Was unter Demokratie zu verstehen ist und welche Grundprinzipien in der Schule mit Inhalt gefüllt werden sollen, ist zu klären (M 2).
- Die Anforderungen an und Möglichkeiten der Partizipation sollten offen diskutiert werden (M 3, M 4, M 7).
- Unterricht und Schule können einem „Demokratiecheck" unterzogen werden (M 5).
- Die Ansatzpunkte für das Erlernen demokratischen Verhaltens sollten identifiziert werden (M 6, M 8).

Unterricht
- Das Thema Beteiligung kann auch im Unterricht ausdrücklich thematisiert werden. Dabei ist zu klären, bei welchen Punkten Kinder zuhause und in der Schule mitreden und mitentscheiden können. Untersuchungen zeigen, dass hier die Meinungen der Kinder und die von Eltern und Lehrkräften auseinandergehen (M 9 – 10).

Grundwissen

Demokratie leben und lernen berührt nicht nur die Bereiche Partizipation und Mitbestimmung. Der Schutz von Minderheiten, Achtsamkeit und Respekt, Solidarität und Gerechtigkeit, Diskussion und Zivilcourage sind ebenso zentrale Elemente. Und natürlich lebt jede Demokratie auch von einer Streitkultur und konstruktiven Bearbeitung von Konflikten.

4. LERNFELDER UND ANSATZPUNKTE — 4.2 KONFLIKTBEARBEITUNG

Der Schülerrat

Die Klassen 1 bis 4 wollen einen Schülerrat wählen. Jeder Schüler soll eine Stimme haben. Die Schüler der 4. Klasse sagen jedoch, dass sie mehr Stimmen bekommen müssten, da sie älter seien. Was tun?

- Einfache Rückmelde- und Beteiligungsformen einzuführen und Meinungen ernst zu nehmen sind erste Instrumente im Rahmen von Demokratie lernen (M 11).
- Problem- oder Dilemmasituationen zu besprechen und nach Handlungsmöglichkeiten zu fragen, bzw. diese in Rollenspielen spielen zu lassen sensibilisieren für spezifische Aspekte demokratischen Lernens (M 12).

Die gesamte Schule

Auch für die Grundschule sind eine Reihe von erprobten nonverbalen und verbalen Beteiligungsmöglichkeiten verfügbar (M 13, M 14).

Alle Schulgremien können getrennt und/oder gemeinsam überlegen, vorschlagen und beschließen, welche Instrumente sie in der Schule einführen und erproben wollen (M 15). Bewährt haben sich Morgenkreis, Klassenvertreter, Klassenrat und Schulversammlung. Die Erarbeitung und Verabschiedung von Regeln des Zusammenlebens ist hilfreich, um einen Orientierungsrahmen zu schaffen (vgl. Baustein „Regeln etablieren").

Grundwissen

Ergänzende Bausteine

4.2.4 Regeln etablieren

Die Materialien im Überblick

Materialien	Beschreibung	Vorgehen
M 1: Magdeburger Manifest zur Demokratiepädagogik	Das 2005 veröffentlichte Magdeburger Manifest zur Demokratiepädagogik im Volltext.	Das Manifest bietet eine grundlegende Orientierung über den Stellenwert der Demokratieerziehung in der Schule.
M 2: Klärungen	M 2 stellt zehn grundsätzliche Fragen zur Demokratie und Demokratieerziehung.	Anhand von M 2 können notwendige inhaltliche Klärungsprozesse diskutiert werden.
M 3: Formen von Partizipation	M 3 benennt repräsentative, offene und projektorientierte Formen der Kinder-Beteiligung.	Welche der beschriebenen Formen der Beteiligung sind für die Grundschule denkbar?
M 4: Anforderungen an Partizipation	M 4 benennt grundsätzliche Anforderungen an die Umsetzung von Demokratieerziehung.	Die Standards sollten kritisch diskutiert und auf ihre Realisierbarkeit hin überprüft werden.
M 5: Checkliste demokratische Kultur in der Schule	Die Checkliste thematisiert die Bereiche Diskussionskultur, Eigenverantwortung und Partizipation.	Mit Hilfe der Checkliste kann die vorfindbare Praxis überprüft werden.
M 6: Demokratie in der Schule	Das Schaubild von M 6 zeigt die Verknüpfung von demokratischen Erfahrungen und persönlichen Beziehungen.	M 6 veranschaulicht die Verknüpfung von politischer Bildung, sozialem Lernen und Schulentwicklung
M 7: Prinzipien für die Partizipation mit Kindern	M 7 beschreibt Prinzipien für die Partizipation mit Kindern wie „Begleitung", „Gleichberechtigter Umgang", „Verbindlichkeit", ...	M 7 dient der Qualifizierung und Diskussion von Lehrkräften und Eltern.
M 8: Demokratisches Verhalten lernen	M 8 gibt einen Überblick über mögliche Lernsituationen und Lernanforderungen.	Mit Hilfe von M 8 können konkrete Zugangsweisen für Demokratie lernen erarbeitet werden.

Grundwissen

4. LERNFELDER UND ANSATZPUNKTE — 4.2 KONFLIKTBEARBEITUNG

Materialien	Beschreibung	Vorgehen
M 9: Mitbestimmung zu Hause – 1	M 9 fragt nach Formen der Mitbestimmung im Elternhaus.	Der Bogen wird in Einzelarbeit ausgefüllt und gemeinsam besprochen. (Der Fragebogen kann auch von Eltern ausgefüllt werden.)
M 9: Mitbestimmung zu Hause – 2	M 9 zeigt empirische Ergebnisse zu den Fragen von M 9 – 1.	Diese Ergebnisse sind weniger für die Kinder, als für die Lehrkräfte und Eltern interessant.
M 10: Mitbestimmung in der Schule – 1	M 10 fragt nach Mitbestimmungsmöglichkeiten der Schülerinnen und Schüler aus ihrer Sicht.	Der Fragebogen wird in Einzelarbeit ausgefüllt und gemeinsam besprochen. An welchen Punkten würden Kinder gerne mehr Mitgestaltungsmöglichkeiten haben?
M 10: Mitbestimmung in der Schule – 2	M 10 zeigt empirische Ergebnisse zu den Fragen von M 10 – 1 und die unterschiedlichen Sichtweisen von Lehrkräften und Schülerinnen und Schülern.	Diese Ergebnisse können von den Lehrkräften für die Überprüfung und Fortentwicklung der eigenen Praxis verwendet werden.
M 11: Demokratieprofil	M 11 greift die Bereiche „Klasse", „Lernen", Lehrkräfte" und „gesamte Schule" auf und fragt nach Beteiligungsmöglichkeiten.	M 11 wird auf die Tafel (oder ein Plakat) übertragen. Die Kinder markieren mit Punkten ihre Meinung.
M 12: Was meinst Du dazu?	M 12 beschreibt drei Szenen, in denen nach möglichen Verhaltensweisen und deren Bewertung gefragt wird.	Die Szenen werden in der Klasse besprochen und in Form von Rollenspielen nachgespielt. Die Begründungen für die jeweiligen Meinungen werden ausführlich diskutiert.

Grundwissen — UNTERRICHT

Materialien	Beschreibung	Vorgehen
M 13: Nonverbale Beteiligungsmöglichkeiten	M 13 gibt eine Überblick über „nonverbale" Möglichkeiten der Meinungsäußerung und Mitentscheidung.	Aus der Übersicht sollten von den Lehrkräften für den „normalen" Unterricht sowie für außergewöhnliche Entscheidungen konkrete Möglichkeiten ausgewählt werden.
M 14: Verbale Beteiligungsmöglichkeiten	M 14 stellt neun Beteiligungsmöglichkeiten für Kinder vor.	Diese Beteiligungsmöglichkeiten sollten abwechselnd im Unterricht erprobt werden.
M 15: Kleine und große Versammlungen	M 15 stellt in einem Erfahrungsbericht verschiedene Arten von „Versammlungen" als demokratische Formen für Kinder vor.	Welche Formen können für die eigene Klasse und Schule gefunden und eingeführt werden?

Grundwissen

M1 Magdeburger Manifest zur Demokratiepädagogik

1. Demokratie ist eine historische Errungenschaft. Sie ist kein Naturgesetz oder Zufall, sondern Ergebnis menschlichen Handelns und menschlicher Erziehung. Sie ist deshalb eine zentrale Aufgabe für Schule und Jugendbildung. (…)

4. Demokratie als Lebensform bedeutet, ihre Prinzipien als Grundlage und Ziel für den menschlichen Umgang und das menschliche Handeln in die Praxis des gelebten Alltags hineinzutragen und in dieser Praxis immer wieder zu erneuern. Grundlage demokratischen Verhaltens sind die auf gegenseitiger Anerkennung beruhende Achtung und Solidarität zwischen Menschen unabhängig von Herkunft, Geschlecht, Alter, ethnischer Zugehörigkeit, Religion und gesellschaftlichem Status.

5. Politisch wie pädagogisch beruht der demokratische Weg auf dem entschiedenen und gemeinsam geteilten Willen, alle Betroffenen einzubeziehen (Inklusion und Partizipation), eine abwägende, am Prinzip der Gerechtigkeit orientierte Entscheidungspraxis zu ermöglichen (Deliberation), Mittel zweckdienlich und sparsam einzusetzen (Effizienz), Öffentlichkeit herzustellen (Transparenz) und eine kritische Prüfung des Handelns und der Institutionen nach Maßstäben von Recht und Moral zu sichern (Legitimität).

6. Demokratie lernen und Demokratie leben gehören zusammen: In demokratischen Verhältnissen aufzuwachsen und respektvollen Umgang als selbstverständlich zu erfahren, bildet eine wesentliche Grundlage für die Bildung belastbarer demokratischer Einstellungen und Verhaltensgewohnheiten. Darüber hinaus erfordert die Entwicklung demokratischer Handlungskompetenz Wissen über Prinzipien und Regeln, über Fakten und Modelle sowie über Institutionen und historische Zusammenhänge.

7. Ganz besonders stellt Demokratie lernen ein grundlegendes Ziel für Schule und Jugendbildung dar. Das ergibt sich zuerst aus deren Aufgabe, Lernen und Entwicklung aller Heranwachsenden zu fördern. In welchem Verhältnis Einbezug und Ausgrenzung, Förderung und Auslese, Anerkennung und Demütigung, Transparenz und Verantwortung in der Schule zueinander stehen, entscheidet darüber, welche Einstellung Jugendliche zur Demokratie entwickeln und wie sinnvoll, selbstverständlich und nützlich ihnen eigenes Engagement erscheint.

8. Demokratie wird erfahren durch Zugehörigkeit, Mitwirkung, Anerkennung und Verantwortung. Diese Erfahrung bildet eine Grundlage dafür, dass Alternativen zur Gewalt wahrgenommen und gewählt werden können und dass sich Vertrauen in die eigene Handlungsfähigkeit (Selbstwirksamkeit) und die Bereitschaft, sich für Aufgaben des Gemeinwesens einzusetzen, ausbilden können. Gewalt, Rechtsextremismus und Fremdenfeindlichkeit bei Jugendlichen sind auch die Folge fehlender Erfahrung der Zugehörigkeit, mangelnder Anerkennung und ungenügender Aufklärung.

9. Die Forderung, Demokratie lernen und Demokratie leben in der Schule miteinander zu verbinden, hat Konsequenzen für Ziele, Inhalte, Methoden und Umgangsformen in jedem Unterricht sowie für die Leistungsbewertung. Daraus folgt die Bedeutung des Projektlernens als einer grundlegend demokratisch angelegten pädagogischen Großform. Demokratie lernen und leben in der Schule impliziert die Forderung, Mitwirkung und Teilhabe in den verschiedenen Formen und auf den verschiedenen Ebenen des Schullebens und der schulischen Gremien zu erproben und zu erweitern und verlangt die Anerkennung und Wertschätzung von Aktivitäten und Leistungen, mit denen sich Schüler und Lehrer über die Schule hinaus an Aufgaben und Problemen des Gemeinwesens beteiligen.

10. Erziehung zur Demokratie und politische Bildung stellen für die Schule, besonders für Lehrerinnen und Lehrer, eine Aufgabe von zunehmender gesellschaftlicher Dringlichkeit dar. (…)

Deutsche Gesellschaft für Demokratiepädagogik
Magdeburg, den 26. Februar 2005, Auszüge. www.degede.de

M2 Klärungen

1. Wie wünsche ich mir die Zukunft der Gesellschaft?

2. Welche Werte sind mir wichtig?

3. Welche Werte möchte ich den Kindern nahe bringen?

4. Welche Kompetenzen brauchen Kinder, um die Welt von morgen aktiv mitgestalten zu können?

5. Trägt meine pädagogische Praxis dazu bei, dass Kinder Selbstvertrauen aufbauen?

6. In welcher Weise sorge ich dafür, dass die Kinder lernen, sich selbst und andere zu achten?

7. Was tue ich dafür, dass die Kinder fair miteinander umgehen?

8. Wie lernen sie, ihre Interessen und Bedürfnisse auszuhandeln?

9. Beteilige ich die Kinder an den vielfältigen Entscheidungen im Alltag?

10. Welche Anregungen gebe ich ihnen, um sie in ihrem Selbstbildungsprozess zu fördern?

Lehrer, Eltern

Vgl. Evelyne Höhme-Serke: Demokratie leben in Kindergarten und Schule. In: Peter Rieker (Hrsg.): Der frühe Vogel fängt den Wurm!? Soziales Lernen und Prävention von Rechtsextremismus und Fremdenfeindlichkeit in Kindergarten und Grundschule. Halle 2004, S. 70.

M3 Formen von Partizipation

Repräsentative Formen
Repräsentative Formen der Beteiligung sind dadurch gekennzeichnet, dass eine Gruppe von Kindern stellvertretend für andere Themen bearbeitet, plant und Entscheidungen fällt, z.B. in einem Kinderparlament oder einem Kinderrat. Die Vertretungen können gewählt werden oder aus allen Kindern einer bestimmten Altersgruppe bestehen. Repräsentative Formen eignen sich besonders für größere Einrichtungen.

Offene Formen
Offene Formen der Beteiligung stehen allen Kindern zur Verfügung, die sich von einem Thema betroffen fühlen. Dies kann in Form einer Kindervollversammlung geschehen (alle Kinder einer Einrichtung), einer Kindergruppenversammlung (die Versammlung aller Kinder einer Gruppe) oder einer Kinderkonferenz (die Versammlung aller Kinder, die sich für ein bestimmtes Thema interessieren). Offene Beteiligungsformen eignen sich besonders für kleinere Einrichtungen oder Beteiligungsverfahren innerhalb der Gruppe

Projektorientierte Formen
Projektorientierte Formen der Beteiligung bieten sich an, wenn es um die punktuelle Beteiligung von Kindern an Planungen und Entscheidungen geht. Dies können Raumplanungen sein, Entwicklung von Stadtteilplänen, Vorbereitung eines Festes etc. Eine bekannte projektorientierte Beteiligungsform insbesondere für Planungen ist die Zukunftswerkstatt.

Reingard Knauer: Kindergarten als „Kinderstube der Demokratie". Partizipation als Schlüssel für Bildungsprozesse. In: Theorie und Praxis der Sozialpädagogik, Heft 5/6-2006, S. 53 ff., Auszüge, leicht verändert.

M4 Anforderungen an Partizipation

Subjektorientierte Pädagogik versteht Partizipation als ein Recht der Kinder, aber auch als eine Verpflichtung für die Erwachsenen. Damit Partizipation gelingt, sind vor allem folgende Aspekte zu berücksichtigen, die sowohl Standards der Struktur-, als auch der Prozessqualität ansprechen:

Strukturell verankert
Partizipation muss strukturell verankert sein (z.B. in Kinderbeiräten). Nur so ist die Beteiligung der Kinder unabhängig von der Laune der Erwachsenen möglich. Nur so wird aus der „Gnade auf Partizipation" ein „Recht auf Partizipation".

Informiertheit
Die Kinder müssen über ihre Beteiligungsrechte in der Schule informiert sein.

Symmetrische Kommunikation
Partizipation basiert auf der Bereitschaft und Fähigkeit zu symmetrischer Kommunikation. Die Beteiligten artikulieren in Partizipationsprozessen ihre subjektiven Sichtweisen und Interessen, versuchen die der anderen zu verstehen und handeln gemeinsame Lösungen aus.

Anerkennung von Verschiedenartigkeit
Gleiche Rechte bedürfen der Anerkennung der Verschiedenheit. Mädchen und Jungen, Kinder aus Familien mit unterschiedlichen kulturellem Hintergrund oder verschiedenen Bildungsmilieus brauchen spezifische Zugänge zur Partizipation. Partizipation ist nur zielgruppenorientiert möglich.

Bereitschaft zur Offenheit
Partizipation erfordert die Bereitschaft zur Offenheit und setzt die Möglichkeiten echter Alternativen voraus. In Beteiligungsverfahren weiß man eben nicht, welche Ergebnisse am Ende des Prozesses stehen. Hier wird deutlich, dass Partizipation immer auch die Machtfrage zwischen Erwachsenen und Kindern tangiert. Aus diesem Grund ist es am Anfang oft sinnvoll, sich im Team zunächst darüber zu verständigen, worüber die Kinder auf jeden Fall mitentscheiden sollen und worüber auf keinen Fall.

Konfliktbereitschaft und Konfliktfähigkeit
Das Aushandeln unterschiedlicher Interessen ist immer auch mit Konflikten verbunden. Partizipation braucht daher (zunächst bei den Erwachsenen) Konfliktbereitschaft und Konfliktfähigkeit.

Vertrauensvorschuss
Partizipation von Kindern basiert auf einem Vertrauensvorschuss. Kindern wird Verantwortung zugetraut.

Recht auf Scheitern
Damit verbunden ist das Recht auf Scheitern. Es gibt keine Erfolgsgarantie für Partizipation.

Reingard Knauer: Kindergarten als „Kinderstube der Demokratie". Partizipation als Schlüssel für Bildungsprozesse. In: Theorie und Praxis der Sozialpädagogik, Heft 5/6-2006, S. 53 ff., Auszüge, leicht verändert.

M5 Checkliste demokratische Kultur in der Schule

Diskussionskultur

- Werden kontroverse Themen als Unterrichtsinhalte angesprochen?
- Wird diskutiert oder lediglich informiert?
- Wie wird mit den Meinungen der Schüler umgegangen?

Diskutieren Sie diese Punkte und beziehen Sie sie soweit möglich auf ...
- einzelne Klassen,
- das Kollegium,
- die gesamte Schule.

Eigenverantwortung

Werden den Schülerinnen und Schülern Möglichkeiten zur eigenständigen Arbeit gegeben?
- In welchem Ausmaß?
- In welcher Organisationsform?

Lehrer, Eltern

Partizipation

In welchem Umfang haben die Schülerinnen und Schüler Mitbestimmungsmöglichkeiten
- bei der Auswahl von Unterrichtsinhalten?
- von Schwerpunkten in einem vorgegebenen Thema?
- bei der Auswahl der Arbeitsformen?
- bei der Lösung von Konflikten zwischen Schülerinnen und Schülern?

M6 Demokratie in der Schule

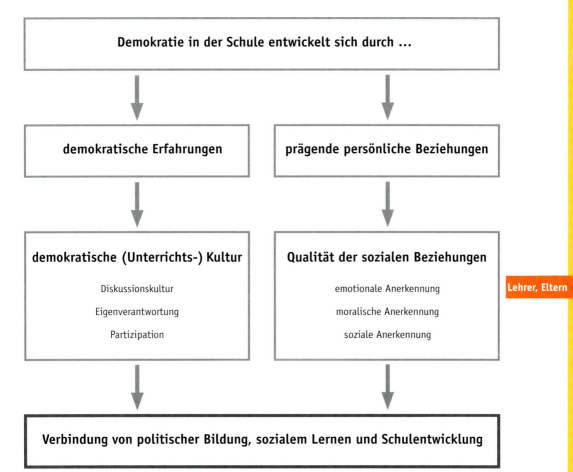

Sven Gänger in Kursiv 2/05, S. 54 ff.

M7 Prinzipien für die Partizipation mit Kindern

Lehrer, Eltern

1. Begleitung
Partizipation bedeutet, dass Kinder von Erwachsenen begleitet werden. Es genügt nicht, Kindern Entscheidungsspielräume einzuräumen und sie dann damit allein zu lassen. Die Entwicklung notwendiger Partizipationsfähigkeiten muss aktiv unterstützt werden. Oft fehlen Kindern der Zugang zu Informationen oder alternative Erfahrungen, die erst eine wirkliche Entscheidung ermöglichen.

2. Gleichberechtigter Umgang
Partizipation erfordert einen gleichberechtigten Umgang, keine Dominanz der Erwachsenen. Auf der inhaltlichen Ebene muss die Expertenschaft der Kinder für ihre Lebensräume, ihre Empfindungen, ihre Weltsicht uneingeschränkt anerkannt werden. Die Erwachsenen sollten ihnen mit Neugier und Interesse begegnen. Für den Prozess und für dessen Transparenz tragen allerdings ausschließlich die Erwachsenen die Verantwortung. Sie müssen die Kinder dabei unterstützen, eine Gesprächs- und Streitkultur zu entwickeln. Und sie müssen gewährleisten, dass eine „dialogische Haltung" – vor allem auch von den beteiligten Erwachsenen selbst – eingehalten wird.

3. Verbindlichkeit
Partizipation darf nicht folgenlos bleiben. Dies bedeutet eine hohe Verbindlichkeit der beteiligten Erwachsenen, die sich darüber Klarheit verschaffen müssen, welche Entscheidungsmöglichkeiten die Kinder tatsächlich haben (sollen), und die diese offenlegen müssen. Selbstverständlich kann die Umsetzung einer gemeinsam getroffenen Entscheidung scheitern.

Aber zum Zeitpunkt der Entscheidungsfindung sollte es eine realistische Chance zur Realisierung innerhalb eines für die Kinder überschaubaren Zeitraums geben.

4. Zielgruppenorientierung
Partizipation ist zielgruppenorientiert. Kinder sind nicht alle gleich. Die Erwachsenen sollten sich darüber klar sein, mit wem sie es jeweils zu tun haben. Kinder aus Elementar- oder Hortgruppen, Jungen oder Mädchen, Kinder unterschiedlicher ethnischer Herkunft, Kinder mit und ohne Handicaps bringen unterschiedliche Wünsche und Bedürfnisse und unterschiedliche Fähigkeiten zur Beteiligung mit.

5. Lebensweltorientierung
Partizipation ist lebensweltorientiert. Das betrifft in erster Linie die Inhalte, aber auch die Beteiligungsmethoden. Die Thematik muss die Kinder etwas angehen. Dies kann durch unmittelbare Betroffenheit der Fall sein: bei der Frage, ob der tote Vogel, den ein Kind gefunden hat, beerdigt oder seziert werden soll, genauso wie bei der Planung des Außengeländes. Es kann aber auch um Themen gehen, die für Kinder zwar Bedeutung haben (werden), sie aber nur mittelbar betreffen, wie das bei vielen ökologischen Themen der Fall ist.

Rüdiger Hansen in: Ministerium für Justiz, Frauen, Jugend und Familie des Landes Schleswig-Holstein (Hrsg.): Die Kinderstube der Demokratie. Partizipation in Kindertagesstätten. Begleitbroschüre zum gleichnamigen Videofilm von Lorenz Müller und Thomas Plöger, Kiel 2003.

M8 Demokratisches Verhalten lernen

1. Förderliche Lehr- und Lernsituationen
- Anerkennung und Akzeptanz.
- Räume, die autonom genutzt werden können.
- Setzen von Grenzen, Effekte von Grenzüberschreitung erfahren lassen.
- Ermöglichung von Auseinandersetzungen.

2. Erfahrungen und Verhalten in Gemeinschaften
- Eine Führung in einer Gruppe übernehmen.
- Den Gegenpol zu den sozialen Zielen der Gemeinschaft repräsentieren.

3. Gruppenstrukturen
- Erlernen von Diskussionsritualen.
- Delegation der Vertretung von Gruppeninteressen an Gruppen-, Klassensprecher.
- Angebot von Mitbestimmungsgremien.
- Aufforderung zur Beteiligung an Kinder- und Jugendparlamenten

Vgl. Christian Büttner, Bernhard Meyer (Hrsg.): Lernprogramm Demokratie. München 2000.

Lehrer, Eltern

M9 Mitbestimmung zu Hause – 1

Ich bestimme zu Hause mit ...	1	2	3	4	5
wie lange ich telefoniere					
um welche Uhrzeit ich nach Hause komme					
wobei ich im Haushalt mithelfe					
was es zu essen gibt					
ob ein Haustier angeschafft wird					
um welche Uhrzeit wir essen					
wie viel Taschengeld ich bekomme					
wofür ich mein Taschengeld ausgebe					
wie lange ich mit dem Handy telefoniere					
ob ich Freunde einlade					
wie mein Zimmer aussieht					
ob ich bei Freunden übernachte					
wie lange ich im Internet bin					
ob Freunde bei mir übernachten					

1 = ich bestimme nie mit, 5 = ich bestimme immer mit.

M9 Mitbestimmung zu Hause – 2

Entscheidungen, die Eltern direkt betreffen	Mittelwert
wie lange ich im Festnetz telefoniere	3,9
um welche Uhrzeit ich abends nach Hause komme	3,7
wobei ich im Haushalt mithelfe	3,5
was es zu essen gibt	3,5
ob ein Haustier angeschafft wird	3,3
um welche Uhrzeit wir essen	2,8
wie viel Taschengeld ich bekomme	2,8

Entscheidungen, die die Eltern nicht direkt betreffen	
wofür ich mein Taschengeld ausgebe	4,8
ob ich Freunde einlade	4,6
wie lange ich mit dem Handy telefoniere	4,5
wie mein Zimmer aussieht	4,4
ob ich bei Freunden übernachte	4,2
wie lange ich im Internet bin	4,1
ob Freunde bei mir übernachten	4,1

Jugendliche 12 – 18 Jahre.
1 = ich bestimme nie mit, 5 = ich bestimme immer mit.

Die Eltern sind offenbar weniger bereit, ihre Kinder dann mitbestimmen zu lassen, wenn es sich um Themen und Bereiche handelt, bei denen sie selbst mitbetroffen sind, d.h. bei denen sie von ihrer Verfügungsmacht einen Teil abgeben müssen.

Bertelsmann Stiftung (Hrsg.): Kinder- und Jugendpartizipation in Deutschland. Daten, Fakten, Perspektiven. Gütersloh 2005, S. 14.

Lehrer, Eltern

M10 Mitbestimmung in der Schule – 1

Hier können wir unsere Meinung sagen und mitreden.

Kreuze an:

- ◯ Sitzordnung im Klassenzimmer
- ◯ Ausgestaltung des Klassenzimmers
- ◯ Auswahl von Klassenfahrtzielen
- ◯ Gestaltung des Unterrichts
- ◯ Auswahl von Unterrichtsthemen
- ◯ Festlegung der Regeln im Unterricht
- ◯ Festlegung von Terminen für Klassenarbeiten
- ◯ Leistungsbewertung / Notengebung
- ◯ Festlegung von Hausaufgaben

Hier würde ich auch gerne mitreden:

_____
_____
_____
_____
_____
_____

4.2.3 DEMOKRATIE LEHREN UND LERNEN

M10 Mitbestimmung in der Schule – 2

Einbeziehung der Schüler bei Entscheidungen im Unterricht

Entscheidungen, die die Lehrer nicht direkt betreffen	Prozent
Sitzordnung im Klassenzimmer	76,4
Ausgestaltung des Klassenzimmers	72,9
Auswahl von Klassenfahrtzielen	72,4

Entscheidungen, die die Lehrer direkt betreffen	Prozent
Gestaltung des Unterrichts	54,4
Auswahl von Unterrichtsthemen	51,0
Festlegung der Regeln im Unterricht	50,9
Festlegung von Terminen für Klassenarbeiten	49,0
Leistungsbewertung / Notengebung	35,9
Festlegung von Hausaufgaben	24,3

Schüleraussagen zur Beteiligung in Prozent. Als „einbezogen" gilt auch, wenn sie „ihre Meinung sagen" können, hingegen nicht, wenn sie lediglich „informiert" werden.

Bertelsmann Stiftung (Hrsg.): Kinder- und Jugendpartizipation in Deutschland. Daten, Fakten, Perspektiven. Gütersloh 2005, S. 15.

Lehrer, Eltern

Die Sichtweise von Lehrern und Schülern geht auseinander.

Überraschend und aufschlussreich zugleich ist, dass die befragten Lehrer (wohlgemerkt: Es handelt sich um diejenigen, die auch die befragten Schüler unterrichten) durchweg angeben, dass sie die Schüler in weitaus höherem Maße bei Entscheidungen im Unterricht einbeziehen.

Beteiligungsmöglichkeiten	Lehrer	Schüler
Sitzordnung im Klassenzimmer	98,5	76,4
Ausgestaltung des Klassenzimmers	98,2	72,9
Auswahl von Klassenfahrtzielen	97,4	72,4
Auswahl der Unterrichtsform	85,9	54,4
Auswahl von Unterrichtsthemen	89,7	51,0
Festlegung von Regeln im Unterricht	98,1	50,9
Festlegung von Terminen für Klassenarbeiten	90,7	49,0
Leistungsbewertung / Notengebung	88,9	35,9
Festlegung der Hausaufgaben	76,6	24,3

Handbuch – Gewaltprävention in der Grundschule   ©2008, Institut für Friedenspädagogik Tübingen e.V. – WSD Pro Child e.V.

M11 Demokratieprofil

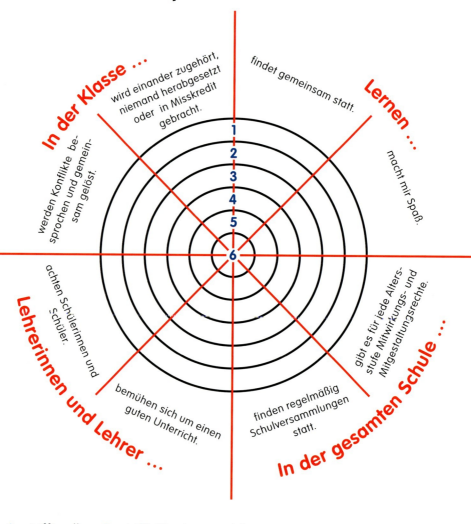

6 = trifft voll zu, 1 = trifft überhaupt nicht zu

Diese Scheibe kann auch auf Folie kopiert und projiziert werden, so dass jede Schülerin / jeder Schüler seine Wahl mit Hilfe von Klebepunkten trifft.

M12 Was meinst Du dazu?

1. Das Fußballspiel
Im Pausenhof spielen fünf Jungs Fußball. Anna möchte mitspielen. Einer der Jungs sagt: „Fußball ist nur ein Spiel für Männer."
- Was würdest Du dem Jungen an Annas Stelle antworten?
- Ist das Verhalten der Jungs fair?
- Was könnte Anna in einer solchen Situation tun?

2. Der Schulausflug
Die Klasse redet über die Ziele für den Schulausflug. Es gibt drei verschiedene Vorschläge, aber die Klasse kann sich nicht einigen. Darauf hin sagt die Lehrerin: „Dann entscheide ich eben alleine, wo der Ausflug hin geht".
- Was meinst Du zum Verhalten der Lehrerin?
- Wie hätte die Klasse zu einer Entscheidung kommen können?

3. Der Klassensprecher
Max macht den Vorschlag, dass die Klasse einen Klassensprecher oder eine Klassensprecherin wählen soll. Klaus meint, „Wozu ist das denn notwendig. Es kann doch jeder selbst sagen, was er denkt".
- Was hältst Du von dieser Meinung?
- Wozu kann ein Klassenspecher / eine Klassensprecherin nützlich sein?
- Wärst Du bereit, Dich wählen zu lassen?

M13 Nonverbale Beteiligungsmöglichkeiten

Einwerfen
Die Kinder werfen Gegenstände entsprechend ihrer Wertung in ein symbolisch gekennzeichnetes Behältnis ein. Behältnisse: Bonbongläser, Pappkartons, Plastikröhren, Toilettenpapierrollen, Kreis auf dem Boden, große Joghurtbecher, alte Gummistiefel etc.
Symbole: Ampel grün/Ampel rot; lachende/traurige Gesichter; ein Stern/viele Sterne; Gewitterwolke/Sonne. Gegenstände: Kastanien, Walnüsse, Eicheln, Knöpfe, Steine, Eiswürfel, Stöckchen, Muggelsteine, Kirschkerne, Bausteine, Gänseblümchen. Es ist wichtig, das Ergebnis für die Kinder sichtbar zu machen. Dafür können z.B. unterschiedlich lange Kastanien-Schlangen gelegt oder Bausteine zu verschieden großen Türmen aufgehäuft werden. Wenn Eiswürfel verwendet werden, können – sobald diese getaut sind – die Wasserstände der damit symbolisierten Antworten miteinander verglichen werden.

Positionieren
Die Kinder suchen sich auf einer „von-bis-Strecke" eine ihrem Urteil entsprechende Position aus.
„Von-bis-Strecke": Kreidestrich, Seil, Sandweg, Berg, Klettergerüst, Treppe.
Die Positionierung kann mit der eigenen Person oder einem beliebigen Gegenstand (Schuh, Mensch-ärgere-dich-nicht-Figur, Aufkleber, Schuhkarton etc.) erfolgen.

Ampelkarten
Die Kinder halten entsprechend der Fragestellung eine Farbkarte nach oben: rot = nein bzw. Ablehnung; gelb = weiß nicht bzw. Mittelwert; grün = ja bzw. Zustimmung.

Stehen – Sitzen
Die Kinder können zu den gestellten Fragen durch Aufstehen (= Zustimmung) und auf dem Boden sitzen bleiben (= Ablehnung) ihre Meinung ausdrücken. Einige Kinder beginnen von selbst eine mittlere Position wie das Hocken einzunehmen, wenn sie sich nicht entscheiden können oder wollen.

Meinungskärtchen
Hierbei werfen die Kinder in gekennzeichnete Kästen (die bspw. in den Ampelfarben angemalt sind) ein Meinungskärtchen ein. Auf diesen Kärtchen ist eine mögliche Meinung formuliert, zu der sich die Kinder positionieren müssen. Bei jüngeren Kindern werden die Kärtchen vorgelesen. Dieses Verfahren ist in der Vorbereitung sehr aufwändig.

Stimmungswand
Unter einer bestimmten Fragestellung setzt jedes Kind einen Klebepunkt in ein Feld seiner Wahl: Die Sonne symbolisiert „gut – prima", die von einer Wolke etwas verdeckte Sonne „in Ordnung", die Regenwolke „bisschen blöd" und das Gewitter „total doof".

Bianca Parschau: Evaluation pädagogischer Praxis aus der Perspektive von Kindern – Fragen und Anregungen zur Datenerhebung. In: Peter Rieker (Hrsg.): Der frühe Vogel fängt den Wurm. Soziales Lernen und Prävention von Rechtsextremismus und Fremdenfeindlichkeit in Kindergarten und Schule. Halle 2004, S. 92 f.

M14 Verbale Beteiligungsmöglichkeiten

Wortkette
Nach dem Muster des Spiels „ich packe einen Koffer …" vervollständigen die Kinder einen vorgegebenen Satzanfang (z. B: „Wenn ich an … denke, dann") Das nächste Kind in der Reihe muss den Satz des Vorgängers wiederholen und einen eigenen Teilsatz hinzufügen. Je nach Alter der Kinder sollte die Anzahl der zu wiederholenden Sätze an das Alter der Kinder angepasst sein.

Händedruck
Alle Kinder stehen im Kreis und schließen die Augen. Dann wird eine Frage gestellt: „Was fällt dir ein, wenn du an … denkst?" Jetzt sollen sich die Kinder die ein bis maximal drei Wörter merken, die ihnen spontan als Stichworte dazu einfallen. Dann wird die Frage noch einmal laut gestellt. Das erste Kind nennt seine Worte und drückt danach die Hand des Nachbarn, der dann seine Stichworte nennt und den Händedruck weitergibt.

Fadennetz
Ein Wollknäuel wird von Kind zu Kind geworfen, wobei sich der Faden durch das Festhalten nach und nach abrollt. Wer das Knäuel hat, kann die gestellte Frage beantworten. Zum Schluss entsteht ein großes Fadennetz. Beim zweiten Durchgang – das Knäuel wird auf dem gleichen Weg zurückgeworfen und aufgerollt – beantworten die Kinder eine andere Frage. Wer nicht antworten möchte, kann das Knäuel auch wortlos weitergeben. Die Kinder können reden, solange sie das Knäuel haben – die Meinung sollte nicht kommentiert werden.

Gefühlswürfel
Die Kinder würfeln einen Gesichtsausdruck und beziehen das abgebildete Gefühl auf eine einzelne Veranstaltung, Person oder das gesamte Projekt („Spaß hat mir gemacht …", Erschrocken hab ich mich als …").

Sternenhimmel für Wünsche und Ideen
Die Kinder schreiben oder malen in ausgeschnittene Sterne ihre Wünsche und Ideen zur Weiterführung oder Wiederholung des Projektes ein. Die Sterne werden auf ein großes blau bemaltes Plakat geklebt.

Nachrichtensendung
Die Kinder geben die aus ihrer Sicht wichtigsten Eindrücke und Perspektiven in Form einer Nachrichtensendung wieder. Den Erwachsenen kommt die Aufgabe zu, über Gestaltungsformen zu informieren: Interview, Kommentar, Zuschauerbefragung, Nachrichtenüberblick, Kurzberichte. Für ältere Kinder kann dies ein reizvoller und anspruchsvoller Auftrag sein, der durch eine Videoaufzeichnung noch spannender werden kann (und dann gleich dokumentiert ist).

Wäscheleinenausstellung
Die Kinder bringen ihre Meinung mit Worten, Bildern, Fotos, Collagen etc. aufs Papier und hängen die Ergebnisse an einer Wäscheleine auf.

Bianca Parschau: Evaluation pädagogischer Praxis aus der Perspektive von Kindern – Fragen und Anregungen zur Datenerhebung. In: Peter Rieker (Hrsg.): Der frühe Vogel fängt den Wurm. Soziales Lernen und Prävention von Rechtsextremismus und Fremdenfeindlichkeit in Kindergarten und Schule. Halle 2004, S. 94 f., Auszüge.

M15 Kleine und große Versammlungen

Morgenkreis

Nach Schulbeginn treffen sich die Kinder in einem Morgenkreis. Sie erzählen von den Erlebnissen des Vortages oder von dem, was sie gerade bewegt. Es gibt Meldungen und Nachfragen zu diesen Berichten.

Dieser Morgenkreis hat auch die Funktion, Absprachen zu treffen und den Tag zu strukturieren. Die Lehrerin erläutert, was an diesem Tag ansteht, und die Kinder können überlegen und entscheiden, wie sie ihre Zeit und Tätigkeiten einteilen.

Auf diese Weise lernen und üben sie täglich, sich an Gesprächsregeln zuhalten, anderen zuzuhören, Fragen zu stellen und zu beantworten, eigene Entscheidungen sowie Vereinbarungen mit anderen zu treffen und sich an sie zu halten.

Die große Versammlung

Anders geht es bei der sogenannten „großen Versammlung" zu, die nach der Frühstückspause stattfindet. Dann treffen sich die jeweils benachbarten Gruppen, die in der offenen Schule auf Sichtweite nebeneinander „wohnen", zu einem großen Kreis. Geburtstage werden gefeiert, Ansagen gemacht, Lieder gesungen, kleine Szenen vorgeführt.

Die Kinder erfahren also im Schulalltag nicht nur das Leben in der „Familie", der kleinen altersgemischten Strammgruppe, sondern auch in der größeren Gemeinschaft, der „Nachbarschaft". So ist es für sie später ganz normal, sich auch in Jahrgangs- oder Schulversammlungen unbefangen und selbstbewusst einzubringen.

Aus der „kleinen Versammlung" der Stammgruppe entwickelt sich in den folgenden Jahrgängen eines der wichtigsten Rituale, zugleich eines der wichtigsten Elemente der Einübung in Demokratie. Bis hin zum Jahrgang 10 wird es praktiziert, bei den Jüngeren (Jahrgang 3 bis 5) täglich, später seltener.

Die Versammlung dauert unterschiedlich lange, je nachdem, was und wieviel anliegt, oft bis zu einer Stunde. Die Kinder würden sie wohl vor allem als ihre Zeit definieren, nicht als Unterricht. Hier kommt alles zur Sprache, was die Gruppe betrifft: Berichte, Erzählungen, Beratungen, Schlichtungsgespräche. Zugleich ist die Versammlung das Forum für Rückmeldungen und Präsentationen aus dem Unterricht. Es wird vorgelesen und diskutiert, referiert und berichtet. Bei den Größeren wird die Beratung auf diese Weise mehr und mehr versachlicht, während die Jüngeren oft mit sich selbst genug zu tun haben. Aber auch hier ist das Vorlesen und Vortragen eine Selbstverständlichkeit. – Ein Mittelding zwischen Parlament, Meckerecke, Meinungsmarkt und Forum ist die Versammlung und ganz sicher eine besonders effektive Spielart des Deutschunterrichts, umso mehr, als die Kinder dies keineswegs als solchen empfinden.

Annemarie von der Groeben: Am Kleinen das Große lernen. Erziehung zu Verantwortung und Demokratie an der Bielefelder Laborschule. In: Christian Büttner / Bernhard Meyer (Hrsg.): Lernprogramm Demokratie. Möglichkeiten und Grenzen politischer Erziehung von Kindern und Jugendlichen. München 2000, S. 115 ff, Auszüge.

Regeln etablieren

Grundwissen
- Werteerziehung und Gewaltprävention .... S. 320
- Normen lernen .... S. 321
- Universale Werte .... S. 323
- Wertevermittlung in der Schule .... S. 325
- Den Umgang mit Regeln lernen .... S. 326
- Überlegungen zur Umsetzung .... S. 327
- Die Materialien im Überblick .... S. 329

Materialien

Für Lehrkräfte und Eltern
- M 1: Welche Werte? .... S. 331
- M 2: Kinderrechte .... S. 332
- M 3: Kinderrechte – Kinderpflichten .... S. 333
- M 4: Anfragen an Regeln .... S. 334
- M 5: Gemeinsam Regeln entwickeln .... S. 335
- M 6: Raster für eine Schulordnung .... S. 336
- M 7: Formulierungshilfen für ein Leitbild .... S. 337

Für den Unterricht
- M 8: Verkehrsregeln .... S. 338
- M 9: Regeln für das Zusammenleben .... S. 339
- M 10: Welche Regeln gibt es in der Klasse? .... S. 340
- M 11: Achtsamer Umgang miteinander .... S. 341

Für die Schule
- M 12: Klassenvertrag .... S. 342
- M 13: Anti-Mobbing-Konvention .... S. 343
- M 14: Schulregeln .... S. 344
- M 15: Hausvereinbarung .... S. 345
- M 16: Was ist eine gute Schule? .... S. 346

Dieser Baustein beschreibt die Bedeutung von Werten und Normen für eine effektive Gewaltprävention und zeigt, wie Regeln des Umgangs und Zusammenlebens auf verschiedenen Ebenen gefunden und implementiert werden können.

Werteerziehung und Gewaltprävention

Die Auseinandersetzung mit und die Vermittlung von Normen und Werten sind gerade auch im Kontext von Gewaltprävention wichtig.

Das Problem besteht darin, dass in einer wertepluralistischen Gesellschaft eine Verständigung auf gültige Normen und Werte stattfinden muss und dass eine Rückbindung der Normen und Werte an eine globale Ethik vorgenommen wird. Nur dann kann eine Beliebigkeit und Individualisierung verhindert werden.

Werteerziehung ist nie abstrakt, sie vollzieht sich in konkreten (Problem-) Situationen, sie sucht und findet Antworten auch auf Fragen der Alltagsbewältigung.

Es geht dabei nicht um überzogene moralische Ansprüche, sondern um Reflexion von Entscheidungen und Handlungen. Deshalb ist die Konfrontation von Verhalten mit Ansprüchen, Meinungen und Wertesystemen so wichtig.

Werteerziehung lebt vom Vorbild und der Glaubwürdigkeit. Vereinbarte Regeln gelten ausnahmslos für alle, aber sie sind nicht unveränderbar und für alle Zeiten. Sie unterliegen der Begründung, der Diskussion und evtl. der Neubewertung.

Die gemeinsame Vereinbarung von erwünschtem Verhalten in der Klasse und der Schulgemeinschaft schafft Verhaltenssicherheit und entlastet. Äußeres Verhalten kann man jedoch (allenfalls kurzfristig) erzwingen. Um innere Überzeugungen (als Grundlage für Verhalten) muss man werben. Solche Überzeugungen über die Gleichwertigkeit von Menschen, die Anerkennung von Unterschieden usw. müssen wachsen. Gerade die Grundschule kann hierfür entscheidende Impulse setzen.

Grundwissen

Was sind Werte?

„In der empirischen Einstellungsforschung gelten Werte als Vorstellungen von gesellschaftlich Wünschenswertem im Unterschied zu Normen, die Verpflichtungscharakter besitzen, deren Nichtbefolgung also sanktionierbar ist. Werte werden funktional als Steuerungsmechanismen für individuelle Einstellungen und Verhaltensdispositionen definiert. Durch ihre Internalisierung werden Wertekonzeptionen zu Wertorientierungen innerhalb des individuellen Überzeugungssystems."

Martin und Sylvia Greiffenhagen: Wertewandel. In: Gerhard Breit / Siegfried Schiele (Hrsg.): Werte in der politischen Bildungsarbeit. Schwalbach/Ts. 2000, S. 19.

Werteerziehung

„Ein altes Thema steigt wieder auf: Erziehung. Allerdings zumeist in einer Wortkombination, die nichts Gutes ahnen lässt. Werteerziehung. Diskutiert wird dann über Wertevermittlung. Maldoom zeigt, worauf es ankommt. Werte durch eigenes Handeln zu beglaubigen, sie nicht zu predigen. Auf Ermunterungsreden über die Vorzüge des Muts, gehalten von Feiglingen, reagiert man allergisch, Kinder zumal. Das gehört zu ihren größten Stärken."

Reinhard Kahl: Faszination Maldoom. In: Pädagogik 6/06, S. 64.

Normen lernen

Es besteht ein enger Zusammenhang zwischen der Akzeptanz von sozialen Werten und Normen und der Ablehnung von Gewalt.
- Soziale Normen erwirbt der Mensch in einem lebenslangen Lernprozess von seinem ersten Lebenstag an. Wesentlich ist dabei, dass allmählich die in der sozialen Umgebung gelebten Werte und Normen zu eigen gemacht, verinnerlicht werden.
- Je früher das soziale Normenlernen erfolgt, desto wirksamer schlägt es sich in der Ausbildung der Basispersönlichkeit (primäre Sozialisation) nieder.
- Je intensiver der Personenbezug und die Zuwendung beim Normenlernen sind, desto erfolgreicher sind die Bemühungen (relative Unwirksamkeit bloß institutionaler Einwirkung).

Die Wirkung des Normenlernens geht damit kontinuierlich von der Familie über den sozialen Nahraum und die Schule bis hin zum weitgehend institutionalisierten Jugendstrafrecht zurück.
Der Effektivitätsverlust lässt sich mit dem Bild einer Pyramide von der tragenden, breiten Basis bis zur kleinen aufgesetzten und auf die darunter liegenden Fundamente angewiesenen Spitze zeigen.

Grundwissen

Pyramide (von oben nach unten):
- Straftat
- Verwaltungsrecht
- Zivil- / Arbeits- / Sozialrecht
- Gesellschaft / Kultur / Massenmedien
- Sport / Vereine
- Schule / Ausbildung / Arbeit
- Freunde / Kameraden / Nachbarschaft
- Mutter / Vater / Familie / Ersatzfamilie / Verwandtschaft / Heim

Voraussetzungen für Normenlernen
– Das kindliche Verhalten wird beaufsichtigt. Die Verbindung zwischen äußerer und innerer Kontrolle ist nirgends unmittelbarer und intensiver als im Fall elterlicher Beaufsichtigung des Kindes. Dazu gehört natürlich vor allem eine grundsätzlich akzeptierende, wohlwollende Haltung gegenüber dem Kind. Nur in einer solchen Atmosphäre sind Grenzziehungen persönlichkeitsfördernd.
– Abweichendes Verhalten wird erkannt und thematisiert.
– Abweichendes Verhalten wird isoliert und klar und deutlich sanktioniert. Die Strafe zielt aber auf das Verhalten und nicht auf die Abwertung der Persönlichkeit des Kindes.

Aber: der Kontrollansatz darf nicht falsch verstanden werden. Scharfe äußere Kontrolle mit feindlichen Tendenzen gegenüber dem Kind oder Jugendlichen bewirken keine Verinnerlichung der Werte, sondern eher das Gegenteil. Ganz entscheidend ist die akzeptierende Grundeinstellung – gleichgültig an welcher Stelle des Kontrollsystems. Sonst hält die Konformität nur so lange, wie eine Aufsichtsperson vorhanden ist.

Landeshauptstadt Düsseldorf (Hrsg.): Düsseldorfer Gutachten. Leitlinien wirkungsorientierter Kriminalprävention. Düsseldorf 2002, S. 17.

Grundwissen

Universale Werte

Die Werte des Friedens, der Freiheit, des sozialen Fortschritts, der Gleichberechtigung und der Menschenwürde, die in der Charta der Vereinten Nationen und in der Allgemeinen Erklärung der Menschenrechte verankert sind, besitzen heute nicht weniger Gültigkeit als vor mehr als einem halben Jahrhundert, als diese Dokumente von den Vertretern vieler verschiedener Nationen und Kulturen verfasst wurden. Die Umsetzung dieser Werte in die Realität menschlichen Verhaltens war zur damaligen Zeit keineswegs besser als heute.

Insbesondere die Allgemeine Erklärung der Menschenrechte hat weltweit Eingang in die Rechtsordnungen gefunden, und sie ist heute in jedem Land ein Bezugspunkt für die Menschen, die sich nach den Menschenrechten sehnen.

Jede Gesellschaft muss durch gemeinsame Werte verbunden sein, sodass ihre Mitglieder wissen, was sie voneinander erwarten können und dass es bestimmte, von allen getragene Grundsätze gibt, die ihnen eine gewaltlose Beilegung ihrer Differenzen ermöglichen. Dies gilt für örtliche Gemeinwesen ebenso wie für Staatsgemeinschaften.

Ein Ethikkodex ist immer der Ausdruck eines Ideals oder einer Bestrebung, ein Maßstab, an dem sich moralisches Fehlverhalten messen lässt, nicht so sehr eine Vorschrift, die sicherstellen soll, dass ein solches Fehlverhalten nie vorkommt. Daraus folgt, dass keine Religion und kein ethisches System je wegen moralischer Entgleisungen einiger ihrer Anhänger verurteilt werden sollten. Wenn ich als Christ beispielsweise nicht will, dass mein Glaube nach den Handlungen der Kreuzritter oder der Inquisition beurteilt wird, muss ich auch selbst sehr vorsichtig sein, um nicht den Glauben eines anderen nach den Handlungen zu beurteilen, die einige wenige Terroristen im Namen ihres Glaubens begehen. Unsere universellen Werte verlangen von uns auch, dass wir die menschlichen Eigenschaften, sowohl die guten als auch die schlechten, die wir mit allen unseren Mitmenschen gemein haben, anerkennen und dass wir die gleiche Achtung vor der Menschenwürde und der Sensibilität der Angehörigen anderer Gemeinschaften zeigen, die wir auch von ihnen erwarten. Das bedeutet, dass wir stets bereit sein sollten, andere Menschen ihre Identität selbst definieren zu lassen, und dass wir nicht darauf bestehen sollten, sie nach unseren eigenen Kriterien einzuteilen, so wohlgemeint es auch sein mag.

Allgemeine Erklärung der Menschenrechte

Artikel 1
Alle Menschen sind frei und gleich an Würde und Rechten geboren. Sie sind mit Vernunft und Gewissen begabt und sollen einander im Geist der Brüderlichkeit begegnen.

Artikel 2
Jeder hat Anspruch auf die in dieser Erklärung verkündeten Rechte und Freiheiten ohne irgendeinen Unterschied, etwa nach Rasse, Hautfarbe, Geschlecht, Sprache, Religion, politischer oder sonstiger Überzeugung, nationaler oder sozialer Herkunft, Vermögen, Geburt oder sonstigem Stand.
Des weiteren darf kein Unterschied gemacht werden auf Grund der politischen, rechtlichen oder internationalen Stellung des Landes oder Gebiets, dem eine Person angehört, gleichgültig ob dieses unabhängig ist, unter Treuhandschaft steht, keine Selbstregierung besitzt oder sonst in seiner Souveränität eingeschränkt ist.

Artikel 3
Jeder hat das Recht auf Leben, Freiheit und Sicherheit der Person.

UN-Resolution 217 A (III) vom 10.12.1948

Wenn wir aufrichtig an individuelle Rechte glauben, dann müssen wir anerkennen, dass das Identitätsgefühl des Einzelnen nahezu immer mit dem Gefühl der Zugehörigkeit zu einer oder mehreren Gruppen verknüpft ist, wobei die Zugehörigkeiten sich manchmal konzentrisch gestalten, andere Male wiederum sich überschneiden. Daher gehört zu den Rechten des Einzelnen auch das Recht, Empathie und Solidarität mit anderen Menschen zu empfinden, die den einen oder anderen Aspekt seiner Identität mit ihm teilen. Dies wiederum sollte Auswirkungen darauf haben, wie wir die staatsbürgerschaftlichen Pflichten in unseren nationalen Gemeinwesen definieren.

Wir sollten die Menschen nicht zwingen, sich von dem Los ihrer Glaubensbrüder oder ethnischen Verwandten, die Bürger anderer Staaten sind, zu distanzieren.

Kofi Annan, ehemaliger UNO-Generalsekretär. Dritte Weltethos-Rede am 12. Dezember 2003, gehalten im Festsaal der Universität Tübingen, Auszüge.
www.weltethos.org

Grundwissen

Wertevermittlung in der Schule

Die allgemeine Erziehungsaufgabe der Schule ergibt sich zunächst einmal daraus, dass für ihre Kernaufgabe, nämlich das Unterrichten, diejenigen Grundregeln des Verhaltens durchgesetzt werden müssen, die dafür unentbehrlich sind: eine gewisse Grunddisziplin, gewaltloser und höflicher Umgang miteinander, Toleranz in Verbindung mit Bereitschaft zur argumentativen Auseinandersetzung; prinzipielle Bereitschaft zur Mitwirkung an der gemeinsamen Aufgabe. Ohne diese Dispositionen kann Unterricht nicht gelingen. Das ist eigentlich auch nicht strittig, die Frage ist nur, wie diese Einsicht Wirklichkeit werden und auf Dauer gestellt werden kann.
(...)
Die pädagogischen Orte wie Familie und Schule können also auf den Wertbildungsprozess insbesondere auf zweierlei Weise einwirken: durch das Geltendmachen derjenigen Normen, die für die Aufgaben und den Erhalt ihrer Sozialität unentbehrlich sind, diese also fundieren, und andererseits durch Reflexion einschlägiger Erfahrungen insbesondere aus Anlass von Konflikten.

Hermann Giesecke: Wie lernt man Werte? Grundlagen der Sozialerziehung. München 2005, S. 138, 181.

Ethische Grundwerte vermitteln

Eine lernförderliche und friedliche Schulkultur basiert auf den ethischen Grundwerten einer modernen demokratischen Gesellschaft. Dazu gehören gegenseitiger Respekt und Achtung, Toleranz, Akzeptanz von Pluralismus und Heterogenität, Chancengerechtigkeit und Solidarität sowie aktive Mitwirkungsrechte aller Beteiligten.

Ethische Grundwerte sollen nicht nur auf einer abstrakten intellektuellen Ebene vermittelt werden. Ebenso wichtig ist es, ein Lernklima zu schaffen, in dem diese Werte umgesetzt und ihre Bedeutung konkret erfahrbar gemacht werden können. Merkmale für ein solches Lernklima sind:
- Gerechtigkeit, Fairness und Vertrauen,
- klare schulische und soziale Regeln sowie Transparenz der zu erwartenden Sanktionen bei Regelüberschreitungen,
- freundliche und gesundheitsförderliche Schulräume,
- Mitspracherecht der Schülerinnen und Schüler bei schulischen Entscheidungsprozessen,
- Unterrichtsformen, die den heterogenen Fähigkeiten der Lernenden gerecht werden.

Kanton Aargau, Schweiz
http://www.ag.ch/gewaltpraevention/de/pub/grundlagen/praevention/ethische.php

Den Umgang mit Regeln lernen

Eine lernförderliche und friedliche Schulkultur kann nur verwirklicht und gelebt werden, wenn alle an der Schule Beteiligten fähig und bereit sind, sich an gemeinsame Regeln zu halten. Dazu zählen Regeln wie Zuverlässigkeit, Ehrlichkeit, ein respektvoller und freundlicher Umgangston (z.B. „Danke" sagen) sowie Achtung gegenüber den Gefühlen, Ansichten und Bedürfnissen der Mitmenschen.

Die Festlegung und Durchsetzung klarer Regeln ist entsprechend ein zentraler präventiver Ansatzpunkt gegen Gewalt- und Disziplinprobleme. Dabei gilt es folgende Punkte zu beachten:

- *Sinn und Zweck gemeinsamer Regeln bewusst machen:* Schülerinnen und Schüler mit Disziplinproblemen erleben Regeln häufig einseitig als Schikane und Einschränkung ihrer persönlichen Freiheit. Sie müssen lernen, dass Regeln unabdingbarer Bestandteil für jedes menschliche Zusammenleben sind und ständige Regelverstösse nicht nur das Schulklima beeinträchtigen, sondern auch die eigene Schul- und Berufskarriere gefährden.
- *Schülerinnen und Schüler in die Vereinbarung gemeinsamer Regeln systematisch einbeziehen:* Wenn Kinder und Jugendliche bei der Festlegung von Regeln mitreden können, sind sie viel eher bereit, für ein gutes Funktionieren des schulischen Zusammenlebens Verantwortung zu übernehmen und entsprechende Regeln einzuhalten.
- *Regelverstösse ahnden:* Erwachsene müssen Kindern und Jugendlichen zeigen, womit sie es ernst meinen und wo die Grenzen sind. Die Überschreitungen verbindlicher Regeln müssen entsprechend benannt und sanktioniert werden.
- *Selbst- und Sozialkompetenz fördern:* Um Regeln einhalten zu können, braucht es nicht nur Einsicht in den Sinn derselben, sondern auch eine Reihe spezifischer Fähigkeiten und Eigenschaften. Dazu zählen Selbstdisziplin, Impulskontrolle und Empathie bzw. die Fähigkeit, die Perspektive anderer Menschen einzunehmen. Dazu zählt auch Selbstachtung. Die Einhaltung sozialer Regeln wie Pünktlichkeit oder Ehrlichkeit ist Ausdruck von Respekt, Achtung und Wertschätzung gegenüber Anderen. Doch nur wer sich selbst so behandelt, vermag auch seinen Mitmenschen mit Achtung und Wertschätzung zu begegnen.

http://www.ag.ch/gewaltpraevention/de/pub/grundlagen/praevention/umgang_mit_regeln.php

Überlegungen zur Umsetzung

Orientierung an universalen Werten und die Einhaltung von Normen und Regeln sind zentrale Notwendigkeiten um ein Zusammenleben und -arbeiten in der Schule zu ermöglichen.

Ein hilfreiches Instrumentarium hierfür bietet die gemeinsame Entwicklung von verbindlichen Regeln des Zusammenlebens auf verschiedenen Ebenen. Für die Diskussion in einer Klasse (als Diskussionsregeln), für den Umgang innerhalb einer Klasse (als Klassenvertrag) oder auch für die gesamte Schulgemeinschaft (als Schulvereinbarung). Wichtig ist jedoch, stets darauf zu achten, dass Regeln eine ethische Rückbindung benötigen. Sie stellen keinen Selbstzweck dar. Regeln bedürfen der regelmäßigen Überprüfung und Revision. Nur dann sind sie bei sich verändernden Gegebenheiten auch passend und hilfreich.

Regeln können und sollen nicht in abstrakter Weise vermittelt werden. Zentral ist, dass sie sich im täglichen Zusammenleben, in der Unterrichts- und Schulgestaltung widerspiegeln und sichtbar werden.

Grundwissen

4. LERNFELDER UND ANSATZPUNKTE — 4.2 KONFLIKTBEARBEITUNG

Regeln können gelten für
- Gespräche und Diskussionen,
- den achtbaren Umgang miteinander,
- die Klasse,
- besondere Anlässe und Vorkommnisse,
- die Schulgemeinschaft.

Für Eltern und Lehrkräfte
M 1 – M 3 thematisieren die Rückbindung von Regeln an (Grund-)Werte. Sie ermöglichen die Auseinandersetzung und Einigung auf Werte, die in der Schule vermittelt werden sollten. Leitziele, Ordnungen und Regeln sollten gemeinsam (in der Klasse oder Schulgemeinschaft) erarbeitet, diskutiert und verabschiedet werden. Für diesen Prozess bieten M 4 – M 7 Hilfen in Form von Checklisten, Formulierungshilfen und Ablaufplänen an.

Für den Unterricht
In der Grundschule sind viele Regeln oft mit bestimmten Ritualen verbunden, sodass sie sich wie selbstverständlich aus dem Tagesablauf ergeben. M 8 – M 10 unterstützen die bewusste Thematisierung und den bewussten Umgang damit auf Klassenebene. M 11 und M 12 zeigen, wie spezifische Regeln in der Klasse verankert werden können.

Für die gesamte Schule
M 13 – M 16 zeigen Beispiele für Verhaltenskonventionen, Schulregeln bzw. Hausvereinbarungen. Anhand dieser Praxisbeispiele können eigene Regeln für die Schulgemeinschaft entwickelt und implementiert werden.
Werteerziehung und die Einigung auf gemeinsame Regeln des Zusammenlebens haben immer (wenn es sich nicht um einen Minimalkonsens handeln soll) etwas mit der Entwicklung der eigenen Schule hin zu einer „guten Schule" zu tun. M 16 möchte den Diskussionsprozess, was eine gute Schule ausmacht, anregen.

Grundwissen

Ergänzende Bausteine

4.2.3 Demokratie lehren und lernen
4.2.5 Sport und Fair Play

Die Materialien im Überblick

Materialien	Beschreibung	Vorgehen
M 1: Welche Werte?	M 1 zeigt exemplarisch drei Wertesysteme: die amerikanischen Grundwerte und die Grundwerte der Zürcher Hochschule Winterthur und die Erklärung zum Weltethos.	Anhand der drei Werteformulierungen soll überlegt werden, welchen Werten sich die Schulgemeinschaft verpflichtet fühlt und welche wie gefördert werden sollten.
M 2: Kinderrechte	Kurzfassung der in der UN-Kinderrechtskonvention formulierten Rechte der Kinder.	Wie kommen die Rechte der Kinder in den Werten, Normen und Regeln der Schule vor?
M 3: Kinderrechte – Kinderpflichten	M 3 beinhaltet zwei kontroverse Meinungen zu Kinderrechten und Kinderpflichten.	Anhand von M 3 kann das Verhältnis von Rechten und Pflichten kritisch diskutiert werden.
M 4: Anfragen an Regeln	M 4 benennt Kriterien und Anfragen zur Formulierung und Implementierung von Regeln.	Mit Hilfe von M 4 können vorhandene Regeln überprüft und die Einführung neuer begleitet werden.
M 5: Gemeinsam Regeln entwickeln	M 5 beschreibt einen Vorschlag von Eltern, Schülern und Lehrern zur Entwicklung von Regeln.	Anhand von M 5 können die Schritte zur Entwicklung von Regeln nachvollzogen und geplant werden.
M 6: Raster für eine Schulordnung	M 6 bietet ein Raster für die Entwicklung einer Schulordnung	Anhand des Rasters können in Arbeitsgruppen Formulierungsvorschläge erarbeitet werden.
M 7: Formulierungshilfen für ein Leitbild	M 7 bietet konkrete Formulierungsvorschläge für ein Leitbild.	Die Formulierungsvorschläge können als Hilfestellung für eigene Formulierungen verwendet werden.
M 8: Verkehrsregeln	M 8 bietet ein Arbeitsblatt über die Bedeutung von Verkehrsregeln.	Die Bedeutung von Verkehrsregeln wird besprochen. Desweiteren wird die Frage nach der Notwendigkeit von Regeln für das schulische Zusammenleben gestellt.

4. LERNFELDER UND ANSATZPUNKTE — 4.2 KONFLIKTBEARBEITUNG

Grundwissen

Materialien	Beschreibung	Vorgehen
M 9: Regeln für das Zusammenleben	M 9 Thematisiert den Bereich „Regeln für das Zusammenleben".	Das Arbeitsblatt wird in Einzelarbeit ausgefüllt, in Kleingruppen besprochen und in der gesamten Klasse vorgestellt.
M 10: Welche Regeln gibt es in der Klasse?	M 10 fragt nach Regeln für den Umgang in der Klasse.	M 10 kann als Arbeitsblatt für Gruppenarbeit sowie als Gesprächsleitfaden verwendet werden.
M 11: Achtsamer Umgang miteinander	M 11 formuliert einfache Regeln des Umgangs sowie Gesprächsregeln.	Die Regeln können im Anschluss an die Bearbeitung von M 9 oder M 10 eingeführt und besprochen werden.
M 12: Klassenvertrag	M 12 stellt das Instrument des Klassenvertrages vor.	Die Regeln von M 11 (oder selbst formulierte) können in Form eines Klassenvertrages verbindlich eingeführt werden.
M 13: Anti-Mobbing-Konvention	M 13 formulierten Zehn Artikel für eine Schule ohne Mobbing	Diese Antimobbing-Konvention sollte von Schülerinnen und Schülern, Lehrkräften und Eltern diskutiert, den eigenen Gegebenheiten angepasst und verabschiedet werden.
M 14: Schulregeln	M 14 stellt die Schulregeln der Theodor-Haubach-Schule vor.	Die Auseinandersetzung mit Schulregeln anderer Schulen ermöglicht die Schärfung des eigenen Profils.
M 15: Hausvereinbarung	Die Hausvereinbarung der Schillerschule Frankfurt/M. zeigt beispielhaft, wie Leitvorstellungen konkret formuliert sein können.	M 15 kann beispielhaft für die Entwicklung einer eigenen Schulordnung sein.
M 16: Was ist eine gute Schule?	M 16 benennt Kriterien einer guten Schule.	Die Kriterien werden sortiert und gewichtet.

M1 Welche Werte?

Die amerikanischen Grundwerte aus der Sicht des Reiseveranstalters DERTOUR

Zum Selbstverständnis der Amerikaner und zur politisch-rechtlichen Kultur gehören unabhängig von Abstammung, Hautfarbe, Religion und politischen Meinungen einige gemeinsame Grundwerte und Überzeugungen, deren Gültigkeit nicht in Frage gestellt wird. Sie bilden das Fundament und die Basis für das politische und gesellschaftliche Leben und sind zugleich Norm in Fragen des Rechtes und der Gerichte. (…) Jedem Amerikaner sind folgende Sätze, in denen diese politisch-rechtlichen Grundwerte zum Ausdruck kommen, geläufig:

1. „All men are created equal." (Alle Menschen sind gleich geschaffen.) **2.** „Life, liberty and the pursuit of happiness." (Leben, Freiheit und das Streben nach Glückseligkeit.) **3.** „Government of, by and for the people." (Regierung des Volkes, durch und für das Volk.) **4.** „The land of the free and the home of the brave." (Das Land der Freien und die Heimat der Mutigen.) **5.** „One nation, under God, indivisible, with liberty and justice for all." (Eine Nation, unter Gott, unteilbar, mit Freiheit und Gerechtigkeit für alle.)

Die ersten beiden Sätze stammen aus der Unabhängigkeitserklärung. Mit ihnen bekennt sich die Gesellschaft zu den Menschenrechten und zur Freiheit. Den dritten Satz sprach Präsident Abraham Lincoln. Er drückte damit die amerikanische Vorstellung von repräsentativer Demokratie aus. Der vierte Satz bildet den Refrain der Nationalhymne. Er verbindet Freiheit und Tugendhaftigkeit zu einem patriotischen Bekenntnis. Der fünfte Satz stammt aus dem allmorgendlichen Fahnengelöbnis in den Schulen, das vor hundert Jahren aufkam. Die religiöse Formel in diesem Text beschloss der Kongress in einer Resolution erst 1954.

DERTOUR , http://www.usa.de/InfoCenter/PolitikundGesellschaft/Gerichtsbarkeit/index-b-406-

Zürcher Hochschule Winterthur

Grundwerte und Mission Statement
- Wir achten die Würde und Integrität aller Personen.
- Wir stehen ein für Chancengleichheit.
- Wir sind gegenüber allen Partnern loyal und verlässlich.
- Wir nehmen die Verantwortung gegenüber Umwelt, Gesellschaft und Wirtschaft wahr.
- Wir stellen hohe Qualitätsansprüche an unsere Arbeit.
- Wir kommunizieren offen.
- Wir sind offen für Veränderungen.

Zürcher Hochschule Winterthur
http://www.zhwin.ch/ueberuns/grundwerte.php

Erklärung zum Weltethos

Aus den großen alten religiösen und ethischen Traditionen der Menschheit aber vernehmen wir die Weisung: Du sollst nicht töten! Oder positiv: Hab Ehrfurcht vor dem Leben!

Besinnen wir uns also neu auf die Konsequenzen dieser uralten Weisung: Jeder Mensch hat das Recht auf Leben, körperliche Unversehrtheit und freie Entfaltung der Persönlichkeit, soweit er nicht die Rechte anderer verletzt. Kein Mensch hat das Recht, einen anderen Menschen physisch oder psychisch zu quälen, zu verletzen, gar zu töten. Und kein Volk, kein Staat, keine Rasse, keine Religion hat das Recht, eine andersartige oder andersgläubige Minderheit zu diskriminieren, zu „säubern", zu exilieren, gar zu liquidieren.

Erklärung zum Weltethos, Auszug. www.weltethos.org

Arbeitshinweise
- Welche Grundwerte sollen im Zusammenleben in der Schulgemeinschaft zum Ausdruck kommen?
- Welche sollen besonders gefördert werden?

M2 Kinderrechte

Kinder haben Rechte

1. Das Recht auf Gleichheit, unabhängig von Rasse, Religion, Herkunft oder Geschlecht.

2. Das Recht auf eine gesunde geistige und körperliche Entwicklung.

3. Das Recht auf einen Namen und eine Staatsangehörigkeit.

4. Das Recht auf ausreichende Ernährung, menschenwürdige Wohnverhältnisse und medizinische Versorgung.

5. Das Recht auf besondere Betreuung im Falle körperlicher oder geistiger Behinderung.

6. Das Recht auf Liebe, Verständnis und Geborgenheit.

7. Das Recht auf unentgeltlichen Unterricht, auf Spiel und Erholung.

8. Das Recht auf Beteiligung an der Gestaltung der eigenen Umwelt.

9. Das Recht auf Schutz vor Grausamkeit, Vernachlässigung und Ausbeutung.

10. Das Recht auf Schutz vor allen Formen der Diskriminierung und auf eine Erziehung im Geiste der weltweiten Brüderlichkeit, des Friedens und der Toleranz.

UN – Kinderrechtskonvention.
Veröffentlicht in: UNICEF, Kinderhilfswerk der Vereinten Nationen (Hrsg.): Jahreskalender 1995. Bonn 1994.

Lehrer, Eltern

? Wie können die Rechte der Kinder in der Schule zur Geltung kommen?

M3 Kinderrechte – Kinderpflichten

Kinder haben heute Rechte

„Es gibt heute natürlich ein großes Problem der Gewalt in der Schule. Das ist aber anders bedingt als früher. (...) Die Verhältnisse in den Generationen haben sich verändert. (...) Die Autoritätsstellung der Eltern und auch der professionellen Erzieher ist anders als früher, nicht mehr so autoritär (...), weil die Kinder heute mit Rechten vor uns stehen und Grundrechtsträger sind. Das haben wir schließlich erreicht, und wir haben erreicht, dass man sie nicht mehr körperlich züchtigen soll und nicht mit Gewalt sie erziehen soll. Das haben wir erreicht.

Das ist aber heute viel schwieriger, ohne Gewalt in der Verständigung mit Kindern, in der Zurücknahme der eigenen Autorität mit Kindern umzugehen, die dann z.B. sagen: 'Ich ruf den Reinhart Wolff im Kinderschutzzentrum an, wenn Sie das mit mir noch mal machen.' (...) Das deutet ein bisschen an, dass die Kinder auch eine Sensibilität dafür haben, dass sie andere Rechte haben, dass das Autoritätsverhältnis zwischen Erwachsenen und Kindern anders geworden ist. Und das macht es heute schwierig für Lehrer, die gewöhnt sind, anzuordnen, zu organisieren, die Autorität selbstverständlich in Anspruch zu nehmen, anstatt mit den Kindern progressiv darüber zu verhandeln, wie sie sie fördern können."

Prof. Reinhart Wolff, Pädagoge, Quelle: SWR
http://www.swr.de/quergefragt/2006/06/21/index.html

Kinder haben auch Pflichten

„Ich wehre mich ein bisschen ganz einfach gegen Ihre Situation, die Sie [Anm.: Herr Prof. Wolff] darstellen, dass Kinder nur Rechte haben. Wenn ich Rechte habe, habe ich auch Pflichten. Und wenn ich Rechte habe, muss ich auch wissen, dass ich in einem Zusammenleben mich befinde, wo ich auch auf den anderen Rücksicht nehmen muss. Und diese Probleme haben wir damals – Sie haben ja gesagt, wir hätten diese Ohrfeigen gekriegt und diese Schläge mit den Stäben. Ich bin nicht viel jünger als Sie, aber mir hat es mit Sicherheit nicht geschadet, im Gegenteil. Und unsere beiden Kinder wurden auch nicht mit Schlägen erzogen, aber sie haben eine Wertvorstellung. Diese Wertvorstellung geht soweit, dass ich weiß, soweit kann ich gehen und da beginnt dann der Nachbar, da beginnt der Mitmensch, und das muss ich wissen."

Wolfgang Speck, Bundesvorsitzender Dt. Polizeigewerkschaft im DBB, Quelle: SWR
http://www.swr.de/quergefragt/2006/06/21/index.html

Lehrer, Eltern

?

- Welche Sichtweisen und Argumente werden deutlich?
- Welche Rechte, welche Pflichten werden genannt?
- In welchem Verhältnis stehen Rechte und Pflichten zueinander?

M4 Anfragen an Regeln

Zusammenleben braucht Regeln. Aber Regeln müssen flexibel und hinterfragbar sein. Regeln sollen nicht verbieten, sondern Leben ermöglichen. Regeln sind für Menschen da.

Wer braucht die Regeln? **Wie** kommen (kamen) die Regeln zustande? **Wurden** sie gemeinsam entwickelt oder wurden sie übernommen? **Sind** die Regeln veränderbar oder starr? **(Wann)** sind Ausnahmen von den Regeln möglich? **Gelten** sie für alle oder nur für bestimmte Gruppen? **Wer** muss sich nach den Regeln richten? **Wie** gehen unterschiedliche Menschen mit Regeln um? **Ist** die praktizierte Regel-Praxis transparent? **Wo** sind Regeln rechthaberisch, autoritär oder dogmatisch?

Lehrer, Eltern

Geben die Regeln auch Antworten auf folgende Fragen?

- Werden die Lernpotentiale der Kinder wirklich hervorgelockt?
- Ist für Bewegung und gute Ernährung gesorgt, vor allem wenn die Schule ganztags arbeitet?
- Sind Kinder vor Bloßstellungen und Demütigungen geschützt?
- Wird jegliche Gewalt mit Nachdruck unterbunden?
- Wird keine Gruppe von Kindern diskriminiert?
- Werden andere Kulturen und Religionen geachtet?
- Finden Jüngere wie Ältere Gehör, wenn sie Vorschläge äußern oder Kritik vorbringen?

Lothar Krappmann: Kinderrechte – Brauchen wir Sie? In: Die Grundschulzeitschrift 185/186, 2005, S. 4, © Erhard Friedrich Verlag GmbH

Sind die Regeln flexibel genug? **Wer** ist für die Einhaltung der Regeln verantwortlich? **Was** geschieht bei Regelverstößen?

M5 Gemeinsam Regeln entwickeln

Eine Arbeitsgruppe aus Eltern, Schülern und Lehrern hat folgenden Vorschlag für die Entwicklung von Regeln erarbeitet:

- Klassenlehrer und Klasse vereinbaren zu Beginn des Schuljahres die gemeinsamen Klassenregeln.
- Regeln sollen für folgende Bereiche formuliert werden: Respektvoller Umgang miteinander, Kommunikation miteinander, Essen und Trinken, Umgang mit den Materialien, Sauberkeit, Toilette.
- Zu den Klassenregeln gehört auch die Festlegung von Reaktionen, wenn Regeln nicht eingehalten werden bzw. wenn dagegen verstoßen wird.
- Die Fachlehrer der Klasse nehmen die Regeln zur Kenntnis; evtl. werden Anpassungen vorgenommen. Abschließend stimmen alle Lehrer der Umsetzung der Regeln vorläufig zu.
- Die Regeln müssen durch die Klassenpflegschaft zur Kenntnis genommen werden; evtl. werden Veränderungen von Elternseite in einer Klassenpflegschaftssitzung diskutiert und vorläufig abgestimmt.
- Probleme hinsichtlich Einhaltung sollten weitestgehend im Klassenrat geklärt werden. Je nach Gewichtung einzelner Probleme werden Lehrkräfte und Eltern zur Klärung hinzugezogen.
- Ein paritätisch besetztes Gremium aus Eltern, Schülern und Lehrkräften koordiniert die gegebenenfalls vorliegenden Änderungen und formuliert einen abschließenden Regelkatalog, der für alle Seiten verbindlich ist.
- Situativ notwendige Anpassungen des Regelkatalogs sind grundsätzlich möglich.

Kati Stahlschmidt / Sabine Leukel / Annette Schäfer / Klaus Schütte: Schule gemeinsam entwickeln.
In: Pädagogik 9/06, S. 26 f.

Gebote, keine Verbote

Regeln sollen als Gebote, nicht als Verbote formuliert werden. Sie sollen einfach, korrekt und bildhaft sein. Das erwartete Verhalten sollte beobachtbar sein und genau beschrieben werden. Damit die Adressaten klar sind, sollten Regeln mit einem „Ich" oder „Wir" beginnen.

Lehrer, Eltern

M6 Raster für eine Schulordnung

Leitvorstellungen für die Schule

Erwartungen an Lehrkräfte, Schülerinnen und Schüler und Eltern

Hausordnung (im engeren Sinne)

Verhalten bei Unterrichtsbeginn

Pausenordnung

Umgang mit Einrichtungsgegenständen

Umgang mit Energie

Umgang mit Abfällen

Lehrer, Eltern

Verantwortlichkeiten

Mitwirkungs- und Partizipationsmöglichkeiten

Regelungen für Sanktionen

M7 Formulierungshilfen für ein Leitbild

Formulierungen, die in einem Leitbild auftauchen könnten ...

- Wir fördern und fordern unsere Schülerinnen und Schüler ...
- Wir pflegen und fördern die Zusammenarbeit ...
- Für uns heißt Lehren nicht ein Fass füllen, sondern ein Feuer entfachen ...
- Wir entwickeln eine Rückkoppelungskultur (Erläuterung: Wir machen uns zur Gewohnheit, häufig Rückmeldungen zu geben. Wir versuchen dabei, Bewertungen zu vermeiden, zumindest unerwünschte und vorschnelle.)
- Wir verfolgen ein anspruchsvolles Konzept des Lernens ...
- Wir wollen versuchen so zu handeln, dass für die Schüler immer mehrere Möglichkeiten bleiben ...
- Wir engagieren uns stark, schaffen aber auch Raum für Muße ...
- Wir wollen lang andauernde Bindungen zwischen Lehrer- und Schülergruppen ...
- Unsere Schule praktiziert den Dialog mit Eltern ...
- Erziehung zur Teamfähigkeit ...
- Wir geben uns und der Öffentlichkeit regelmäßig Rechenschaft ...
- Wir bekennen uns zur Gleichwertigkeit von Kopf, Herz und Hand ...
- Verstehen ist uns genauso wichtig wie Wissen ...

Elmar Philipp / Hans-Günter Rolff: Schulprogramme als Leitbilder entwickeln. Weinheim und Basel 2006, S. 74 f.

Merkpunkte zum Leitbild

- Bildungsverständnis
  (Welt- und Menschenbild, Schulphilosophie, ...)
- Mitmenschlichkeit
  (Verständnis für Schüler, für Kollegen ...)
- Gemeinschaftssinn
- Soziales Lernen (soziale Kompetenz)
- Didaktik / Unterrichtsmethode
- Qualität der Lernergebnisse
- Kritisches Denken fördern
- Selbstreflexion / Rechenschaft
- Zusammenarbeit zwischen Lehrpersonen, zwischen Schülerinnen und Schülern, zwischen Lehrern und Schülern, mit den Eltern, ...
- Professionalität
- Kollegialität
- Streitkultur
- Schulleitung / Führung
- Mitbestimmung und Mitwirkung

Elmar Philipp / Hans-Günter Rolff: Schulprogramme als Leitbilder entwickeln. Weinheim und Basel 2006, S. 74 f.

Lehrer, Eltern

M8 Verkehrsregeln

Male Bilder zu drei Verkehrsregeln, die Du kennst.
Wie heißen die Regeln?

1: _____   2: _____

3: _____

Warum gibt es für den Verkehr Regeln?
_____
_____

M9 Regeln für das Zusammenleben

Welche Regeln kennst Du von Zuhause?

_____

_____

Aus Deinem Freundeskreis?

_____

_____

Was wäre, wenn es diese Regeln nicht gäbe?

_____

_____

Welche Regel findest Du gut?

_____

_____

Welche Regel findest Du nicht so gut?

_____

_____

M10 Welche Regeln gibt es in der Klasse?

Welche Regeln gibt es in der Klasse?

Von wem wurden sie aufgestellt?

Warum werden sie gebraucht?

Was wäre, wenn es diese Regeln nicht mehr gäbe?

Gibt es Regeln, die Dich stören?

Welche Regel wünscht Du Dir?

4.2.4 REGELN ETABLIEREN

M11 Achtsamer Umgang miteinander

Regeln zum achtsamen Umgang miteinander.

1. Wir hören einander zu.

2. Hände sollen helfen, nicht verletzen.

3. Wir gebrauchen Wörter und Sätze, die den anderen respektieren.

4. Wir achten auf die Gefühle anderer.

5. Wir sind für das, was wir sagen und tun, verantwortlich.

Vgl. I care rules
http://staff.harrisonburg.k12.va.us/~aruebke/I-care%20rules.html

Einfache Gesprächsregeln:

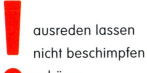

ausreden lassen
nicht beschimpfen
zuhören

M12 Klassenvertrag

Klassenvertrag

Von Schülern entworfene Klassenverträge sollen mithelfen Verhalten zu regeln. In Klassenverträgen sind oft Verhaltensregeln formuliert wie:
1. Wir beleidigen niemand,
2. wir wollen keine körperliche Gewalt,
3. wir bedrohen und erpressen niemand,
4. wir sind im Unterricht ruhig und reden nicht dazwischen.

Solche Klassenverträge werden von allen Schülerinnen und Schülern der Klasse unterschrieben und an der Wand des Klassenzimmers aufgehängt.

Vereinbarungen zwischen Klassen und Lehrkräften

Klassen können mit ihren Lehrerinnen und Lehrern spezielle Vereinbarungen über Verhaltens- und Umgangsweisen treffen. Diese Vereinbarungen werden schriftlich formuliert und von allen Beteiligten unterschrieben.
Die Vereinbarung gilt für die Dauer von vier Wochen. Danach wird gemeinsam Rückblick gehalten und das weitere Vorgehen überlegt.

Beispiel

Wir Schülerinnen und Schüler der Kasse 3a verpflichten uns, folgende Regeln besonders zu beachten:

1. Ich werde meine Klassenkameradinnen und Klassenkameraden nicht beschimpfen, schubsen oder sonst in irgendeiner Weise ärgern.
2. Ich werde mit dazu beitragen, dass es in der Klasse ordentlich aussieht.

Unterschriften:

Als Klassenlehrerin / Klassenlehrer der Klasse 3a verpflichte ich mich, folgende Vereinbarungen einzuhalten:

1. Eine große Pause pro Woche (möglichst eine Regenpause) bleibe ich mit meiner Klasse im Klassenraum.
2. Jeden Montag dürfen drei Schülerinnen/Schüler jeweils eines ihrer Lieblingslieder auf der klasseneigenen Anlage vorspielen.

Unterschrift:

Nach Braun/Hünicke, S. 32, zitiert nach: Bensberger Mediations-Modell. Kinder lösen Konflikte selbst. Bensberg 2005, S. 87.

M13 Anti-Mobbing-Konvention

Zehn Artikel für eine Schule ohne Mobbing und Schikane

1. Wir achten in Wort und Tat die Würde unserer Mitmenschen.
2. Wir leisten jedem Mitmenschen, der darum bittet, Beistand gegen Schikanen und stellen uns demonstrativ an seine Seite, auch wenn wir nicht in allem seine Meinung teilen. Wir lassen Angefeindete nicht allein!
3. Wir wollen den Anfängen von Psychoterror in unserer Schule wehren, von wem er auch ausgeht.
4. Wir wollen uns in Toleranz und Zivilcourage üben.
5. Wir begegnen fremden Fehlern ebenso nachsichtig wie unseren eigenen.
6. Wir wollen uns nicht an der Entstehung und Verbreitung von Gerüchten beteiligen. Unser Grundsatz sei: mit den Menschen, nicht über sie reden!
7. Wir erklären ausdrücklich, dass wir uns an die Gesetze und die sonstigen Bestimmungen zum Schutz von Schwachen halten und verpflichten uns, auf deren Einhaltung in unserer Schule zu bestehen.
8. Wir erklären, dass wir niemanden schikanieren. Niemand soll andere über- oder unterfordern. Niemand soll andere bewusst Situationen aussetzen, denen sie nicht gewachsen sind.
9. Wir wollen uns stets Mühe geben, mit jedermann in unserer Schule höflich und offen zusammenzuarbeiten und dabei Problemen nicht aus dem Weg zu gehen.
10. Wir verpflichten uns, mit anderen gemeinsam gegen Mobbing und Psychoterror vorzugehen, wo wir dies beobachten. Wir handeln gemeinsam, statt einsam.

Horst Kasper: Mobbing in der Schule. Probleme annehmen, Konflikte lösen. Weinheim und Basel 1998, S. 185.

M14 Schulregeln

Schulregeln der Theodor-Haubach-Schule

Diese Regeln gelten für alle Menschen an unserer Schule.

1. Wir alle möchten, dass sich jeder an unserer Schule wohl fühlt. Ich helfe mit, dass dies gelingt.

2. Ich bemühe mich, jedem gegenüber freundlich, höflich und hilfsbereit zu sein. Ich beschimpfe und beleidige andere nicht, vor allem nicht wegen ihres Geschlechts, ihrer Herkunft, Religion oder Hautfarbe. Ich bleibe fair, wenn ich mich beschwere und Kritik übe.

3. Ich löse Streitigkeiten, ohne Gewalt anzuwenden. Ich schlage, trete und spucke nicht, Ich achte das Eigentum der anderen. Waffen jeglicher Art sind verboten.

4. Die Schule gehört uns allen. Ich halte Schulgebäude und Hof sauber. Ich beschmiere, bespucke oder besprühe keine Möbel, Wände oder Fußböden. Ich trage dazu bei, dass die Toiletten sauber sind und gehe sorgsam mit Papier, Seife und Handtüchern um. Meinen Müll werfe ich in die dafür bereitstehenden Behälter. Wenn ich etwas beschädige, bin ich dafür verantwortlich, dass es ersetzt oder repariert wird. (...)

5. Ich trage dazu bei, dass der Unterricht Spaß macht und ungestört verlaufen kann. Dazu gehören auch die häusliche Vorbereitung und das Mitbringen des nötigen Materials. Mit Büchern und anderen Unterrichtsmitteln gehe ich sorgfältig um. Ich unterstütze meine Mitschüler beim Lernen. Ich lache nicht über Fehler anderer. Ich bin pünktlich und entschuldige Fehlzeiten. Ich halte die Klassenregeln ein. In der Schule und bei schulischen Veranstaltungen sind die Benutzung und das öffentliche Tragen von Handys für Schülerinnen und Schüler verboten. Die Schule haftet nicht für Handys.

6. (...) Ich bedrohe und ärgere niemanden und störe die Spiele der anderen nicht. Ich darf das Schulgelände nur verlassen, wenn ich eine Erlaubnis habe.

– Bei Problemen finde ich Unterstützung bei folgenden Personen oder Gremien: Klassensprecher, Klassenlehrer, Vertrauenslehrer, Streitschlichter-Team, Schulsprecher-Team, Schulleitung
– Regelverstöße haben Konsequenzen.
– Bei gröberen Verstößen gegen die Regeln entscheidet die Klassenkonferenz über die Konsequenzen.
– Jede Maßnahme beruht auf den folgenden drei Schritten: Es soll die Einsicht gefördert, entstandener Schaden wieder gutgemacht und ein Einsatz für die Schulgemeinschaft geleistet werden.

Zur Kenntnis genommen:

(Datum) (Schüler/in) (Erziehungsberechtigte/r)

Pädagogik 4/2006, S. 14.

M15 Hausvereinbarung

Schillerschule Frankfurt/M.
Um im Arbeits- und Lebensraum Schillerschule gemeinsame Bezugspunkte zu haben, um Spielräume und Grenzen abzustimmen, um transparente und verbindliche Grundlagen für unser Handeln zu schaffen, haben wir diese Hausvereinbarungen beschlossen.

Jede Schülerin und jeder Schüler erhält beim Eintritt in die Schule ein eigenes Exemplar dieser Hausvereinbarungen. Diese werden jeweils zu Beginn der 5., 7. und 11. Jahrgangsstufe in den Klassen bzw. Kursen besprochen – oder auch dann, wenn es aus aktuellem Anlass nötig wird. Sie sollen auf ihre Bedeutung für das Zusammenleben und die gemeinsame Arbeit hin gelesen werden.

Leitvorstellungen in diesem Sinne sind:

Toleranz und Gleichberechtigung
Weiblich oder männlich, deutsch oder ausländisch, jung oder alt, stark oder nicht so stark – wir sind alle gleichberechtigt. Wir lassen Menschen in ihrer Eigenart gelten.

Respekt und Rücksicht
Wir hören einander zu. Wir setzen niemanden herab oder bringen ihn in Misskredit. Wir sind Schwächen anderer gegenüber aufmerksam. Wir nutzen Vertrauen nicht aus. Wir berücksichtigen die Lern- und Ruhebedürfnisse der anderen.

Hilfsbereitschaft und Courage
Wir sehen nicht weg, sondern setzen uns ein. Wir helfen, wo es nötig ist.

Verantwortung, Mitbestimmung, Kritikfähigkeit
Wir sind zuständig; wir kennen unsere Rechte und Pflichten. Wir halten uns an das verbindliche Ergebnis demokratischer Abstimmungen.

Konfliktbewältigung
Jedes Mitglied der Schule vermeidet körperliche, verbale und seelische Gewalt. Konflikte werden besprochen. Wir versuchen, sie gemeinsam zu lösen.

Umweltbewusstsein
Wir behandeln Bücher, Mobiliar und Schulgebäude pfleglich. Wir sind uns bewusst, dass in diesen Gegenständen Rohstoffe verarbeitet sind. Wir vermeiden Müll und Verschmutzungen. Dadurch kann auch der Einsatz von Chemikalien verringert werden.

Entdeckungslust, Kreativität, Phantasie
Wir fördern wissenschaftliche, künstlerische, politisch anregende und aufklärende sowie sportliche Veranstaltungen und Aktivitäten.

Vorbildsein
Eltern, Lehrerinnen und Lehrer sowie ältere Schülerinnen und Schüler sollen mit gutem Beispiel vorangehen.

Damit diese Hausvereinbarung anerkannt wird und im Bewusstsein bleibt, müssen wir die Absprachen und Regeln immer wieder auf ihren Sinn, ihren praktischen Nutzen und ihre Folgen hin befragen.

Mit dem Eintritt in die Schillerschule akzeptieren die Schülerinnen und Schüler, die Lehrerinnen und Lehrer und die Eltern diese Hausvereinbarungen als verbindlich.

Diese Hausvereinbarungen wurden beschlossen von der Schulkonferenz der Schillerschule zu Frankfurt am Main am 5. Juni 1997 unter Mitwirkung der Gesamtkonferenz, des Personalrates der Lehrkräfte, der SV und des Schulelternbeirates.

Stadt Frankfurt am Main, Dezernat für Schule, Bildung und Multikulturelle Angelegenheiten (Hrsg.): Zivilcourage und Gewaltprävention. Projekte an Frankfurter Schulen. Frankfurt/M. 1999, S. 15 f., Auszüge.

M16 Was ist eine gute Schule?

Wertkonflikte werden aufgegriffen.

Die einzelnen Fächer sind den primären Zielen der Schule untergeordnet.

Die Ziele der Schule sind allen klar.

Jede Lehrperson bemüht sich, ihre Leistungskriterien für die Schülerinnen und Schüler nachvollziehbar zu machen.

Lehrkräfte und Schülerinnen und Schüler sehen die Schule als die ihre an.

Die Schule bemüht sich aktiv um eigene Normen und Ziele.

Der Einzelne ist bereit, für die Entwicklung der Schule etwas besonderes zu leisten.

Die Lehrkräfte helfen einander.

Die Lehrerkräfte bemühen sich um ein gutes zwischenmenschliches Klima.

Die Schule konzentriert sich auf guten Unterricht.

Die Lehrkräfte sind um möglichst große Aktivität der Schülerinnen und Schüler im Unterricht bemüht.

Innerhalb des Gesamtrahmens des Haushalts hat die Schule große Freiheit beim Einsatz ihrer Mittel.

Die Schule ist bestrebt, neue Technologien in ihre Praxis zu integrieren.

Konflikte werden offen ausgetragen.

Die Schule hat eine starke Leitung, die reich an Ideen und Initiativen ist.

Am meisten geht es der Schulleitung um die Schaffung eines guten Klimas.

Die Schule hat ein eigenes Profil.

Schulinterne Lehrerfortbildung besitzt in der Schule einen hohen Stellenwert.

Gegenseitige Hospitationen der Lehrkräfte finden regelmäßig statt.

Die Schülerinnen und Schüler haben in der Schule viele konkrete Gestaltungsmöglichkeiten: In den Klassenzimmern, im Schulgebäude, auf dem Schulhof.

Die meisten Schülerinnen und Schüler haben in persönlich schwierigen Situationen Vertrauen zu ihren Lehrerinnen und Lehrern.

Die meisten Schülerinnen und Schüler haben Vertrauen zueinander und helfen sich gegenseitig.

Die Schule bemüht sich sehr, die individuellen Leistungen der Schülerinnen und Schüler zu fördern.

Soziales Lernen ist ein Schwerpunkt der schulischen Arbeit.

Nach Hans-Günter Rolff u.a.: Manual Schulentwicklung. Weinheim und Basel 1999.

Sport und Fair Play

Grundwissen
- Sport als Gewaltprävention — S. 348
- Sport – ein Menschenrecht — S. 349
- Sport und Gewaltprävention — S. 350
- Präventionsbereiche — S. 351
- Sport und Gewaltprävention in der Schule — S. 353
- Fairnesserziehung in der Schule — S. 354
- Straßenfußball für Toleranz — S. 355
- Überlegungen zur Umsetzung — S. 357
- Die Materialien im Überblick — S. 358

Materialien

Für Lehrkräfte und Eltern
- M 1: Lernziele des Sports — S. 360
- M 2: Fair Play für Alle — S. 361
- M 3: Entstehungsgeschichte des Fair Play — S. 362
- M 4: Ehrenkodex für Trainerinnen und Trainer im Sport — S. 363
- M 5: Zehn Grundsätze der Fair-Play-Erziehung — S. 364
- M 6: Fair Play for Fair Life — S. 365

Für den Unterricht
- M 7: Bleib fair – eine Bilderschichte — S. 366
- M 8: Fair-Play-Regeln entwickeln — S. 367
- M 9: Fair oder unfair? — S. 368
- M 10: In der Sporthalle — S. 369
- M 11: Rund um Fair Play — S. 370
- M 12: Fair Play nicht nur im Sport — S. 371
- M 13: Fair-Play-Aufkleber — S. 372

Für die Schule
- M 14: Straßenfußball für Toleranz — S. 373
- M 15: Grundregeln von Straßenfußball für Toleranz — S. 374

In diesem Baustein wird die Rolle von Sport im Kontext von Gewaltprävention aufgegriffen. An konkreten Beispielen wird gezeigt, wie Sport (Fußball für Toleranz) gewaltpräventive Wirkung entfalten kann. Besonders hervorgehoben wird der Aspekt des Fair Play.

Sport als Gewaltprävention

Gewaltprävention kann von Einbeziehung des Bereiches Sport und Spiel außerodentlich profitieren. Kinder haben großen Spass an Bewegung, Geschicklichkeit und körperlicher Betätigung. Sie können sich hier erleben und erproben, können lernen, mit Sieg und Niederlage umzugehen, den Gegner im Spiel zu respektieren und ihm fair zu begegnen.

Sport ist jedoch nicht von vornherein gesundheitsförderlich, auf Gemeinschaft und Fairness ausgerichtet. Er kann auch genau das Gegenteil davon bewirken und deshalb kommt es auch hier darauf an, entsprechende Regeln einzuführen und Spielarrangements so zu gestalten, dass sie „Fair Play" fördern. Sport berührt hier auch ethische Dimensionen, etwa in der Frage, welche Mittel angewandt werden dürfen, um zu siegen.

Der Sport wird dabei von Seiten der Politik, der Pädagogik, der Sportorganisationen geradezu als Königsweg in der Sucht- und Gewaltprävention gepriesen. Der Bielefelder Pädagoge Klaus Hurrelmann schreibt: „Integration in die Gruppe, sinnvolle Freizeitgestaltung, Umgehen mit Enttäuschungen und inneren Spannungen, Regelorientierung, Lernen Regeln zu verstehen und zu akzeptieren, Konfliktbearbeitung sind fünf faszinierende Facetten der Kultivierungsmöglichkeiten von Aggressivität durch den Sport" und für Manfred von Richthofen, ehemaliger Präsident des Deutschen Sportbundes, sind „Sportvereine in unserer Gesellschaft Integrationsfaktor Nummer eins. Sport treiben in der Gemeinschaft und im Verein vermittelt Toleranz, Streitanstand und Regelakzeptanz."

Schnack/Neutzling schließlich schreiben in ihrem beeindruckenden Buch „Kleine Helden in Not": „Sport bietet Jungen und Männern eine der wenigen Möglichkeiten, ihren Körper zu spüren, Größe und Stärke auszuspielen. Dabei geht es um Ehre, Anerkennung und Erfolg. (...) Sport ist zweischneidig: Sport verschafft Zugang zum Körper, aber der muss gestählt werden. Jungen sollen ihren Körper weniger entdecken, als ihn durch Leistungen unter Beweis stellen. Sport fordert und fördert Leistungsdenken und in nicht wenigen Disziplinen auch die Gewaltbereitschaft, aber Sport trägt auch dazu bei, Gewaltpotenziale zu kanalisieren und Aggressionen unter Kontrolle zu bringen".

Vgl. Gunter A. Pilz: Gewaltprävention durch Sport – aber wie? Hannover o.J.

Grundwissen

In jedem Alter, besonders aber in der Sporterziehung von Kindern und Jugendlichen, muss das Fair-Play-Ideal fest verankert sein. Neben der schulischen Erziehung (vom Vorschulbereich bis zur Hochschule) müssen Training, Wettkampf und das Zusammenleben in den Sportclubs den Erfordernissen fairen Verhaltens in besonderem Maße Rechnung tragen.

Internationales Fairplay-Komitee, München/Paris 1992.

Sport – ein Menschenrecht

Die Magglingen-Deklaration vom 18. Februar 2003
Diese Erklärung steht für unser Engagement im Bereich Sport und Entwicklung.

Im Wissen um seine Vielfalt sind wir überzeugt, dass der Sport ein Menschenrecht und eine ideale Lebensschule ist. Wir anerkennen die Möglichkeiten und Werte des Sports und erklären:
- Bewegung und Sport fördern auf kostengünstige Art die körperliche und mentale Gesundheit des Menschen und sind wichtig für die Entwicklung.
- Die Aufnahme von Sportunterricht ins Schulsystem hilft Kindern, bessere Leistungen zu erbringen, und steigert ihre Lebensqualität.
- Spiel und Sport helfen, seelische Wunden zu heilen und Traumata in Zeiten von Konflikten, Krisen und sozialen Spannungen zu überwinden.
- Sport auf lokaler Ebene ist ein ausgezeichnetes Mittel, Menschen verschiedenster Herkunft zusammenzubringen und den Gemeinsinn zu fördern.
- Sport kann helfen, ethnische, religiöse und soziale Schranken zu überwinden, wie auch solche gegenüber Behinderten oder zwischen den Geschlechtern.
- Sport ist wirksam, wenn er mit Fairness und Respekt, ohne Drogen oder Doping betrieben und niemand ausgeschlossen wird.
- Indem sich die Sportartikelindustrie ethischen Grundsätzen verpflichtet, verleiht sie ihren Produkten einen Mehrwert und trägt dazu bei, die Gesellschaft positiv zu gestalten.
- Die Partnerschaft von Sport, Medien und Entwicklungsarbeit fördert das Bewusstsein für den Beitrag des Sports zu einer nachhaltigen Entwicklung.

All dies kann erreicht werden, indem Sport ein wesentlicher Bestandteil der nationalen und internationalen Entwicklungszusammenarbeit wird. Darum fordern wir Regierungen, UNO-Dachverbände, Sportverbände, nichtstaatliche Organisationen, Sportartikelindustrie, Medien, Wirtschaft und alle Menschen auf, einen Beitrag zu Sport im Dienste der Entwicklung zu leisten.

Magglingen ist ein erster Schritt in unserem Engagement für eine bessere Welt durch Sport.

Dimensionen des Sports

Naturale Dimension
Die naturale Dimension bezieht sich auf die Tatsache, dass sich im sportlich-spielerischen Tun Menschen in Form eines Bewegungshandelns in Raum und Zeit ihrem eigenen Körper begegnen. Wichtiger Maßstab und wichtiges Ziel dieses Bewegungshandelns sind Gesundheit und Unversehrtheit.

Personale Dimension
In der personalen Dimension wird auf die Erkenntnis verwiesen, dass Sport der Entfaltung der persönlichen Würde dient und Ausdruck menschlicher Kreativität und Gestaltungskraft ist. Hier begegnet der Mensch sich selbst in der Einheit von Körper, Seele und Geist.

Soziale Dimension
In der sozialen Dimension wird zum Ausdruck gebracht, dass sich im Sport Menschen einander begegnen, Zusammenspiel und Wettkampf, Kooperation und Konkurrenz in ihm zusammen gehören.

Gunter A. Pilz : Gewaltprävention durch Sport – aber wie? Hannover o.J.

www.unesco.ch/actual-content/
magg_decl_deutsch_def_def.pdf

Die erste internationale Konferenz über Sport und Entwicklung fand zwischen dem 16. und 18. Februar 2003 in Magglingen (bei Biel) statt und brachte 380 Repräsentanten der internationalen politischen Szene, von Organisationen der UNO, nationalen und internationalen Sportorganisationen, den Medien sowie zahlreiche ehemalige und aktive Athleten zusammen.

Sport und Gewaltprävention

Fairness

Allgemein ehrenhaftes, anständiges Verhalten, dann Bezeichnung für die ethische Grundhaltung des Sportlers, die im einzelnen dazu führt, Sieg und Niederlage sachlich zu verarbeiten, nicht „um jeden Preis" gewinnen zu wollen, Spielregeln einzuhalten, im Partner nur den sportlichen Gegner zu sehen sowie möglichst gleiche Chancen und Bedingungen für den sportlichen Wettkampf zu schaffen.

Schüler Duden: Der Sport. Mannheim 1987, S. 151.

Bedeutung bewegungsorientierter Angebote für die Gewaltprävention
- Aggressionen und motorischer Bewegungsdrang können gesteuert abgearbeitet werden.
- Vorhandene körperliche Fähigkeiten können positiv eingesetzt werden.
- Mit vertrauter sportlicher Betätigung können Schwellenängste abgebaut werden (z.B. gegenüber anderen Angeboten).
- Die Beziehungen von Jugendlichen untereinander und zu ihrer Umwelt können geübt und verbessert werden.
- Das Akzeptieren vorhandener Regeln kann erlernt werden.

Aufgabenfelder für körper- und bewegungsbezogene Sozialarbeit
- Schaffung, Rückeroberung von Bewegungsräumen für junge Menschen.
- Stärkung der Identität junger Menschen durch Ernst nehmen jugendlicher Bewegungsbedürfnisse und -kulturen.
- Vernetzung von kommunalen, kirchlichen und freien Trägern der Jugendarbeit.

Gunter A. Pilz: Sport und Gewaltprävention. Hannover o.J.

Grundwissen

Präventionsbereiche

Primäre Prävention

Im Bereich der primären körper- und bewegungsbezogenen Gewaltprävention geht es dabei vor allem um
- die Schaffung von kind- und jugendgemäßen Bewegungsräumen, -anlässen und -angeboten.
- Stärkung des Selbstwertgefühls, Aufbauen von Selbstbewusstsein.
- positive Einstellung zu Körper und Gesundheit.

Die Bedeutung von Bewegungsanlässen, Bewegungsangeboten und Bewegungsräumen für eine positive Persönlichkeits- und Identitätsentwicklung und damit auch zur Gewaltprophylaxe ist heute unbestritten.

Um so mehr verwundert, dass sich hier nicht längst alle relevanten gesellschaftlichen Gruppen, Institutionen zusammen getan haben, um für mehr Bewegungsräume und Bewegungsangebote für junge Menschen zu kämpfen. Auch wenn dies sicherlich Aufgabenfelder sind, die der organisierte Sport alleine angehen kann, drängt sich ein soziales Netzwerk im Sinne einer größeren Lobby für freie Bewegungsräume und -angebote für jungen Menschen geradezu auf.

Grundwissen

Sekundäre Prävention

Im Bereich der sekundären körper- und bewegungsbezogenen Gewaltprävention geht es vor allem um
- Anleitung zu Selbstdisziplin und Selbstkontrolle.
- Stärkung des Selbstwertgefühls.
- Aggressions- und Frustrationsabbau; Lernen, Überschuss an physischer Energie auf angemessene Weise durch strukturierte Aktivität umzusetzen.
- Akzeptieren von gesteckten Rahmenbedingungen (Erarbeiten und Einhalten von Verhaltensregeln).
- Stärken der eigenen Verhaltenskontrollmechanismen, Erziehung zum Fair Play.
- Ermöglichen von erlebnispädagogischen Erfahrungen im Sinne der Entwicklung von sozialer Kompetenz.
- Mediatorenausbildung zur Konfliktschlichtung.

Hier wird bereits deutlich, dass die ehrenamtliche Alltagspraxis der Sportvereine an ihre Grenzen stößt und auf Hilfe, Unterstützung von Personen, Trägern, Institutionen der sozialen Arbeit, der Jugendhilfe und Jugendpflege angewiesen ist. Die Schaffung von Netzwerken drängt sich hier geradezu auf.

Tertiäre Prävention

Im Bereich der tertiären körper- und bewegungsbezogenen Gewaltprävention geht es schließlich vor allem um
- Thematisierungen und Durchbrechungen von gewaltförmigen Durchsetzungs- und Selbstbehauptungsstrategien;
- konsequentes Einschreiten gegen Gewalt mit anschließender pädagogischer Bearbeitung (z.B. Täter-Opfer-Ausgleich) nicht aber (Vereins-)Ausschluss;
- Einsatz von Sport, Körper- und Bewegungserfahrungen in der Gewalttherapie.

Gunter A. Pilz: Netzwerke in der sport-, körper- und bewegungsbezogenen Gewaltprävention. Hannover o.J.

Sport und Gewaltprävention in der Schule

Maßnahmen im Bereich der Schule
- Schulen sollen verstärkt alternative Sportarten in den Schulunterricht aufnehmen und auf die Konjunktur bestimmter aktueller Sportpräferenzen bei den Schülerinnen und Schülern reagieren, um diesen ein Forum zu geben und sie nicht in unkontrollierte Bereiche abzudrängen (z.B. Kampfsportarten).
- Schulen sollen die Pausenhöfe zu Sportzwecken außerhalb der Schulzeit öffnen, um zu der Erhöhung des Sportflächenangebotes beizutragen und selbstbestimmte Möglichkeiten zum Sporttreiben in der Freizeit im unmittelbaren Lebensbereich und unter Einbeziehung des Wohnumfeldes zu bieten.
- Schulen sollen in bezug auf sportliche Aktivitäten enger mit den Vereinen und Jugendfreizeitheimen/Jugendzentren zusammenarbeiten.

Gunter A. Pilz: Sport und Gewaltprävention. Hannover o.J.

Kriterien für bewegungsorientierte Angebote
- Ausrichtung des Angebots an den kindlichen Bedürfnissen.
- Geringe sportmotorische Anforderungen.
- Problemlose Übertragbarkeit der Angebote auf alle sonstigen Lebensbereiche.
- Vermeidung von Blamagesituationen.
- Angstfreie, animierende Lern- und Spielatmosphäre.
- Förderung kooperativer Handlungsweisen.
- Bereitstellung geschlechtsspezifischer Angebote.

Prinzipien
- Orientierung am didaktischen Prinzip „Denken und Machen".
- Orientierung an Bewegungsstrukturen, welche die Erfahrung von Abenteuer- und Risikoerlebnissen ermöglichen.
- Orientierungen an Bewegungstraditionen und -formen, die gewaltförmige Verhaltensmuster der Jungen aufbrechen, Selbstwertgefühl und Selbstbewusstsein bei Mädchen aufbauen, und somit perspektivisch eine gleichberechtigte Spielintegration der Mädchen ermöglichen.

Gunter A. Pilz: Von der Luftnummer zur Bodenhaftung? Bewegung und Spiel als Element einer gewalt- und suchtpräventiven Sportkultur. Hannover o.J.

Fairnesserziehung in der Schule

Grundwissen

Arturo Hotz (Red.): Handeln im Sport in ethischer Verantwortung. Magglingen 1996. In: Deutsche Olympische Gesellschaft (Hrsg): Faireßerziehung in der Schule, Frankfurt/M. 1997, Auszüge.

Der ewige Kampf gegen sich selbst.
Worum geht es bei einer Erziehung zu mehr Fairness also? Es geht darum, das gemeinsame Leben fair gestalten zu lernen. Im Sport
– können Lerngelegenheiten geschaffen werden;
– kann die soziale Kompetenz durch Erfahrungslernen erhöht werden;
– können die Fähigkeiten zur Kommunikation, zur sozialen Integration, auf Bedürfnisse anderer einzugehen, auf die ganzheitliche Unversehrtheit des anderen zu achten und niemanden Schaden zuzufügen, grundsätzlich und sorgfältig mit sich und anderen umzugehen, gezielter und vielleicht auch wirksamer erworben werden.

Gerade im sportlichen Spiel kann für das allgemeine Verständnis wichtiger gesellschaftlicher Werte wie Gerechtigkeit, Toleranz und Solidarität sensibilisiert werden.

Sport kann auch die Erfahrung von Teamgeist, gemeinsamer Befähigung von Leistung und Partnerschaft vermitteln. Schließlich können im Sport gerade auch Grenzerfahrungen mit dem Körper weiterführen: Wir sollen lernen, mit dem Körper fair umzugehen. Wir sollen ihn nicht überfordern, auch nicht mit unlauteren Mitteln. Faires Handeln heißt auch, auf Unsinn zu verzichten und überhaupt von dem Wahn abzukommen, dass Gesundheit, Jugend und Muskelkraft unbeschränkte Güter sein könnten. Der Züricher Sozialethiker Nans Ruh brachte es auf den Punkt: „Ethik ist das permanente Anrennen gegen jede Art von Unvernunft."

Wissen um Fair Play, um ethische Werte sowie um in ethischer Verantwortung festgelegte Normen und Regeln sind als kognitive Orientierungsgrundlage ein möglicher Ausgangspunkt. Wer in einem Erziehungsprozess zu ethischem Können befähigen will, darf und kann sich aber nicht auf Wissensvermittlung und auf ein verbessertes moralisches Urteilsvermögen beschränken. Dadurch allein kann die Praxis nicht wirksam genug verändert werden: Es bedarf der praktischen Umsetzung, was Erich Kästner längst erkannt hatte: „Es gibt nichts Gutes, außer man tut es."
Wie können aber unter welchen Bedingungen Fair-Play-geleitete Einsichten in die Tat umgesetzt werden? Der Göttinger Meister des Konjunktivs, Georg Christoph Lichtenberg (1742-1799), trifft das Wesentliche, wenn er sinniert: „Wir wissen nicht, ob es besser wäre, wenn es anders würde; wir wissen nur, dass es anders werden müsste, wenn es gut werden sollte!"
Packen wir es an – in der Schule und wo immer sich die Gelegenheit bietet!

Straßenfußball für Toleranz

Die Philosophie von Straßenfußball für Toleranz

Integration
Menschen werden nicht ausgegrenzt, weil sie „anders" sind. Unterschiedliche Meinungen, Nationalitäten, Hautfarben oder Kulturangehörigkeit sind Teil der Vielfalt.
Beim „Straßenfußball für Toleranz" können alle, die sich an die vereinbarten Regeln halten, mitspielen. Es gibt keine Tabus, alle Probleme werden angesprochen.

Gleichberechtigung
Mädchen werden nicht diskriminiert, weil sie manchmal anders Fußball spielen als Jungen oder einfach nur, weil sie Mädchen sind.
Beim „Straßenfußball für Toleranz" wird die Gleichberechtigung zum Thema gemacht und eingeübt. Besondere Regeln unterstützen diesen Anspruch.

Gewaltfreiheit
Gewalt darf weder auf dem Spielfeld noch im Alltag akzeptiert werden. Es gibt andere Möglichkeiten, um mit Stress und Konkurrenz, Konflikten und Problemen umzugehen.
Beim „Straßenfußball für Toleranz" wird der Verzicht auf körperliche und psychische Gewalt großgeschrieben und eingeübt. Wer unfair spielt, hat keine Chance.

Spass am Spiel und Lebensfreude
Im Vordergrund steht der Spaß und die Freude am gemeinsamen Spiel. Siege werden nicht auf Kosten anderer zelebriert, Niederlagen gemeinsam getragen.
Beim „Straßenfußball für Toleranz" wird faires Verhalten belohnt und ist wichtiger als der sportliche Sieg. Der Stellenwert von Sieg und Niederlage wird relativiert.

Kick Forward / Institut für Friedenspädagogik Tübingen e.V. (Hrsg.): Straßenfußball für Toleranz. Handreichung für Jugendarbeit, Schule und Verein. Tübingen 2006, S. 4.

„Straßenfußball für Toleranz" ist eine Methode des Fußballspielens mit einem besonderen Regelwerk.

Es bietet zahlreiche Anknüpfungspunkte im Kontext des sozialen Lernens. Auf spielerische Art und Weise können soziales und faires Miteinander erlebt werden.

Die Inhalte des sozialen Lernens entstehen aus konkreten Handlungssituationen im Spiel und um das Spiel herum. Die Spielenden müssen z. B. in einer Diskussion entscheiden, nach welchen besonderen Regeln sie das Spiel austragen werden – und diese Regeln dann auch einhalten. Die Jungen sind dazu aufgefordert, die teilnehmenden Mädchen aktiv in das Spiel einzubeziehen. Einen Schiedsrichter, bei dem sie sich beschweren können, gibt es nicht. Das bedeutet, Kinder und Jugendliche setzen sich mit Situationen auseinander, in denen sie selbst immer „mit-betroffen" sind und aktiv Entscheidungen treffen können und müssen. „Straßenfußball für Toleranz" bietet viele Anknüpfungspunkte für Lerninhalte, die in der Schule weiterentwickelt werden können und sollen: im Unterricht wie in Projekten, theoretisch und praktisch (Vgl. M 14, M 15).

www.streetfootballworld.org, www.friedenspaedagogik.de/themen/fair_play

Grundwissen

Überlegungen zur Umsetzung

„Fair Play ist Ausdruck einer prinzipiellen menschlichen Haltung, die sich im achtsamen Verhalten gegenüber sich selbst, gegenüber anderen, aber auch gegenüber der Um- und Mitwelt ausdrückt. Fair Play beweisst sich im Sport, aber nicht nur", so der erste Grundsatz der Fair-Play-Erziehung der Canadian Olympic Association, der die Lerndimension dieses Ansatzes verdeutlicht.

Für Lehrkräfte und Eltern
Es lohnt sich, vor dem Hintergrund des „Fair-Play-Ansatzes" die Ziele des Sportunterrichts und von Sportangeboten neu zu überdenken. Hierzu bieten die Materialien M 1 – M 2 Möglichkeiten der Auseinandersetzung. Die Bedeutung von Fair Play im Sport und darüberhinaus wird in M 3 – M 6 thematisiert und ermöglicht den Zusammenhang von Sport und Alltag herzustellen.
Die Grundsätze der Fair-Play-Erziehung (M 5) können als Grundlage für die Entwicklung einer eigenen Konzeption dienen, denn Fair-Play-Erziehung bezieht sich nicht nur auf sportliche Aktivitäten, sie beinhaltet prinzipielle Einsichten für das Zusammenleben.
Schülerinnen und Schüler sind besonders für einen fairen Umgang miteinander sensibilisiert. Das Vorbild der Eltern bzw. Lehrkräfte ist deshalb außerordentlich wichtig.

Für den Unterricht
Um ein tieferes Verständnis von Fair Play zu entwickeln geht es darum, sich mit fairem und unfairem Verhalten auseinander zu setzen und ein eigenes Verständnis von Fair Play zu entwicklen und zu internalisieren.
Hierfür bieten M 7 – M 13 vielfältige Möglichkeiten der Bearbeitung. Fair-Play-Regeln sollten selbstverständlich bei sportlichen Aktivitäten Anwendung finden und reflektiert werden.

Für die gesamte Schule
Eine besonders attraktive Form der Auseinandersetzung mit Fair Play bietet die Organisation und Durchführung von Kleinfeld-Fußball-Turnieren nach den Regeln des Straßenfußballs für Toleranz.
Die Erfahrungen – gerade auch aus Grundschulen – zeigen, dass hier ein enormes Lernfeld erschlossen werden kann, zumal Mädchen bei Straßenfußball für Toleranz stets gleichberechtigt einbezogen sind (M 14, M 15).

4. LERNFELDER UND ANSATZPUNKTE — 4.2 KONFLIKTBEARBEITUNG

Die Materialien im Überblick

Materialien	Beschreibung	Vorgehen
M 1: Lernziele des Sports	M 1 benennt zehn übergeordnete Lernziele des Sports sowie den Zehn-Punkte-Ehrenkodex der FIFA.	M 1 dient der Vergewisserung, welche Lernziele mit Sportangeboten erreicht werden sollen.
M 2: Fair Play für Alle	M 2 dokumentiert die Deklaration „Fair Play für Alle" des Internationalen Fair-Play-Komitees.	M 2 bietet einen Einblick in die Fair-Play-Diskussion und die Frage, was unter Fair Play zu verstehen ist.
M 3: Entstehungsgeschichte des Fair Play	Die Entstehung des Fair-Play-Gedankens und heutige Gefährdungen des Fair Play werden in M 3 dargesellt.	M 3 hilft das Verständnis von Fair Play zu schärfen.
M 4: Ehrenkodex für Trainerinnen und Trainer im Sport	M 4 dokumentiert den Ehrenkodex, der vom Hauptausschuss des Deutschen Sportbundes verabschiedet wurde.	Dieser Ehrenkodex bietet für Eltern Anhaltspunkte zur Einschätzung von Trainerinnen und Trainern in Vereinen und für Lehrkräfte Hinweise zur Reflexion der eingenen Praxis (nicht nur) im Sportunterricht.
M 5: Zehn Grundsätze der Fair-Play-Erziehung	Die Grundsätze der Fair-Play-Erziehung in der Formulierung der Canadian Olympic Association.	Die Auseinandersetzung mit den Grundsätzen der Fair-Play-Erziehung ermöglicht prinzipielle pädagogische Einsichten in Umgangs- und Verhaltensweisen.
M 6: Fair Play for Fair Life	M 6 zeigt die Bedeutung des Fair Play für alle Lebensbereiche auf.	Was bedeutet „Fair Play" für den Alltag? Ist „Fair Life" eine Lebens- und Handlungsperspektive?
M 7: Bleib fair – eine Bildergeschichte	Die Bildergeschichte zeigt eine (alltägliche) Geschiche aus dem Turnunterricht.	Die Schülerinnen und Schüler schreiben in Kleingruppen eine Geschichte und überlegen sich was die Lehrerin sagen könnte.

4.2.5 SPORT UND FAIR PLAY

Materialien	Beschreibung	Vorgehen
M 8: Fair-Play-Regeln entwickeln	Anleitung zur Entwicklung von Fair-Play-Regeln.	Von den Vorstellungen der einzelnen Schülerinnen und Schüler ausgehend werden Fair-Play-Regeln für Gruppen, die Klasse und die Schule entwickelt.
M 9: Fair oder unfair?	M 9 zeigt Szenen, die faires bzw. unfaires Verhalten darstellen.	Das Arbeitsblatt wird in Kleingruppen bearbeitet. Wichtig sind die Begründungen.
M 10: In der Sporthalle	Die vier Fotos von M 10 zeigen Beispiele fairen (partnerschaftlichen) Verhaltens.	Die Kinder erzählen (schreiben) was auf den Fotos genau geschieht und warum dieses Verhalten fair ist.
M 11: Rund um Fair Play	M 11 beschreibt vielfältige Aktivitäten wie das Thema Fair Play im Unterricht (und darüber hinaus) aufgegriffen werden kann.	In Form von Unterrichtsprojekten können Teile der vorgeschlagenen Aktivitäten umgesetzt werden.
M 12: Fair Play nicht nur im Sport	Das Arbeitsblatt thematisiert Fair Play in verschiedenen Lebenszusammenhängen.	Das Arbeitsblatt wird in Einzelarbeit ausgefüllt und gemeinsam besprochen.
M 13: Fair-Play-Aufkleber	Vorlage zum Gestalten von Aufklebern.	Mit Hilfe von M 13 können Aufkleber mit Fair-Play-Sprüchen gestaltet werden.
M 14: Straßenfußball für Toleranz	M 14 bescheibt den Ansatz von Straßenfußball für Toleranz.	Die Organisation von Fußballspielen oder gar Turnieren nach den Spielregeln für Straßenfußball für Toleranz vermittelt intensive Erlebnisse im Umgang mit Fair-Play-Regeln.
M 15: Grundregeln von Straßenfußball für Toleranz	M 15 präsentiert die wichtigsten Regeln von Straßenfußball für Toleranz in einer Übersicht.	Die Regeln können mit Hilfe von M 15 anschaulich vermittelt werden.

M1 Lernziele des Sports

Zehn Lernziele des Sports

1. Siege maßvoll genießen.
2. Niederlagen souverän bewältigen.
3. Teamgeist entwickeln und das Vertrauen der anderen Team-Mitglieder gewinnen.
4. Sich selber und die eigenen Grenzen kennen lernen.
5. Stetes Training als Grundlage des Erfolgs erkennen.
6. Gegner respektieren – ohne Gegner kein sportlicher Wettkampf.
7. Regeln (der Gemeinschaft) einhalten.
8. Gesunde Lebensformen pflegen.
9. Konflikte friedlich lösen.
10. Lebensfreude bis ins hohe Alter selbständig erfahren.

Adolf Ogi, Sonderberater für Sport im Dienste von Entwicklung und Frieden des UNO-Generalsekretärs. In: Global lernen 2/2005.

10-Punkte-Ehrenkodex der FIFA

1. Spiele, um zu gewinnen.
2. Spiele fair.
3. Halte Dich an die Spielregeln.
4. Respektiere Gegner, Mitspieler, Spielleiter, Offizielle und Zuschauer.
5. Akzeptiere eine Niederlage mit Würde.
6. Fördere die Interessen des Fußballs.
7. Lehne Korruption, Drogen, Rassismus, Gewalt und andere Gefahren für unseren Sport ab.
8. Hilf anderen, schlechten Einflüssen zu widerstehen.
9. Prangere jene an, die versuchen, unserem Sport zu schaden.
10. Ehre jene, die die Interessen des Fußballs verteidigen.

DFB-Journal, Heft 1 / 1997.

Lehrer, Eltern

M2 Fair Play für Alle

Deklaration des Internationalen Fair-Play-Komitees (Comite International pour le Fair Play/CIFP) Oktober 1990.

Im Leben von Millionen von Menschen und vieler Völker spielt der Sport heute eine bedeutende Rolle, weit mehr als früher.

Der Hochleistungssport genauso wie der „Sport für alle", Sport als sinnvolle Freizeitgestaltung oder zur gesundheitlichen Vorbeugung bzw. Rehabilitation, Sport zur Unterhaltung oder zum Erleben der eigenen körperlichen Leistungsfähigkeit sind davon betroffen; einzuschließen ist auch der Profisport und seine Vorbildwirkung in einigen sehr populären Sportarten. In jedem Alter, besonders aber in der Sporterziehung von Kindern und Jugendlichen muss das Fair-Play-Ideal immanent sein. Neben der schulischen Erziehung (vom Vorschulbereich bis zur Hochschule) müssen Training, Wettkampf und das Zusammenleben in den Sportclubs den Erfordernissen fairen Verhaltens in besonderem Maße Rechnung tragen.

Wenn wir von Fair Play sprechen, dann gibt es unterschiedliche Aufgaben, Interpretationen in Beziehung zu verschiedenen Sportbereichen und kulturellen Unterschieden. Wenn wir Lösungen suchen, dann sind diese nicht als Rezept zu finden, sondern müssen problemorientiert angegangen werden; dies erlaubt verschiedene Lösungswege.

Das Gebot des Fair Play hatte von Anfang an einen festen Platz im Sport, wir können sogar soweit gehen und behaupten: „Ohne Fair Play gibt es keinen Sport". Das Gebot des Fair Play ist ein herausragender und immanenter Teil der von Pierre de Coubertin begründeten Olympischen Idee. Fair Play bezeichnet nicht nur das Einhalten der Spielregeln, Fair Play umschreibt vielmehr eine Haltung des Sportlers: der Respekt vor dem sportlichen Gegner und die Wahrung seiner physischen und psychischen Unversehrtheit. Fair verhält sich derjenige Sportler, der vom anderen her denkt.

Dies liegt zunächst im persönlichen Engagement des einzelnen Sportlers. Die strukturellen Bedingungen des Sportbetriebs insgesamt und in der jeweiligen Sportart im speziellen sind jedoch entscheidende Voraussetzungen. Diese Bedingungen werden wesentlich von den Sportverbänden (regional, national, international) in Bezug auf das Regelwerk, aber auch auf die Schulung der Trainer, Schiedsrichter, Mediziner und sonstigen Funktionäre mitbestimmt.

Den Regierungen, insbesondere den staatlichen und privaten Bildungseinrichtungen kommt eine hohe Verantwortung für die Erziehung und Einstellung der Menschen zum Fair Play zu. Der Erziehungsprozess wendet sich nicht nur an die aktiven Sporttreibenden sondern auch an die Sportkonsumenten, die Zuschauer. Der Erziehung zum Fair Play kommt dabei eine erhöhte Bedeutung zu; sie muss in den Curricula verankert werden.

Mit Sorge beobachtet das Internationale Fair-Play-Komitee Fehlentwicklungen im Bereich des Sports auf der ganzen Welt, welche dem Gedanken des Fair Plays zuwider laufen. Eine breite Fair-Play-Diskussion muss innerhalb des Sports geführt werden und helfen, faires Handeln im Sport einsichtig zu machen. Sie zielt nicht darauf ab, Sportler moralisch zu verurteilen. Dabei ist präventiven Maßnahmen Vorrang zu geben.

Grundsätzlich müssen die Bedingungen überdacht, und, wo nötig, verändert werden, unter denen heute sportliche Leistungen vollbracht werden. Fair spielen, den Erfolg nicht um jeden Preis suchen, ist das Gebot des Fair Play. Daher muss der Druck von den Sportlern und Trainern genommen werden, dass nur der Sieg zählt.

www.sportunterricht.de/lksport/fairtexte.html

Lehrer, Eltern

M3 Entstehungsgeschichte des Fair Play

Es waren die Mitglieder der englischen Mittel- und Oberschicht, die die Werte und Normen der Fairness „erfanden", d. h. das Fair Play erfuhr im viktorianischen Zeitalter Englands seine eigentliche, heutige inhaltliche Ausformung und Festlegung auf
- die Herstellung der Chancengleichheit,
- die freiwillige Unterwerfung unter die Regeln und
- die Achtung des Gegners als Partner im sportlichen Wettkampf.

Das Wesen des Fair Play lässt sich entsprechend in vier Sätzen zusammenfassen:
- Der faire Spieler muss sich selbstverständlich an die Regeln halten;
- Er muss sein bestes tun, das Spiel innerhalb der Regeln zu gewinnen;
- Er muss, um zu seiner Bestleistung herausgefordert zu werden, den bestmöglichen Gegner suchen und diesem Gegner jede Möglichkeit geben, seine Bestleistung hervorzubringen;
- Der faire Zuschauer muss unparteiisch sein.

Fair Play bedeutet also mehr, erheblich mehr, als nur die Regeln einzuhalten. Die englische „Freizeitschicht" betrieb im wesentlichen den sportlichen Wettkampf als reinen Selbstzweck. Das Ergebnis war weniger wichtig als das gemeinsame sportliche Handeln, der Weg wichtiger als der Sieg. Diese Einstellung scheint nur so lange realisierbar, als der Sport Selbstzweck bleibt.

Gefährdungen für Fair Play heute

Je länger die Jugendlichen im Verein aktiv sind, desto schwächer ausgeprägt ist ihr Fairnessverständnis im Sinne des ursprünglichen Fair Play, desto eher sind sie auch bereit, Regelverstöße im Interesse des Erfolges nicht nur zu akzeptieren, sondern auch nicht mehr als unfair zu bezeichnen. Im Laufe ihrer leistungssportlichen Entwicklung lernen Jugendliche, immer ausdrücklicher das Gebot des Erfolges über das der Fairness zu stellen. So zeigt sich in unseren Befragungen, dass sich bereits bei jugendlichen Fußballspielern deren Verständnis vom Fair Play um so stärker vom klassischen Fair Play entfernt und einer Moral des „fairen Fouls" Platz macht, je leistungs- und erfolgsorientierter sie sind. Fair Play entwickelt sich von einer Frage der Geisteshaltung zu einer Frage der Opportunität des Vergleichs von Kosten und Nutzen: In welcher Situation kann ich es mir erlauben, fair zu sein? Der Sport hat sich so an die Normen und Werte der ihn umgebenden Leistungsgesellschaft, genauer Erfolgsgesellschaft, angepasst. Wenn es stimmt, dass das Einhalten des Fair Play in erster Linie eine Frage des Abwägens von Kosten und Nutzen ist, dann müssen die Kosten für Unfairness und/oder der Nutzen für Fair Play so hoch gefahren werden, dass es sich nicht lohnt, unfair zu spielen.

Gunter A. Pilz: Fairnesserziehung und Erfolgsorientierung. Hannover o.J. Auszüge.

M4 Ehrenkodex für Trainerinnen und Trainer im Sport

1. Trainerinnen und Trainer respektieren die Würde der Sportlerinnen und Sportler, die unabhängig von Alter, sozialer und ethnischer Herkunft, Weltanschauung, Religion, politischer Überzeugung oder wirtschaftlicher Stellung gleich und fair behandelt werden.

2. Trainerinnen und Trainer bemühen sich, die Anforderungen des Sports in Training und Wettkampf mit den Belastungen des sozialen Umfeldes, insbesondere von Familie, Schule, Ausbildung und Beruf, in Einklang zu bringen.

3. Trainerinnen und Trainer bemühen sich um ein pädagogisch verantwortliches Handeln:
- Sie geben an die zu betreuenden Sportlerinnen und Sportler alle wichtigen Informationen zur Entwicklung und Optimierung ihrer Leistung weiter.
- Sie beziehen die Sportlerinnen und Sportler in Entscheidungen ein, die diese persönlich betreffen.
- Sie berücksichtigen bei Minderjährigen immer auch die Interessen der Erziehungsberechtigten.
- Sie fördern die Selbstbestimmung der ihnen anvertrauten Sportlerinnen und Sportler.
- Sie bemühen sich bei Konflikten um offene, gerechte und humane Lösungen.
- Sie wenden keine Gewalt gegenüber den ihnen anvertrauten Athletinnen und Athleten an, insbesondere keine sexuelle Gewalt.
- Sie erziehen zur Eigenverantwortlichkeit und zur Selbständigkeit der Sportlerinnen und Sportler, auch im Hinblick auf deren späteres Leben.

4. Trainerinnen und Trainer erziehen ihre Sportlerinnen und Sportler darüber hinaus
- zu sozialem Verhalten in der Trainingsgemeinschaft,
- zu fairem Verhalten innerhalb und außerhalb des Wettkampfes und zum nötigen Respekt gegenüber allen anderen in das Leistungssportgeschehen eingebundenen Personen und Tieren,
- zum verantwortlichen Umgang mit der Natur und der Mitwelt.

5. Das Interesse der Athletinnen und Athleten, ihre Gesundheit, ihr Wohlbefinden und ihr Glück stehen über den Interessen und den Erfolgszielen der Trainerinnen und Trainer sowie der Sportorganisationen. Alle Trainingsmaßnahmen sollen dem Alter, der Erfahrung sowie dem aktuellen physischen und psychischen Zustand der Sportlerinnen und Sportler entsprechen.

6. Trainerinnen und Trainer verpflichten sich, den Gebrauch verbotener Mittel (Doping) zu unterbinden und Suchtgefahren (Drogen-, Nikotin- und Alkoholmissbrauch) vorzubeugen. Sie werden durch gezielte Aufklärung und Wahrnehmung ihrer Vorbildfunktion negativen Auswüchsen entgegenwirken.

Der Hauptausschuss des Deutschen Sportbundes hat auf seiner Sitzung am 13. Dezember 1997 in Frankfurt diesen Ehrenkodex für Trainerinnen und Trainer im Sport verabschiedet.
In: „Übungsleiter", Nr. 3/98.

Lehrer, Eltern

M5 Zehn Grundsätze der Fair-Play-Erziehung

1. Fair Play ist Ausdruck einer menschlichen Haltung, die sich im achtsamen Verhalten gegenüber sich selbst, gegenüber anderen, aber auch gegenüber der Um- und Mitwelt ausdrückt. Fair Play beweist sich im Sport, aber nicht nur!

2. Fair Play ist die Kernqualität der Einstellung im zwischenmenschlichen und mitweltbezogenen Bereich! Appelle, Verbote oder Strafen sind keine probaten Mittel, sie situationsübergreifend und mit Dauerwirkung zu fördern! Es müssen handlungswirksamere Methoden gewählt werden!

3. Faires Verhalten setzt bestimmte Fähigkeiten voraus! „Achtsamkeit", „Ehrlichkeit", „Selbstvertrauen", „Rücksichtnahme", „Verlieren können" und „Einfühlungsvermögen" („Empathie") sind diese Voraussetzungen, die es dazu braucht, und die es gezielt zu fördern und zu entwickeln gilt! Moralisches Lernen bedeutet stets Arbeit an der eigenen Persönlichkeit! Faires Verhalten kann letztlich nicht gelehrt, dafür aber vorgelebt und gelernt werden!

4. Diese Fähigkeiten werden in einer Unterrichtsatmosphäre gefördert, in der Kameradschaftlichkeit, Offenheit und Verständnis möglich sind!

5. Dem Erfolgsprinzip, das sich in „Konkurrenz", „Sieg" und „Niederlage" ausdrückt, muss die Schärfe genommen werden! Vielmehr müssen auch das Wohlbefinden, das Zusammenspiel, das Spielerlebnis, die Qualität eines Spiels überhaupt sowie die inneren „Sensationen" angestrebt, betont, hervorgehoben und gepflegt werden!

6. Nicht nur, was wir tun, ist wichtig, sondern vor allem: wie wir es tun!

7. „Wir sind die Vorbilder!" – Nicht unsere Worte, sondern die Art, wie wir mit den Schüler/innen umgehen, und die Art, wie wir Konflikte lösen, macht uns glaubwürdig!

8. Moralisches Handeln setzt Selbständigkeit und Verantwortungsgefühl voraus!
Dafür müssen Lerngelegenheiten geschaffen werden, beispielsweise bei der Mitgestaltung des Unterrichts oder bei der Festlegung formeller und informeller Regeln!

9. Die Bereitschaft und Fähigkeit, Konflikte lösen zu können, müssen frühzeitig gefördert werden! Konflikte dürfen nicht nur negativ bewertet werden; sie können und müssen auch als Chance zur Veränderung und zur Entwicklung, aber auch als Herausforderung, noch mehr am Thema „Fair Play" zu arbeiten, aufgefasst werden!

10. Ziel der Fair-Play-Erziehung muss es auch sein, weniger Schiedsrichter einzusetzen, nicht mehr! Der Schiedsrichter sollte in jeden Einzelnen von uns „transplantiert" werden! Dies kommt im folgenden Zitat zum Ausdruck: „Jeder achtet darauf, dass er von seinem Nachbarn nicht betrogen wird. Aber es kommt der Tag, an dem er anfängt, darauf zu achten, dass er seinen Nachbarn nicht betrügt".

Canadian Olympic Association 1989. In: Schweizerischer Olympischer Verband in Verbindung mit der Deutschen Olympischen Gesellschaft (Hrsg.): Erziehung zu mehr Fairplay. Anregungen zum sozialen Lernen – im Sport, aber nicht nur dort! Bern 1998.

M6 Fair Play for Fair Life

Fair Life bedeutet ...

... dass alle Menschen auf der Erde eine faire Chance erhalten: für ein Leben in Frieden und Würde, ohne Ausbeutung, Hunger, Armut und Unterdrückung.

... dass Regierungen und Gesellschaften Regeln für ein faires Zusammenleben weltweit beachten: Die Respektierung von Völkerrecht und Menschenrechten.

... dass insbesondere Kinder nicht Willkür und Gewalt ausgesetzt sind: Die Durchsetzung der Kinderrechte weltweit.

... dass Menschen weltweit voneinander lernen und sich gegenseitig unterstützen: Die Solidarität in Zeiten der Globalisierung.

... dass Anderssein nicht mehr als Bedrohung, sondern als Chance wahrgenommen wird: Die Gemeinsamkeit im Anderssein erkennen.

... dass Konflikte nicht mehr mit Gewalt ausgetragen werden: Die Etablierung einer Kultur des Friedens.

... dass für Waren und Dienstleistungen ein gerechter Preis bezahlt wird: Die Förderung des fairen Handels.

... dass faires Verhalten belohnt wird: Die Absage an Vorteilnahme durch Ungerechtigkeit.

Global Lernen 2/2005, S. 6.

Lehrer, Eltern

M7 Bleib fair – eine Bildergeschichte

1. Bringt die Bilder in eine Reihenfolge. Erzählt dazu eine Geschichte und schreibt diese auf.
2. Auf einem der Bilder spricht die Lehrerin mit den Kindern. Was sagt sie?

M8 Fair-Play-Regeln entwickeln

Unsere Regeln

1. Individuelle Klärung
Was heißt Fair Play für mich? Jede Schülerin, jeder Schüler schreibt die wichtigsten Punkte auf einen Zettel.

2. Gruppenphase
Diskussion der unterschiedlichen Vorstellungen von Fair Play in einer Kleingruppe, Einigung auf mindestens fünf, maximal zehn Regeln.

3. Klassenphase
Präsentation der Gruppenergebnisse in der Klasse. Eine gewählte Gruppe formuliert anschließend für den Klassenverband gültige Regeln und stimmt diese mit der Klasse ab.
Gleichzeitig wird diskutiert und beschlossen, wie mit Verstößen gegen die Regeln umgegangen werden soll.

4. Schulphase
Die in den Klassen vereinbarten Regeln werden in einer kleinen Ausstellung an der Schule öffentlich gemacht.

5. Beschluss
Die Schulkonferenz beschließt Regeln für die gesamte Schule.

WM Schulen – Fair Play for Fair Life. Leitfaden für WM Schulen. Tübingen 2005, S. 17.

M9 Fair oder unfair?

Cartoon: Burkhard Pfeifroth, Reutlingen

4.2.5 SPORT UND FAIR PLAY

M10 In der Sporthalle

Diese Kinder verhalten sich fair.

M11 Rund um Fair Play

Fair Play ist nicht nur eine Maxime für den Sport, sondern für das gesamte Zusammenleben der Menschen. Das Erkennen von unfairem Verhalten, die Erarbeitung von eigenen Fair-Play-Regeln und das Einüben von Fair-Play-Verhalten gehört zu den herausragenden Zielen auch im Kontext von Gewaltprävention.

Schülerbefragung
Die Schülerinnen und Schüler notieren sich stichwortartig, was für sie fair und unfair bedeutet. Anschließend diskutieren sie in Gruppen ihre Meinung, visualisieren ihre Ergebnisse in Form einer Mindmap und stellen sie der Klasse vor.

Befragung von Sportlerinnen und Sportlern
Die Schülerinnen und Schüler befragen lokale Fußballspielerinnen und -spieler nach ihrem Verständnis von Fair Play. Sie schreiben die Stellungnahmen auf eine Wandzeitung und hängen diese im Klassenzimmer oder im Schulfoyer auf.

Bildkartei
Die Schülerinnen und Schüler werden gebeten, Fotos und Karikaturen aus Zeitschriften, Zeitungen oder Magazinen zum Thema Fair Play zu sammeln und mitzubringen. Die Illustrationen werden besprochen und ausgewertet, in einer Kiste gesammelt, ergänzt und bei Bedarf für Gespräche, Arbeitsgruppen oder Wandzeitungen verwendet.

Einschätzungen
Aktuelle Ereignisse aus dem Sport, aus der Gesellschaft oder aus dem Schulalltag werden unter dem Aspekt der Fairness diskutiert.

Werbung
Viele bekannte Sportartikelfirmen werben mit Werbeanzeigen und -spots für ihre Produkte.
Welche Botschaften werden dabei vermittelt? Sind diese mit den Zielen von Fair Play for Fair Life vereinbar? An welche Zielgruppen wendet sich die Sportartikelwerbung? Mit welchen Stilmitteln wird gearbeitet?

Institut für Friedenspädagogik Tübingen e.V.: WM Schulen – Fair Play for Fair Life. Leitfaden für WM Schulen. Tübingen 2005, S. 17.

M12 Fair Play nicht nur im Sport

Was bedeutet Fair Play in Deiner Schulklasse?

_____

_____

_____

Was bedeutet Fair Play unter Freunden?

_____

_____

_____

Was bedeutet Fair Play in der Familie?

_____

_____

_____

Was bedeutet Fair Play im Verkehr?

_____

_____

_____

M13 Fair-Play-Aufkleber

Denke Dir einen Spruch zum Thema „Fair Play" aus und schreibe ihn als Deinen Wahlspruch auf.

Gestalte einen Aufkleber zu „Fair Play".

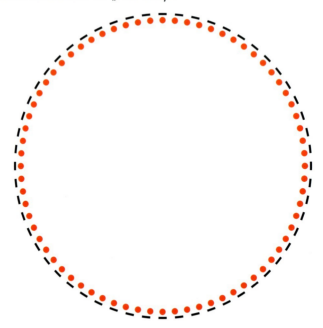

M14 Straßenfußball für Toleranz

„Straßenfußball für Toleranz" verfügt über ein sehr flexibles Reglement. Dabei gibt es Grundregeln, die nicht verändert werden sollten, um den Charakter des Ansatzes zu erhalten. Andere Regeln sind nur als Denkanstoß gedacht, sie können verändert oder auch weggelassen werden. Selbstverständlich ist es auch möglich, neue Regeln hinzuzunehmen.

Das folgende Regelsetting hat sich bewährt:

Kleinfeld-Fußball
Gespielt wird auf einem Kleinfeld (ca. 10 x 15 m) mit kleinen Toren. Spieldauer: Sieben Minuten.

Teams
Die Teams bestehen aus bis zu sechs Spielerinnen und Spielern (zwei Auswechselspielerinnen und Auswechselspieler). Jedes Team ist mit vier Spielerinnen und Spielern auf dem Platz vertreten. Die Teams sind gemischt. Es wird ohne Torwart gespielt. Auswechslungen sind laufend möglich.

Rolle der Mädchen
Es müssen zwei Mädchen auf dem Spielfeld sein. Ein Mädchen im Team muss im Laufe des Spiels ein Tor schießen. Damit zählen alle anderen geschossenen Tore. Diese Regel ist zentral im Kontext des sozialen Miteinanders im Team.

Teamer
Schiedsrichter gibt es nicht. Sie werden durch sogenannte Teamer ersetzt, die eine zentrale Rolle einnehmen mit anspruchsvollen Aufgaben.

Dialogzone und Agreements
Vor dem Spiel kommen die Teams in einer „Dialogzone" zusammen und definieren für sich drei „Agreements": Darunter versteht man zusätzliche Regeln im Geiste von Fair-Play, die während des Spiels eingehalten werden sollen. Nach dem Spiel kommen die Teams wieder zusammen und diskutieren kurz, inwiefern sie diese Agreements eingehalten haben. Der Teamer kann hier unterstützen und auf beobachtete Spielsituationen aufmerksam machen.

Beispiele für Agreements
– Sich gegenseitig aufhelfen
– Auswechslung nach einem Foul
– Keine blöden Ausdrücke
– Keine Fernschüsse
– Handschlag vor und nach dem Spiel
– Sich für Verstöße sofort beim Gegner und beim eigenen Team entschuldigen.

Punkteverteilung
Der Gewinner nach Toren erhält drei Punkte, der Verlierer nach Toren einen Punkt, bei einem Unentschieden erhalten beide Teams jeweils zwei Punkte. Beide Teams können noch bis zu drei Fair-Play Punkte bekommen.

Besonders bewährt hat sich folgendes Vorgehen:
– Drei Fair-Play-Punkte bekommt ein Team, wenn alle drei Agreements eingehalten wurden und besonders fair gespielt wurde;
– Zwei Fair-Play Punkte werden vergeben, wenn alle Agreements eingehalten wurden, das Spiel jedoch nicht vollkommen fair war;
– Einen Fair-Play Punkt gibt es, wenn nur ein Teil der Agreements eingehalten wurde.

Kick Forward / Institut für Friedenspädagogik Tübingen e.V. (Hrsg.): Straßenfußball für Toleranz. Handreichung für Jugendarbeit, Schule und Verein. Tübingen 2006, S. 7.

M15 Grundregeln von Straßenfußball für Toleranz

Die Grundregeln

Gespielt wird auf einem Kleinfeld (10 x 15 m).

Gespielt wird 2 mal 7 Minuten.

Ein Team besteht aus 6 Spielerinnen und Spielern. Davon sind 4 auf dem Platz.

In den Teams spielen Jungen und Mädchen.

Es darf laufend ausgewechselt werden.

Gespielt wird ohne Torwart.

Es gibt keine Schiedsrichter, sondern Teamer.

Die Aufgaben der Teamer sind:
– Vor dem Spiel: Diskussion und Festlegung von drei „Fair-Play-Regeln" mit den Teams.
– Während des Spiels: Erkennen und Schlichten von Konfliktsituationen.
– Nach dem Spiel: Beurteilung des Spielverlaufs und Diskussion der Vergabe der Fair-Play-Punkte mit den Teams.

Es gibt am Spielfeldrand eine Dialogzone. Vor dem Spiel kommen die Teams in der „Dialogzone" zusammen und einigen sich auf Fair-Play-Regeln.

Es muss mindestens ein Tor von einem Mädchen erzielt werden.

Für das Endergebnis zählen Tore und Fair-Play-Punkte.

Der Gewinner nach Toren erhält 3 Punke, der Verlierer einen Punkt.

Beide Mannschaften können noch bis zu 3 Fair-Play-Punkte bekommen.

Umgang mit Gewalt

Grundwissen
- Umgang mit Gewaltsituationen — S. 376
- Täter, Opfer, Zuschauer — S. 377
- Vorbereitung auf Problemsituationen — S. 379
- Zielrichtungen — S. 380
- Sich dem eigenen Aggressionspotenzial stellen — S. 382
- Handeln in Gewaltsituationen — S. 383
- Verheimlichung und Rechtfertigung — S. 384
- Überlegungen zur Umsetzung — S. 385
- Die Materialien im Überblick — S. 387

Materialien

Für Lehrkräfte und Eltern
- M 1: Checkliste Selbstbehauptungs- u. Selbstverteidigungskurse — S. 389
- M 2: Konflikt- und Gewaltsituationen — S. 390
- M 3: Eingreifen — S. 391
- M 4: Checkliste Situationen, Beteiligte — S. 392
- M 5: Checkliste zur eigenen Person — S. 393
- M 6: Interventionsregeln für Lehrkräfte — S. 394
- M 7: Regeln für Eltern — S. 395

Für den Unterricht
- M 8: Regeln für Schülerinnen und Schüler — S. 396
- M 9: Eingreifen – aber wie? — S. 397
- M 10: Nichts Besseres zu tun — S. 398
- M 11: Täter, Opfer, Zuschauer — S. 399
- M 12: Problemsituationen spielen — S. 400

Für die Schule
- M 13: Schüler greifen ein – ein Leitfaden — S. 401
- M 14: Vorschläge der Polizei — S. 402

Dieser Baustein zeigt, welche Handlungs- und Reaktionsmöglichkeiten bei Gewalthandlungen bestehen, was dabei zu beachten ist und wie mit solchen Situationen umgegangen werden kann.

Umgang mit Gewaltsituationen

> **Drei Bereiche, in denen ein pädagogisches Eingreifen zwingend notwendig ist:**
> 1. Grenzen sind dort zu ziehen, wo einem Individuum eindeutig Gefahren drohen.
> 2. Grenzziehung ist nötig, wo Menschen verletzt, geplagt, gekränkt werden.
> 3. Es gibt Grenzen, die das gesellschaftliche Zusammenleben erfordert.
>
> *Andreas Flitner: Konrad sprach die Frau Mama. Reinbek 1985, S. 105.*

Eingreifen bei Gewaltsituationen ist wichtig. Nur wenn deutlich gemacht wird, dass Gewalt nicht geduldet wird und keinen Platz hat, kann sie wirksam bekämpft werden.

Obwohl harte Gewaltsituationen im Bereich der Grundschule eher selten vorkommen, so sind doch Schülerinnen und Schüler wie Lehrkräfte immer wieder mit solchen Situationen konfrontiert.

Gewaltsituationen tauchen häufig unvermittelt auf. Eine Vorbereitung auf die spezifische Situation ist deshalb kaum möglich. Sie sind oft hoch emotional aufgeladen und in ihrem Verlauf kaum berechenbar und kaum zu kontrollieren. Sie erfordern sofortiges Handeln und machen (notwendige) Absprachen mit anderen in der Situation oft nur schwer möglich. Darüber hinaus aktivieren sie Ängste um die eigene körperliche Unversehrtheit.

Umgang mit Aggression und Gewalt bedeutet auch im persönlichen Bereich das Erkennen und Beherrschen der eigenen aggressiven Impulse und Phantasien, die Reflexion des eigenen Handelns in gewaltträchtigen Situationen sowie die Förderung eines alternativen Verhaltensrepertoirs, das den Rückgriff auf gewalttätige Handlungen nicht mehr notwendig erscheinen lässt.

Handeln in Gewaltsituationen bedeutet, Täter, Opfer und Zuschauer im Blick zu haben. Das Opfer zu schützen, den/die Täter zu stoppen und zur Rechenschaft zu ziehen und die Zuschauer zur Unterstützung anzuregen.

> **Gewalt wird gerade auch von Kindern und Jugendlichen immer wieder eingesetzt, um mit belastenden Krisen- oder Konfliktsituationen fertig zu werden oder ihnen zu entkommen.**
> Gewalt zu reduzieren bedeutet hier, andere Möglichkeiten des Umgangs mit Problemen, Konflikten und Krisen anzubieten, zu lernen, besser mit Krisen und Konflikten umzugehen. Wenn es gelingt, Situationen differenzierter einzuschätzen sowie andere Lösungsmöglichkeiten zu lernen, zu üben und zu erproben, dann werden Gewaltlösungen zugunsten neuer, weniger gewaltbeladener Strategien abnehmen. Schnellere und einfachere Lösungen von aktuellen Gewaltproblemen verspricht dies nicht, wohl aber auf Dauer nachhaltige Verbesserungen.
>
> *Klaus J. Beck: Jungen und Gewalt. In: Ingo Bieringer / Walter Buchacher / Edgar J. Forster (Hrsg.): Männlichkeit und Gewalt. Konzepte für die Jungenarbeit. Opladen 2000, S. 205 f.*

Täter, Opfer, Zuschauer

Wie kann man sich, bzw. wie soll man sich in Problem- und Gewaltsituationen verhalten? Sinnvoll erscheint es, sich mit potenziellen Droh- und Gewaltsituationen im Vorfeld auseinanderzusetzen (z.B. gemeinsame Vorgehensweisen auszuarbeiten). Dies ermöglicht es in einer Gewaltsituation angemessen(er) zu handeln. Dennoch lässt sich (eigenes und fremdes) Verhalten in solchen Situationen nur unzureichend vorhersagen.

Grundwissen

Gewaltsituationen spielen sich i.d.R. im Dreieck zwischen Opfer, Zuschauer und Täter ab:

Zuschauer
Zuschauer wissen oft nicht, wie sie Hilfe anbieten können. Oft heizen sie unbewusst durch ihr Neugierverhalten die Situation an. Zuschauer müssen deshalb lernen, ihre Gleichgültigkeit aufzugeben, einzugreifen, Situationen zu deeskalieren, Opfer zu schützen. Sie müssen lernen, wie angemessene Hilfe aussehen kann und wo fremde Hilfe zu finden ist.

Opfer
Opfer wissen meistens nicht, wie sie sich verhalten sollen. Sie haben oft wenig Selbstbewusstsein und ein eher unterwürfiges Verhalten. Nur wenige Opfer können Hilfe mobilisieren. Dritte müssen deshalb in der

Gewaltsituation die Opfer schützen, müssen ihnen Hilfe und Betreuung anbieten und dürfen die Opfer nicht allein lassen.

Potenzielle Opfer müssen lernen, auf sich aufmerksam zu machen, sich angemessen wehren zu können, aus der typischen Opferrolle herauszukommen und Selbstbewusstsein zu entwickeln.

Täter

Für viele Täter ist Gewaltanwendung legitim. Ihr Handeln ist auf sofortige Bedürfnisbefriedigung ausgerichtet. Verletzungen anderer werden in Kauf genommen. Die Folgen ihrer Tat (für andere und sie selbst) werden ausgeblendet. Gewalthandlungen werden oft auch als starker emotionaler Reiz, als „Kick" erlebt.

Deshalb müssen Täter lernen, dass sie zum einen die Folgen ihres Handelns tragen müssen, und zum anderen ihre eigenen Bedürfnisse und Interessen nicht auf Kosten anderer durchsetzen können.

Weiter müssen sie lernen, Konflikte ohne Gewalt auszutragen und soziale Anerkennung auf legitime Art und Weise zu erwerben. Es ist notwendig, die Taten aufzudecken und nicht zu verschleiern, die Täter mit ihren Taten zu konfrontieren und Wiedergutmachung einzufordern. Potenzielle Täter müssen klare Grenzen erkennen können.

Deshalb empfehlen die meisten Handlungsanweisungen für Gewaltsituationen drei Strategien: Sich selbst nicht unnötig in Gefahr zu bringen, das Opfer zu schützen und es ermöglichen, dass die Täter zur Rechenschaft gezogen werden.

Vorbereitung auf Problemsituationen

Seminare und Trainings als Vorbereitung auf Problem- und Gewaltsituationen vermitteln Kenntnisse über eigene und fremde Reaktionsweisen, schulen die soziale Wahrnehmung oder üben konkrete Verhaltensweisen ein. Einen besonders wichtigen Stellenwert haben sie in der konkreten Vorbereitung möglicher Problemsituationen. Dabei geht es sowohl um individuelle Strategieentwicklung, als auch um das Kennenlernen und Verändern eigener Verhaltensweisen in zu erwartenden Situationen.

Inhalt dieser Trainings ist das Entwickeln von Selbstsicherheit und Selbstbewusstsein in Problemsituationen sowie von effektiven Strategien des Verhaltens, z.B.: Wie kann Hilfe mobilisiert, wie können Zuschauer aktiviert werden, welche Ansprache und Wortwahl ist empfehlenswert usw.

Eine wichtige und durchaus kontrovers diskutierte Frage ist dabei, ob sich empfehlenswerte Verhaltensweisen auf verbale Strategien beschränken sollen, defensive körperliche Strategien (z.B. Festhaltetechniken) einschließen müssten oder gar aktive körperliche Gegenwehr zu empfehlen sei.
Fachleute empfehlen, Körperkontakt, ja selbst direkten Blickkontakt mit Tätern auf alle Fälle zu vermeiden, da dies immer zu einer Eskalation beiträgt und das Verletzungsrisiko (bzw. die Schwere der Verletzungen) erheblich steigern würde. Hinzu kommt, dass Menschen, die in körperlichen Auseinandersetzungen nicht geübt und über viele Jahre trainiert sind, i.d.R. keine Chance haben sich körperlich durchzusetzen. Der Überraschungseffekt allein ist im Vergleich zum Risiko zu gering.

Obwohl es allgemeine „Basics" für das Verhalten in Gewaltsituation gibt – hierzu zählen u.a. die allgemeinen Verhaltensgrundsätze der Polizei (vgl. M 11) – erscheint es unabdingbar für spezifische Situationen eigene Handlungsgrundsätze und -möglichkeiten zu entwickeln.
Auch für den Bereich der Grundschule gibt es eine Reihe von Angeboten für „Sicherheits-" oder „Selbstbehauptungstrainings". Deren Qualität lässt sich anhand von spezifischen Kriterien überprüfen (vgl. M 1).
Es sollte unbedingt vermieden werden, Kinder aufgrund von kurzen Einweisungen oder Trainings in einer falschen Sicherheit zu wiegen.

Grundwissen

Motivation und Ziele von Übergriffen

Soll mit dem Gewaltakt Aufmerksamkeit erzielt, Vergeltung ausgeübt oder Macht demonstriert werden, oder dient er dazu instrumentell bestimmte Vorteile zu erlangen? Werden Übergriffe von Einzelpersonen aus einer Gruppe heraus oder von einer Gruppe ausgeübt?

Zielrichtungen

Differenzierte Wahrnehmung trainieren
Eine differenzierte Wahrnehmung von Verhaltensweisen und -impulsen kann verhindern, dass neutrale Reize bereits als Aggression oder Gewalt empfunden werden. So werden z.B. von aggressiven Kindern oder Jugendlichen schnelle Bewegungen oft als Angriff gewertet oder es ist ihnen nicht möglich, zwischen absichtlicher Schädigung und unbeabsichtigten Handlungen zu unterscheiden.
Da aggressivem Verhalten oft die Wahrnehmung (und Interpretation) einer Situation als feindlich, gefährlich, die eigenen Interessen bedrohend vorausgeht, ist es notwendig, eine differenzierte Wahrnehmung zu trainieren. Deshalb sollten Informationen über den situativen Zusammenhang von aggressiven Handlungen gesammelt und in Rechnung gestellt werden, dass dieselbe Situation unterschiedlich erlebt und interpretiert werden kann. Damit entsteht die Möglichkeit zu überprüfen, ob tatsächlich eine bedrohliche Situation vorliegt.

Grundwissen

Aggressive Verhaltensweisen nicht zum Erfolg führen lassen
Aggressives Verhalten dient häufig dem Erreichen von Zielen. Deshalb sollten andere Mittel angeboten werden, mit denen Ziele erreicht werden können. Dies setzt jedoch voraus, dass das Handlungsziel des anderen klar ist. Gerade im Bereich von Gewalthandlungen lässt das zu beobach-

tende Verhalten nicht immer ohne Weiteres auf die angestrebten Ziele schließen.

Anwendung von Gewalt eindeutig verurteilen

Aggressive und gewalttätige Verhaltensweisen, die ohne negative Konsequenzen und Missbilligung bleiben, stellen eine Aufforderung dar, dieses Verhalten zu wiederholen. Aggression und Gewalt müssen auf allen Ebenen eindeutig verurteilt und sanktioniert werden. Besonders problematisch erscheint, dass Aggression und Gewalt, die von Staatsorganen bzw. im Auftrag des Staates angewandt werden, anders beurteilt werden, als individuelle Gewalttätigkeit. Das eine wird als legitim, gerecht und notwendig eingestuft, das andere als kriminell, ungerecht und überflüssig. Die Legitimation von Gewalt wird so eng mit dem Kontext von Macht verknüpft: Wer über Macht verfügt, kann (muss) auch Gewalt anwenden. Für den Erziehungsprozess ist es äußerst problematisch, wenn Kinder auf der einen Seite zu gewaltfreien Konfliktlösungen befähigt werden sollen, auf der anderen Seite jedoch ständig erfahren, dass Gewalt ein erlaubtes, notwendiges und unumgängliches Mittel sein kann, wenn sie als „sittliche Aufgabe" definiert oder zur „Erhaltung des Friedens" eingesetzt wird. Welcher Unterschied darin bestehen soll, dass Staaten auf der internationalen Ebene ihre Ziele mit Gewalt durchsetzen dürfen, während dies auf der privaten Ebene unter Strafe gestellt ist, ist (nicht nur) für Kinder und Jugendliche nicht ohne Weiteres einsehbar.

Möglichkeiten der angemessenen Selbstbehauptung anbieten

Die (Über-)Lebensfähigkeit eines Individuums in einer Gesellschaft hängt auch davon ab, eigene Bedürfnisse und Interessen verfolgen und durchsetzen zu können. Zivilcourage zu zeigen oder den eigenen Standpunkt zu behaupten, hängt nicht nur von Kommunikationsfähigkeit, sondern auch von Durchsetzungsfähigkeit, also einem gewissen sozialen Antrieb ab, der häufig als „konstruktive Aggression" bezeichnet wird. Möglichkeiten der angemessenen Selbstbehauptung zu erlernen und einzuüben bedeutet, konstruktive Formen der Konfliktbewältigung zu erwerben, bei denen nicht nur die eigenen Interessen, sondern auch die der anderen gesehen werden.

Grundwissen

Selbstbehauptung
Selbstbehauptung ist die Fähigkeit, sich in grenzüberschreitenden Situationen der eigenen Grenzen bewusst zu sein und diese deutlich machen zu können.

Selbstverteidigung
Selbstverteidigung ist die Fähigkeit, sich oder andere in Notwehr-/Nothilfesituationen körperlich zu verteidigen.

Landeskriminalamt Niedersachen: Standards polizeilicher Selbstbehauptungs- und Selbstverteidigungstrainings.
www.i-gsk.de/1_8.htm

Sich dem eigenen Aggressionspotenzial stellen

Nicht nur Kinder, sondern auch Lehrkräfte oder Eltern können Gewalt ausüben. Da sich diese in einer überlegenen Machtposition befinden, ist dies für die betroffenen Kinder oft besonders tragisch.

Deshalb ist es wichtig, das eigene aggressive Verhaltenspotenzial nicht zu verdrängen, sondern sich diesem zu stellen. Selbst ausgeübte Gewalt wird häufig, gerade von Personen, die eigentlich Gewalt ablehnen, mit dem Schutz von Schwächeren vor der Misshandlung und Gefährdung durch Stärkere oder auch einer aufgezwungenen Selbstverteidigung (Notwehr) legitimiert.

Solche Gewaltformen sollten jedoch nicht als unproblematisch und für selbstverständlich gehalten und verteidigt werden, sondern sie sind durchaus auch als Folge eigener latenter Gewaltsamkeit bzw. eines überraschend entdeckten persönlichen Gewaltpotenzials zu identifizieren. Die Aufgabe muss hier sein, zu lernen, mit eigenen aggressiven Impulsen in Konfliktsituationen umzugehen, so dass eine (weitgehend) willentliche Steuerung des eigenen Verhaltens in Problemsituationen möglich wird. Dies setzt eine genaue Beobachtung und Kenntnis der eigenen Person voraus.
Das Spannungsverhältnis zwischen dem eigenen Selbstbild eines mehr oder weniger aggressionsfreien oder doch zumindest aggressionskontrollierten Individuums und der Wahrnehmung des eigenen Aggressionspotenzials muss nicht nur ausgehalten werden, sondern sollte Ansporn für eine konstruktive Bearbeitung sein.

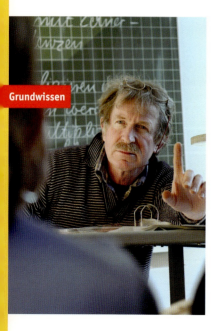

Grundwissen

Handeln in Gewaltsituationen

Lehrer sind auch in Gewaltsituationen Vorbild und Modell. Sie dürfen sich nicht zu unbedachten Handlungen hinreißen lassen und Fehleinschätzungen erliegen.
Gewaltsituationen sind oft komplexe und undurchsichtige Situationen. Sie sind emotional aufgeheizt und beinhalten die Tendenz zur Eskalation. Deshalb geht es immer um das Begrenzen von Übergriffen und das Deeskalieren der Situation.

Im Vordergrund muss stehen:
- die Gewalt schnell zu beenden;
- das Opfer zu schützen.

In einem zweiten Schritt kommt dann die Klärung des Geschehens sowie die Bereinigung der Situation in Form von Entschuldigung, Aufarbeitung, Wiedergutmachung usw.
Es geht um folgende Schritte:

1. Intervenieren
Beendigung der Gewalthandlungen. Entschiedenes und klares Eingreifen im Sinne einer „neutralen Autorität" ist hier aussichtsreich, nicht jedoch Versuche einer unmittelbaren Aufklärung des Sachverhaltes oder gar unverzügliches Be- bzw. Verurteilen.

2. Runterkühlen
Die Kontrahenten werden darin unterstützt, sich zu beruhigen. Ihnen wird z.B. Zeit und Raum gelassen sich abzureagieren. Individuell unterschiedlich kann Spannungsabbau beispielsweise durch Bewegung, Zuwendung, Ruhe oder Ablenkung passieren. Eine sinnvolle Unterstützung hierin kann in der Regel nicht beiden Kontrahenten gleichzeitig geboten werden.

3. Konfliktbearbeitung
In Gesprächen findet die eigentliche Aufarbeitung des auslösenden Streits statt. Kommunikation spielt also eine zentrale Rolle. Ein geeignetes und effektives Mittel hierbei kann die Mediation sein. Situationsabhängig sind hier aber auch andere Maßnahmen zielführend, beispielsweise Wiedergutmachungen, Sanktionen, Vereinbarungen für die Zukunft.

Vgl. Frank Beckmann: Deeskalieren in Gewaltsituationen – Tellerrandwissen für Schulmediatoren. In: Spektrum der Mediation 20/2005, S. 44.

Jede Gewalt fordert unverzüglich Reaktion heraus

Gewalt darf nicht erfolgreich werden durch Wegsehen, Ignorieren, Verschleppen, Versandenlassen. Auch aus den Signalen der Reaktion wird gelernt, ob es sich lohnt, Gewalt anzuwenden.
Gerade das Schweigen über eine erlittene Gewalttat führt zu neuerlicher Gewalt. Mitteilungen, Meldungen, Anzeigen unterbrechen die Spirale der Gewalt, wenn sie zu pädagogischem Handeln führen (einschließlich juristischer Ordnungsmaßnahmen).

Zentrale Geschäftsstelle Polizeiliche Kriminalprävention der Länder und des Bundes (Hrsg.): Herausforderung Gewalt. Programm Polizeiliche Kriminalprävention. Stuttgart o.J., S. 60.

Grundwissen

Verheimlichung und Rechtfertigung

Grundwissen

Verborgene Gewalt
Viele Gewaltakte bleiben im Verborgenen, werden aus vielerlei Gründen verheimlicht. Zu diesen Gründen zählen:
- **Angst:** Viele Kinder berichten aus Angst nicht über erlittene Gewalt, da der Täter in einer Machtposition gesehen wird (oder tatsächlich ist) und erneut Gewalt anwenden könnte (oder solche angedroht hat).
- **Stigma:** Viele Kinder befürchten, dass sie isoliert oder beschämt werden könnten, wenn sie berichten, Opfer von Gewalt geworden zu sein.
- **Mythen über Gewalt:** Oft wird Gewalt als normale Umgangsform gesehen, die nicht berichtenswert ist.
- **Kein Vertrauen in Autoritäten:** Manchmal berichten Kinder oder Erwachsene nicht über erlittene Gewalt, weil sie kein Vertrauen in die zuständigen Autoritäten (Behörden) haben.
- **Gewaltakte werden nicht registriert:** Selbst wenn über Gewalt berichtet wird, wird dies oft nicht registriert, festgehalten und verfolgt, so dass niemand von dem Problem erfährt.

Rechtfertigungsstrategien (nicht nur bei Kindern)
Rechtfertigungsstrategien dienen dazu, Verantwortung abzulehnen, das Geschehen zu bagatellisieren und damit das wahre Geschehen nicht anzuerkennen. Das Opfer wird dabei nicht ernst genommen.
- *Ablehnung der Verantwortung*
  „Ich habe mich nur gewehrt, der andere hat angefangen."
- *Die Situation ist schuld*
  „Das hat sich einfach so ergeben, ich wollte gar nichts machen."
- *Ablehnung des Unrechts*
  „Es ist doch gar nichts passiert. Ich habe ihm überhaupt nicht weh getan, der tut nur so."
- *Das Opfer ist schuld*
  „Der ist doch selbst schuld, warum ist er auch immer so frech."
- *Bestrafung für Unrecht*
  „Das war nur die gerechte Strafe, dass der immer Kleinere quält."
- *Ausnahme von der Regel*
  „Das war ja wirklich eine Ausnahme. Ich bin ja sonst immer ganz lieb."
- *Einzige Lösung des Problems*
  „Mit dem kann man ja nicht reden, der hört nie zu, der versteht nur, wenn ich ihn in den Schwitzkasten nehme."

Überlegungen zur Umsetzung

Gewaltsituationen tauchen oft unvermittelt auf, sind emotional aufgeladen und erfordern schnelles Eingreifen. Die systematische Vorbereitung auf solche Situationen ermöglicht eine gewisses Handlungssicherheit. Für Schulen ist es wichtig,
- dass die Lehrkräfte auf solche Situationen vorbereitet sind,
- dass sie sich über ein gemeinsames Vorgehen abstimmen,
- dass sie in Gewaltsituationen eingreifen und
- dass sie (ob bewusst oder unbewusst) selbst keine Gewalt anwenden.

Für Lehrkräfte und Eltern

Das Typische von Gewaltsituationen kennen
Gewaltsituationen haben eine eigene Dynamik und typische Merkmale. Handeln in solchen Situationen unterscheidet sich vom Alltagshandeln (M 2).

Standards für das Handeln festlegen
Wichtig ist zu klären, wann und wie in bestimmten Situationen eingegriffen wird. Solche Standards bieten Verhaltenssicherheit (M 3).

Auseinandersetzung mit möglichen Situationen
Zur Vorbereitung auf Problem- und Gewaltsituationen ist die systematische Befragung (Analyse) von möglichen Situationen, beteiligten Personen und eigenen Möglichkeiten hilfreich (M 4 – M 6).

Interventionsregeln kennen
Für Interventionen bei gewaltsamen Konflikten wurden Erfahrungen gebündelt und als Regeln formuliert. Diese Regeln zu kennen (und evtl. einzuüben) ist wichtig (M 7, M 8).

Kriterien für Trainingsangebote kennen
Vielfältig werden Selbstbehauptungs- und Selbstverteidigungskurse für Kinder und Lehrkräfte angeboten. Es gibt Kriterien, um diese einzuschätzen (M 1).

Spaßkämpfe

Vor allem Jungen messen gerne ihre (körperlichen) Kräfte. Diese Rangeleien dienen dazu „auszukämpfen", wer der Kräftigste oder Geschickteste ist, und werden immer wieder wiederholt. Solche „Spaßkämpfe" sind noch keine Gewalthandlungen, auch wenn sie für den Unterlegenen unangenehm sein können. Sie können jedoch leicht in Gewalttätigkeiten umschlagen, wenn bestimmte, unausgesprochene Regeln nicht beachtet werden.

Deshalb ist es wichtig, solche Regeln auch zu thematisieren und aufzustellen:
- Keine Schläge an den Kopf oder Unterleib.
- Wenn jemand „stopp" ruft, sofort aufhören oder auf dem Boden oder Rücken des anderen abklatschen.
- Wenn jemand am Boden liegt (oder in einer hilflosen Position ist), nicht weiterkämpfen.
- Nicht Quälen oder körperlichen Schaden zufügen.

Ortrun Hagedorn

Grundwissen

Für den Unterricht

Die Dynamik von Opfer, Täter und Zuschauer erfassen
Selbst erlebte oder berichtete Gewaltsituationen unter verschiedenen Aspekten zu besprechen, ist wichtig, um die Erlebnisqualitäten erfassen und Empathie mit dem Opfer entwickeln zu können (M 9 – M 13).

Vorbereitung durch Spiel
Rollenspiele können dazu beitragen, in eskalierenden Konfliktsituationen sicherer zu handeln (M 12).

Für die Schule

Richtige Verhaltensweisen kennen
Schülerinnen und Schüler sollen Regeln kennenlernen sich in Problem- und Gewaltsituationen angemessen zu verhalten (M 13) bzw. einzugreifen (M 10). Hilfreich sind hier auch die Hinweise der Polizei (M 14) bzw. von anderen Organisationen.

Grundwissen

Ergänzende Bausteine

4.3.2 Sichere Schulwege
4.3.3 Mobbing
4.3.4 Sexualisierte Gewalt

Die Materialien im Überblick

Materialien	Beschreibung	Vorgehen
M 1: Checkliste Selbstbehauptungs- und Selbstverteidigungskurse	M 1 bietet Kriterien für die Einschätzung von Selbstbehauptungs- und Selbstverteidigungskursen.	Bevor an Schulen (eigene oder externe) Kurse durchgeführt werden, sollten diese einem Qualitätscheck unterzogen werden.
M 2: Konflikt- und Gewaltsituationen	Handlungsweisen in der Konfliktbearbeitung unterscheiden sich von Notwendigkeiten in Gewaltsituationen grundlegend. Die Tabelle verdeutlicht dies.	Anhand von M 2 kann überprüft werden, welche Verhaltensweisen gezielt für das Eingreifen in Gewaltsituationen geübt werden sollten.
M 3: Eingreifen	M 3 nennt Fragen und Befürchtungen, die mit einem Eingreifen in Gewaltsituationen verbunden sind.	Die Fragen und Befürchtungen können zur eigenen Orientierung, aber auch als Diskussionsgrundlage für Kleingruppen verwendet werden.
M 4: Checkliste Situationen, Beteiligte	M 4 zeigt, wie Problem- und Gewaltsituationen systematisch „befragt" und erschlossen werden können.	M 4 – M 5 sind Materialien, die der gezielten Vorbereitung auf Problem- und Gewaltprävention dienen und als Diskussionsleitfaden verwendet werden können.
M 5: Checkliste zur eigenen Person	M 5 reflektiert die Situation im Kontext der eigenen Person.	Die Regeln sollten von Lehrern und Eltern kritisch diskutiert und evtl. noch konkretisiert werden.
M 6: Interventionsregeln für Lehrkräfte	M 6 zeigt, nach welchen Verhaltensregeln bei gewaltsamen Schülerkonflikten eingegriffen werden sollte.	Diese Regeln können Eltern im Rahmen von Elternbriefen, Gesprächen oder Elternabenden mitgeteilt werden.
M 7: Regeln für Eltern	M 7 bietet eine Orientierung für das Verhalten von Eltern.	Die Regeln sollten den Eltern bekannt gegeben und mit ihnen besprochen werden.

4. LERNFELDER UND ANSATZPUNKTE — 4.3 IN GEWALTSITUATIONEN HANDELN

UNTERRICHT

Materialien	Beschreibung	Vorgehen
M 8: Regeln für Schülerinnen und Schüler	M 8 gibt eine erste Orientierung für das Verhalten von Schülerinnen und Schülern in Problem- und Gewaltsituationen.	Die Kinder formulieren zunächst eigene Regeln bevor M 8 besprochen wird.
M 9: Eingreifen – aber wie?	M 9 zeigt das Foto einer Gewaltsituation.	Anhand des Fotos wird erarbeitet, wie man in einer solchen Situation handeln könnte.
M 10: Nichts Besseres zu tun	M 10 berichtet in Form einer Kurzgeschichte eine Gewaltsituation in einer Schulklasse.	Die Kurzgeschichte wird gemeinsam gelesen und bearbeitet.
M 11: Täter, Opfer, Zuschauer	M 11 thematisiert die beteiligten Gruppen und Handlungsziele in Gewaltsituationen.	Das Bild wird als Standbild nachgestellt. Danach werden die Fragen auf M 11 beantwortet.
M 12: Problemsituationen spielen	M 12 beschreibt drei Problemsituationen, deren Weitergang offen ist.	Die Situationen werden mit verteilten Rollen und unterschiedlicher Besetzung mehrmals gespielt.

Grundwissen

SCHULE

M 13: Schüler greifen ein – ein Leitfaden	M 13 stellt ein Modell vor, wie Schülerinnen und Schüler in Gewaltsituationen eingreifen können.	Anhand von M 13 kann mit den Schülerinnen und Schülern entwickelt und vorbereitet werden, wie in Gewaltsituationen eingegriffen und deeskaliert werden kann.
M 14: Vorschläge der Polizei	M 14 benennt die grundlegenden Verhaltensmöglichkeiten in Gewaltsituationen aus Sicht der Polizei.	Diese Mindeststandards sollten alle Kinder kennen. Sie können für die konkrete Schulsituation neu formuliert werden.

©2008, Institut für Friedenspädagogik Tübingen e.V. – WSD Pro C

M1 Checkliste Selbstbehauptungs- und Selbstverteidigungskurse

Selbstbehauptungs- und Selbstverteidigungskurse für Kinder – Kritisch hinsehen und bewusst auswählen!

Qualifikation

Der Kurs wird von qualifizierten Trainerinnen bzw. Trainern durchgeführt, die über fundierte pädagogische Kenntnisse und Erfahrung in der Arbeit mit Kindern verfügen und sich regelmäßig fortbilden. Sie sollten insbesondere fundiertes Wissen über die Entstehung und die Auswirkungen von Gewalt und sexueller Gewalt haben und kompetent mit möglichen Gewalterfahrungen von teilnehmenden Kindern umgehen können.

Unseriöse Werbestrategien

Ein Anbieter sollte keine Erfolgsgarantien anbieten wie z.B. „Geld zurück bei Nichterfolg"! Weder körperliche Abwehrtechniken noch ein stärkeres Selbstbewusstsein lassen sich in wenigen Stunden erlernen.

Keine Werbung mit der Angst!

Wird vom Kursanbieter viel über steigende Kriminalität, Überfälle und Sexualstraftaten durch Fremdtäter gesprochen, so ist das eine unseriöse Werbestrategie, die mit den Ängsten der Eltern und Kinder spielt.

Wenn Anbieter mit dem Begriff „Polizei" werben, sollten Sie bei Ihrer örtlichen Polizeidienststelle, z.B. dem Sachgebiet Kriminalprävention, nachprüfen, ob die Polizei tatsächlich an der Erstellung und Umsetzung des Konzeptes beteiligt ist.

Auf keinen Fall ...

darf der Kurs Mädchen und Jungen einen falschen Eindruck von Sicherheit vermitteln, wenn sie nur alles so machen, wie sie es im Kurs gelernt haben.

Kinder sind nicht verantwortlich für Gewalt, die ihnen angetan wird!

Ein Kurs kann vorbeugende Erziehung der Eltern immer nur ergänzen, nicht ersetzen.

Aktion Jugendschutz Landesarbeitsstelle Baden-Württemberg
www.ajs-bw.de

Landeskriminalamt Baden-Württemberg
www.lka-bw.de/prävention
www.polizei-beratung.de

LandesArbeitsGemeinschaft feministischer Beratungsstellen gegen sexualisierte Gewalt an Frauen, Mädchen und Jungen in Baden-Württemberg
www.lag-gsg-bw.de

Lehrer, Eltern

M2 Konflikt- und Gewaltsituationen

Handlungsweisen im Rahmen von Konfliktbearbeitung unterscheiden sich in vielen Dimensionen von Notwendigkeiten in Gewaltsituationen.

	Konfliktbearbeitung	Handeln in Gewaltsituationen
Kommunikation	Eher „therapeutisch orientiert": Allparteilichkeit, Akzeptanz, Anerkennung	Krisenorientiert: Parteilichkeit, schnell, direkt, klar; Folgen / Konsequenzen verdeutlichen; Täter, Opfer, Zuschauer im Blick
Situation	Geplant, strukturiert, Terminvereinbarungen, festes Setting, aktiviert professionelles Handling	Oft unvermittelt, ohne Vorwarnungen, offene, oft diffuse Situation, stark emotional beladen
Vorgehen	Moderation, Rationalität und dosierte Emotionalität, Absprachen, Kompromisse	Unter Zeitdruck, schnelle Reaktionen notwendig, direktives Vorgehen
Biografisches	Aktivierung der Gegenübertragung	Aktivierung von diffusen Ängsten, Hilflosigkeit
Arbeit mit	Einzelpersonen, Paaren, Gruppen	Opfer, Täter, Zuschauer
Ansatzpunkt	Aushandeln konkreter Problemlösungen	Deeskalation der Situation, Schutz und Hilfe für Opfer, Feststellung des Täters, Aktivierung der Zuschauer

Lehrer, Eltern

M3 Eingreifen

1. Die persönliche Dimension

Sich einmischen oder heraushalten?

Welches sind die richtigen (angemessenen) Worte in der Situation?

Wie nahe kann ich mich heranwagen – soll ich besser Distanz halten?

Wie als Beteiligter (Opfer), wie als Zuschauer (Helfender) reagieren?

Wie kann ich andere auf die Situation aufmerksam machen?

Wie kann ich andere dazu bewegen, gemeinsam einzugreifen?

Wie kann ich Hilfe finden und holen?

Wie kann ich Schaden begrenzen?

Wie kann ich später den/die Täter identifizieren?

Wie kann ich dem Opfer helfen?

2. Die schulische Dimension

Was soll an dieser Schule unter einer Gewalthandlung / Gewaltanwendung verstanden werden?

Bei welcher Art von Gewalthandlung wird eingegriffen?

Wo wird die Grenze zwischen Spaßkämpfen und „Ernsthandlungen" gezogen?

Welche Regeln könnten für Spaßkämpfe gelten – oder sollen sie ganz unterbunden werden?

Was heißt Eingreifen genau?

Wie wird eingegriffen, welches Instrumentarium haben wir?

Was geschieht nach der Intervention zur Aufarbeitung der Situation, des Konfliktes?

Wie können Opfer wirksam geschützt werden?

Wie können Täter zur Rechenschaft gezogen werden?

Welche Reaktionen und Sanktionen stehen zur Verfügung?

Wie können „Zuschauer" zum Eingreifen motiviert und befähigt werden?

Wie kann Gemeinsamkeit in den Reaktionen und Handlungsweisen erreicht und beibehalten werden?

Lehrer, Eltern

M4 Checkliste Situationen, Beteiligte

Wie stellt sich die Situation dar?

1. Gibt es körperliche Verletzungen bei den beteiligten Schülern?

2. Handelt es sich um eine Ausnahmesituation oder um eine wiederkehrende Situation?

3. Wie könnte die Situation zustande gekommen sein?

4. Wie könnte sie sich weiterentwickeln?

5. Wer sind die unmittelbar beteiligten Personen? Was sind ihre Rollen?

6. Gibt es situationsspezifische „Spielregeln" bei den Beteiligten für das Austragen von Gewalt in dieser Situation?

7. Welche Sinnperspektiven bzw. Motive der Beteiligten steuern das Geschehen?

8. Welche Auffassungs- und Deutungsmuster gibt es bei den Zuschauern?

9. Kenne ich die Situation nur aus der Rolle des Beobachters oder war ich schon persönlich in ähnlicher Weise betroffen?

10. Ist eine Eskalation der Gewalt zu erwarten?

Wer sind die Beteiligten?

1. Erwarten die Schüler mein Eingreifen?

2. Wie sieht meine Beziehung zur Klasse aus: als Klassenlehrer(in), Fachlehrer(in), ehemalige(r) Lehrer(in)?

3. Kenne ich die gewalttätigen Schüler persönlich?

4. Wie sieht meine Beziehung zu den gewalttätigen Schülern aus?

5. Habe ich mit ihnen positive oder negative Erfahrungen gemacht?

6. Habe ich Vermutungen über Gründe oder Hintergründe bezüglich des Verhaltens der beteiligten Schüler?

7. Wurde ich von Schülern über den Konflikt informiert?

8. Welche Erwartungen haben sie an mich?

Zentrale Geschäftsstelle Polizeiliche Kriminalprävention der Länder und des Bundes (Hrsg.): Herausforderung Gewalt. Programm Polizeiliche Kriminalprävention. Stuttgart o.J., S. 61.

Lehrer, Eltern

M5 Checkliste zur eigenen Person

Die Person des Lehrers, der Lehrerin

1. Werden Regeln eines fairen Umgangs zwischen mir und Schülern missachtet?

2. Haben die Schüler Regeln oder Vereinbarungen missachtet, die von mir gesetzt wurden?

3. Werden Formen der Konfliktlösung verletzt, die in der Klasse besprochen und vereinbart wurden?

4. Erfolgen die Regelverstöße hinter meinem Rücken?

5. Richtet sich das gewalttätige Verhalten auch gegen mich?

6. Fühle ich mich durch das Verhalten der Schüler provoziert?

7. Welche Auswirkungen hat der aktuelle Konflikt auf das soziale Klima der Klasse?

8. Welche Gefühle entstehen in mir durch die Konfrontation mit dieser Gewaltsituation: Enttäuschung, Verärgerung, Angst, Neugier?

9. Fühle ich mich hilflos oder eher gelähmt?

10. Welche Empfindung sollte ich eigentlich haben?

11. Wie sieht die Situation in Bezug auf meine persönliche Realität aus?

12. Welche Möglichkeit habe ich, meine Emotionen zu kontrollieren/verarbeiten?

13. Mit wem könnte ich mich über diesen Fall beraten?

Zentrale Geschäftsstelle Polizeiliche Kriminalprävention der Länder und des Bundes (Hrsg.): Herausforderung Gewalt. Programm Polizeiliche Kriminalprävention. Stuttgart o.J., S. 62.

Lehrer, Eltern

M6 Interventionsregeln für Lehrkräfte

Interventionsregeln bei gewalttätigen Schülerkonflikten:

1. Aufmerksam wahrnehmen
Genau hinsehen, wenn Jungen oder Mädchen sich prügeln. Ist das Spaß für alle Beteiligten oder Ernst? Nicht wegsehen, sondern sich einmischen. Stellung beziehen, z.B. „Hier tut keiner dem anderen weh!"

2. Die „Stopp-Norm" setzen
Als Garant für Mindestnormen ohne „pädagogische verständnisvolle" Fassade präsent sein. Statt lauter Du-Botschaft wie „Ich verstehe, dass du sauer bist, das finde ich aber gar nicht gut" den Vorfall personen-neutral abbrechen und die „Stopp-Norm" setzen: „Schluß damit! Hier wird nicht geprügelt.", „Auseinander! Das ist hier verboten!" oder „Jetzt reicht's aber! Hier wird fair gestritten!"

3. Trennen der Kontrahenten
Den Blickkontakt der Streiter unterbrechen. Beide räumlich trennen, um erneute Gewalthandlungen zu verhindern, emotionale Abkühlung schaffen.

4. Den eigenen Einfluss aufrecht erhalten
Die Interventions-Maßnahmen erst beenden, wenn die Situation deeskaliert ist. Ruhe, äußere Ordnung, Körperbesinnung (Rückzug, Sachen richten, auf Atem und Herzklopfen achten) gewähren. Keine Bagatellisierung akzeptieren wie: „War doch nicht so schlimm" oder „Ist doch nichts passiert", sondern „Hier geblieben! Erst wird der Streit geklärt, dann könnt ihr gehen." „Gewalt macht Feinde! Das muss erst wieder in Ordnung gebracht werden."

5. Grenzsetzungen durchsetzen
Keine Angriffe und Drohungen gegen Intervenierende zulassen. Schulterschluß der Pädagogen deutlich machen: „Grobheiten dulden wir hier alle nicht!", „Beherrsch dich!", „Nimm dich zusammen!".

6. In die Verantwortung nehmen: Konsequenzen deutlich machen
„Das ist hier kein Spaß. Dazu musst du dich verantworten". „Eine schlimme Sache mit Schmerzen, Schock und Tränen. Zu diesem Vorfall musst du stehen." „Der Tatbestand war Raub (Körperverletzung, sexueller Übergriff). Das hat Konsequenzen".
Eine Ankündigung ist keine leere Drohung. Sie muss auch umgesetzt werden! Neben dem bekannten Maßnahmenkatalog gemäß dem Schulgesetz verantworten sich Streiter an einigen Schulen in Gegenüberstellung mit dem Streitgegner mit Hilfe von Lehrer-Mediatoren, Konfliktlotsen, Mitarbeitern der Schulstationen, vor dem Klassenrat.

Ortrun Hagedorn u.a.: Von Fall zu Fall. Pädagogische Methoden zur Gewaltminderung. Berliner Institut für Lehrerfort- und -weiterbildung und Schulentwicklung. Berlin 2000, S. 9.

M7 Regeln für Eltern

Regeln für Eltern, deren Kinder von Gewalthandlungen an der Schule betroffen sind:

1. Versuchen Sie, bei konkreten Gewaltvorfällen mit größtmöglicher Ruhe und Überlegung vorzugehen.

2. Vergleichen Sie Ihre Wahrnehmung mit der Wahrnehmung anderer Eltern.

3. Sichern Sie Ihrem Kind zu, nicht gegen seinen Willen tätig zu werden und respektieren Sie die Angst Ihres Kindes.

4. Sichern Sie Ihrem Kind zu, Aktivitäten nur in Absprache mit ihm zu entwickeln.

5. Geben Sie Ihrem von Gewalt bedrohten Kind das Gefühl, dass Sie ihm beistehen werden.

6. Wenden Sie sich an einen Lehrer oder eine Lehrerin Ihres Vertrauens.

7. Überlegen Sie, ob Sie einen Berater/eine Beraterin für die Schule hinzuziehen wollen.

8. Überlegen Sie mit anderen Eltern, in welcher Form das Thema an die Schule herangetragen werden kann.

9. Überlegen Sie mit anderen Eltern, ob es Möglichkeiten gibt, dass sich Eltern im Rahmen der Schule vorbeugend beteiligen können.

Lehrer, Eltern

Michael Grüner: Gewalt in der Schule – Arbeiten im Einzelfall und im System. In: Wolfgang Vogt (Hrsg.): Gewalt und Konfliktbearbeitung: Befunde - Konzepte - Handeln. Baden-Baden 1997, S. 180.

M8 Regeln für Schülerinnen und Schüler

Wie soll ich mich als Schülerin bzw. Schüler bei Gewalt verhalten?

1. Ich reize Mitschüler nicht durch beleidigende Äußerungen.

2. Ich vertraue nicht auf die Wirksamkeit mitgeführter Waffen, Sprays etc.

3. Wenn ich angemacht werde, gehe ich inhaltlich nicht darauf ein.

4. Ich muss mich nicht prügeln, um meine Ehre zu verteidigen.

5. Ich versuche, den anderen in ein Gespräch zu verwickeln oder abzulenken.

6. Ich gebe nach, wenn es aussichtslos erscheint, mich zu wehren.

7. Erpressungen und Bedrohungen lasse ich nicht auf sich beruhen, sondern ich vertraue mich dem Klassenlehrer / der Klassenlehrerin bzw. einer anderen Lehrkraft an.

8. Neben den Eltern kann ich auch Beratungsdienste um Rat fragen.

9. Ich überlege, mit welchen anderen Schülern (z.B. Schülerrat) ich an meiner Schule etwas gegen Gewalt tun kann.

Michael Grüner: Gewalt in der Schule – Arbeiten im Einzelfall und im System. In: Wolfgang Vogt (Hrsg.): Gewalt und Konfliktbearbeitung: Befunde - Konzepte - Handeln. Baden-Baden 1997, S. 180.

M9 Engreifen – aber wie?

Was geht hier vor?

Was kannst Du in einer solchen Situation tun?

Was sollte die Lehrerin / der Lehrer tun?

M10 Nichts Besseres zu tun

Die Klasse schreit, kreischt, tobt. Rolf kniet auf dem Boden des Klassenzimmers, unbeweglich, erstarrt. Quer zwischen den zusammengepreßten Lippen steckt ein grüner Bleistift. Die Augen weit aufgerissen, schaut er verwirrt in die Gesichter seiner Peiniger, unbarmherzige Gesichter, vom Lachen fratzenhaft verzerrt.
Was wollen sie von mir? Immer nur von mir? Ich habe ihnen doch nichts getan, nichts getan, habe ich ihnen was getan? –
Den Bleistift, hat Jürgen, der Klassensprecher, gesagt, hat ihn hingeschmissen mitten ins Zimmer, hol ihn. Er ist unter eine Bank gerollt. Zwischen zerknülltem Papier, Schmutz, Brotresten liegen geblieben. Hol ihn, aber nicht mit den Händen, du bist ein Hund, Rolf, fass! – Und er hat's getan, ist gekrochen wie ein Hund, hat den Ekel überwunden, den Stift mit dem Mund geholt, Staub und Krümel auf den Lippen. Wenn ich es nicht mache, schlagen sie mich wieder zusammen wie vorige Woche. Die Hose war zerrissen, die Nase hat geblutet, die Mutter hat getobt. Diese Woche habe ich kein Taschengeld bekommen.
Warum hilft mir keiner, warum sind alle gegen mich? Die Mutter? Auch die Mutter. Wehr dich doch, sagt die Mutter, schlag zurück, sagt sie, lass dir nichts gefallen, nichts gefallen, nimm dir ein Beispiel an deinem Bruder, das ist ein Kerl! (...)
Die Tür des Klassenzimmers wird aufgerissen. Der Lehrer kommt, er hat das Gekreische gehört. Endlich der Lehrer. Er wird mir helfen. Ich werde ihm alles sagen. Später, wenn es die andern nicht sehen, werde ich es ihm sagen, von Jürgen und den andern. (...) Er wird mir helfen ... Rolf kniet immer noch auf dem Boden, den Bleistift zwischen den Lippen. Was machst du da unten? Was soll der Blödsinn, von allen guten Geistern verlassen, den Hanswurst spielen, soweit kommt's noch, was Besseres hast du wohl nicht zu tun?
Was Besseres? Was Besseres zu tun? Der Lehrer. Ihm alles erzählen. Alle sind gegen mich. Der Lehrer? Auch der Lehrer.

Lore Graf: Nichts Besseres zu tun. In: Lore Graf / Martin Lienhard / Reinhard Pertsch: Geschichten zum Nachdenken. München 1978, S. 129 f., Auszüge.

Was meinst Du?

Warum wird gerade Rolf immer gequält?

Warum hilft ihm keiner?

Was geht in Jürgen vor, wenn er Rolf solche Befehle gibt?

Wie ist das Verhältnis von Rolf und seiner Mutter?

Was erwartet sich Rolf vom Lehrer?

Wie könnte die Geschichte weitergehen?

4.3.1 UMGANG MIT GEWALT

M11 Täter, Opfer, Zuschauer

Der Roller

Welche Gruppen gibt es auf dem Bild?

Was tun sie?

Wer könnte den Streit beenden?

M12 Problemsituationen spielen

1

Du stehst auf dem Pausenhof mit mehreren Schülern zusammen. Da kommt Klaus auf Dich zu. Mit ihm hast Du Dich noch nie so recht verstanden. Er rempelt Dich an und sagt: „Heute bist Du reif!".

2

Heike, aus Deiner Klasse hat Dich nächstes Wochenende zu einer Party eingeladen. Heute nach der Schule kommen Heike und Bernd auf Dich zu. Heike sagt: „Du kannst nun leider doch nicht zu meiner Party kommen." Bernd nickt dazu und sagt mit einem Augenzwinkern: „Das ist aber schade!"

3

Letzte Woche seid Ihr auf Klassenausflug gewesen. Jeder von Euch hat sich eine Cola gekauft. Michael wollte auch eine, hatte aber zu wenig Geld. Da hast Du ihm den Rest gegeben. Jetzt stehst Du mit mehreren Schülern zusammen und fragst Michael nach Deinem Geld. Da sagt er: „Stell' Dich doch wegen der paar Cent nicht so an!"

Friedrich Lösel / Thomas Bliesener: Aggression und Delinquenz unter Jugendlichen. Neuwied 2003, S. 38 f.

Was meinst Du?

Welche Gründe könnte es für das Verhalten von ... geben?
Was willst Du erreichen?
Wie reagierst Du? Was könnte man sonst tun?
Welche Folgen könnte Dein Verhalten haben?

M13 Schüler greifen ein – ein Leitfaden

Auch Schüler wollen nicht nur die Gewalt beklagen, sondern sich gleichermaßen handelnd dagegen einsetzen. Für die Bürgergesellschaft der nächsten Generation gibt es in der Kindheit bereits Handlungsbedarf. Konfliktlotsen merken bald, dass sie als Gruppe üben müssen, wie man Vertrauen gewinnt und sich im heftigen Konflikt rechtzeitig anbieten kann.

Gemeinsam entwickeln sie auch Methoden der Intervention und Deeskalation. Dazu müssen neue Wahrnehmungs- und Verhaltensmuster eingeübt werden:

Intervention – Deeskalation – Mediation mit Konfliktlotsen

- Die friedliche Einmischung erfolgt zu zweit.
- Der Blick- und Hörkontakt der Streiter wird getrennt.
- In getrennten Anhörungen wird erst deeskaliert.
- Danach können sie gemeinsam durch den Konflikt lotsen.
- Intervention und Deeskalation werden mit der Klasse beraten.
- Notwendigkeit und Nutzen der Grenzsetzung sind für wen wichtig?
- Wie möchten Schüler bei Ausrastern und Fehlhandlungen behandelt werden?
- Wer soll zur Intervention autorisiert sein?
- Womit können Streitende rechnen?

Konfliktlotsen setzen sich dabei als Tutoren des Lehrers ein und üben im Rollenspiel mit anderen die Intervention. Bewährt hat sich, dass Konfliktlotsen basisdemokratisch legitimiert werden.
Kriterien sind:
- Wem kannst du vertrauen?
- Wer ist gerecht?
- Wer kann Frieden stiften?

In Schulen mit Jugendlichen aus vielen Nationen sollten Konfliktlotsen ihre vielfältige Schulgemeinschaft repräsentieren, in Mediation trainiert werden und bei Schulveranstaltungen ihren Einsatz darstellen.

Ortrud Hagedorn: Demokratie-Erziehung als Moderation von Beziehungen. Vortrag auf der ajs-Tagung: „Von wegen Privatsache. Erziehungspartnerschaft zwischen Familie und Gesellschaft" am 25.11.2003 in Stuttgart, Manuskript, S. 4 f.

M14 Vorschläge der Polizei

1. Ich helfe, aber ohne mich in Gefahr zu bringen.

Falls Sie Zeuge einer Gewalttat werden, gibt es andere Möglichkeiten, als wegzusehen oder sich direkt dem Täter entgegenzustellen. Jeder Mensch hat Möglichkeiten, etwas Hilfreiches zu tun, ohne in direkte Konfrontation mit dem Täter zu geraten.

2. Ich fordere andere direkt zur Mithilfe auf.

Es ist ein Phänomen, dass bei Anwesenheit mehrerer Personen am Unglücks- oder Tatort die Wahrscheinlichkeit sinkt, dass geholfen wird. Psychologen sehen mehrere Gründe für dieses Verhalten. Man macht die Ernsthaftigkeit der Notsituation von der Reaktion der anderen Zuschauer abhängig: „Wenn die anderen nicht helfen, wird es wohl auch nichts zu helfen geben." Möglich ist auch, dass die erste in Erwägung gezogene Reaktion, nämlich zu helfen, verworfen wird aus Angst vor der Blamage. Man passt sich dann lieber der Zurückhaltung der anderen an, um nicht aufzufallen oder man schiebt die Verantwortung jeweils dem anderen zu mit dem Effekt, dass niemand hilft. Hier ist der Ansatzpunkt: Fangen Sie an, etwas zu tun, andere werden dann folgen. Sagen Sie den Zuschauern: „Hier ist etwas nicht in Ordnung, hier muss etwas getan werden!" Fragen Sie: „Was können wir tun?" Sprechen Sie eine andere Person an und fordern Sie direkt auf: „Holen Sie Hilfe."

3. Ich beobachte genau und merke mir den Täter.

Der Polizei ist es schon häufiger gelungen, aufgrund eines schnellen Anrufes und der guten Beobachtungsleistung von Zeugen, Täter durch eine schnelle Fahndung zu fassen. Wichtig zu wissen ist vor allem die Kleidung, das Aussehen und Fluchtrichtung eines Täters. Möglicherweise können Sie dem Täter in sicherem Abstand folgen, ohne ihn zu verfolgen.

4. Ich organisiere Hilfe – Notruf 110.

Rufen Sie professionelle Helfer, damit diese wissen was los ist, sagen Sie, wann etwas passiert ist und was passiert ist. Legen Sie dann nicht sofort wieder auf, falls Nachfragen nötig sind.

5. Ich kümmere mich um das Opfer.

Nicht jeder traut sich zu, Erste Hilfe zu leisten, aber jeder kann dem Opfer beistehen. Die Erfahrung von Notärzten zeigt, dass verletzte Opfer schon dadurch stabilisiert werden können, wenn Sie bis zum Eintreffen der professionellen Helfer seelischen Beistand bekommen. Sprechen Sie mit dem Opfer, trösten Sie es. Fragen Sie, was Sie tun können und wie Sie unterstützen können.

6. Ich stelle mich als Zeuge zur Verfügung.

Viele verlassen kurz vor oder unmittelbar nach dem Eintreffen der professionellen Helfer den Ort des Geschehens. Aber Sie werden als Zeuge gebraucht. Möglicherweise ist nur Ihnen etwas aufgefallen, das sehr wichtig ist, um den Täter zu fassen oder die Tat zu rekonstruieren. Deshalb bleiben Sie bitte vor Ort und fragen Sie die professionellen Helfer, ob Ihre Anwesenheit noch erforderlich ist. Sollten Sie unter Zeitdruck stehen, hinterlassen Sie für wichtige Nachfragen Ihren Namen und Ihre Erreichbarkeit.

Polizei Rheinland-Pfalz
http://www.polizei.rlp.de/internet/nav/bf7/bf7609c6-071a-9001-be59-2680a525fe06&_ic_uCon=7e15045d-9df5-1101-2068-abd7913a4f82&conPage= 1&conPageSize=50.htm

Sichere Schulwege

Grundwissen
- Gewaltprävention auf Schulwegen — S. 404
- Problembereich Aggression — S. 405
- Probleme in öffentlichen Verkehrsmitteln — S. 406
- Fahrzeugbegleiter — S. 407
- Überlegungen zur Umsetzung — S. 408
- Die Materialien im Überblick — S. 410

Materialien
Für Lehrkräfte und Eltern
- M 1: Checkliste Problembereiche — S. 412
- M 2: Instrumentarium — S. 413
- M 3: Schulweglotsen — S. 414
- M 4: Busschule — S. 415
- M 5: Persönliche Kontakte zum Busfahrer — S. 416

Für den Unterricht
- M 6: Mein Schulweg — S. 417
- M 7: Stresssituationen erkennen — S. 418
- M 8: Der Fahrradunfall — S. 419
- M 9: Der Schulranzen — S. 420
- M 10: Bus fahren — S. 421
- M 11: Wichtige Regeln für den Busverkehr — S. 422

Für die Schule
- M 12: Rituale — S. 423
- M 13: Fahrzeugbegleiter — S. 424
- M 14: Auswahl der Fahrzeugbegleiter — S. 425
- M 15: Pausenhelfer — S. 426

Dieser Baustein beschäftigt sich mit Fragen des sicheren Schulweges. Dabei stehen die Phänomene des Umgangs mit Aggression und die Sicherheit bei der Benutzung von Beförderungsmitteln im Vordergrund. Ein Schwerpunkt wird auf die Nutzung des Schulbusses gelegt.

Gewaltprävention auf Schulwegen

Schulwege können gefährlich sein. Drängeleien an der Haltestelle, Konflikte zwischen Schülerinnen und Schülern in überfüllten Bussen, Verspätungen oder unflexible Fahrzeiten können bei allen Beteiligten zu Frustrationen führen und besonders bei den neuen Fahrschülerinnen und Fahrschülern Ängste und Unsicherheiten hervorrufen.

Schule kann dazu beitragen, dass Kinder lernen, sich angemessen zu verhalten, Gefährdungen zu erkennen und zu vermeiden und ihre eigenen Mobilitätsbedürfnisse dennoch befriedigen zu können.
Es geht dabei in diesem Kontext um zwei Dimensionen: Umgang mit Aggression und Gewalt auf Schulwegen und um Sicherheit im Straßen- und Schienenverkehr.

Dabei darf nicht vergessen werden dass Aggressionen und Gewalt keine exklusiven Probleme der Schulwege sind und auch nicht alleine auf den Schulwegen auftreten. Das Problem der sicheren Schulwege sollte deshalb im Verbund einer Gewaltprävention für die gesamte Schule gesehen und angegangen werden.

Aggression
Probleme mit Aggression und Sachbeschädigungen auf den Schulwegen sind für viele Kinder eine Belastung und für die Verkehrsbetriebe und für Busfahrerinnen und Busfahrer im Alltag eine Last. Mit Sanktionen lassen sich diese Phänomene – so jedenfalls die bisherige Erfahrung – kaum in den Griff bekommen. Deshalb wurden alternative Handlungsmöglichkeiten unter Einbeziehung der Schülerinnen und Schüler entwickelt.

Sicherheit und Unfallprävention
Die sichere Teilnahme der Schülerinnen und Schüler am Schulverkehr ist oberstes Ziel aller Beteiligten. Sichere Verhaltensweisen können durch alle Schülerinnen und Schüler erlernt werden. Die Schulen und Verkehrsbetriebe schaffen die Rahmenbedingungen, unter denen ein sicherer Schulverkehr möglich ist. Dazu müssen Fragen der Aufsichtspflicht, der Verkehrssicherheit und der Versicherung geklärt sein.

Problembereich Aggression

Probleme mit Aggression und Sachbeschädigung durch Jugendliche und Kinder treten nicht nur im Schulbusverkehr auf. In der Regel ist es daher nicht sinnvoll, die Lösung des Problems auf diese Ebene zu begrenzen.
Die Ursachen für Aggressivität unter Schülerinnen und Schülern sind äußerst komplex und stehen nur zum Teil unter dem Einfluss von Schule. Dennoch gibt es Raum für Gestaltungsmöglichkeiten, der genutzt werden kann. Den größten Einfluss hat sicher das Umgangsklima, das an einer Schule und damit auch im Schulbusverkehr herrscht. Schülerinnen und Schüler, die sich in einer Institution angenommen fühlen und sich mit ihr identifizieren können, werden seltener zu Aggressionen neigen. Für den Schulbusverkehr kann der Busfahrer oder die Busfahrerin eine Schlüsselfigur sein, über die eine positive Identifikation aufgebaut werden kann.
Die Disziplinprobleme im Schulbus haben auch damit zu tun, dass die Schülerinnen und Schüler dort – oft nach 6 bis 8 Stunden Unterricht – zum ersten Mal am Tag unbeaufsichtigt sind. So muss darüber nachgedacht werden, wie dieser Freiraum so gestaltet werden kann, dass Aggressionen sich nicht gegenüber Schwächeren entladen können. Oft können als Schulbuslotsen ausgebildete Schülerinnen und Schüler als Ansprechpartner für potentielle Opfer dienen und deeskalierend eingreifen. Schülerinnen und Schüler können sich aber auch im Unterricht inhaltlich mit dem Thema Aggression auseinandersetzen. Indem sie die Bedingungen, unter denen Gewalt entsteht, hinterfragen, kann eine Sensibilisierung für soziale Prozesse erfolgen. Auf dieser Grundlage kann dann erarbeitet werden, welche Möglichkeiten es zur Vorbeugung von Konflikten gibt oder wie bestehende Konflikte gewaltfrei gelöst werden können.
Fragt man Schülerinnen und Schüler danach, was sie am meisten am Schulbusverkehr stört, nennen sie sehr schnell die Angst vor verbaler und körperlicher Gewalt. Aggressionen gegen Menschen und Gegenstände sind leider oft Bestandteil des Alltags von Busschülerinnen und Busschülern, von Busfahrerinnen und Busfahrern. Das kann neben hohen Sachschäden auch zu Beeinträchtigungen von Körper und Seele führen.
Da Schülerinnen und Schüler ihre aufgestauten Emotionen im Schulalltag oft nicht ausleben können, kann es im Schulbus – als häufig unbeaufsichtigter Ort – zur Entladung kommen. Oft sind es auch unbefriedigte motorische Bedürfnisse, die in der Enge des Busses zu Problemen führen.
Mittlerweile gibt es eine Reihe von Programmen, die sich dieser Problematik annehmen. Dazu gehören neben Buslotsenprogrammen auch Angebote zur Senkung von Gewaltpotentialen.

Prof. Dr. Ute Stoltenberg / Roland Baum / Alexander Berthold / Sina Röpke: Mit dem Bus zur Schule – aber sicher! Anregungen und Arbeitshilfen für Busprojekte mit Kindern und Jugendlichen. Universität Lüneburg, Institut für Integrative Studien. Lüneburg 2005.

Grundwissen

Grundschulkinder im Straßenverkehr

Besonders Grundschulkinder sind dem Straßenverkehr nur bedingt gewachsen. Dies liegt an entwicklungsbedingten Besonderheiten wie z.B.:
- geringe Körpergröße: sie können nicht über Autos hinweg sehen,
- eingeschränktes Sichtfeld,
- kleinere Schrittlänge,
- Fehlannahmen bei der Wahrnehmung von Gefahrensituationen,
- Fehleinschätzungen von Entfernungen und Geräuschen,
- Motorische Unsicherheiten,
- Impulsive Reaktionen und Motorik,
- kurze Konzentrationsphasen, Ablenkungsgefahr.

Probleme in öffentlichen Verkehrsmitteln

Sicherheitsprobleme und Gefährdungsmomente treten für Schulkinder bei allen Beförderungsarten und Verkehrssituationen auf. Deshalb ist es wichtig, diese gezielt zu besprechen, über richtige Verhaltensweisen zu informieren und diese zu trainieren.

Straftaten
- Diebstahl, Körperverletzung, sexuelle Übergriffe, Raub.
- Diebstahl, Missbrauch oder Zerstörung von Notfalleinrichtungen.
- Sachbeschädigung (im Fahrzeug oder an den Haltestellen).

Förderung von Verletzungs- und Unfallrisiken durch
- Schubserei und Drängelei (an der Haltestelle, im Fahrzeug).
- riskante „Mutproben" an der Haltestelle (in Richtung Bahnsteigkante schubsen).
- springen, laufen im Gleisbereich.
- Weg versperren, Gänge blockieren, Türen blockieren.
- jüngere Mitschüler nicht aus-/einsteigen lassen.
- Lärm (Konzentration des Fahrers).
- Rauch im Fahrzeug (Brandgefahr, Gesundheitsgefahr).

Konflikt und Gewalt auslösendes Verhalten durch
- Belästigung von Mädchen.
- Unhöflichkeit und Pöbeleien unter Schülern und anderen Fahrgästen.
- Sitzplatz blockieren.
- Verschmutzung der Kleidung (z.B. durch Füße oder Abfall auf dem Sitz).

Gemeinschaftsprojekt „Fahrzeugbegleiter" der Stadt Düsseldorf (Hrsg.): Handlungsempfehlung für Fahrzeugbegleiter. Düsseldorf 2006.

Fahrzeugbegleiter

Grundschüler können zwar noch keine Fahrzeugbegleiter sein. In Kooperation mit anderen Schulen und den entsprechenden Verkehrsbetrieben, können jedoch Fahrzeugbegleiter ausgebildet und eingesetzt werden.

Das Beispiel Düsseldorf zeigt einen Weg

Die Initiative „Fahrzeugbegleiter – Gemeinsam stark" der Stadt Düsseldorf möchte den Schulweg / die Fahrt mit Bus und Bahn durch die Fahrzeugbegleiter für alle sicherer und angenehmer machen.

Diese Initiative möchte Schüler in die Lage versetzen, Situationen besser und früher zu erkennen, zu beurteilen und die Handlungsmöglichkeiten in Konfliktsituationen zu erweitern. Macht ein Mitschüler einen Witz oder bedroht er gerade jemanden? Welche Maßnahmen sind in der Situation angebracht, erfolgreich und sicher? Die Fähigkeiten zur Lösung oder Vermeidung von Konflikten werden während der Ausbildung in Rollenspielen ausprobiert.

Durch eine fundierte Ausbildung und kontinuierliche Betreuung werden Schüler so gezielt gefördert, dass sie in der Lage sind, durch rechtzeitige Eigeninitiative zukünftig das Fahren entspannt, friedlich und ohne Stress zu gestalten. Wesentliche Bestandteile der Ausbildung sind: Kennenlernen von Möglichkeiten der Konfliktlösung und Gewaltvorbeugung, Stärkung des Selbstwertgefühls, Übernahme von Verantwortung, Mut zur Zivilcourage, Unfallvorbeugung und Überzeugen statt Belehren.

Fahrzeugbegleiter können Schüler der 8. Jahrgangsstufe werden.
Sie sollten:
- bereit sein, ehrenamtlich Verantwortung zu übernehmen;
- teamfähig sein;
- Spaß am Umgang mit anderen Menschen haben;
- das Einverständnis des Klassenlehrers und der Eltern haben;
- bei Übergriffen oder Problemen nicht wegschauen.

Landeshauptstadt Düsseldorf, Amt für Verkehrsmanagement.
www.duesseldorf.de/verkehrsmanagement/strasse/verkehrssicherheit/index.shtml

Überlegungen zur Umsetzung

Schulen verfügen über vielfältige Gestaltungsmöglichkeiten um die Sicherheit auf Schulwegen zu erhöhen. Bauliche Maßnahmen können zu einer Reduzierung von Gefahrensituationen beitragen, Rituale können Ruhe in die Schulschlussphase bringen und Körperübungen können aufgestaute motorische Bedürfnisse abbauen. Es geht auch hier um abgestimmte Maßnahmen für ein schlüssiges schulspezifisches Konzept. Die hier vorgestellten Materialien informieren über das Instrumentarium hierfür.

Für Lehrkräfte und Eltern
Um eine eigene schulspezifische Konzeption für sichere Schulwege zu entwickeln ist es zunächst wichtig, sich über die Ausgangssituation zu vergewissern und tatsächliche oder potentielle Problem- und Gefährdungsbereiche zu identifizieren (M 1).
Hilfreich ist es, bewährte Instrumente zu kennen und für die eigene Situation zu adaptieren (M 2).
Je nach Schulsituation empfiehlt es sich, Schulweglotsen einzurichten (M 3) oder spezifische Trainings für den Busverkehr durchzuführen (M 4, M 5).

Für den Unterricht
Der Schulweg sollte zum Thema gemacht werden um problematische (oder gar gefährliche) Situationen herauszufinden und zu besprechen (um dann im nächsten Schritt nach Lösungen zu suchen) (M 6).
Der Umgang mit Streit- oder Gewaltsituationen auf Schulwegen ist ein permanentes Thema, das immer wieder aufzugreifen ist (M 7 – M 10).
Kinder sollten zentrale Verhaltensregeln für den Schulweg kennen. Diese zu besprechen bzw. einzuüben ist wichtig (M 11).

Für die Schule
Rituale zum Schulschluss oder bei der Benutzung von Verkehrsmittel können problematische Situationen entkrampfen (M 12).
Die Ausbildung und der Einsatz von Fahrzeugbegleitern hat sich inzwischen bewährt. Für die Grundschule ist dies jedoch nur in Kooperation mit anderen Schulen sinnvoll (M 13, M 14).
Um Schulpausen attraktiv zu gestalten, wurde das Konzept der „Pausenhelfer" entwickelt (M 15).

Sicheres Verhalten kann man nicht theoretisch lernen. Praktische Übungen und Trainings vor Ort sind hierzu notwendig. Dies ist nur möglich durch die Zusammenarbeit mit den Verkehrsbetrieben und der Verkehrspolizei.

Erfahrungen
Erhöhung des subjektiven Sicherheitsgefühls: gerade jüngere Schüler und Schülerinnen begrüßen einen vertrauenswürdigen und kompetenten Mitschüler als Ansprechpartner im Fahrzeug. Unsicherheit, Ängste und Sorgen, die über die Eltern an die Schule und an das Verkehrsunternehmen herangetragen wurden, sind zurückgegangen.
Beschwerderückgang: ein deutlicher Rückgang der Schüler- und Elternbeschwerden ist zu verzeichnen.
Fahrplanpünktlichkeit: kürzere Haltestellenaufenthalte durch Verhaltensänderungen bei den Schülerinnen und Schülern.
Reduktion von Vandalismus: Ein Rückgang von Vandalismusschäden konnte festgestellt werden. Saubere und intakte Fahrzeuge werden auch von Schülerinnen und Schülern positiv bewertet.

Erfahrungen aus den „Meerbuscher Projekten" „Busbegleiter" und „Busschule".
In: Rheinbahn AG (Hrsg.): Projekt Fahrzeugbegleiter. Düsseldorf 2006.

Grundwissen

Ergänzende Bausteine

4.1.2 Emotionale Intelligenz
4.2.1 Konflikte konstruktiv bearbeiten
4.2.2 Schüler-Streitschlichtung
4.3.1 Handeln in Gewaltsituationen
4.3.3 Mobbing

Die Materialien im Überblick

Materialien	Beschreibung	Vorgehen
M 1: Checkliste Problembereiche	M 1 benennt die Problembereiche, die in Zusammenhang mit Schulwegen bestehen.	Mit Hilfe von M 1 werden die Problembereiche auf den Schulwegen identifiziert und überlegt, wie Abhilfe geschaffen werden kann.
M 2: Instrumentarium	M 2 bietet eine Übersicht über Handlungsmöglichkeiten.	Welche Instrumente werden bereits eingesetzt, über welche sollten Informationen eingeholt werden, welche könnten selbst erprobt werden?
M 3: Schulweglotsen	M 3 beschreibt was Schulweglotsen sind und welche Aufgaben sie haben.	Anhand von M 3 kann festgelegt werden, welche Schritte notwendig sind, um Schulweglotsen einzuführen.
M 4: Busschule	M 4 zeigt die Problembereiche, die beim Schulbusverkehr auftreten und benennt Möglichkeiten des Umgangs damit.	Schulkinder müssen systematisch für den Schulbusverkehr geschult werden. Anhand von M 4 kann eine erste Orientierung stattfinden.
M 5: Persönliche Kontakte zum Busfahrer	M 5 beschreibt, wie persönliche Kontakte zu Busfahrern gestaltet werden können.	Durch Exkursionen oder Einladungen der Busfahrer können zu diesen auch persönliche Beziehungen aufgebaut werden.
M 6: Mein Schulweg	Auf dem Arbeitsblatt kann der eigene Schulweg eingetragen werden.	Orte, die problematisch sind, sollen gekennzeichnet werden. Die Schulwege werden in der Klasse besprochen und in Gruppen mit Eltern abgegangen.
M 7: Stresssituationen erkennen	M 7 zeigt, welche nonverbalen Anzeichen für beginnende Streitsituationen typisch sind.	Anhand konkreter Beispiele wird geübt, Gefühle richtig zu verstehen und in unterschiedlichen Situationen den angemessenen Abstand zwischen Personen zu finden.

4.3.2 SICHERE SCHULWEGE

Materialien	Beschreibung	Vorgehen
M 8: Der Fahrradunfall	Anhand von Fotos wird die Frage nach hilfreichem Verhalten thematisiert.	Die Kinder beschreiben das Verhalten, das auf den Fotos dargestellt wird und überlegen Alternativen.
M 9: Der Schulranzen	M 9 zeigt eine Problemszene auf dem Nachhauseweg.	Die Fotogeschichte wird nacherzählt und mit wechselnden Rollen gespielt.
M 10: Bus fahren	M 10 zeigt Fotos mit zentralen Problembereichen bei der Schülerbeförderung in Bus und Bahn.	Das Arbeitsblatt wird in Einzelarbeit ausgefüllt und gemeinsam besprochen.
M 11: Wichtige Regeln für den Busverkehr	M 11 benennt die zentralen Verhaltensregeln für die Benutzung von Bus und Bahn.	Die Kinder (und Eltern) werden über die Regeln informiert. Diese werden immer wieder besprochen.
M 12: Rituale	Rituale sind wirksame Instrumente der Verhaltenssteuerung. M 12 stellt Rituale wie „begrüßen" und „verabschieden" oder „Ranzenschlange" vor.	Mit Kindern, Verkehrsbetrieben und Busfahrern werden Rituale entwickelt und eingeführt, die Problemsituationen entkrampfen können.
M 13: Fahrzeugbegleiter	Fahrzeugbegleiter haben sich als äußerst wirksam gegen Aggression herausgestellt. M 13 beschreibt diesen Ansatz.	Die Einführung von Fahrzeugbegleitern muss schulübergreifend mit den Verkehrsbetrieben angegangen werden.
M 14: Auswahl der Fahrzeugbegleiter	Wie Fahrzeugbegleiter ausgewählt und ausgebildet werden, zeigt M 14.	M 14 vermittelt einen Überblick über Auswahlkriterien und Lerninhalte. Diese können als Grundlage für detaillierte Ausarbeiten verwendet werden.
M 15: Pausenhelfer	M 15 beschreibt detailliert das Konzept der Pausenhelfer. Diese bieten in den Pausen Spiele für jüngere Kinder an und greifen bei Streitigkeiten ein.	Anhand von M 15 kann das Konzept der Pausenhelfer für die eigene Schule ausgearbeitet und implementiert werden.

Grundwissen

M1 Checkliste Problembereiche

Welche Problembereiche gibt es auf den Schulwegen?
Wie äußern sich die Probleme?
Wo kann / muss sich etwas verändern?
Wer soll die Veränderung initiieren und begleiten?

Bus- und Bahn – An der Haltestelle – Beim Ein- und Aussteigen – Während der Fahrt	
Radfahrer – Ampeln – Radwege – Kreuzungen	
Fußgänger – (fehlende) Fußgängerüberwege – Ampeln	
Autofahrer – Parksituationen – Ein- und Aussteigen	
Problembereiche – Bewegungsstau – Überfüllung – Unflexible Fahrzeiten – Unflexible Schulschlusszeiten	
Problematische Verhaltensweisen – Verbale Aggressionen / rauer Umgang – Drängeleien – Vandalismus – Aggression gegen Mitschüler	

Lehrer, Eltern

4.3.2 SICHERE SCHULWEGE

M2 Instrumentarium

	geschieht bereits	sofort umsetzbar	mittelfristig sinnvoll	macht keinen Sinn	Wer verfolgt den Punkt weiter?	Wer ist verantwortlich?	Wer könnte Kooperationspartner sein?
Verkehrsschule							
Schulweglotsen							
Schulung für Busfahrer							
Persönliche Kontakte zum Busfahrer							
Rituale – Verabschiedung in der Schule – Ranzenschlange – Begrüßung im Bus – Busradio							
Busbegleiter							
Pausenhelfer							
Bauliche Maßnahmen							
Verkehrsfreundlicher Schulbeginn u. -schluss							
Verhaltensschulung für alle							
Regeln über richtiges Verhalten							
Schulweg erkunden und begleiten							
Körpersprache in Problemsituationen							
Verhalten in Problemsituationen							

Lehrer, Eltern

M3 Schulweglotsen

Der Lotsendienst ist eine ehrenamtliche Tätigkeit; egal, ob es sich um Schüler- oder Elternlotsen handelt. Der Schule entstehen durch diesen Dienst grundsätzlich keine Kosten. Die Lotsen rekrutieren sich, soweit es von der Schulform her möglich ist, aus älteren Schülerinnen und Schülern, die mindestens 13 Jahre alt sind und die 7. oder eine höhere Klasse besuchen. Benötigt wird dann nur noch die Einwilligung der Eltern und der Schule.

In anderen Schulen (z.B. Grundschulen), in denen es keine älteren Schüler gibt, können diese Aufgaben von benachbarten bzw. nahe gelegenen Schulen (Patenschaft) oder von so genannten Elternlotsen übernommen werden. Elternlotsen sind erwachsene Personen, die Interesse an dieser Aufgabe haben, aber nicht unbedingt Eltern sein müssen.

Aufgaben der Schule:
- Initiierung und Förderung der Einrichtung eines Schulweglotsendienstes in der Lehrerkonferenz unter Einbeziehung von Eltern – und Schülervertretern
- Dabei evtl. Wahl oder Benennung eines „Kontaktlehrers" als Kontaktperson für die Lotsen und Ansprechpartner für Eltern, Polizei und Verkehrswacht.
- Kontakte zu Eltern, Polizei und Verkehrswacht herstellen (Info für die Eltern, Einverständniserklärung).
- Werbung für den Lotsendienst innerhalb und außerhalb der Schule, z.B. Aushang, auf Elternabenden, durch Info-Blätter, in der örtlichen Presse.
- Erstellung von Schulwegplänen in Zusammenarbeit mit Polizei, Verkehrswacht und Eltern unter Berücksichtigung von Unfallschwerpunkten.
- Bereitstellung von Unterrichtsräumen und Medien für die Ausbildung der Schulweglotsen.
- Organisation von Einsatzzeiten und -orten mit den Lotsen.
- Motivation der Lotsen durch geeignete Maßnahmen: Urkunde über die Übernahme des Lotsendienstes, Erwähnung der Tätigkeit im Zeugnis, Ehrung bei Schulabschlussfeiern, feierliche Überreichung von Urkunden für die Tätigkeit der Schulweglotsen.

Die Ausbildung und Einweisung der Schulwegdienste geschieht in der Regel durch die Polizei, zum Teil auch durch die örtliche Verkehrswacht. Die Organisation des Lotsendienstes sollte die jeweils zuständige Schulleitung koordinieren.

www.lotsen.landesverkehrswacht.de

Lehrer, Eltern

M4 Busschule

1. Problembereich Warten auf den anfahrenden Bus

Die Situation des Anfahrens an eine Bushaltestelle ist für viele Busfahrer die kritischste überhaupt: Drängelnde und tobende Kinder können jederzeit auf die Fahrbahn geraten. Dazu unterschätzen viele Schüler häufig den Raum, den der Bus beim Einschwenken in die Haltebucht braucht.

Deshalb: Ein Abstand von mindestens einem Meter von der Kante der Haltebucht muss eingehalten werden! Die Notwendigkeit des Sicherheitsabstandes kann auch demonstriert werden: ein direkt an der Kante der Bushaltestelle aufgestelltes Hütchen wird durch den anfahrenden Bus umgefahren.

2. Problemsituation Einsteigen

Das Drängeln beim Einsteigen ist nicht nur gefährlich – es verdirbt vielen Schülern auch die Freude am Busfahren.

Deshalb: Jeder Schüler stellt bei der Ankunft an der Haltestelle seine Schultasche in eine Schlange, die dann die Reihenfolge des Einsteigens festlegt!

Es gibt auch die Möglichkeit, bestimmte Bereiche des Busses für die kleineren Schüler zu reservieren. Die Sitze für die Grundschüler können auch extra farbig markiert werden.

Dass ein geregeltes Einsteigen nicht nur sicherer ist, sondern auch schneller geht, kann auch eindrucksvoll demonstriert werden: Mit einer Stoppuhr wird die Zeit gemessen, die die Klasse zum Einsteigen braucht, wenn a) alle versuchen, möglichst schnell in den Bus zu kommen und b) vorher eine Reihenfolge für das Einsteigen vereinbart wird.

3. Problembereiche im Bus

Gefährlich kann es dann werden, wenn der Busfahrer eine starke Bremsung durchführen muss. Diese Situation kann u.U. im Bus simuliert werden. Dabei sitzen die Schülerinnen und Schüler auf den Plätzen, eine Puppe oder Tonne wird im Mittelgang aufgestellt. Schon bei einer leichten Bremsung werden die auftretenden Kräfte spürbar.

Deshalb: Alle, die keinen Sitzplatz haben, müssen sich unbedingt festhalten!

4. Problembereich Aussteigen

Zwei Gefahrenquellen gilt es auszuschließen: Das unüberlegte Überqueren der Fahrbahn vor oder hinter dem Bus sowie die Kollision mit Radfahrern, die am Bus vorbei fahren. Beide Situationen sollten mit den Schülern besprochen werden und können gegebenenfalls simuliert werden.

Deshalb: Augen auf und Ruhe bewahren auch beim Aussteigen!

5. Problembereich der Tote Winkel

Insbesondere beim Abbiegen eines Busses ist es gefährlich, wenn Kinder nicht wissen, dass der Fahrer sie in bestimmten Bereichen nicht sehen kann.

Der Bereich seitlich des Busses, den der Fahrer durch den Spiegel nicht einsehen kann, kann dadurch sichtbar gemacht werden, dass vom Außenspiegel ausgehend zwei Seile gespannt werden. Die Schülerinnen und Schüler stellen sich in den Bereich zwischen die Seile. Ein Schüler, der auf dem Fahrerplatz sitzt, dirigiert die Gruppe so, dass sie sich genau in dem toten Winkel abbildet. Anschließend setzt sich jedes Kind auf den Sitz des Fahrers, um seine eingeschränkte Perspektive nachvollziehen zu können. Einen Toten Winkel gibt es für den Busfahrer auch vor dem Bus!

Ute Stoltenberg / Roland Baum / Alexander Berthold / Sina Röpke: Mit dem Bus zur Schule – aber sicher! Anregungen und Arbeitshilfen für Busprojekte mit Kindern und Jugendlichen. Universität Lüneburg, Institut für Integrative Studien. Lüneburg 2005. S. 133, Auszüge.

M5 Persönliche Kontakte zum Busfahrer

Der Busfahrer oder die Busfahrerin ist im Schulbus in der Regel die einzige Aufsichtsperson. Dabei ist seine/ihre Aufmerksamkeit durch die Teilnahme im Straßenverkehr voll beansprucht.

Schülerinnen und Schüler nehmen Busfahrerinnen und Busfahrer häufig nur als Träger einer Funktion wahr. Für ein gutes Klima im Bus kann es hilfreich sein, auch einen persönlichen Kontakt entstehen zu lassen und zu pflegen. Dazu könnten die Busfahrerinnen und Busfahrer in die Schule kommen und einzelne Klassen besuchen.

Mögliche Themen in einem Gespräch mit der Klasse können sein:

- der Arbeitsalltag von Busfahrerinnen und Busfahrern.
- besonders anstrengende und besonders schöne Erlebnisse.
- Ausbildungswege von Busfahrerinnen und Busfahrern.
- technische Zusammenhänge.
- was sich Busfahrerinnen und Busfahrer von Schülerinnen und Schülern wünschen.

Den Schülerinnen und Schülern sollte auch viel Raum für eigene Fragen gegeben werden.

Ute Stoltenberg / Roland Baum / Alexander Berthold / Sina Röpke: Mit dem Bus zur Schule – aber sicher! Anregungen und Arbeitshilfen für Busprojekte mit Kindern und Jugendlichen. Universität Lüneburg, Institut für Integrative Studien. Lüneburg 2005, S. 118.

M6 Mein Schulweg

Wie kommst Du in die Schule? Male Deinen Schulweg auf:

Welche Verkehrsmittel benutzt Du?
Gibt es Stellen und Situationen, die Du nicht magst?

M7 Stresssituationen erkennen

Die folgenden Aufgaben können helfen, Konflikte und Aggression zu vermeiden, indem die Aufmerksamkeit der Schülerinnen und Schüler gezielt auf körpersprachliche Ausdrucksmöglichkeiten gelenkt wird. Wird erkannt, in welcher Stimmung sich andere gerade befinden, ist es möglich, schon im Vorfeld darauf zu reagieren und somit eventuell Streitsituationen zu vermeiden.

Gefühle ausdrücken

Während die Schülerinnen und Schüler sich frei im Klassenraum bewegen, aber nicht miteinander sprechen, beschreibt die Lehrkraft verschiedene Situationen aus der Lebenswelt der Schülerinnen und Schüler. Diese werden gebeten, die Stimmungen und Gefühle, die in der jeweiligen Situation aufkommen könnten durch ihr Gehen, ihre Körperhaltung, ihre Mimik zu zeigen und sich darauf einzulassen.

Beispielsituationen:
- Stell dir vor, du hast gerade von jemand anderem erfahren, dass deine beste Freundin/dein bester Freund vor anderen böse über dich gelästert hat. Als du sie/ihn zur Rede stellen willst, tut er/sie so, als wäre nichts gewesen.
- Stell dir vor, du hast gerade erfahren, dass die letzten drei Schulstunden ausfallen. Es ist tolles Wetter, die Sonne scheint und du kannst direkt ins Freibad fahren.
- Stelle dir nun vor: Du hattest eine Verabredung, auf die du dich seit Tagen gefreut hast. Du bist schon auf dem Weg, als du eine SMS bekommst und erfährst, dass etwas dazwischen gekommen ist. Du bist enttäuscht und weißt nicht, was du nun mit dem Nachmittag anfangen sollst.

Den richtigen Abstand finden

Im Bus entstehen oft Situationen, in denen Schülerinnen und Schüler sich näher kommen, als ihnen lieb ist. Gerade im normalen Linienbusverkehr werden auch andere ältere Mitfahrende mit in solche Situationen einbezogen. Nähe und Abstand zu anderen Personen werden meist unbewusst gewählt. Werden diese Entscheidungsprozesse bewusst gemacht, kann Verständnis für Gefühle und Reaktionen entwickelt werden, die aufkommen, wenn normale Raumansprüche nicht erfüllt werden (können). Auch können so Handlungsmöglichkeiten in solchen Situationen überlegt werden

Beispielsituationen:
- Eine fremde Person spricht dich auf der Straße an und fragt nach der Uhrzeit.
- Du gehst mit einem sehr guten Freund / einer sehr guten Freundin spazieren.
- Du stehst in einem sehr vollen Bus.
- Du wartest allein an der Bushaltestelle mit einigen Fremden auf den Bus.
- Du bist mit deinen Freunden bei einem Konzert. In der Pause steht ihr in der Gruppe zusammen und redet.

Ute Stoltenberg / Roland Baum / Alexander Berthold / Sina Röpke: Mit dem Bus zur Schule – aber sicher! Anregungen und Arbeitshilfen für Busprojekte mit Kindern und Jugendlichen. Universität Lüneburg, Institut für Integrative Studien. Lüneburg 2005. S. 119.

M8 Der Fahrradunfall

Judith ist mit dem Fahrrad gestürzt.

Wie verhalten sich die Kinder auf den Fotos?

Wie könnte man sich anders verhalten?

Überlege:
Was sollte man als erstes tun?
Wo kannst Du Hilfe bekommen?

M9 Der Schulranzen

Karim, Ben und Ursula sind auf dem Nachhauseweg.

Erzähle die Geschichte:

_____
_____
_____
_____
_____
_____
_____
_____
_____
_____
_____
_____

Hätte Ben auch anders reagieren können?
Was hättest Du gemacht, wenn Du dabei gewesen wärst?

M10 Bus fahren

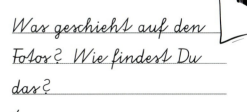

Was geschieht auf den Fotos? Wie findest Du das?

1. _____
2. _____
3. _____

Was könnte man tun, damit dies nicht mehr vorkommt?

1. _____
2. _____
3. _____

M11 Wichtige Regeln für den Busverkehr

1. **Niemals vor oder hinter dem haltenden Bus über die Straße laufen!**
   Immer warten, bis der Bus abgefahren ist, erst dann kann man genau sehen, ob die Fahrbahn frei ist.
2. **Rechtzeitig von zu Hause losgehen.**
   Kinder, die auf dem Weg zur Haltestelle hetzen müssen, achten nicht genug auf den Straßenverkehr.
3. **Nicht laufen oder Fangen spielen an der Haltestelle.**
   Dabei kann ein Kind leicht auf die Fahrbahn geraten.
4. **Ranzen und Taschen in der Reihenfolge abstellen, in der man an der Haltestelle angekommen ist.**
   Damit ist dann schon die Reihenfolge klar, niemand braucht an der Tür zu drängeln.
5. **Mindestens einen Meter Abstand zum heranfahrenden Bus halten.**
   Das ist wichtig, denn in einer Haltebucht schwenkt die vordere rechte Ecke des Busses seitlich aus.
6. **Nicht gegen die Bustüren drücken!**
   Bei Druck blockieren sie automatisch und öffnen sich erst recht nicht.
7. **Beim Einsteigen nicht drängeln.**
   Sonst besteht die Gefahr, dass Kinder stolpern und stürzen.
8. **Die Fahrkarte schon vor dem Einsteigen bereithalten und dem Busfahrer unaufgefordert vorzeigen.**
   Dann gibt es keinen Stau und keinen Zeitverlust und niemand braucht ungeduldig zu werden.
9. **Im Bus Ranzen und Taschen auf den Boden stellen oder auf den Schoß nehmen.**
   Mit Ranzen auf dem Rücken sitzt man schlecht und unsicher. Taschen gehören nicht in den Mittelgang – Stolpergefahr! – und nicht auf die Sitzplätze, denn andere möchten auch sitzen.
10. **Muss man während der Fahrt stehen, hält man sich gut fest.**
    Wenn man im Bus umherläuft oder steht, ohne sich festzuhalten, ist man bei einer Gefahrbremsung besonders verletzungsgefährdet.
11. **Beim Aussteigen auf Radfahrer achten.**
    Denn nicht alle Radfahrer nehmen Rücksicht auf aussteigende Fahrgäste.
12. **Keine Angst vor automatisch schließenden Türen.**
    Man kann nicht eingeklemmt werden. Bei Widerstand öffnen sich die Türen von selbst.
13. **Zerstörung und Verschmutzung dem Fahrer melden.**
    Solche Schäden sind teuer und wirken sich auf die Fahrpreise aus.

Bundesverband der Unfallkassen: Bus-Schule, 2000, GUV 57.1.53.2

M12 Rituale

Rituale können einen Rahmen schaffen, in dem sicheres Verhalten ermöglicht wird.

Verabschiedung in der Schule
Die typische „Fluchtatmosphäre", die an vielen Schulen mit dem letzten Schulgong eintritt, kann auch dadurch aufgefangen werden, dass jeder Lehrer seine Schüler mit Handschlag verabschiedet.

Ranzenschlange
An den Haltestellen kann das Problem des Drängelns dadurch gemildert werden, dass die Schüler eine „Ranzenschlange" bilden: Sie stellen ihre Schultaschen in der Reihenfolge ab, in der sie an der Haltestelle ankommen. In dieser Reihenfolge wird dann eingestiegen.

Begrüßung im Bus
Wenn Schülerinnen und Schüler ihren Busfahrer oder ihre Busfahrerin beim Einsteigen grüßen (manche Busfahrer begrüßen sogar jeden Schüler einzeln mit Handschlag), wird über den persönlichen Kontakt ein Klima geschaffen, in dem sicheres Verhalten gefördert wird.

Busradio
Gelingt es, die Aufmerksamkeit von Schülerinnen und Schülern im Bus auf eine für sie interessante Aktivität zu richten, lassen Disziplinprobleme oft nach.
An manchen Schulen gibt es bereits ein Busradio, bei dem eine Arbeitsgemeinschaft ein redaktionelles Programm zusammenstellt. So ein Programm trifft im Schulbus auf viele offene Ohren.

Besondere Anlässe
Es kann auch als Ritual eingeführt werden, dass der Businnenraum bei besonderen Ereignissen (erster und letzter Schultag, Fasching und Geburtstag des Busfahrers oder der Schülerinnen und Schüler) beispielsweise mit Luftballons oder Luftschlangen geschmückt wird. So wird die Identifikation der Schülerinnen und Schüler mit dem Bus erhöht.

Ute Stoltenberg / Roland Baum / Alexander Berthold / Sina Röpke: Mit dem Bus zur Schule – aber sicher! Anregungen und Arbeitshilfen für Busprojekte mit Kindern und Jugendlichen. Universität Lüneburg, Institut für Integrative Studien. Lüneburg 2005.

M13 Fahrzeugbegleiter

Das Ziel ...
- Höhere Sicherheit und Qualität.
- Angenehmeres Klima in den Fahrzeugen durch Verbesserungen des Umgangs untereinander.
- Zahl und Intensität von Streitigkeiten/Verletzungen reduzieren.
- Reibungsloser Ablauf der Schülerbeförderung (weniger Verspätungen, weniger überfüllte Busse und Bahnen).
- Weniger Beschädigungen an Fahrzeugen und Haltestellen.
- Gesellschaftliches Engagement von Jugendlichen und deren Entwicklung fördern, ohne sie zu gefährden oder zu missbrauchen.
- Gemeinsam die Probleme bewältigen.

Die Lösung ...
Jugendliche werden freiwillig Ansprechpartner für ihre Mitschüler und greifen bei kritischen Vorfällen situationsangepasst ein.
Sie werden Fahrzeugbegleiter:
- sehen hin, übernehmen Verantwortung – schauen nicht weg.
- handeln als Mitmenschen – nicht als Hilfssheriffs.
- erfüllen Vorbildfunktion – sind nicht selbst Konfliktursache.
- arbeiten im Team – nicht als Einzelkämpfer
- handeln eigenverantwortlich – nicht als Erfüllungsgehilfen der Polizei oder des Verkehrsunternehmens.

Kölner Verkehrs-Betriebe AG
http://www.kvb-koeln.de/german/spezial/fahrzeugbegl_1.html

Möglichkeiten des Handelns
Immer in höflicher Form
- Ansprechen, Stellung nehmen zum Verhalten des Störers durch „Ich"-Botschaften – Interesse, Wunsch und Gefühl formulieren.
- Bitten es sein zu lassen.
- Aufforderung es sein zu lassen, wenn nötig Folgen aufzeigen.
- Gewalttätige Täter / Störer mit Worten beruhigen.
- Ansprechen des Opfers.
- Aufmerksamkeit herstellen – öffentlich machen, Erwachsene ansprechen.
- Fahrer informieren.
- Körperliches Hindernis schaffen, dazwischen stellen – nur, wenn ihr eine Gefahr für euch ausschließen könnt.
- Mit dem Opfer aussteigen.
- Täter- / Störermerkmale einprägen, und sich als Zeuge melden.

Handlungsempfehlung Fahrzeugbegleiter. Herausgegeben von dem Gemeinschaftsprojekt „Fahrzeugbegleiter" der Stadt Düsseldorf. Düsseldorf 2006.

M14 Auswahl der Fahrzeugbegleiter

Auswahl der Fahrzeugbegleiter – Kriterien:
- Freiwilligkeit! Nach einer Präsentation vor den achten Klassen melden sich interessierte Schülerinnen und Schüler.
- Vorauswahl: durch Lehrer, Eltern (Einverständniserklärung) und während der Ausbildung durch die Ausbilder.
- Fahrt zur Schule auf den betreffenden Linien.
- Positives Sozialverhalten: Teamfähigkeit, Ausdrucksfähigkeit.
- Ernsthafte Motivation: Bereitschaft zum vorbildlichen Verhalten.
- Unbelastet von anderen Problemfeldern.
- Bewusste Durchmischung: Schülerinnen und Schüler aus allen sozialen Schichten, Religionen, etc.

Die Qualifizierung der Schülerinnen und Schüler
- Das Erkennen und Einschätzen kritischer Situationen wird eingeübt.
- Das Denken in Handlungsalternativen wird gefördert.
- Das Training positiver sprachlicher und körpersprachlicher Kommunikationsstrategien.
- Deeskalierendes Konfliktverhalten.
- Die Stärkung des Selbstbewusstseins.
- Die Förderung von Zivilcourage und Motivation zur Hilfeleistung.
- Das Erkennen von Grenzen und Selbstschutztechniken wird vermittelt.

Ausbildung der Fahrzeugbegleiter
- Gruppen von ca. 15 Schülerinnen und Schülern werden – während der Unterrichtszeit – in 20 Schulstunden, verteilt über 8 Wochen zu Fahrzeugbegleitern qualifiziert.
- Die Ausbildung findet zunächst in der Schule (Aula, Klassenräume) und später in den Bussen und Bahnen der KVB statt.
- Speziell qualifizierte Trainerinnen und Trainer der KVB setzen abwechslungsreiche handlungsorientierte Methoden ein.
- Bezirksbeamte der Polizei stehen in Trainingseinheiten als Ansprechpartner zur Verfügung.

Und so geht es weiter
- Nach 4 Wochen findet ein Feedbacktag mit dem Trainer der KVB und dem Bezirksbeamten der Polizei statt.
- Die Fahrzeugbegleiter werden anschließend von einer Begleitlehrerin oder einem Begleitlehrer betreut.
- Bei der Polizei und der KVB gibt es einen Ansprechpartner für die Begleitlehrer.
- Die Fahrzeugbegleiter erhalten am Ende ihrer Ausbildung eine Urkunde über die Schulungsteilnahme und am Ende der Schulzeit ein Zertifikat für die mehrjährige bewährte Teilnahme am Projekt „Fahrzeugbegleiter" von der Schule überreicht.

Kölner Verkehrs-Betriebe AG
http://www.kvb-koeln.de/german/spezial/fahrzeugbegl_1.html

Selbstschutz steht an erster Stelle!

- Sich nicht selbst in Gefahr bringen – in gefährlichen Situationen den Fahrer ansprechen.
- Körperliche Auseinandersetzungen vermeiden.
- Nicht provozieren oder provozieren lassen.
- Gemeinsam arbeiten – immer im Team.
- Öffentlichkeit herstellen.

M15 Pausenhelfer

Schüler übernehmen als Pausenhelfer in der Hofpause Verantwortung für ihre jüngeren Mitschüler. Sie können eigene soziale Fähigkeiten wie Kommunikation, Umgang mit Gefühlen, Kooperationsfähigkeit und Umgang mit Konflikten trainieren und erweitern. Sie tragen dazu bei, dass die Kinder in der Pause ausgeglichen und zufrieden sind. Dies bewirkt ein positives Lernklima.

Aufgabe der Pausenhelfer ist es, die Mitschüler der ersten und zweiten Klassenstufe in den Hofpausen beim Spiel zu unterstützen. Sie machen Spielangebote, animieren Kinder zum Mitspielen und unterbrechen Spiele, wenn sich Streit entwickelt. Lehrer, die Pausenaufsicht haben, übernehmen die Verantwortung für die Konfliktlösung.
Kinder des dritten Schuljahres werden von ihren Klassenlehrern, aufgrund ihrer bisher gezeigten sozialen Fähigkeiten in der Schulgemeinschaft, für die Aufgaben vorgeschlagen. Die positive Selbsteinschätzung und das Interesse an den Aufgaben sind weitere Kriterien für einen Auswahl zur Ausbildung als Pausenhelfer.

Für die Vorbereitung der Pausenhelfer werden sieben Einheiten mit folgenden Inhalten geplant:

1. Kennenlernen
Aufgaben und Bedeutung eines Pausenhelfers.
2. Kommunikation / aktives Zuhören
Kriterien erarbeiten, in Rollenspielen trainieren.
3. Gefühle / Körpersprache
Gefühle benennen, wahrnehmen, Ereignisse zuordnen.
4. Einfühlungsvermögen
Verständnis für die Bedürfnisse von Menschen, die anders sind; auf andere zugehen, Hilfe anbieten.

5. Teamfähigkeit / Kooperation
Die Kinder planen und bauen in Teams ein Gebäude ihrer Wahl.
6. Umgang mit Konflikten
Konflikte wahrnehmen, Spielabbruch.
7. Organisation
Spielauswahl, Materialbedarf, Zeitplan und Einteilung der Pausenhelfer.

Das Training wird von zwei Lehrkräften am Nachmittag, außerhalb der regulären Unterrichtszeit, durchgeführt. Die Eltern werden in Form eines Briefes über das Projekt informiert und dabei um ihr Einverständnis gebeten.

Arbeitspapier Grundschule Speyer, Siedlungsschule 2006.

Praxisbericht der Grundschule Speyer

Seit Februar 2004 haben wir drei Teams jeweils zu Beginn des dritten Schuljahres ausgebildet. Von Montag bis Freitag bieten fünf Pausenhelfer in der ersten Hofpause, nach einem festen Dienstplan Spiele an. Die Gruppen wechseln täglich, sodass jedes Kind nur an einem Tag pro Woche Dienst hat.
In einer Schulversammlung werden die neuen Pausenhelfer in ihr Amt einigeführt, erhalten eine Ernennungsurkunde und das Erkennungsmerkmal: die roten Mützen und das Stopp-Schild für einen eventuellen Spielabbruch. Zugleich werden die vorherigen Pausenhelfer mit einer Dankesurkunde verabschiedet.

Erfahrungen
Neben den Ausbildungseinheiten brauchen die Pausenhelfer eine kontinuierliche Begleitung ihrer Arbeit von Seiten der Trainerinnen und Trainer. Die praktische Erfahrung hat gezeigt, dass ein wöchentlicher Termin und eine monatliche Arbeitsgemeinschaft angemessen sind. Dabei werden beispielsweise Rückmeldungen zu Problemen gegeben und Lösungen gefunden, Diskussionen über das Spielangebot geführt und neue Ideen und neues Material entwickelt.
Die Pausenhelfer sind bei den Kindern sehr beliebt, ihre Sozialkompetenz ist geschätzt. Sie tun ihren Dienst mit hoher Motivation und Verantwortung. Insgesamt verlaufen die Pausen mit ihrer Hilfe ruhiger.

Gitta Maier, Grundschule Speyer, Siedlungsschule 2006.

Mobbing

Grundwissen
- Mobbing und Gewaltprävention — S. 428
- Was ist Mobbing? — S. 429
- Mobbing in der Schule — S. 430
- Formen von Mobbing in der Schule — S. 431
- Mobbing: Opfer und Täter — S. 432
- Funktionen und Ursachen von Mobbing — S. 433
- Folgen von Mobbing — S. 435
- Umgang mit Mobbing — S. 435
- Überlegungen zur Umsetzung — S. 437
- Die Materialien im Überblick — S. 439

Materialien
Für Lehrkräfte und Eltern
- M 1: Mobbing-Handlungen — S. 441
- M 2: Systematik für Mobbing-Handlungen — S. 442
- M 3: Anzeichen für Mobbing — S. 443
- M 4: Handlungsraster für Lehrkräfte — S. 444
- M 5: Wie reagieren? — S. 445
- M 6: Handlungsmöglichkeiten für Eltern — S. 446
- M 7: Hilfen für Mobber — S. 447
- M 8: Hilfen für Mobbingopfer — S. 448

Für den Unterricht
- M 9: Die Umkleidekabine — S. 449
- M 10: Das Gerücht — S. 450
- M 11: Was ist da los? — S. 451
- M 12: Der Mobbing-Test — S. 452
- M 13: Fiese Dinge — S. 453
- M 14: Erste Schritte bei Mobbing — S. 454

Dieser Baustein beschreibt, was unter Mobbing zu vestehen ist, sowie welche Ursachen, Formen und Folgen Mobbing hat.
Es werden Handlungsstrategien für Lehrkräfte, Eltern und Schülerinnen und Schüler aufgezeigt.

Mobbing und Gewaltprävention

Grundwissen

Mythen über Mobbing in der Schule

1. Mythos:
An unserer Schule gibt es kein Mobbing.
Untersuchungen zeigen, dass ein beträchtlicher Anteil der Schüler(innen) Mobbing direkt erleben oder Mobbing-Vorfälle beobachten, dies gilt auch bereits für die Grundschule.

2. Mythos:
Vielleicht kommt Mobbing vor, aber es ist harmlos.
Mobbing ist nicht harmlos. Ständig werden Schulutensilien zerstört, Brillen weggenommen und versteckt, Bedrohungen ausgesprochen und sogar Zimmer zu Hause verwüstet. Mobbing-Opfer erleben körperliche und/oder seelische Verletzungen und soziale Isolation. Kinder in Mobbing-Situationen brauchen Unterstützung von außen, denn Mobbing-Opfer können sich meist nicht mehr selbst wehren.

3. Mythos:
Als Lehrer(in) kann ich gegen Mobbing nichts unternehmen.
Jede Lehrerin, jeder Lehrer hat Möglichkeiten zu handeln. Schulen brauchen präventive Anti-Mobbing-Strategien und wirkungsvolle Lösungen im Umgang mit konkreten Mobbing-Vorfällen. Das gemeinsame Handeln in der ganzen Schule ist von größerer Wirkung als die Einzelaktion in den verschiedenen Klassen.

Vgl. http://arbeitsblaetter.stangl-taller.at/Kommunikation/Mobbing-schule.shtml

---

Mobbing an Schulen ist ein weit verbreitetes Phänomen und auch bereits in der Grundschule in vielfältigen Formen anzutreffen.

Dabei geht es nicht nur um Mobbing unter Schülerinnen und Schülern, sondern auch um solches von Lehrerinnen und Lehrern gegen Schüler und von Schülern gegen Lehrer. Aber selbst Mobbing unter Lehrkräften kommt vor. Alle sind einbezogen und betroffen: als Täter, als Opfer oder Zuschauer

Mobbing berührt auf der schulischen Ebene verschiedene Bereiche: den der Sicherheit der Kinder und Lehrkräfte, der Verantwortung für deren physische und psychische Gesundheit, aber auch Fragen der Qualitäts- und Effizienzsicherung bis hin zur Schulkultur. Deshalb steht die Reduzierung schulischer Ursachen, wie Stressfaktoren, unklare Kompetenzverteilung, zu hohe oder zu niedere Arbeitsbelastung oder Schaffung klarer Regelung bei Konflikten im Vordergrund.

Prävention bedeutet also Beseitigung von möglichen Ursachen, Sensibilisierung für das Problem sowie Bereitstellung effektiver Interventions- und Sanktionsmaßnahmen. Dies ist nur zu erreichen durch gemeinsames Handeln. Fortbildungsmaßnahmen für Lehrkräfte, die Etablierung eines Konfliktmanagementsystems und eine Weiterentwicklung der Schulkultur sind wichtige Elemente in diesem Prozess.

Desweiteren ist es wichtig, dass klare Verhaltensregeln (in einer Schulordnung oder in anderer geeigneter Form) festlegen, welches Verhalten erwartet und welches unerwünscht und nicht tolerierbar ist. Hier muss ausdrücklich festgehalten werden, dass Diskriminierung und Mobbing nicht erlaubt sind und nicht geduldet werden, sowie welche Unterstützung Opfer finden und mit welchen Konsequenzen Täter zu rechnen haben. Verhaltensgrundsätze müssen eingeführt und begleitet werden durch einen Verbund von Unterstützungs- und Fördermaßnahmen. Dabei darf nicht vergessen werden, dass es auch darum geht, den Schülerinnen und Schülern zu vermitteln, sich einzumischen, Mobbingfälle aufzudecken, Opfern beizustehen und Tätern die Unterstützung zu entziehen.

Was ist Mobbing?

Die Schwierigkeit, Mobbinghandlungen präzise zu fassen, liegt u.a. darin, dass der Begriff Mobbing unterschiedlich definiert wird und dass von den Betroffenen jede Handlung als feindselig eingestuft werden kann, wenn sie subjektiv so empfunden wird.
Mobbing kann als systematischer und wiederholter Angriff auf die psychische oder physische Integrität verstanden werden, mit dem Ziel, den Betroffen auszugrenzen und zu isolieren. Mobbinghandlungen vollziehen sich über einen längeren Zeitraum und unterscheiden sich dadurch von einmaligen Handlungen.

Der Begriff Mobbing
Der Begriff Mobbing stammt aus dem Englischen und bedeutet anpöbeln, fertigmachen (mob = Pöbel, mobbish = pöbelhaft).
Mobbing ist eine Form offener und/oder subtiler Gewalt gegen Personen über längere Zeit mit dem Ziel der sozialen Ausgrenzung. Es kann sich dabei um verbale und/oder physische Gewalt handeln.
Mobbing steht für alle böswilligen Handlungen, die kein anderes Ziel haben, als eine Mitschülerin oder einen Mitschüler fertig zu machen. Dazu gehören etwa hinterhältige Anspielungen, Verleumdungen, Demütigungen, Drohungen, Quälereien oder sexuelle Belästigungen.

Annemarie Renges: Mobbing in der Schule, http://www.schulberatung.bayern.de/vpmob.htm

Nicht jede Schikane ist bereits Mobbing
Mobbing geschieht vor allem in „Zwangsgemeinschaften", wie in der Arbeitswelt, Schule, Ausbildungseinrichtungen o.ä., denn diese Bereiche können nicht ohne weiteres verlassen werden.
In freiwilligen Zusammenschlüssen wie Sportvereinen oder Freizeitclubs taucht Mobbing weniger auf, ganz einfach deshalb, weil derjenige, der sich nicht akzeptiert fühlt, sich einen anderen Verein oder ein anderes Hobby suchen kann.
Typisch für Mobbing ist, dass es sich gegen „als unterlegen empfundene" Einzelpersonen richtet, systematisch geschieht und über einen längeren Zeitraum andauert. Mobber sind Heckenschützen, sie gehen sehr subtil vor. Mobbingopfer befinden sich subjektiv oft in einer ausweglosen Situation und können nur selten Hilfe mobilisieren.

vgl. www.mobbing.de

Mobbing in der Schule

Bullying

Der Begriff „Bullying" (engl. tyrannisieren) wird unterschiedlich interpretiert.
Bullying wird öfter als Synonym für „Mobbing" verwendet. Insbesondere in Großbritannien und Irland verwendet man den Begriff „bullying" anstelle von „mobbing". Bullying steht auch für ein weniger subtiles Verhalten als Mobbing, wobei körperliche Gewalt oder deren Androhung eine prominentere Rolle spielt als beim Mobbing, das eher psychologisch als physisch betrieben wird. Einige deutschsprachige Autoren verwenden deshalb den Begriff „Bullying" für Mobbing unter Kindern und Jugendlichen in der Schule in bewusster Abgrenzung zum Mobbingbegriff.

www.wikipedia.org

Grundwissen

Studien für die Schule zeigen, dass 5 – 9 % der Schülerinnen und Schüler andere ein- oder mehrmals in der Woche mobben. 5 – 11 % der Schülerinnen und Schüler sind dabei die Opfer.
Vgl. Bariele Klewin / Klaus-Jürgen Tillmann: Gewaltformen in der Schule – ein vielschichtiges Problem. In: Wilhelm Heitmeyer / Monika Schröttle (Hrsg.): Gewalt. Beschreibungen, Analysen, Prävention. Bonn 2006, S. 194.

Mit Mobbing in der Schule sind nicht die alltäglichen Schulkonflikte gemeint, sondern Handlungen negativer Art, die durch eine oder mehrere Personen gegen eine Mitschülerin oder einen Mitschüler gerichtet sind und über einen längeren Zeitraum hinaus – ein halbes Jahr oder länger – vorkommen.

Mobbing kommt in allen Altersstufen vor

- In der Unterstufe scheint häufiger Bullying als Ausgrenzung aufzutreten, wenn (sportlich ungeschicktere, „brav" aussehende) Mitschüler körperliche „Unzulänglichkeiten" zeigen.
- In der Mittelstufe bestimmen Mode-Normen (Markenkleidung), Verhaltensnormen im Unterricht („Streber!") und beginnende gegengeschlechtliche Freundschaften (Eifersucht, Rivalität) das Mobbing.
- In der Oberstufe scheint auch der Konkurrenzdruck in Gestalt der Punkte-Jagd eine Rolle zu spielen.
- Jungen wenden häufiger physische Gewalt an oder machen Mitschüler offen fertig, während Mädchen eher subtile Formen anwenden.

http://www.schulberatung.bayern.de/vpmob.htm

Mobbing durch Lehrkräfte

In Deutschland sind körperliche Erziehungsmaßnahmen an Schulen verboten, Lehrergewalttätigkeiten gegen Schüler gibt es dennoch. Wer „fiese" Lehrersprüche sammelt, wird schnell fündig: „Für jemanden wie dich müssten zweistellige Noten erfunden werden!", „Du wirst es nie lernen!", „Wir sind hier nicht auf der Sonderschule!", sind einige der Fundstücke.

Eine Studie aus dem Jahr 2002 zeigt, dass 78 % von 3.000 befragten Studenten aus Deutschland, Österreich und der Schweiz in ihrer Schulzeit kränkendes Lehrerverhalten erlebt haben. Die Kränkungen waren im Durchschnitt als schwer erlebt worden und bei 63 % der Betroffenen hatten sie über einen Zeitraum von mehr als sechs Monaten angehalten.

Auch die Lehrer selbst scheinen sich des Problems bewusst zu sein. In einer Befragung von österreichischen Lehrern im Jahr 2002 gaben 81 % der Befragten an, dass es an ihrer Schule Kollegen gebe, die sich Schülern gegenüber kränkend verhalten. 85 % gaben an, dass sie selbst schon einmal unfair gewesen seien.

Luise Dusatko: Wortgewaltige Pauker. In: Frankfurter Rundschau, 5.12.2006, S. 26.

Formen von Mobbing in der Schule

Die Form psychischer Gewalt zeigt sich im direkten Mobbing als Hänseln, Drohen, Abwerten, Beschimpfen, Herabsetzen, Bloßstellen, Schikanieren oder im indirekten Mobbing durch Ausgrenzen, Rufschädigen, „Kaltstellen" durch das Vorenthalten von Informationen und Beschädigen von Eigentum der gemobbten Person u.ä. Davon unterschieden wird das Bullying, die unter Jugendlichen praktizierte physische Gewalt, mit der bestimmte Opfer durch ihnen überlegene Mitschüler gequält werden.

Annemarie Renges: Mobbing in der Schule, http://www.schulberatung.bayern.de/vpmob.htm

Mobbing durch körperliche Gewalt
Dies geschieht durch Verprügeln, Sachbeschädigung, Erpressung oder Nötigung.

Verbales Mobbing
Schüler werden wegen ihres Verhaltens, ihres Aussehens, ihres in der Mode nicht up-to-date-Seins oder ihrer Schulleistungen mit meist sehr bissigen Bemerkungen belegt. Dies geschieht auf dem Schulhof wie auch im Unterricht selbst, von Klassenkameradinnen und Klassenkameraden genauso wie von Lehrern. Die mildeste Methode dieses Mobbings ist das Lästern hinter dem Rücken, vieles geschieht aber auch direkt und laut. Äußerungen von Lehrern wie: „Aus dir wird nie etwas! Du bist so dumm wie Bohnenstroh!" gehören zu solchem verbalen Mobbing ebenso wie das Geraune und entnervte Stöhnen, wenn jemand etwas nicht versteht und es sich mehrfach erklären lässt.

Das stumme Mobbing
Stillschweigendes Verachten, Links-liegenlassen, Nichtbeachten bis Verachtung und Ausschluss aus der Gemeinschaft u. ä. ist in den Klassen und den Kursen recht normal. Diese Form ist demütigend und verletzend.

Steffen Fliegel: Mobbing in der Schule (2000)
www.wdr.de/radio/wdr2/westzeit/psychologie001108.html

Mobbinghandlungen

Zu den aktiven und körperlichen Mobbinghandlungen gehören
- die körperliche Gewalt in unterschiedlichem Ausmaß,
- die Erpressung von sogenannten Schutzgeldern,
- der Diebstahl oder die Beschädigung von Gegenständen des Opfers,
- das Zerstören von im Unterricht erarbeiten Materialien,
- das Beschädigen und Stehlen von Kleidungsstücken und Schulmaterial,
- das Knuffen und Schlagen auf dem Pausenhof und in den Gängen,
- sexuelle Belästigungen.

Zu den passiven und psychischen Mobbing-Handlungen gehören
- das Ausgrenzen von Schülerinnen und Schülern aus der Schulgemeinschaft,
- das Zurückhalten wichtiger Informationen,
- das Auslachen,
- verletzende Bemerkungen,
- ungerechtfertigte Anschuldigungen,
- das Erfinden von Gerüchten und Geschichten über den Betroffenen (zunächst Diskriminierungen hinter dem Rücken, später umso offener),
- das Verpetzen,
- die Androhung von körperlicher Gewalt,
- das Ignorieren und Schneiden des Opfers (stummes Mobbing).

Grundwissen

Mobbing: Opfer und Täter

Bestimmte Persönlichkeitszüge der Opfer scheinen Mobbing zu fördern: so können Kinder bzw. Jugendliche betroffen sein, die ängstlich oder überangepasst sind und ein geringes Selbstwertgefühl haben. Auch auffälliges oder andersartiges Aussehen, Ungeschicklichkeit, Hilflosigkeit oder geringe Frustrationstoleranz können dazu prädestinieren. Manchmal kommen potentielle Opfer auch aus Familien mit betont gewaltsensiblen bzw. gewaltächtenden Verhaltensnormen, oder es trifft Schüler, die besonders gutgläubig und vertrauensvoll auf ihre Mitschüler zugehen.

Bei Schülern, die aktiv mobben, sind häufig folgende Tendenzen zu beobachten: Demonstration von Stärke/Macht (häufig körperliche, seltener geistige Überlegenheit), Steigerung des (mangelnden) Selbstwertgefühls, Kompensation von Schwächen, Führer-Verhalten (sie haben oft Anhänger/Mitläufer in Cliquen).

Merkmale der Opfer und der Bullies auf der Grundlage von angelsächsischen Untersuchungen. Innenministerium Baden-Württemberg u.a. (Hrsg.): Herausforderung Gewalt aus pädagogischer Sicht. Stuttgart 1999, S. 26.

Annemarie Renges: Mobbing in der Schule., http://www.schulberatung.bayern.de/vpmob.htm

Opfer	Bully
Persönlichkeitsmerkmale	
ängstlich, ungeschickt, Minderwertigkeitsgefühle, physisch schwach; ist gern daheim und erfreut sich guter Familienbeziehungen; scheu, ungesellig, reagiert bei Attacken mit Schreien, kommuniziert schlecht, ...	aggressiv gegen Eltern, Lehrer, Geschwister, Peers; nicht ängstlich, glaubt an seine Stärke; „Macho"; unabhängig, hält sich für kühn und populärer als das Opfer; glaubt, das Opfer verdiene Strafe; empfindet wenig Scham oder Schuldgefühle; wenig Empathie; witzig, gut in Ausreden ...
Familie	
überbehütet; von der Familie abhängig, enge Beziehungen zur Familie, aber viel mehr Familienprobleme als unauffällige Schüler ...	wenig Aufsicht; wenig herzlich-empathische Beziehung zwischen Eltern und „Bully"; inkonsistente Kontrolle und Disziplinierung; vernachlässigend bis hart strafend; chaotische Familienverhältnisse; viel mehr Familienprobleme als unauffällige Schüler ...
Physische Faktoren	
schwach, unfähig, sich zu wehren; wenig Energie, jünger und kleiner als „Bullies"; unterdurchschnittlich attraktiv...	stark und robust; gut im Sport; energisch und aktiv; hohe Schmerzschwelle; älter und stärker als die Opfer; durchschnittlich attraktiv ...

Grundwissen

Funktionen und Ursachen von Mobbing

Funktionen

Mobbing wird u.a. eingesetzt um folgende Funktionen bzw. Ziele zu erreichen:

Entlastung
Als Entlastungsventil für Aggressionen. Diese sind schließlich in der Schule entstanden (z.B. wegen „blöder" Lehrer-Entscheidungen) und müssen auch dort entladen werden.

Gemeinschaftsgefühl
Zur Festigung des Gemeinschaftsgefühls („Alle gegen einen!", „Gemeinsam sind wir stark!").

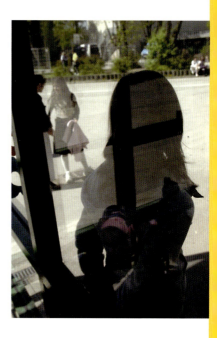

Anerkennung
Mobbing wird eingesetzt, um sich die Anerkennung zu holen, die einem zu Hause schon lange keiner mehr gibt.

Macht
Mobbing bedeutet auch Demonstration (und Missbrauch) von Macht.

Angst
Die Angst, in der Schule zu versagen, nicht ausreichend beachtet zu werden oder auch selbst zu den Mobbing-Opfern zu gehören lässt Menschen zu Tätern werden.

Normalität
Gehört Mobbing zum Alltag, wird es auch angewendet, weil es einfach dazu gehört. Neid und Missgunst sind weit verbreitet und versuchen sich durch Mobbing Entlastung zu schaffen.

Weil es zugelassen wird.
Mobbing wird leicht gemacht, wenn es keine Gegenwehr gibt und wenn alle zuschauen und es tolerieren.

Vgl. http://www.mobbing.gch.de/mobb/modules/news/article.php?storyid=6

Ursachen

Wie aus den Untersuchungen aus der Arbeitswelt bekannt, können auch im Schulbereich folgende Ursachen von Mobbing benannt werden:

Versagen der Führungskraft
Mobbing als Versagen der Lehrkraft: Hierbei wird argumentiert, dass Mobbing nur deshalb auftritt, weil Vorgesetzte mit diesem Problem nicht kompetent umgehen, mitunter sogar aktiv am Mobbingprozess beteiligt sind. Für die Schule würde dies bedeuten, dass Lehrkräfte Mobbingvorgänge sensibler wahrnehmen und darauf reagieren sollten.

Gruppendynamische Aspekte
Eine wichtige Rolle spielen gruppendynamische Aspekte: Eine neu zusammengewürfelte Klasse, der oder die „Neue" in einer Klasse, aber auch persönliche Aspekte des Täters (Rachebedürfnis, Eifersucht, Konkurrenz etc.) bilden den Motivhintergrund.

Persönlichkeitszüge
Bestimmte Persönlichkeitszüge prädestinieren Schüler und Schülerinnen zu Opfern.

Gestörte Kommunikation
Generell ist Mobbing ein Symptom für gestörte Kommunikation. Die Opfer werden isoliert, die Täter bekommen keine Rückmeldung über die Auswirkungen ihrer Schikane.

Folgen von Mobbing

Mobbing ist auch dadurch wirksam, dass die Opfer das „Problem" erst einmal bei sich selbst suchen, und dies oft über längere Zeit. Nur selten informiert ein Schüler oder eine Schülerin einen Lehrer oder erzählt den Eltern, was ihm geschieht.
Fatal wirken sich die Folgen auf die gesamte Persönlichkeit aus: Zum Verlust des Selbstvertrauens (nicht nur im Leistungsbereich) können Schlafstörungen und Konzentrationsprobleme kommen. Durch die wahrgenommene Isolierung und Einsamkeit entwickeln sich depressive Tendenzen und Passivität. Die Lernmotivation nimmt ab bis zu Lernunlust und Schulvermeidung.

Folgende Bereiche können betroffen sein:
- Physische Schädigungen (Verletzungen).
- Psychische Schädigungen (z.B. Zerstörung des Selbstbewusstseins).
- Psychosomatische Reaktionen (z.B. Appetitlosigkeit, Bauchschmerzen, Alpträume, Schlafstörungen).
- Sonstige Reaktionen (z.B. Unkonzentriertheit, Leistungsrückgang, Fehltage durch „Krankheitstage" oder Schwänzen, Rückzug aus sozialen Bezügen, Ängste, Depressionen, bis zu Suizidversuchen bzw. vollzogenem Suizid).

Anzeichen für Mobbing

Bei Schülerinnen und Schülern können folgende Verhaltensweisen mögliche Anzeichen für Mobbing sein:
- Sie wollen nicht mehr zur Schule gehen.
- Sie wollen zur Schule gefahren werden.
- Ihre schulische Leistung lässt nach.
- Sie verlieren Geld (das Geld wird verwendet, um die Täter zu bezahlen).
- Sie können / wollen keine schlüssige Erklärung für ihr Verhalten geben.
- Sie beginnen zu stottern.
- Sie ziehen sich zurück.
- Sie haben Alpträume.
- Sie begehen einen Selbstmordversuch.

Annemarie Renges: Mobbing in der Schule. http://www.schulberatung.bayern.de/vpmob.htm

---

Umgang mit Mobbing

Erfahrungen zeigen, dass es schwierig ist, sich in Mobbingsituationen „richtig" zu verhalten, wirksame Instrumente gegen Mobbing zu entwickeln und Mobbing vorzubeugen. Da Mobbing trotz des massenhaften Vorkommens ein sehr individuelles Geschehen ist, müssen Verhaltens- und Vorgehensweisen immer auch einzelfallbezogen entwickelt werden.

Individuelle Strategien
Zu den individuellen Strategien gehören:
- verschiedene Methoden der „Gegenwehr", die von verbalen Kontern über zur Rede stellen, klärenden Gesprächen bis zur körperlichen Gegenwehr reichen können.
- die Situation „irgendwie" zu ertragen. Diese Betroffenen entwickeln sog. „innere" Bewältigungsstrategien: „ignorieren der Situation",

Grundwissen

„konzentrieren auf die Schule" oder „meiden der Mobber". Andere versuchen durch Leistung zu überzeugen oder flüchten in Krankheit.
- sich zurückzuziehen, soziale Situationen zu meiden, ganz für sich zu bleiben.

Unterstützung holen
- Einbeziehen und Einschalten von Autoritätspersonen, wie – im schulischen Bereich – Lehrerinnen und Lehrer, Eltern, die Schulleitung.
- Rat suchen bei Freunden und Bekannten.
- Unterstützung suchen bei professionellen Fachleuten wie Therapeuten, Ärzten oder Beratungsstellen.

Unterstützung individueller Strategien
Im schulischen Kontext werden individuelle Strategien unterstützt durch spezielle Lern- und Trainigsangebote, die das Ziel haben, „Kinder stark zu machen" und ihnen konkrete erste Verhaltensweisen vermittelt. Diese Strategien reichen jedoch nicht aus. Aus Untersuchungen in der Arbeitswelt ist bekannt, dass sechzig Prozent der Mobbingfälle (unter Erwachsenen) erst dadurch beendet werden, dass die Betroffenen freiwillig oder gezwungen ihren Arbeitsplatz aufgeben, versetzt werden oder aus dem Erwerbsleben ausscheiden. Neben individuellen Strategien und Unterstützungsprogrammen müssen deshalb vielfältige Elemente der Prävention und Intervention auf Schulebene hinzu kommen.

Regeln etablieren
Mobbing darf nicht geduldet werden. Um dies auch klar auszurücken, sollten Regeln des Zusammenlebens aufgestellt und formuliert werden. Spezielle Regeln gegen Mobbing können in einer Anti-Mobbing-Konvention festgehalten werden, die von Schülerinnen und Schülern sowie von Lehrerinnen und Lehrern ausgearbeitet, diskutiert und verabschiedet wird und für die gesamte Schule Gültigkeit hat. Dabei muss auch geregelt werden, was geschieht, wenn diese Regeln übertreten werden.

Konfliktbearbeitung
Gleichzeitig muss ein Instrumentarium zur Konfliktbearbeitung aufgebaut und eingeführt werden, das konstruktive Möglichkeiten des Konfliktaustrages enthält. Hierzu gehören auch Schüler-Streitschlichtungs-Programme.

Zivilcourage entwickeln
Sich einzumischen, Opfern beizustehen und Tätern die Unterstützung zu entziehen, ist zivilcouragiertes Handeln im bestem Sinne.

Überlegungen zur Umsetzung

Um Mobbing in der Schule zu unterbinden bedarf es der Sensibilisierung für das Problem und wirksamer Gegenstrategien. Ausgangspunkte sind in der Praxis oft gravierende Vorfälle, die nicht länger ignoriert werden können. Deshalb ist es wichtig, Interventionsmöglichkeiten zu kennen und langfristige Prävention anzugehen.

Für Lehrkräfte und Eltern
Das gemeinsame Verständnis von Mobbing
Ein gemeinsames Verständnis, was unter Mobbing verstanden werden soll und in welchem Ausmaß es in der Schule vorkommt, bildet den Ausgangspunkt.
Dabei ist zu klären:
Was sind Mobbinghandlungen? Welche Mobbinghandlungen kommen in der Schule vor? Welche Anzeichen für Mobbing gibt es? (M 1 – M 3).
Handlungsmöglichkeiten
Mobbinghandlungen erfordern von Lehrkräften ein spezifisches und konsequentes Vorgehen (M 4 – M 6). Diese Handlungsstrategien müssen erarbeitet, geübt und reflektiert werden (M 5).
Hilfen anbieten
Mobber und Mobbingopfer dürfen nicht allein gelassen werden (M 7, M 8).

Für den Unterricht

Für Mobbinghandlungen sensibilisieren
Schülerinnen und Schüler sollten sich mit Mobbingsituationen gezielt – auch im Unterricht – auseinandersetzen. Für Mobbinghandlungen zu sensibilisieren ist ein erster Schritt (M 12, M 13).

Mobbingsituationen lesen lernen
Zu erkennen, was in Mobbingsituationen geschieht, warum Täter so handeln, was Opfer empfinden und was die „Unbeteiligten" tun können, sind zentrale Lerninhalte (M 9 – M 11).

Handeln können
Handeln können setzt nicht nur ein Unrechtsempfinden voraus, sondern auch Kenntnisse über Handlungsmöglichkeiten. Erste Handlungsschritte sollten vermittelt werden (M 14).

Für die gesamte Schule

Übereinkünfte für gewünschtes bzw. nicht tolerierbares Verhalten sind wichtig.

Sie sollten nicht nur auf Klassenebene, sondern für die gesamte Schule verbindlich formuliert werden (vgl auch Baustein „Regeln etablieren" M 13).

Präventionsstrategien gegen Mobbing sind eingebunden in die Etablierung eines Konfliktmanagementsystems auf Schulebene sowie in die Befähigung zu zivilcouragiertem Handeln.

Grundwissen

Ergänzende Bausteine

4.2.1 Konflikte konstruktiv bearbeiten
4.2.4 Regeln etablieren
4.3.1 Handeln in Gewaltsituationen

Die Materialien im Überblick

Materialien	Beschreibung	Vorgehen
M 1: Mobbing-Handlungen	M 1 benennt eine Vielzahl von Mobbing-Handlungen.	In Kleingruppen werden die einzelnen Handlungen den Kategorien „Schüler", „Lehrer", „Beide" zugeordnet.
M 2: Systematik für Mobbing-Handlungen	Einteilung von Mobbing-Handlungen nach Leymann in fünf Kategorien.	Für die einzelnen Kategorien werden Beispiele gefunden. Die Handlungen von M 1 werden den Kategorien zugeordnet.
M 3: Anzeichen für Mobbing	Typische Symptome, die auf Mobbing hinweisen können.	Die Symptome werden diskutiert. Es wird auf das Problem verschiedener Ursachenstränge für diese Symptome hingewiesen.
M 4: Handlungsraster für Lehrkräfte	M 4 beschreibt ein Handlungsraster für Lehrkräfte.	Das Raster wird detailliert gefüllt und ergänzt. Was bedeuten die einzelnen Punkte konkret?
M 5: Wie reagieren?	M 5 beschreibt einen konkreten Mobbingfall aus der Sicht einer Mutter.	Welche Handlungsmöglichkeiten sind denkbar, welche sind empfehlenswert?
M 6: Handlungsmöglichkeiten für Eltern	M 6 zeigt in verschiedenen Stufen, wie Eltern von Opfer-Kindern reagieren sollten.	Eltern sollten über dieses Handlungsraster informiert werden. Das Handlungsraster sollte gemeinsam besprochen werden. Verändern sich die Empfehlungen von M 5 vor dem Hintergrund von M 6?
M 7: Hilfen für Mobber	M 7 zeigt, wie mit Mobbern konkret umgegangen werden kann.	Dieser Leitfaden für Lehrkräfte (und Eltern) sollte als Grundlage für gemeinsam zu entwickelte Verhaltensgrundsätze gegenüber Mobbern dienen.

4. LERNFELDER UND ANSATZPUNKTE — 4.3 IN GEWALTSITUATIONEN HANDELN

Materialien	Beschreibung	Vorgehen
M 8: Hilfen für Mobbingopfer	M 8 benennt präventive Strategien für (potenzielle) Mobbingopfer.	Die Punkte von M 8 stellen ein Lern- und Handlungsprogramm dar, das schrittweise verwirklicht werden kann.
M 9: Die Umkleidekabine	Die Bildergeschichte zeigt, wie ein Junge die Schultasche einer Mitschülerin in der Umkleidekabine auf den Boden kippt.	Die Kinder schreiben zu den Bildern eine Geschichte. Bei der Besprechung wird besonders besprochen, was das Mädchen tun könnte.
M 10: Das Gerücht	Die Bilder zeigen, wie zwei Mädchen tuscheln, um dann eine Mitschülerin zu beschimpfen.	Was erzählen sich die Mädchen? Und was sagen sie zu der Mitschülerin? Die Kinder spielen die Szenen nach.
M 11: Was ist da los?	Fünf Fotos zeigen typische Mobbingsituationen.	Was wird dargestellt, was kennen die Kinder aus eigenem Erleben? Wie fühlen sie sich, wenn sie solches erleben?
M 12: Der Mobbing-Test	Der „Mobbing-Test" benennt typische Mobbinghandlungen.	Die Kinder kreuzen an, was sie schon erlebt haben. In der Klasse wird der Bogen ausgewertet.
M 13: Fiese Dinge	M 13 liefert ein Raster von A – Z.	Die Kinder schreiben zu jedem Buchstaben „fiese Dinge", die Mobbinghandlungen beschreiben. Wie soll mit solchen Worten in der Klasse umgegangen werden?
M 14: Erste Schritte bei Mobbing	M 14 bietet Verhaltensregeln, wenn man selbst gemobbt wird, bzw. wenn man Mobbing beobachtet.	Die Verhaltensregeln werden der Klasse vorgestellt, besprochen. Die Kinder schreiben die Regeln ab.

M1 Mobbing-Handlungen

	Schülerinnen und Schüler	Lehrerinnen und Lehrer	Beide Gruppen
Bloßstellung einer Person			
Abschätzige Gesten, abwertende Blicke			
Witzeln			
Hinter dem Rücken schlecht reden			
Beschädigen oder zerstören von Eigentum			
Vor anderen lächerlich machen			
Spitznamen geben und verwenden			
Jemanden permanent als dumm hinstellen			
Jemand wird regelmäßig übergangen			
Körperliche Übergriffe wie stoßen, schlagen, kneifen, plagen, ...			
Es werden Andeutungen über die Eltern gemacht			
Jemand wird beschimpft und beleidigt			
Mitschüler werden gehindert, nach Hause zu gehen.			
Schuhe oder Kleidungsstücke werden versteckt oder zerstört			
Geheimnisse werden systematisch herumerzählt			
Gerüchte werden in Umlauf gebracht			
Bedrohung, Gewaltandrohung (mit und ohne Waffen)			
Privates wird vor die Klasse gezogen, die Intimsphäre wird verletzt			
Erpressung			
Permanent nicht zu Wort kommen lassen			
Ständige Kritik			
Eine Person wird nie gelobt			
Eine Person bekommt Noten, die nicht der Leistung entsprechen			
Lustig machen über körperliche Eigenschaften (Nase, Frisur, ...)			
Übertriebene Strafen			
Verbale Beschimpfungen			
Schutz verweigern			

Lehrer, Eltern

M2 Systematik für Mobbing-Handlungen

Manche Mobbing-Handlungen sind für sich genommen eher harmlos. Eine erdrückende Gewalt entwickeln solche Handlungen erst, wenn sie systematisch ausgeübt werden.
Andere Mobbing-Handlungen sind schon für sich ein massiver Angriff auf die persönliche Würde oder die berufliche Identität.
Eine einmalige „Strafaktion" ist noch kein Mobbing.

Der Mobbing-Forscher Leymann teilt Mobbing-Handlungen in fünf Bereiche ein:

1. Angriffe auf die Möglichkeiten, sich mitzuteilen, u.a.:
- Man wird ständig unterbrochen.
- Ständige Kritik an der Arbeit.
- Telefonterror.

2. Angriffe auf die sozialen Beziehungen:
- Man spricht nicht mehr mit dem/der Betroffenen.
- Man lässt sich nicht ansprechen.
- Man wird „wie Luft" behandelt.

3. Auswirkungen auf das soziale Ansehen:
- Man macht sich über das Privatleben lustig.
- Man macht sich über die Nationalität lustig.
- Sexuelle Annäherungen oder verbale sexuelle Angebote.

4. Angriffe auf die Qualität der Berufs- und Lebenssituation:
- Man weist dem Betroffenen keine Arbeitsaufgaben zu.
- Man gibt ihm sinnlose Arbeitsaufgaben.
- Man gibt ihm „kränkende" Arbeitsaufgaben.

5. Angriffe auf die Gesundheit:
- Zwang zu gesundheitsschädlichen Arbeiten.
- Androhung körperlicher Gewalt.
- Körperliche Misshandlung.
- Sexuelle Übergriffe.

www.dgb-mobbing.de

M3 Anzeichen für Mobbing

Bei Schülerinnen und Schülern können folgende Verhaltensweisen Anzeichen für mögliches Mobbing sein:

- Sie wollen nicht mehr zur Schule gehen.
- Sie wollen zur Schule gefahren werden.
- Ihre schulische Leistung lässt nach.
- Sie verlieren Geld (das Geld wird verwendet, um die Täter zu bezahlen).
- Sie können / wollen keine schlüssige Erklärung für ihr Verhalten geben.
- Sie beginnen zu stottern.
- Sie ziehen sich zurück.
- Sie haben Alpträume.
- Sie begehen einen Selbstmordversuch.

Annemarie Renges: Mobbing in der Schule, Starnberg o.J., http://www.schulberatung.bayern.de/vpmob.htm

Folgende psychosomatischen Beschwerden bei Mobbing-Opfern können gleichzeitig Indikatoren für Mobbing sein:

- Konzentrationsschwierigkeiten,
- Niedergeschlagenheit,
- Gereiztheit,
- Gefühle der Unsicherheit,
- Übersensibilität,
- Alpträume,
- Magenschmerzen,
- Übelkeit,
- Appetitlosigkeit,
- Kontaktarmut,
- Erschreckenssymptome wie Druck auf der Brust,
- Schweißausbrüche,
- Schmerzen des Rückens, des Nackens und der Muskeln,
- Schlafstörungen.

Vgl. Fliegel, Steffen (2000). Mobbing in der Schule., www: http://www.wdr.de/radio/wdr2/westzeit/psychologie001108.html (01-04-07)

Lehrer, Eltern

M4 Handlungsraster für Lehrkräfte

Nicht ignorieren, nicht bagatellisieren
Wenn in einer Schule ein Konsens zwischen allen Beteiligten besteht, dass es sich bei Mobbing um Gewaltausübung handelt, werden Aussenstehende solche Prozesse sensibler wahrnehmen und klarer reagieren.

Stellung beziehen
Wo immer Mobbing bekannt oder offensichtlich wird, sollten Lehrkräfte einen klaren Standpunkt beziehen und versuchen, zumindest den „zusehenden" Mitschülern, möglichst aber auch den Tätern einen Perspektivenwechsel zu ermöglichen und ihnen die psychischen Folgen für die Opfer in einer solchen Situation klar zu machen.

Gespräche mit dem Täter
Wenn ein Mobbingfall bekannt wird, sollte ein Gespräch mit dem/den Täter/n stattfinden. Dabei muss deutlich werden, dass Mobbing nicht toleriert wird.

Gespräche mit dem Opfer
Gespräche mit dem Opfer ermöglichen, die Angst und Bedrohung aufzufangen und Mobbing nicht zu verheimlichen oder zu verbergen. Opferschutz ist dabei wichtig.

Klassengespräch
Schüler ermutigen, über Mobbing-Vorfälle zu sprechen. Klassengespräche brechen den Bann der Heimlichkeit und können dazu beitragen Konflikte zu klären, gemeinsam Verhaltensregeln zu entwickeln bzw. bestehende zu reflektieren. Dabei wird besonders das Potential der sich positiv verhaltenden Schülerinnen und Schüler genutzt.

Lehrerkonferenz informieren
Mobbingfälle sollten in Lehrerkonferenzen benannt und aufgegriffen werden. Bei schwiergen Fällen sollte Beratung von außen (z.B. durch den schulpsychologischen Dienst) eingeholt werden.

Elterngespräche suchen
Gerade in der Grundschule ist es wichtig, die Eltern frühzeitig einzuschalten und sich über die Wahrnehmung von Warnsignalen auszutauschen und Handlungsstrategien abzusprechen.

Paten-/Mentorenprogramme
Patenschaften zwischen älteren und jüngeren Schülerinnen und Schülern schaffen ein kommunikatives Umfeld, in dem Mobbing schnell wahrgenommen werden kann und Paten als Unterstützer fungieren können.

Konsequenzen durchsetzen
Wer Mobbing begeht, muss mit Konsequenzen seines Handeln konfrontiert werden. Hierzu zählen u.a. eine Entschuldigung beim Opfer sowie die Wiedergutmachung von Schäden.

Arbeitsfragen
- Was bedeuten die einzelnen Punkte konkret?
- Welche Punkte sind besonders wichtig?
- Was sollte ergänzt werden?
- Wie kann ein gemeinsam abgestimmtes Vorgehen erreicht werden?

M5 Wie reagieren?

Mein Sohn ist 8 Jahre alt und kommt im Herbst in die 3. Klasse. Seit April dieses Jahres wird er von einem Mitschüler, einem ehemaligen Freund, gemobbt. Das Kind beschimpft meinen Sohn („du bist blöd, du bist dumm, du bist feige", usw.), macht abfällige Bemerkungen über sein Aussehen oder seine Kleidung, auch über seine Arbeit im Kunstunterricht („das sieht voll Sch... aus, ey"). Er versucht meinem Sohn die wenige Freunde, die er hat, wegzunehmen. Er sagt z.B. Du darfst entweder mit mir befreundet sein oder mit ihm. Dieses Kind hat mit einem anderen meinem Sohn auf dem Nachhauseweg aufgelauert und ihn über die Straße vor ein fahrendes Auto gejagt (das habe ich selber gesehen). Mein Sohn hat keine Probleme mit anderen Schüler, eben nur mit diesem Jungen. Ich habe ihm schon gesagt, er soll den einfach ignorieren, aber er sagt, dass dieses Kind ihn so provoziert bis er darauf reagieren „muss". Gespräche mit den Eltern des Kindes und mit der Klassenlehrerin blieben erfolglos. Die Eltern bestreiten alles und weisen die Schuld auf meinen Sohn zurück, die Lehrerin sagt, sie würde versuchen, das im Auge zu behalten. Ich habe ähnliche Erlebnisse in meiner Schulzeit gemacht, und ich weiß genau, wie sowas einem wehtun kann. Ich bin fix und fertig und weiß nicht weiter. Wer kann mir was dazu sagen?
Danke und viele Grüße von P.

http://forum.gofeminin.de/forum/matern2/__f1695_matern2-Mobbing-in-der-Grundschule.html

Was würden Sie der Mutter raten?

Was halten Sie von den folgenden Vorschlägen anderer Eltern?
- Leider hilft der Rat „ignorieren" überhaupt nichts! Eher würde es helfen, wenn Dein Sohn dieses kleine Stinktier mal so richtig nach Strich und Faden vermöbeln würde.
- Ganz ehrlich, ich würde das Kind von dieser Schule nehmen. Es lohnt sich zu kämpfen aber nicht um jeden Preis. Und wenn Dein Sohn die Schule wechselt, ist er kein Verlierer oder Schwächling, sondern ein Gewinner.
- Ich glaube nicht, dass es hilft, die Schule zu wechseln, denn dann läuft er nur weg. Auf der neuen Schule gibt es dann vielleicht wieder so einen Jungen und dann?
- Lass Dein Kind in Kinderkarate gehen, oder besser noch ins Wing-Tsun. Gehe am besten gleich mit, Deinem Selbstvertrauen wird es danach besser gehen.

Lehrer, Eltern

M6 Handlungsmöglichkeiten für Eltern

Wie Eltern von Opfer-Kindern reagieren sollten

Mögliche Warnsignale bemerken: Weinerlichkeit nach der Schule, Bauch- oder Kopfschmerzen am Morgen, Schlaflosigkeit. Ein Kind kann mit diesen Symptomen seine Lern- und Versagensängste ebenso ausdrücken wie die Tatsache, dass es gemobbt wird.

Wenn Eltern Warnsignale bemerken, sollten sie ihrem Kind signalisieren, dass sie immer (!) Zeit für ein Gespräch haben. Ruhig und zugewandt sein, dem Kind aber kein Gespräch aufzwingen.

Wenn das Kind sich den Eltern anvertraut, Stärke zeigen: ruhig, konzentriert und unaufgeregt zuhören. Zunächst mit Trost und Verständnis reagieren – keine Besserwisserei. Belehrende Sätze erschüttern das Vertrauen und verletzen das ohnehin beeinträchtigte Selbstbewusstsein des Kindes.

Sofort handeln. Das notwendige Telefonat mit der Lehrerin kann auch ohne lange Absprache mit dem vielleicht abwesenden anderen Elternteil erfolgen und sollte im Beisein des Kindes geführt werden.

Im Lehrergespräch besonnen, aber unmissverständlich deutlich machen, dass man sich als Eltern dafür verantwortlich fühlt, dass diese Art der Gewalt sofort abgestellt wird. Ein Gespräch mit der Schulleitung ist pure Selbstverständlichkeit und sollte auch so vorgetragen werden. Anschließend entscheiden, ob das Kind am nächsten Tag in die Schule geht.

Den Gang zur Polizei nicht scheuen. Bei ernsthaften gewalttätigen Vorfällen sollte er bei der Schulleitung eingefordert werden.

Vermeiden, dass das Familiengespräch unendlich um das Gewaltthema kreist. Stattdessen ist es die Aufgabe der Eltern, deutlich zu machen, dass eben diese Gewalt keine Chance hat. Unter dem Schutz der elterlichen Entschlossenheit lassen sich betroffene Kinder gerne auf andere Themen ein. Dies gehört zu den Selbstheilungskräften, über die jedes Kind verfügt.

TV Hören und Sehen 16/2006, S. 115.

Wenn der Lehrer mobbt?

Bei Problemen mit der Lehrerin oder dem Lehrer sollten Sie ruhig um ein persönliches Gespräch bitten. Vor dem Gespräch ist es ratsam, Beweise für das ungerechte Verhalten zu sammeln.

Notieren Sie sich die Sprüche und suchen Sie sich Mitschülerinnen und Mitschüler als Zeugen.

Lässt die Lehrerin / der Lehrer nicht mit sich reden, wenden Sie sich an die Schulleitung.

Ist dies ergebnislos, kann die Schulaufsichtsbehörde auf die Lehrerin / den Lehrer einwirken.

Wenn alles nichts hilft, kann ein Anwalt zum Recht verhelfen.

Vgl. Frankfurter Rundschau, 5.12.2006, S. 26.

M7 Hilfen für Mobber

Man kann einem Mobber helfen ...

- indem man ruhig bleibt.
- indem man Fakten herausfindet.
- indem man mit ihm redet, um herauszufinden, ob er durch irgend etwas besonders gereizt wurde oder selbst gemobbt wurde und als Reaktion um sich schlägt.
- indem geprüft wird, ob er erkennt, dass er andere tyrannisiert und verletzt; manchmal wissen Schülerinnen und Schüler nicht, wie sich ihre Handlungen auf andere auswirken.
- indem man mit seinen Eltern spricht und ihnen vorschlägt, mit der Schule zusammenzuarbeiten, um die beste Methode herauszufinden, ihrem Kind zu helfen.
- indem man mit den Eltern des Opfers spricht und, wenn möglich, die Dinge richtig stellt.
- indem man einen Verstärkerplan für den Mobber anlegt, um gutes Verhalten zu belohnen und ihm so zu helfen, sein soziales Verhalten zu verändern.
- indem man ihm deutlich macht, dass man ihm eine Chance gibt.
- indem man ihm die Möglichkeit der Wiedergutmachung gibt.
- indem man es ihm zur Auflage macht, sich bei dem Opfer zu entschuldigen.
- indem seine Eltern notfalls Beratungsstellen oder professionelle Hilfe aufsuchen, wenn er nach einer gewissen Zeit nicht reagiert.

Vgl. Siegrun Boiger / Jens Müller-Kent: Mobbing in der Grundschule, www.ekbo.de/Dateien/bildungswerk_mobbing.de

Lehrer, Eltern

M8 Hilfen für Mobbingopfer

Man kann den Opfern helfen ...

- indem man mit allen Schülern gemeinsam eine Liste mit Sätzen erstellt, die sich ausdrücklich gegen das Mobbing richten und im Klassenraum (bzw. überall in der Schule) aushängt.
- indem man bedrohliche Mobbingsituationen im Rollenspiel nachspielen lässt und übt, ruhig aber entschlossen zu reagieren.
- indem man übt, in den Spiegel zu sehen und mit klarer Stimme zu sagen „Nein" oder „Lass mich in Ruhe". Der Täter, der nach Zeichen von Schwäche sucht, erhält so eine entschlossene Abfuhr.
- indem man übt, ganz bewusst aufrecht, gerade und selbstsicher zu gehen, anstatt gebückt, unsicher und ängstlich. Bei der Auswahl der Opfer spielt die Körpersprache eine wesentliche Rolle. Sie signalisiert: „Ich bin schwach und kann mich nicht wehren".
- indem man Humor einsetzt: es ist schwieriger, einen Schüler zu mobben, der sich weigert das Mobbing ernst zu nehmen.
- indem man den Opfern rät, wenn möglich in Gruppen mit mehreren Kindern, bzw. in der Nähe von Paten zu bleiben.
- indem man ihnen versichert, dass das Mobbing nicht ihre Schuld ist.
- indem man den Schülern sagt, dass man sie mag. Gemobbte Kinder fühlen sich oft ungeliebt.
- indem man ihnen hilft schlechte Angewohnheiten, die zum Mobbing geführt haben, abzulegen (wie z.B. in der Nase bohren, angeben, petzen, anderen Schülern Sachen wegnehmen oder diese absichtlich vom Tisch zu stoßen).
- indem ihre Stärken ausgebaut werden. Man sollte den betroffenen Schülern Aufgaben in der Klasse übertragen, die ihr Ansehen aufwerten und den anderen zeigen: „Ich kann etwas besonders gut" (z.B. den Videorecorder bedienen).

Vgl. Siegrun Boiger / Jens Müller-Kent: Mobbing in der Grundschule. www.ekbo.de/Dateien/bildungswerk_mobbing.de

Das Mobbing – Tagebuch

Ein Mobbing-Tagebuch kann hilfreich sein um festzuhalten, was genau passiert ist:
- Was ist geschehen?
- Wann ist es passiert?
- Worum ging es?
- Warum kam es zu dem Konflikt?
- Wer hat sich wie verhalten?
- Wer hat was gesagt?
- Gab es irgendwelche besonderen Umstände?
- Wie habe ich mich dabei gefühlt?
- Wie habe ich mich verhalten? Hätte ich mich auch anders verhalten können?
- Gab es jemanden, der mir geholfen, mich unterstützt hat?
- Gibt es Zeugen oder Beweise?
- War da jemand, der nicht geholfen hat?

Lehrer, Eltern

M9 Die Umkleidekabine

Schreibe zu den Bildern eine Geschichte.
Was ist passiert?, Warum ist es passiert?, Wie fühlt sich das Mädchen?,
Was könnte sie tun?

M10 Das Gerücht

Was sagt Clara zu Sandra?   _Was sagen die drei Mädchen wohl zu Larissa?_

Wie könnte die Geschichte weitergehen?

M11 Was ist da los?

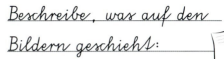

Beschreibe, was auf den Bildern geschieht:

Hast Du selbst schon ähnliches erlebt? Wie ging es Dir dabei?

M12 Der Mobbing-Test

Hast Du dies schon erlebt?	nie	selten	oft
Du wirst von Deinen Mitschülern zu Geburtstagsfeiern oder Festen eingeladen.			
Du erhältst komische Telefonanrufe.			
Die Mitschüler verstummen, wenn Du den Raum betrittst.			
Man lacht über Dich.			
Man spricht nicht mehr mit Dir.			
Du wirst ständig kritisiert.			
Man verbreitet Gerüchte über Dich.			
Man imitiert Dich, Deinen Gang, Deine Stimme,			
Man gibt Dir Aufgaben, die für Dich viel zu schwierig sind.			
Du hast keine Freude mehr an der Schule.			
Du warst in letzter Zeit öfter krank.			
Du gehst nicht zu Klassenfesten oder sonstigen freiwilligen Veranstaltungen der Schule.			
Dir wurde schon einmal körperliche Gewalt angedroht.			
Deine persönlichen Dinge werden beschädigt (Schulranzen, Bücher, Mäppchen, Fahrrad ...).			

M13 Fiese Dinge

Finden fiese Worte, die Mobbinghandlungen beschreiben und jeweils mit einem Buchstaben des ABC anfangen:

A
B
C
D
E
F
G
H
I
J
K
L
M
N
O
P
Q

R
S
T
U
V
W
X
Y
Z

M
O
B
B
I
N
G

M14 Erste Schritte bei Mobbing

Wenn Du Mobbing selbst erlebst

1. Nicht schweigen
Behalte das, was geschieht nicht für Dich. Rede mit Deinen Eltern, Deinem Lehrer / Deiner Lehrerin oder Freunden darüber.

2. Sage deutlich, was Du willst
Sage klar und deutlich, dass das unerwünschte Verhalten unterlassen werden soll.

3. Merke Dir
Merke Dir, wer die Vorfälle noch beobachtet hat.

4. Mache Dinge, die Dir Spass machen
Mobbing bringt Dich in Bedrängnis, macht Dich lustlos oder gestresst. Schaue, dass Du Dinge tun kannst, die Dir Spass machen und die Du gerne tust.

4. Suche Dir Unterstützung
Suche Dir Unterstützung bei Verbündeten in Deiner Klasse oder auch in anderen Klassen.

5. Suche Dir Freunde
Suche Dir Freunde bzw. pflege Deine Freundschaften. Freunde sind wichtig, damit Du Dich wohl fühlen kannst und in Kontakt mit anderen bist.

Wenn Du Mobbing beobachtest

1. Informiere andere
Auch wenn Du Mobbing bei anderen beobachtest, solltest Du dies unbedingt Deinen Eltern oder dem Lehrer / der Lehrerin sagen.

2. Sprich andere an
Sprich andere Schülerinnen und Schüler auf das Problem an. Du bist deshalb keine „Petze", denn wenn niemand etwas sagt, ändert sich nichts.

3. Sage deutlich, was Du denkst
Sage klar und deutlich, dass das unerwünschte Verhalten unterlassen werden soll.

4. Merke Dir
Merke Dir, wer die Vorfälle noch beobachet hat.

Sexualisierte Gewalt

Grundwissen
- Prävention sexualisierter Gewalt — S. 456
- Was ist sexueller Missbrauch? — S. 457
- Sexueller Missbrauch – Daten und Fakten — S. 459
- Täterstrategien — S. 463
- Minderjährige als Täter — S. 465
- Folgen von Missbrauch — S. 466
- Prävention — S. 467
- Probleme und Grenzen — S. 468
- Vorbeugeprogramme kritisch betrachtet — S. 469
- Prävention in der Schule — S. 470
- Überlegungen zur Umsetzung — S. 473
- Die Materialien im Überblick — S. 475

Materialien

Für Lehrkräfte und Eltern
- M 1: Intervention — S. 477
- M 2: Checkliste Intervention — S. 478
- M 3: Anforderungen an Lehrkräfte — S. 479
- M 4: Lehrerinnen und Lehrer und sexueller Missbrauch — S. 480
- M 5: Mythen über sexuelle Gewalt — S. 481
- M 6: Sexualität im schulischen Alltag — S. 482
- M 7: Wie sollen sich Kinder verhalten? — S. 483

Für den Unterricht
- M 8: Anfassen (nicht) erlaubt, Berührungslandkarte — S. 484
- M 9: Wer darf was? — S. 485
- M 10: Gefährliche Geheimnisse — S. 486

Für die Schule
- M 11: Was ist sexueller Missbrauch? — S. 487
- M 12: Sexueller Missbrauch ist … — S. 488
- M 13: Was Du tun kannst — S. 489
- M 14: Was mache ich, wenn ich berührt werde? — S. 490

Dieser Baustein informiert über sexualisierte Gewalt, ihre Erscheinungsformen und Hintergründe und gibt Anregungen zur Auseinandersetzung sowie Hinweise für Interventionsmöglichkeiten in akuten Fällen.

Prävention sexualisierter Gewalt

Die körperlichen und seelischen Misshandlungen, die mit sexuellem Missbrauch verbunden sind, sind mit das Schlimmste, was ein Mensch einem anderen antun kann. Die Opfer leiden an den inneren Verletzungen ein Leben lang.

Der Großteil der betroffenen Kinder ist unter 14 Jahre alt. Kinder im Grundschulalter sind deshalb besonders gefährdet, Opfer sexueller Gewalt zu werden. Jedes vierte bis fünfte Mädchen und jeder neunte bis zwölfte Junge im Alter bis 14 Jahren ist als Opfer betroffen.
Dies bedeutet, dass davon ausgegangen werden kann, dass in jeder Grundschulklasse Kinder sitzen, die sexuelle Gewalt erfahren haben.

Soll Schule ein Ort sein, an dem Gewalt nicht vorkommt und an dem Kinder gegen Gewalt gestärkt werden, so muss auch Kindesmissbrauch zum Thema gemacht werden. Dabei spielt vor allem die primäre Prävention eine zentrale Rolle, die Kinder stärkt und ermutigt, ihre Wahrnehmungen, Gefühle und Interessen mitzuteilen und sich auch von anderen abzugrenzen.

Lehrerinnen und Lehrer sind deshalb besonders gefordert, sich dem Thema zu stellen und im präventiven Bereich tätig zu werden.
Damit Betroffene sich an Lehrerinnen und Lehrer wenden, ist ein vertrauensvolles Verhältnis notwendig. Doch dies allein reicht nicht aus. Kenntnisse über sexuellen Missbrauch sind ebenso unabdingbar.

„Der Gesetzgeber stellt Kinder und Jugendliche unter einen besonderen Schutz: Anders als bei Vergewaltigung und sexueller Nötigung erwachsener Personen ist die Einwilligung bzw. Gegenwehr bei Kindern bzw. Jugendlichen unerheblich. Strafbar sind alle sexuellen Handlungen, die an oder vor einem Kind oder Jugendlichen vorgenommen werden und von ‚einiger Erheblichkeit' sind, unabhängig vom Verhalten und unabhängig von einer etwaigen aktiven Beteiligung des jeweiligen Kindes oder Jugendlichen."
Heinz Kindler u.a. (Hrsg.): Handbuch Kindeswohlgefährdung nach § 1666 BGB und Allgemeiner Sozialer Dienst (ADS). München 2006, S. 6-1.

Sexueller Kindesmissbrauch Definition

Sexueller Missbrauch von Kindern ist jede sexuelle Handlung eines Jugendlichen oder Erwachsenen mit einem Kind. Kinder sind aufgrund ihrer emotionalen und kognitiven Entwicklung und aufgrund des Abhängigkeits- und Machtverhältnisses zwischen Kindern und Erwachsenen bzw. Jugendlichen nicht in der Lage, diesen Handlungen wissentlich, informiert und frei zuzustimmen („informed consent"). Beim Missbrauch nutzt der Erwachsene bzw. Jugendliche seine Machtposition und Autorität aus, um das Kind zur Kooperation zu überreden oder zu zwingen. Er übertritt dabei geltende Familienregeln und gesellschaftliche Tabus. Entscheidend ist die Absicht des Erwachsenen, sich einem Kind zu nähern, um sich sexuell zu erregen oder zu befriedigen.

B. Herrmann (1998) Medizinische Diagnostik bei sexuellem Kindesmissbrauch. Unveröffentl. Manuskript, 2. ergänzte Aufl. Kassel (modifiziert nach Kempe 1979 und Sgroi 1982)
www1.anti-kinderporno.de/index.php?id=113
(um den Begriff „Jugendlicher" ergänzt).

Grundwissen

Was ist sexueller Missbrauch?

Bis heute gibt es noch keine allgemeingültige Definition von sexuellem Missbrauch an Mädchen und Jungen.
Die häufigsten Definitionskriterien zur Bestimmung des sexuellen Missbrauchs sind:
- die Absicht des Missbrauchenden, eigene (sexuelle) Bedürfnisse zu befriedigen,
- der Machtmissbrauch/Ausnutzung eines Vertrauensverhältnisses,
- das Vorhandensein einer sexuellen Handlung/Art der sexuellen Handlung,
- die Verletzung des sexuellen Selbstbestimmungsrechts des Kindes,
- der Gewaltaspekt,
- der Druck zur Geheimhaltung,
- das Empfinden des Kindes.

www.schulische-praevention.de

Weite Definitionskriterien:
Eine weite Definition schließt ein: Sexuelle Ausbeutung kindlicher Neugier auf den eigenen Körper; als Spiel getarnte sexuelle Berührungen; als Aufklärung getarnte sexuelle Praktiken; Zwang auf Kinder, an der Herstellung pornografischer Filme, Videos etc. teilzunehmen oder sie zu konsumieren; sexistische Sprache sowie Tolerierung „machohaften" Verhaltens und Übertragung der Schuld des Täters auf das Opfer.

Enge Definitionskriterien:
Erzwungene Befriedigung sexueller Bedürfnisse Erwachsener durch Schwächere; sexuelle Berührung des oralen, analen und genitalen Bereichs; Geheimhaltungsdruck mit Drohungen; Missachtung des Selbstbestimmungsrechts des Kindes; Ausnutzung des Vertrauensverhältnisses des Kindes zum Täter/zur Täterin und Zerstörung des Vertrauensverhältnisses zu anderen Vertrauenspersonen.

vgl. http://www.schulische-praevention.de/Definition.14.0.html

---

Begriffe

Anstelle von „sexueller Missbrauch" werden oft auch andere Begriffe verwendet wie:
- sexualisierte Gewalt
- sexuelle Gewalt
- sexuelle Übergriffe
- sexuelle Kindesmisshandlung
- sexuelle Ausbeutung.

Diese Begriffe sind jedoch nicht bedeutungsgleich, sondern betonen jeweils verschiedene Aspekte des Problems.

Grundwissen

Machtmissbrauch

Sexueller Missbrauch ist immer ein Machtmissbrauch. Der/die Erwachsene benutzt das Kind für die eigenen sexuellen Bedürfnisse. Er/sie alleine trägt die Verantwortung für sein/ihr Handeln. Sexueller Missbrauch ist ein Verbrechen und kommt in allen Gesellschaftsschichten vor.

Unsichtbarkeit

Alltägliche sexualisierte Gewalt in Familien oder dem sozialen Umfeld ist „unsichtbar". Menschen, die sexualisierte Gewalt in ihrem sozialen Umfeld erfahren haben, werden sowohl innerhalb ihrer Familien, als auch in der Gesellschaft mit ihren Erlebnissen häufig in Frage gestellt und das Geschehen wird in seiner Bedeutung heruntergespielt oder sogar negiert.

Nahbereich

Die Täter und Täterinnen leben in drei Viertel der Fälle im Familien-, Bekannten- oder Verwandtenkreis der Kinder. Es ist häufig nicht der unbekannte böse Mann, sondern es kann der eigene Vater, der Onkel, der Opa, die Tante, die Klavierlehrerin, der Trainer usw. sein.

http://www.muenster.org/zart-bitter/praevention.htm

Grundwissen

Was ist sexueller Missbrauch?

Sexueller Missbrauch ist jede sexuelle Handlung eines Erwachsenen (Jugendlichen), die an oder vor einem Kind passiert
- gegen den Willen des Kindes
- aufgrund körperlicher, psychischer, oder sprachlicher Unterlegenheit.

Aufgrund des Entwicklungsstandes kann ein Kind nicht frei und überlegt zustimmen bzw. die Missbrauchshandlungen ablehnen. In der Regel kennt es den Erwachsenen gut, vertraut ihm und erwartet deshalb von ihm nichts Böses.

Der Täter nutzt seine Macht- und Autoritätsposition aus, um seine eigenen Bedürfnisse auf Kosten des Kindes zu befriedigen.

Heute wird die Bezeichnung „Sexueller Missbrauch" häufig durch den Begriff „Sexualisierte Gewalt" ersetzt, um deutlich zu machen, dass es sich um Gewalt und nicht um Sexualität handelt.

http://www.wildwasser.de/info_hilfe/was_ist/definition.shtml

Sexueller Missbrauch – Daten und Fakten

Orte
Sexuelle Kindesmisshandlung kommt vor allem in der Familie und im Bekanntenkreis vor. Nur bei einem kleinen Teil handelt es sich um Fremdtäter.

Häufigkeit
Während die Auswertung der von ca. fünf Jahren vorliegenden Untersuchungen ein Ausmaß von 15-33 % bei den Mädchen und 6-9 % bei den Jungen darstellte, fassen neuere Publikationen die aktuell vorliegenden Untersuchungen dahingehend zusammen, dass 10-15 % der Frauen und 5-10 % der Männer bis zum Alter von 14 oder 16 Jahren mindestens einmal einen sexuellen Kontakt erlebt haben, der unerwünscht war oder durch die „moralische" Übermacht einer deutlich älteren Person oder durch Gewalt erzwungen wurde.

Demnach kann davon ausgegangen werden, dass etwa jedes vierte bis fünfte Mädchen und jeder neunte bis zwölfte Junge Opfer sexualisierter Gewalt wird. Die Polizeiliche Kriminalstatistik des Bundeskriminalamtes registriert jährlich ca. 16.000 angezeigte Fälle. Viele Fälle kommen jedoch nicht zur Anzeige. Die Dunkelziffer ist sehr hoch.

Alter der Opfer
Forschungsergebnisse belegen, dass die am häufigsten betroffene Altersgruppe Kinder im Alter zwischen 10-14 Jahren sind. Häufig beginnt der Missbrauch schon im Vorschulalter. Sogar Säuglinge werden missbraucht. Aufgedeckt wird der Missbrauch jedoch – wenn überhaupt – oft erst viel später.

Dauer
Untersuchungen zeigen, dass es sich aus Opfersicht bei ca. 60-70 % der Fälle um einmalige Übergriffe handelt. Dieses (auch in ausländischen Studien bestätigte) Verhältnis von 2:1 von einmaligen zu mehrmaligen sexuellen Übergriffen trifft für Mädchen und Jungen gleichermaßen zu. Erwartungsgemäß ist dieses Verhältnis von dem Bekanntschaftsgrad zwischen Opfer und Täter bzw. Täterin abhängig: Unbekannte Täter und Täterinnen begehen eine solche Tat in der Regel nur einmal mit dem gleichen Kind, während ein Drittel bis die Hälfte der Täter und Täterinnen aus dem

Grundwissen

Bekanntenkreis sexuelle Gewalt mehrfach an einem Opfer ausüben. Begann der Missbrauch vor dem 10. Lebensjahr, so betrug die durchschnittliche Dauer über 6 Jahre. Setzten die ersten Übergriffe nach dem zehnten Lebensjahr ein, so dauerten sie im Durchschnitt ca. 4 Jahre.

Mädchen und Jungen
Derzeit geht man davon aus, dass es sich bei den Kindern mit sexueller Gewalterfahrung zu ca. 70-80 % um Mädchen und zu ca. 20-30 % um Jungen handelt.

Täter
Vor allem Männern sind die Täter. In ca. 6-10 % der Fälle werden Frauen als Täterinnen angenommen. Bei Jungen als Opfer erhöht sich der Prozentsatz auf bis zu 20 % weibliche Täterinnen. Erwachsene Täter sind in der Regel Wiederholungstäter.
Die Täter sind ganz „normale", sozial angepasste und meist unauffällige Menschen aus allen sozialen Schichten und Berufsgruppen (in letzter Zeit richtet sich die Aufmerksamkeit vermehrt auf Berufe, in denen mit Kindern gearbeitet wird). Die Täter und Täterinnen stammen aus allen gesellschaftlichen und sozialen Schichten. Auch alle Altersgruppen sind vertreten, was das Vorurteil vom bad old man widerlegt. Das Bild des Täters und der Täterin als Fremden, das häufig besonders von den Medien gezeichnet wird, ist zu korrigieren. Fremdtäter bei Männern sind ca. 33 %, bei Frauen ca. 27 %. Der größte Teil der Täter und Täterinnen stammt aus dem sozialen Nahbereich der Opfer, ist diesen bekannt und im täglichen Umgang vertraut. Täterinnen sind zu ca. 23 % Angehörige, zu ca. 50 % Bekannte, Täter zu ca. 17 % Angehörige, zu ca. 50 % Bekannte. Das Durchschnittsalter der Täter liegt bei ca. 25 Jahren, das der Täterinnen bei ca. 30 Jahren. Es wird von bis zu 80 % Tätern und von bis zu 20 % Täterinnen ausgegangen.

Täterstrategien
Sehr selten kommt es zu sofortigen sexuellen Übergriffen, eher wird das Kind „vorbereitet", indem es bevorzugt wird, Geschenke erhält und allmählich vom Rest der Familie / von der Mutter emotional isoliert wird. Es entsteht eine enge und starke Beziehung, in der erst nach und nach die zunächst positiv empfundenen Begünstigungen (auch „Kuscheln" etc.) mit sexuellen Handlungen verknüpft werden. Auch Fremdtäter entwickeln spezifische Strategien. Hierzu gehören das Ausspähen von Orten z.B. Spielplätze, um „passende" Kinder auszusuchen, die Vorbereitung der Kontaktsituation und die Anbahnung erster Kontakte usw.

Psychodynamik

Die Psychodynamik sexueller Kindesmisshandlung ist geprägt von den Grundgefühlen Vertrauensverlust, Angst, Schuld und Scham, Ohnmacht, Zweifel an der eigenen Wahrnehmung, Rückzug auf sich selbst und Sprachlosigkeit. Es „verschlägt den Opfern die Sprache", daher finden sich so selten verbale Hinweise auf sexuellen Kindesmissbrauch. Zentrales Moment ist der enorme Geheimhaltungsdruck (u.a. durch diverse Drohungen des Täters) und das Abhängigkeitsverhältnis zwischen Täter und Opfer.

Es besteht ein starker Loyalitätskonflikt, da die Kinder den Täter oft gleichzeitig lieben und fürchten. Dem Täter gelingt es fast immer dem Kind das Gefühl zu vermitteln, es sei selber Schuld am Missbrauch.

Auswirkungen

Sexueller Kindesmissbrauch hat gravierende unmittelbare Folgen und Langzeitfolgen, deren Ausmaß von verschiedenen Faktoren bestimmt wird: Grad der Gewaltanwendung, Art und Schwere des Missbrauchs, Grad der Nähe zwischen Täter und Opfer, Reaktion auf die Aufdeckung durch die Umgebung u.a. Häufige Folgen sind langfristig eine gestörte Identitätsentwicklung, gestörte Sexualität und Beziehungsunfähigkeit, sowie seelische Erkrankungen. Sexualisierte Gewalt führt zur Verletzung des Körpers und der Seele und hinterlässt tiefe Spuren im Erleben und Erinnern vieler Mädchen und Jungen. Jahre lang, oft ein ganzes Leben, leiden sie unter dem traumatischen Erlebnis.

Erkennen/Diagnose

Die Opfer schweigen aus verschiedenen Gründen (Angst, Geheimhaltungsdruck, Loyalitätskonflikt, Schuld- und Schamgefühlen u.a.). Daher sind nonverbale, indirekte Hinweise, Verhaltensauffälligkeiten, psychosomatische und psychiatrische Erkrankungen und (seltener) körperliche Symptome, oft die einzige Diagnosemöglichkeit. Es gibt kein charakteristisches Missbrauchssyndrom! Altersunangemessenes Sexualverhalten ist ein sehr wichtiger, aber nicht völlig spezifischer Hinweis. Die zahlreichen Verhaltensauffälligkeiten und psychischen Symptome sind als Bewältigungsversuch anzusehen und für die Kinder überlebensnotwendig.

Geheimhaltung

Die innere Bindung zum Täter/zur Täterin, die Liebe des Kindes „trotz allem" zu der ihm meist nahestehenden Person, trägt zur Verwirrung und Geheimhaltung von Seiten des Kindes bei. Auch bei Fremdtätern spielt die Forderung der Geheimhaltung, häufig verbunden mit Drohungen, eine wichtige Rolle.

Glaubwürdigkeit

Kinder erfinden extrem selten Geschichten über sexuelle Kontakte zu Erwachsenen – dahingehende Äußerungen oder Andeutungen sind immer ernst zu nehmen. Nach zahlreichen gerichtspsychiatrischen Untersuchungen sind Kinder sehr glaubwürdige Zeugen.

Aufdeckung

Die Umgebung eines Missbrauchsopfers reagiert hilflos, ungläubig, panisch oder aggressiv auf den Verdacht oder eine Aufdeckung: das Kind unternimmt oft viele vergebliche Versuche Erwachsenen seine Not auf nonverbaler oder symbolischer Ebene „mitzuteilen" (ohne „das Geheimnis zu verraten"). Selbst bei den eher selteneren konkreten und klaren Aufdeckungen wird ihm/ihr oft nicht geglaubt.
Der Verdacht und erst recht die Aufdeckung lösen eine enorme Krise, Ratlosigkeit und Panik bei allen Beteiligten aus (leider zu häufig auch bei den beteiligten Professionellen!).

Intervention

Die Intervention bei Verdacht auf sexuellen Kindesmissbrauch muss gut überlegt und durchdacht sein – niemals überstürzt handeln. Es ist immer eine Vernetzung und Koordination verschiedener Berufsgruppen nötig (Stichwort „multiprofessionelle Kooperation"), damit Kinderschutz, rechtliche Maßnahmen und Therapie integriert und nicht gegeneinander ausgespielt werden. Deshalb ist es sinnvoll frühzeitig die einschlägigen Beratungsstellen einzuschalten. Müssen Kinder schnell vor weiteren Verletzungen geschützt werden kann auch eine Anzeige hilfreich sein.

Medizinische Untersuchung

Die medizinische Untersuchung von Missbrauchsopfern ist nicht zwangsläufig erneut traumatisierend, wenn sie qualifiziert und einfühlsam durchgeführt wird. Sie hat jedoch das Potential eines schädigenden und grenzüberschreitenden Eingriffs und erfordert spezielle Kenntnisse und Erfahrung. Mit guter Dokumentation kann sie die Notwendigkeit von Wiederholungsuntersuchungen reduzieren.
Das Fehlen körperlicher Befunde schließt die Möglichkeit eines sexuellen Missbrauchs niemals aus!

Quellen:
B. Herrmann (1998) Medizinische Diagnostik bei sexuellem Kindesmissbrauch. Unveröffentl. Manuskript, 2. ergänzte Aufl. Kassel, modifiziert nach Kempe 1979 und Sgroi 1982.
www1.anti-kinderporno.de/index.php?id=113
www.kindesmisshandlung.de
www.schulische-praevention.de
www.muenster.org/zart-bitter/praevention.htm

Täterstrategien

Unterschieden werden müssen Strategien von Tätern innerhalb und außerhalb der Familie.

Auswahl der Opfer und Kontaktaufnahme
- Täter wählen Partnerinnen mit Kindern, mit wenig Selbstwertgefühl und Durchsetzungsvermögen.
- Täter suchen Orte auf, an denen sich Kinder aufhalten, z.B. Schulen, Einkaufszentren, Freizeitparks usw.
- Täter melden sich auf Anzeigen, die Spielzeug, Kinderkleidung oder Fahrräder anbieten.
- Es wird versucht mit der Familie des Kindes Kontakt aufzunehmen, um sich dann in Form der Einzelbetreuung dem Kind zu „widmen" (Babysitter, Sporttrainer, Musiklehrer ...).
- Es werden vor allem solche Kinder in Betracht gezogen, bei denen Täter mit geringem Aufwand und Entdeckungsrisiko rechnen müssen (innerhalb der Familie: eigene Kinder, Kinder aus der Familie, wie Nichten, Enkelkinder ...; Außerhalb der Familie: passive, ruhige, verstörte, einsame Kinder).

Beziehungsaufnahme
Die Strategie zielt auf eine zunehmende Sexualisierung der Beziehung zum Opfer und auf dessen Desensibilisierung in Bezug auf körperliche Berührungen. Immer wiederkehrende Grenzüberschreitungen prüfen die Widerstandsfähigkeit des Opfers. Grenzüberschreitungen werden als normal etikettiert. Übergriffe werden in körperliche Aktivitäten integriert und damit getarnt (Schmusen, Toben mit dem Kind). Die Grenzen zwischen Zuwendung und Missbrauch verschwimmen dabei. Oft umwerben Täter das Kind, bedenken es mit Aufmerksamkeit und Zuwendung. Die Beziehung zum Kind wird zunehmend sexualisiert. Täter erklären ihr Verhalten als etwas völlig normales, da sie nur Spiele spielen oder das Kind aufklären würden.

Täter intensivieren gezielt und systematisch die Beziehung durch materielle oder emotionale Zuwendungen und Anerkennung, sodass das Opfer zunächst gerne mit ihnen zusammen ist. Nachdem eine gewisse Abhängigkeit entstanden ist, beginnt die schleichende und für das Opfer zunächst nicht wahrnehmbare Sexualisierung der Beziehung. Die Anzahl der Übergriffe und ihre Intensität werden ganz allmählich gesteigert, die

Grundwissen

4. LERNFELDER UND ANSATZPUNKTE — 4.3 IN GEWALTSITUATIONEN HANDELN

> „Sexueller Missbrauch von Kindern ist kein ‚zufälliges' Geschehen, sondern das Ergebnis eines sorgfältig entwickelten Plans. Die Strategien der Täter richten sich dabei nach außen, um ein Eingreifen von Dritten auszuschließen, gegen das Kind, um es gefügig und wehrlos zu machen und gegen die engsten Vertrauenspersonen des Opfers, damit diese weder den eigenen Wahrnehmungen trauen, noch den Hinweisen des Kindes glauben schenken. Nur wer weiß, wie Täter vorgehen, kann Kinder vor ihnen schützen."

Weisser Ring (Hrsg.): Opfer. Plakat, Anzeigenkampagnen, TV- und Funkspots gegen häusliche Gewalt und sexuelle Misshandlungen von Kindern und Frauen. Gestaltet von StudentInnen der Bauhaus-Universität Weimar in Zusammenarbeit mit dem Weissen Ring. Mainz o.J.

Täteraussagen

„Wenn du ein Kind missbrauchen willst, musst du es langsam an dich gewöhnen. Laufe nackt herum, wenn das Kind da ist, tobe mit ihm und kitzle es und berühre es dabei zufällig zwischen den Beinen oder an der Brust".

„Wenn Du ein Kind missbrauchst, wird es sich gegen dich wehren. Du kannst diesen Widerstand jedoch getrost ignorieren. Du bist der Stärkere, niemand wird dem Kind glauben."

Statement eines Straftäters, der seine Vorgehensweise bei Kindesmisshandlung schildert.

Grundwissen

Grenzübertritte als Spiel oder Aufklärung getarnt. Dabei ist häufig keine offene körperliche Gewalt vonnöten.

Absicherung

Der Missbrauch wird als „gemeinsames Geheimnis" erklärt, mit dem Ziel das Kind zum Schweigen zu bringen. Dabei wird ihm auch eine Mitschuld und eine aktive Beteiligung unterstellt.
Um dies zu erreichen, werden auch diverse Formen von Druck und Drohungen ausgeübt. Solche Drohungen gehen von einer möglichen Heimeinweisung oder Gefängnisaufenthalten über das Auseinanderbrechen der Familie bis zum Einschläfern des geliebten Haustieres.

Prävention muss deshalb helfen dem Kind die Aufdeckung des Missbrauchs zu erleichtern.

Vgl. Sexueller Missbrauch – Möglichkeiten schulischer Prävention. unver. Manuskript, Diplomarbeit, o.J., S. 23 ff.
http://www.gegen-missbrauch.de/new.php?link=downloads/downindex.htm

4.3.4 SEXUALISIERTE GEWALT

Minderjährige als Täter

Die Zahl der Minderjährigen, die sich sexuell an Kindern und Jugendlichen vergehen, steigt rapide an.
Laut Kriminalstatistik hat sich die Zahl der Kinder und Jugendlichen, die eines Sexualdelikts verdächtig werden, bundesweit seit 1993 mehr als verdoppelt. Experten schätzen, dass mittlerweile jeder fünfte Fall von Kindesmissbrauch, der bekannt wird, auf das Konto eines minderjährigen Täters geht.

In einem nordrhein-westfälischen Modellprojekt werden als Ursachen genannt:
- eigene sexuelle Missbrauchserfahrungen der Täter (in etwa 11 Prozent der Fälle).
- der ungehinderte Zugang zu Pornografie und sexuellen Darstellungen.
- mangelndes Unrechtsbewusstsein: Weit über die Hälfte der Täter wollten nicht einsehen, etwas Falsches getan zu haben. Viele dachten, dass das alles ganz normal sei.

Vgl. Der Spiegel, Nr. 22/2006.

Zusammenfassend lassen sich die folgenden Trends feststellen:
- Es ist insgesamt eine Zunahme der Tatverdächtigenbelastungszahlen bei Sexualdelinquenz festzustellen.
- In der Gruppe der Kinder ist der Zuwachs am höchsten, wobei der Anteil an den entsprechenden verdächtigten Taten im Jahre 2001 lediglich 3 % der gesamten Sexualdelinquenz ausmachte.
- Den zweithöchsten Zuwachs in Bezug auf Tatverdächtigenbelastungszahlen weisen Jugendliche auf.
- Während bei tatverdächtigen Jugendlichen der Anteil an Vergewaltigungen am stärksten zugenommen hat, ist bei Kindern der Anteil an sexuellem Missbrauch an Kindern am weitaus höchsten.

Abschlussbericht des Forschungsprojekts Erzieherische Hilfen für jugendliche Sexual(straf)täter von Prof. Dr. Sabine Nowara & Dr. Ralph Pierschke, Institut für Rechtspsychologie, Waltrop 2005, S. 12.

Prof. Sabine Nowara, Kriminalpsychologin

„Sie [Anm.: sexuelle Gewalt] nimmt zum Teil zu. (...) Wir haben vor allen Dingen einen Anstieg bei Kindern, d.h. also bei nicht strafmündigen Jugendlichen unter 14 Jahren, dass es da durchaus zu erheblichen gewaltsamen sexuellen Übergriffen gekommen ist. (...) Diagnostisch war es vorher abgeklärt, ob es ein einvernehmliches Doktorspiel war, was in der normalen Entwicklung vorkommt, oder aber ob Gewalt, Erpressung, Manipulation vorgekommen ist, oder aber eine große Altersdifferenz vorliegt, d.h. das Opfer ist fünf Jahre und der Täter ist 13 Jahre alt. Das ist kein einvernehmliches Doktorspiel mehr."

http://www.swr.de/quergefragt/2006/06/21/index.html

Im Zusammenhang mit sexuellen Handlungen an Kindern wird häufig der familiäre Inzest nicht diskutiert. In der polizeilichen Ermittlungsstatistik wird dieser nicht mehr gesondert aufgeführt. Meist denkt man dabei an generationsübergreifenden Missbrauch – also missbrauchende Väter oder Großväter. Wie häufig er unter Geschwistern – innerhalb derselben Generation vorkommt, ist hingegen kaum bekannt.

Abschlussbericht des Forschungsprojekts Erzieherische Hilfen für jugendliche Sexual(straf)täter von Prof. Dr. Sabine Nowara & Dr. Ralph Pierschke, Institut für Rechtspsychologie, Waltrop 2005, S. 6

Grundwissen

Folgen von Missbrauch

Sexueller Missbrauch konfrontiert betroffene Kinder und Jugendliche mit einem kaum zu bewältigenden Gefühlschaos von Scham, Schuld, Ekel, absoluter Hilflosigkeit und Angst. Die Überlebensstrategien, die es ihnen ermöglichen, eine andauernde Missbrauchssituation oder eine Vergewaltigung auszuhalten, prägen sich häufig tief ein. Sie bestimmen ihr Leben als (junge) Erwachsene weiter. Eine Vielzahl von Folgen kann sie über das Kindes- und Jugendalter hinaus durch ihr Leben begleiten. Diese reichen von Schlafstörungen, körperlichen Verletzungen und Krankheiten, Zweifeln an der eigenen Wahrnehmung bis hin zu psychischen Erkrankungen. Es kann auch zur sogenannten posttraumatischen Belastungsstörung (PTBS) kommen, einer besonderen Form von psychischen Störungen, unter denen beispielsweise häufig auch Kriegs- und Folteropfer leiden.

Angst
Angst gehört zu den verbreitetsten Folgeerscheinungen von sexuellem Missbrauch. Den Kindern wird bei Geheimnisverrat oft Gewalt angedroht, sie erleiden z.T. ausgeprägte Gewalt während des sexuellen Missbrauchs und erleben gerade bei sexueller Ausbeutung durch Familienangehörige häufig eine ständige Bedrohung im familiären Alltag.

Niedriges Selbstwertgefühl
Opfer zeigen oft ein niedriges Selbstwertgefühl aufgrund der entstandenen Scham-, Schuld- und Minderwertigkeitsgefühle. In Zusammenhang mit den anderen Belastungen und Auswirkungen des sexuellen Missbrauchs führt dies nicht selten dazu, dass sie sich in vielen Bereichen nichts zutrauen oder z.B. in der Schule in ihren Leistungen stark absinken bis versagen.

Günther Deegener: Kindesmissbrauch – erkennen, helfen, vorbeugen.
Weinheim und Basel 2005, 3. aktualisierte Aufl., S. 91 ff.

Vorsicht: Symptome und Verhaltensauffälligkeiten können auf einen sexuellen Missbrauch hinweisen. Sie können aber auch andere Ursachen haben.

Grundgefühle und Verletzungen

Als Folgen erfahrener sexueller Gewalt werden in analysierten Autobiographien wie in der Fachliteratur u.a. folgende markante Grundgefühle und Verletzungen beschrieben:
- Vertrauensverlust,
- Schuld- und Schamgefühle,
- Ohnmacht,
- Angst,
- Zweifel an der eigenen Wahrnehmung,
- Rückzug auf eigene Traumwelten,
- Isolation.

http://www.schulische-praevention.de/Folgen.16.0.html

Die Folgen sexuellen Missbrauchs sehen in unterschiedlichen Lebensphasen verschieden aus. Im Grundschulalter:
„Bei den 6- bis 9-jährigen Kindern werden vielfach als typische Folgen beschrieben: somatische Beschwerden (z.B. Kopf- und Bauchschmerzen); plötzliche Schulleistungsstörungen, nicht altersangemessene sexuelle Handlungen mit jüngeren oder gleichaltrigen Kindern; sexuell provozierendes Verhalten; Schlaf- und Essstörungen; keine altersentsprechenden sozialen Beziehungen zu Gleichaltrigen; Zwangshandlungen wie ausgeprägtes Baden oder Waschen."

Günther Deegener

Prävention

Es gibt keine Patentrezepte zum Schutz vor sexuellem Missbrauch. Kinder zu stärken, Erwachsene für das Thema zu sensibilisieren, ein verantwortungsvoller Umgang mit Sexualität in Institutionen und die Information der Öffentlichkeit über Vorkommen und Zusammenhänge sind jedoch wichtige Schritte.
Das Ziel von Prävention ist die Vorbeugung und letztlich die Verhinderung von sexuellem Missbrauch an Kindern und Jugendlichen.
Weitere Ziele sind die Beendigung akuter Übergriffe, der Schutz des Kindes vor weiteren Gewalthandlungen und die Minimierung fortgesetzter Traumatisierungen.
Die Präventionsarbeit mit Kindern soll die Kinder stärken, ihr Selbstvertrauen festigen, ihre Selbstständigkeit fördern und die Kinder informieren. Im Fokus steht die Förderung und Stärkung der Fähigkeiten, Fertigkeiten und Kompetenzen, die Kindern und Jugendlichen helfen, Übergriffssituationen zu erkennen, einzuordnen und zu beenden.
Selbstbewusste Kinder können sich besser abgrenzen und bedrohliche Situationen eher beenden. Ein älterer jugendlicher oder erwachsener Täter ist dem Kind immer überlegen und trägt die Verantwortung für den sexuellen Missbrauch.
Die Verantwortung für den Schutz der Kinder und Jugendlichen tragen immer die Erwachsenen. Deswegen ist die Information und Sensibilisierung, insbesondere für eine Erziehung zur Selbstbestimmung von Eltern und anderen Erwachsenen wichtig.
Langfristig gesehen geht es darum, Gewaltstrukturen von Erwachsenen gegenüber Kindern zu verändern und sexuellen Missbrauch in unserer Gesellschaft zu beenden.

http://www.wildwasser.de/info_hilfe/praevention/ – ergänzt.

Primärprävention wendet sich unspezifisch an alle Kinder mit dem Ziel, durch Stärkung und Aufklärung sexuellen Missbrauch zu verhindern. Dies fällt auch in den Bereich schulischer Zuständigkeiten.
Sekundärprävention wendet sich an Risikogruppen mit dem Ziel, Missbrauch frühzeitig zu entdecken und zu intervenieren. Auch hier ist u.a. die Schule gefragt.
Tertiärprävention betreut Kinder, die sexuelle Gewalt erfahren haben, um die Folgen abzumildern. In diesem Bereich ist Schule auf die enge Kooperation mit anderen Hilfeeinrichtungen angewiesen.

Grundwissen

Die Prävention von sexuellem Missbrauch und Intervention bei sexuellem Missbrauch können sich nicht nur auf kindliche Verhaltensweisen beziehen, sondern wenden sich mit spezifischen Angeboten an
– Eltern,
– Lehrerinnen und Lehrer,
– Schülerinnen und Schüler,
– die Klassengemeinschaft,
– die Schule als Lebensraum,
– die Öffentlichkeit.

Probleme und Grenzen

Erfahrungen und Evaluationsergebnisse

Keine falsche Stärke vorgaukeln

Präventive Arbeit mit Kindern muss sorgsam darauf bedacht sein, Kindern nicht mit rhetorischen Mitteln (Appelle) eine Stärke einzureden, die sie im Alltag und in der realen Situation, beispielsweise in einem dysfunktionalen Familiensystem oder in einem gesellschaftlichen System, das Kindern kaum erlaubt, „ungehorsam" zu sein, nicht haben. Welche Chancen hat ein betroffenes Kind, den Missbrauch durch ein kräftiges „Nein" zu beenden, wenn der Misshandler eine der wichtigsten Bezugspersonen des Kindes ist, die es überlebenswichtig braucht?

Ergebnisse von Präventionsstudien zeigen ...

Prävention kann offensichtlich einen Wissenszuwachs (Arten der sexuellen Misshandlung, Hilfe holen) auch über einen Zeitraum von einigen Monaten hervorrufen, offen bleibt jedoch die Frage, inwieweit die von den Kindern gelernten und verbal reproduzierten Verhaltensweisen auch in einer realen Missbrauchssituation angewandt werden können.

Kraizer et. al. versuchten mit Hilfe simulierter Begegnungen mit einem Fremden, das erlernte Verhalten der Kinder festzustellen. Die meisten Kinder konnten „Nein" sagen oder an andere Erwachsene verweisen. Es gab aber einzelne Kinder, die selbst nach zweimaliger Teilnahme am Präventionstraining in der dritten Simulation bereit waren, mit dem unbekannten Mann mitzugehen.

Nach der Metastudie von Finkelhor „haben Programme, welche die Kinder (z.B. durch Rollenspiele) aktiv einbeziehen, offenbar mehr Erfolg als solche, die sich eher auf darbietende Vermittlungsformen (Filme, Unterrichtsgespräche) oder individuelles Lernen (Arbeitshefte, Comics) stützen". Ferner regen Präventionsprogramme Gespräche zwischen Kindern und Eltern an.

In der Bundesrepublik gibt es bisher keine umfangreichen Evaluationsstudien. Finkelhor weist darauf hin, dass „das vielleicht bedeutsamste Ergebnis des gesamten ‚Präventionsexperiments' " in der Literatur seltsamerweise nur am Rande erwähnt würde: Präventive Erziehung bewirkt, dass die Kinder über bereits erlittene Misshandlungen sprechen."

Grundwissen

Brunhilde Marquardt-Mau: Schulische Prävention gegen sexuelle Kindesmisshandlung – Möglichkeiten und Grenzen. In: Andrea Grimm: Wie schützen wir unsere Kinder? Vom gesellschaftlichen Umgang mit sexueller Gewalt. Loccumer Protokolle 55/97. Rehburg-Loccum 1998, S. 163 ff., Auszüge.

Vorbeugeprogramme kritisch betrachtet

In den letzten Jahren sind eine Reihe von Vorbeugeprogrammen gegen sexuellen Missbrauch entwickelt worden. Diese sind jedoch nicht ohne Kritik geblieben.

So referiert z.B. Günther Deegener die entscheidenden Kritikpunkte an solchen Programmen:
- Die Verantwortung zur Beendigung des sexuellen Missbrauchs wird stark auf das Kind verlagert.
- Es folgt häufig eine einseitige Ausrichtung auf außerfamiliären Missbrauch.
- Der emotionale und geistige Entwicklungsstand der Kinder wird mangelhaft berücksichtigt (in einer Untersuchung gaben z.B. alle Kinder an, noch nie einen „Fremden" gesehen zu haben – weil sie darunter Menschen verstanden, die böse aussehen, „haarig" sind, in Häuser einbrechen und Kinder entführen).
- Das Thema „Sexualität" wird sehr oft ausgeklammert, wodurch z.B. die Kinder keinen geeigneten Wortschatz erwerben, über sexuellen Missbrauch zu sprechen.
- Eltern und Lehrer wurden zu oft nicht in die präventive Arbeit einbezogen, wodurch sich auch ihre alltäglichen Erziehungshaltungen nicht änderten sowie die neuen Verhaltensweisen der Kinder in ihrem alltäglichen Umfeld nicht akzeptiert wurden.

Günther Deegener: Kindesmissbrauch – erkennen, helfen, vorbeugen. Weinheim und Basel 2005 (3. aktualisierte Aufl.), S. 181 f.

Heimliche Botschaften
Studien weisen auf die Gefahr hin, dass Präventionsprogramme Kindern die folgende heimliche Botschaft vermittelten: „Wenn ich mich nicht so gut wehren kann wie die kompetenten Kinder im Film, Comic oder Rollenspiel, so ist es meine Schuld".

Abschwächung des Stigmatisierungstraumas
„Eine der schockierendsten Folgen sexuellen Missbrauchs ist den Erinnerungen von Opfern zufolge das Gefühl, völlig allein zu sein, mit niemanden über das Problem sprechen zu können und sich nicht vorstellen zu können, dass andere dasselbe erlebt haben. Wenn Kinder immer wieder Gespräche über sexuellen Missbrauch hören, könnte sich dadurch bei späteren Opfern das Stigmatisierungstrauma abschwächen."

Brunhilde Marquardt-Mau

Prävention in der Schule

Schulische Prävention zielt nicht nur auf realitätsgerechte Informationen über das Missbrauchsgeschehen, sondern auch auf Widerstandsstrategien und Hilfen bei der Aufdeckung. Zentrale Inhalte der Präventionsarbeit an der Grundschule, an denen sich auch die methodisch-didaktischen Vorschläge dieses Bausteins orientieren, sind:

Der eigene Körper
Bestimmungsrecht über den eigenen Körper. Das bedeutet: Kinder haben ein Recht darüber zu bestimmen, wer sie wann und wie anfasst. Gleichzeitig sollen sie erfahren, dass ihnen ihr Körper ganz alleine gehört.

Gefühle
Wahrnehmung von Gefühlen/Vertrauen auf die eigene Intuition. Kinder sollen ihre eigenen Gefühle wahrnehmen lernen und auf ihre Intuition vertrauen. Im Umgang mit Menschen ist das Vertrauen in die eigenen Gefühle ein grundlegender Selbstschutz.

Berührungen
Unterscheidung zwischen „guten", „schlechten" und „komischen" Berührungen. Insbesondere bei innerfamiliärem Missbrauch spielen die ‚komischen', verwirrenden Berührungen eine große Rolle. Sexuelle Berührungen sollen also als solche erkannt werden.

Nein-Sagen
Kinder haben das Recht, Nein zu sagen, wenn sie jemand auf eine Art berührt, die ihnen nicht gefällt. Neuere Präventionskonzepte nehmen auch den Aspekt des selbstbewussten Zustimmens auf, das Ja-Sagen wird ebenso berücksichtigt.

Umgang mit Geheimnissen
Kinder müssen wissen, dass es Geheimnisse geben kann, über die sie sprechen dürfen, auch wenn es ihnen ausdrücklich verboten wird. Deshalb sollen Kinder lernen, dass es „gute" und „schlechte" Geheimnisse gibt.

Hilfe holen
Informationen über Unterstützungsangebote. Kinder benötigen Hilfe von Gleichaltrigen und Erwachsenen. Jedes Kind hat ein Recht, sich Hilfe zu holen, wenn es sich ängstigt oder sich über eine Situation ungewiss ist.

Kinder haben niemals Schuld. Verantwortlich für den sexuellen Missbrauch ist immer der Täter!

Sexualerziehung
Neben diesen sieben Präventionsbausteinen ist ein weiterer wichtiger Aspekt der Prävention eine offene Sexualerziehung. Kinder haben ein Recht auf eine umfassende Sexualerziehung schon in der Grundschule. Sexualerziehung unter Einbeziehung des Körpers, der Sprache und aller Sinne ist die beste Lebenskompetenzförderung. Das Wissen um die eigene Sexualität kann Mädchen und Jungen darüber hinaus vor unerwünschten und zugemuteten sexuellen Übergriffen und körperlichen Berührungen schützen. Unwissende sind gefährdete Kinder, weil Täter und Täterinnen dadurch die Möglichkeit gewinnen, ihr Handeln als etwas Normales für ein Kind zu erklären.

http://www.schulische-praevention.de/Praeventionsbaustein.143.0.html

> **Präventive Arbeit bezieht sich auf drei Ebenen:**
>
> 1. Schulung/Information der verantwortlichen Lehrkräfte
> 2. Information der Eltern
> 3. Pädagogische Arbeit mit Mädchen und Jungen

Prävention sexualisierter Gewalt an der Schule bedeutet Arbeit mit verschiedenen Zielgruppen

Lehrerkollegium
- Entwicklung von Vorstellungen über Sexualerziehung und Vorgehensweisen zur Prävention von sexuellem Missbrauch.
- Entwicklung eines Ansprech- und Hilfesystems.
- Qualifizierung und Fortbildung von beauftragten Lehrkräften.

Eltern
- Elterninformationen über das Thema im Sinne von Grundinformationen.
- Themenspezifische Elternabende.
- Themenspezifische Seminarreihen.

Klasse
- Selbstsicherheitstrainings.
- Umgang mit Gefühlen.
- Sexualkunde.
- Spezifische Informationen zum Thema sexueller Missbrauch.
- Beratungs- und Gesprächsangebote für Schülerinnen und Schüler.

Kontakte und Kooperation mit Expertinnen und Experten
Kennen des Hilfesystems und einschlägiger Organisationen, die im Bereich des sexuellen Missbrauchs tätig sind (z.B. Jugendamt, Kinderschutzbund, Kinderarzt, ...).

Offene Fragen
Wer soll in der Schule die Prävention durchführen? Der Klassenlehrer/die Klassenlehrerin, Schulpsychologen, externe Experten?

Ein besonderes Problem: Körperkontakt

Beim Körperkontakt zwischen Lehrerinnen/Lehrern und Schülerinnen/Schülern sollte genau darauf geachtet werden, wo die Grenzen für Missverständnisse und Fehldeutungen liegen.
Ein Grundschulkind, das sich verletzt hat, in den Arm zu nehmen und zu trösten scheint selbstverständlich. In anderen Zusammenhängen wird Körperkontakt (mit zunehmendem Alter der Kinder) als problematisch empfunden.

Problembereiche stellen vor allem der Sport- und Schwimmunterricht dar. Hier können sportliche Hilfestellungen leicht falsch gedeutet, aber auch zu unliebsamen Berührungen missbraucht werden.

Freundliche Begleitung

„Prävention kann als freundliche Begleitung von Kindern verstanden werden. Prävention bedeutet nicht, das ‚richtige Lieben und Leben' vorzuschreiben, einseitig Sicherheit, Bewusstheit und Kontrolle zum Konzept zu machen und sich nur auf die Gefahren zu konzentrieren. Prävention sollte sich auf warme, positive, menschen- und kinderfreundliche Mythen, das Interesse der Menschen auf Leben, Lieben, Eigensinn und Gewaltfreiheit stützen."

Christa Wanzeck-Sielert:
Prävention von sexueller Gewalt und sexuellem Missbrauch an Mädchen und Jungen.
(Diplomarbeit) Kiel 1995, S. 49.

Überlegungen zur Umsetzung

Für Eltern und Lehrkräfte
Das Thema sexualisierte Gewalt berührt nicht nur Kinder, sondern auch Eltern und Lehrkräfte in doppelter Weise. Zum einen, weil viele selbst Betroffene sind und in vielfacher Form eigene Erfahrungen machen mussten, zum anderen, weil eine eigene Auseinandersetzung mit dem Themenbereich unabdingbar ist.

M 1 und M 2 bieten Überlegungen zu Handlungsschritten bei (vermutetem) sexuellem Missbrauch. M 3 – M 5 geben Anregungen zur eigenen Auseinandersetzung mit den verschiedenen Inhalten dieses Themenfeldes. M 6 zeigt die vielfältigen Formen und Situationen, in denen Sexualität im schulischen Alltag auftritt, und fragt nach angemessenen Handlungsweisen. M 7 stellt die Frage nach grundsätzlichen Verhaltensweisen für Kinder zur Prävention sexualisierter Gewalt.

Materialien für den Unterricht
Prävention bedeutet Kinder zu stärken und sie über ihre Rechte aufzuklären und in der Einforderung der Rechte zu bestärken.

Die Verantwortung für die Prävention kann und darf jedoch nicht allein auf das Kind abgewälzt werden.

In den folgenden Materialien werden Lernsequenzen angeboten,
- die den Bereich „Grenzen und Grenzüberschreitungen" verdeutlichen (M 8, M 9),
- die zum „Nein-Sagen" ermuntern (M 9),
- die die Frage von „Geheimnissen" thematisieren (M 10).

Für die Schule
Was müssen Kinder über sexuellen Missbrauch wissen? Wie sollen sie sich verhalten, wenn sie betroffen sind, oder von sexuellem Missbrauch erfahren oder ihn beobachten?

Verschiedene Organisationen haben hierzu Informationen verfasst, die sich direkt an Kinder wenden und in ihrer Sprache geschrieben wurden. Bei den Materialien M 11 – M 14 handelt es sich um Texte zum Bereich sexueller Missbrauch, die speziell für die Hand des Kindes formuliert wurden. Diese können als gemeinsame Lesetexte in den Klassen verwendet werden, sie können aber auch z.B. auf der Internetseite der Schule veröffentlicht oder den Kindern in Form von Leseblättern übergeben werden.

Es ist jedoch angebracht, mit den Kindern über den Inhalt der Lesetexte zu reden.

Grundwissen

Absprachen, Einbeziehung und Information der Eltern

Die Themen dieses Bausteins (M 8 – M 14) lassen sich nur dann sinnvoll mit den Schülerinnen und Schülern bearbeiten, wenn deren Eltern informiert und einbezogen werden.

Grundwissen

Mit Einkaufstüten gegen „böse Onkel"

„Sexuelle Gewalt an Frauen und Kindern kommt nicht in die Tüte": Mit diesem Motto haben Mitarbeiterinnen des Frauen- und Mädchennotrufs Rosenheim eine ungewöhnliche Aktion gestartet. Mit einem Aufdruck auf Einkaufstüten bringen sie ein Thema auf den Tisch, das sonst meist im Dunkeln bleibt – und sorgen so dafür, dass Opfer und Angehörige wissen, wohin sie sich wenden können.

Das Online-Angebot des Bayerischen Rundfunks
www.br-online.de/bayern-heute/artikel/0409/28-tueten/index.xml
Stand: 28.09.2004

Ergänzende Bausteine

4.1.2 Emotionale Intelligenz
4.1.3 Kommunikation
4.3.1 Handeln in Gewaltsituationen

Die Materialien im Überblick

Materialien	Beschreibung	Vorgehen
M 1: Intervention	M 1 beschreibt prinzipielle Handlungsmöglichkeiten bei Verdacht auf sexualisierte Gewalt.	M 1 dient als erste Orientierung und sollte allen Lehrkräften und Eltern bekannt sein.
M 2: Checkliste Intervention	Die Checkliste formuliert Fragen zur Klärung konkreter Handlungsweisen für eine problemangemessene Intervention.	M 2 ermöglicht den Aufbau eines Hilfesystems. Die Checkliste sollte von einer Koordinationsgruppe systematisch abgearbeitet werden.
M 3: Anforderungen an Lehrkräfte	M 3 formuliert Anforderungen an Lehrkräfte und Schule zur Prävention und zum Umgang mit sexualisierter Gewalt.	Die Auseinandersetzung mit M 3 ermöglicht, den Stand der inhaltlichen Auseinandersetzung mit sexualisierter Gewalt zu bestimmen und notwendige Schritte zu identifizieren.
M 4: Lehrerinnen und Lehrer und sexueller Missbrauch	M 4 referiert die Ergebnisse einer empirischen Befragung über das Wissen von Lehrkräften zum Themenbereich sexueller Missbrauch.	M 4 und M 5 zeigen die Notwendigkeit der Qualifizierung von Lehrkräften zum Themenbereich sexueller Missbrauch.
M 5: Mythen über sexuelle Gewalt	Antworten von Lehrkräften auf Aussagen der Missbrauchsmythenskala.	M 5 kann als Grundlage für einen „Selbsttest" verwendet werden.
M 6: Sexualität im schulischen Alltag	M 6 beschreibt, wo und wie Sexualität im schulischen Alltag vorkommt.	Die Fragen von M 6 können systematisch als Ausgangspunkte für Klärungen unter den Lehrkräften und den Eltern benutzt werden.
M 7: Wie sollen sich Kinder verhalten?	M 7 stellt zwei Aspekte und Verhaltensweisen zur Diskussion.	M 7 wird in Kleingruppen diskutiert. Durch den Vergleich der Aussagen soll eine Sensibilisierung für notwendige und wichtige Differenzierungen bei Verhaltensvorschlägen für Kinder erreicht werden.

4. LERNFELDER UND ANSATZPUNKTE — 4.3 IN GEWALTSITUATIONEN HANDELN

Materialien	Beschreibung	Vorgehen
M 8: Anfassen (nicht) erlaubt, Berührungslandkarte	M 8 beinhaltet die Anleitung für eine Übung über Körperzonen, deren Berührung erlaubt / unerlaubt ist.	Je nach Situation und Zusammensetzung der Klasse muss die Übung angepasst werden.
M 9: Wer darf was?	M 9 schildert Situationen, in denen Handlungen durch unterschiedliche soziale Beziehungen definiert sind.	Das Arbeitsblatt wird in Einzelarbeit ausgefüllt und besprochen.
M 10: Gefährliche Geheimnisse	Der Umgang mit Geheimnissen und Aufforderungen zur Geheimhaltung werden in M 10 thematisiert.	M 10 wird zunächst in Einzelarbeit ausgefüllt und dann in Kleingruppen weiter besprochen. Die Auswertung findet in der Klasse statt.
M 11: Was ist sexueller Missbrauch?	Dieser Basistext des Bundesministerium für Familie, Senioren, Frauen und Jugend erklärt Kindern, was sexueller Missbrauch ist.	M 11 und M 12 können als Formulierungshilfen für Lehrkräfte und Eltern dienen, um über sexuellen Missbrauch zu reden. Sie können jedoch auch in einem spezifischen Unterrichtskontext von den Kindern selbst gelesen werden. Eine Besprechung und Erklärung ist immer notwendig.
M 12: Sexueller Missbrauch ist ...	Der Basistext des Vereins „Wildwasser" erklärt sexuellen Missbrauch spezifisch für Mädchen und Jungen.	
M 13: Was Du tun kannst	M 13 formuliert spezifisch für Kinder Handlungsmöglichkeiten bei sexuellem Missbrauch.	M 13 sollte mit der Klasse besprochen werden.
M 14: Was mache ich, wenn ich berührt werde?	M 14 stellt Informationen über Handlungsmöglichkeiten für Kinder zur Verfügung	Der Text sollte gemeinsam gelesen und besprochen werden und auch Eltern zugänglich gemacht werden.

M1 Intervention

Wer Verhaltensauffälligkeiten bei Kindern oder Jugendlichen beobachtet und sexuellen Missbrauch vermutet, sollte folgende Handlungsschritte beachten:

Ruhe bewahren
Überstürztes Eingreifen schadet dem Kind nur! Eine Kollegin/einen Kollegen oder eine andere Vertrauensperson suchen, um mit dieser über die eigene Unsicherheit zu sprechen.

Beziehung herstellen
Den Kontakt zum Kind vorsichtig intensivieren, um eine positive Beziehung herzustellen.

Ermutigen
Das Kind immer wieder ermutigen, über seine Probleme und Gefühle zu sprechen.

Vorsichtig ansprechen
In der Gruppe das Recht auf sexuelle Selbstbestimmung und das Thema „sexueller Missbrauch" vorsichtig ansprechen und damit signalisieren: „Ich weiß, dass es sexuellen Missbrauch gibt...; Mit mir kannst du darüber reden...; Ich glaube betroffenen Mädchen und Jungen."

Eine Beratungsstelle einschalten
Sich selbst mit Informationen versorgen. Hinweise auf den sexuellen Missbrauch notieren. (Tagebuch über die Verhaltensweisen und Aussagen des Kindes führen.)

Kontakt zur Bezugsperson
Wenn möglich, den Kontakt zur Bezugsperson des Kindes intensivieren, um die Belastbarkeit dieser Person besser einschätzen zu können.

Kontakt zum Jugendamt
Kontakt zum Jugendamt aufnehmen (ggf. ohne Namensnennung), oder zu anderen professionellen Institutionen oder Gruppen.

Helfer- und Helferinnenkonferenz
Eine Helfer- und Helferinnenkonferenz anstreben, damit alle, die Kontakte zu der Familie haben, gemeinsam eine Strategie absprechen können. Niemals einen Missbrauchsverdacht offen legen, ehe eine räumliche Trennung von Opfer und Täter vorbereitet und möglich ist bzw. es eine erwachsene Person gibt, die sich deutlich auf die Seite des Opfers stellt.

Anzeige
Eine eventuelle Anzeige mit einer Anwältin/einem Anwalt zuvor durchsprechen und gut vorbereiten. Niemand ist zur Anzeige verpflichtet!

http://www.schulische-praevention.de/Intervention.36.0.html

Lehrer, Eltern

M2 Checkliste Intervention

Problemangemessene Intervention braucht Hilfestellung von außen. Folgende Punkte können zur Klärung der Handlungsweisen beitragen:

Hilfestellung für die Thematisierung

1. Welche Rahmenbedingungen sind notwendig, um das Ansprechen von „unguten Gefühlen" im weitesten Sinne zu erleichtern?

2. An wen können sich betroffene Kinder und Jugendliche wenden? Ist ein Sicherheitsplan mit ihnen zu entwickeln?

3. An wen können sich Angehörige wenden?

4. An wen können sich Mitarbeiter und Mitarbeiterinnen wenden?

Koordination des Verfahrens

5. Wer nimmt die Verdachtsmomente auf bzw. an wen innerhalb der Institution sind sie direkt weiterzuleiten?

6. Wer sind die Ansprechpartner für die unterschiedlichen Beteiligten?

7. In welcher Form werden die ersten Verdachtsmomente dokumentiert, um sie für den weiteren Prozess an die Leitungs- und Trägerverantwortlichen weiterzuleiten und wer hat Zugang zu dieser Dokumentation?

8. Wie setzt sich der Krisenstab für das erste Krisengespräch zusammen?

9. Was muss durch wen bis zu welchem Zeitpunkt geklärt und geregelt werden?

10. Wer entscheidet über die Hinzuziehung eines externen Fachdienstes zu welchem Zeitpunkt?

Nachsorge

Sowohl die betroffenen Kinder als auch die Fachkräfte brauchen nach einer Aufdeckung besondere Hilfestellung zur Verarbeitung der Vorkommnisse.

Positionspapier „Sexualisierte Gewalt in Institutionen"
http://www.paritaet-nrw.org/content/e5803/e5833/e5868/e6950/e13144/index_ger.html

Lehrer, Eltern

M3 Anforderungen an Lehrkräfte

Die hier formulierten Anforderungen wurden von Einrichtungen der Kinder- und Jugendhilfe formuliert. Sie können auch für den Schulbereich hilfreich sein.

Welche Anforderungen werden an die Lehrkräfte gestellt?

Wichtige Grundlagen für die Pädagoginnen und Pädagogen in der Präventionsarbeit sind u. a.
- die Auseinandersetzung mit der eigenen Geschlechtsrolle,
- Kenntnisse über Täterstrategien und Opferhandeln,
- Wissen über sexualisierte Gewalt und Handlungsstrategien dagegen,
- Parteilichkeit und das Verständnis, die eigene Professionalität für die Interessen von Mädchen und Jungen einzusetzen,
- eine kontinuierliche Selbstreflexion.

Welche Anforderungen werden an die Einrichtung gestellt?

- Prävention sexualisierter Gewalt durch Mitarbeiterinnen und Mitarbeiter ist Bestandteil des Selbstverständnisses und der Organisationsentwicklungsprozesse.
- Die Themen Sexualität – Macht – Gewalt werden offensiv im Team besprochen.
- Berufliche Ethik und das Menschenbild werden erörtert.
- Das Arbeitsklima ist kommunikativ und offen.
- Die beruflichen Rollen sind klar definiert.
- Sexualpädagogische Konzepte sind eine Grundlage der Arbeit.
- Die Verhinderung sexualisierter Gewalt wird bei Einstellungen, Bewerbungsverfahren etc. durch vielseitige Maßnahmen berücksichtigt.
- Verfahren zur Intervention sind präventiv entwickelt.
- Die Einrichtung ist von klaren Strukturen gekennzeichnet. Dazu gehört auch ein strukturiertes Beschwerdemanagement.
- Kollegiale Beratung/Supervision sind sicher gestellt.
- Die Mitarbeiterinnen und Mitarbeiter sind vor Burnout geschützt.

Welche Themen werden bearbeitet?

Thematische Inhalte der Angebote knüpfen an der Lebenserfahrung der Zielgruppe an und befassen sich mit folgenden Inhalten:
- Sexualität und Körper,
- Rechte,
- Gefühle und Bedürfnisse,
- Identität,
- Grenzen und Gewalt,
- Macht und Abhängigkeit,
- geschlechtsspezifische Selbst- und Fremdwahrnehmung,
- Geschlechterrollen,
- Täterstrategien,
- Handlungsmöglichkeiten und Hilfestrategien,
- professionelles Handeln und Verantwortung.

Der Paritätische Landesverband NRW (Hrsg.): Präventionsarbeit verbessern. Arbeitshilfe und Praxisbeispiele. Wuppertal 2003, S. 15.

Lehrer, Eltern

M4 Lehrerinnen und Lehrer und sexueller Missbrauch

Ergebnisse einer Befragung

Es zeigt sich, dass Lehrkräfte deutlich weniger Erfahrungen hinsichtlich sexuellem Missbrauch aufweisen, als andere Berufsgruppen. Über 80 Prozent der Lehrkräfte kamen in ihrem bisherigen Berufsleben (im Durchschnitt 19 Jahre) noch nie damit in Berührung.
Die Lehrerinnen und Lehrer, die berufliche Erfahrungen mit sexuellem Missbrauch hatten, schätzten ihre Hilfsmöglichkeiten im Vergleich zu anderen Berufsgruppen am niedrigsten ein. 50 Prozent glaubten, dass ihre Möglichkeiten, in solchen Fällen helfend einzugreifen, schlecht oder sehr schlecht seien.

Zustimmung zu Mythen

Die befragten Lehrerinnen und Lehrer zeigten nach den Personen aus der Normalbevölkerung die zweithöchste Zustimmung zu den „Mythen" und damit den höchsten Wert der untersuchten Berufsgruppen. Insbesondere fällt die starke Zustimmung zu Items auf, bei denen die Täter als soziale Sonderlinge und sexuelle Außenseiter ausgewiesen werden (Nr. 3 und 4). Auch das Ausmaß der Bejahung von Items, die pädosexuelle Handlungen verharmlosen (Nr. 7 und 10) und der bei der überwiegenden Zahl der Lehrer vorhandene Glaube daran, dass in minder schweren Fällen die Geheimhaltung des Übergriffs der bessere Weg sein könnte (Nr. 8), fallen ins Auge.
Die korrekte, weil empirisch untermauerte Aussage „Die größte Tätergruppe sind Bekannte (Freunde der Familie, Lehrer, Nachbarn, Ärzte, Verkäufer, Jugendgruppenleiter, Pastoren etc.)" wurde von den Lehrkräften am häufigsten unter allen Untersuchungsgruppen verneint.

Die relativ starke Zustimmung zu den sogenannten Mythen über sexuelle Gewalt gegen Kinder und Jugendlichen zeigt, – zumindest was einige Items angeht – dass die geringen beruflichen Erfahrungen mit mangelnden Kenntnissen einhergehen. Bei vielen Lehrern scheint z.B. noch die alte, durch die Missbrauchsforschung längst entkräftete Vorstellung, Missbraucher seien vorwiegend abartige, psychopathologisch auffällige Individuen, vorzuherrschen, obwohl man weiß, dass die Täter allzu oft die unauffälligen „Männer von nebenan" sind.

Die Befragung

Hofmann u.a. führten in den Jahren 1996 bis 2001 im Raum Sachsen eine Befragung zum Thema Sexueller Missbrauch durch. Befragt wurden Angehörige von sechs verschiedenen Berufsgruppen aus dem sozialen Bereich: Lehrer, Erzieher, Mitarbeiter von Jugendämtern, Ärzte, Psychologen, Polizisten. Als zwei Kontrollgruppen wurden Personen aus der Allgemeinbevölkerung und Psychologiestudenten einbezogen. Erfasst wurden u.a. berufliche Erfahrungen mit sexuellem Missbrauch, Überzeugungen zum sexuellen Missbrauch (die sog. „Mythen") und eigene Missbrauchserfahrungen. Unter den insgesamt 421 Teilnehmerinnen und Teilnehmern waren 60 Lehrkräfte (42 Frauen und 18 Männer), die an Realschulen tätig waren.

Ronald Hofmann / Matthias Wehrstedt / Anette Stark:
Lehrerinnen und Lehrer und sexueller Missbrauch.
In: Pädagogik 3/2003, S. 40.

M5 Mythen über sexuelle Gewalt

Mythen über Täter | Bejahungen | Verneinungen
1. Täter sind Schwachsinnige, Infantile, Psychopathen und entsprechender Verführung besonders ausgesetzte Gesunde (Lehrer und Jugendführer). — 19 — 41
2. Missbraucher sind in der Regel Fremde, und die Übergriffe geschehen überfallartig in dunklen Straßen und Ecken. — 15 — 45
3. Täter sind immer sexuell unbefriedigt und frustriert und wenden sich Kindern als Ersatz für sexuelle Kontakte mit erwachsenen Frauen zu. — 50 — 10
4. Sexuelle Missbraucher sind größtenteils krankhafte Triebtäter. — 48 — 12

Mythen über die Opfer
5. Nur Mädchen im Lolitaalter werden sexuell ausgebeutet. — 7 — 53
6. Wenn Kinder sich nicht massiv wehren, machen sie freiwillig mit und es macht ihnen Spaß. — 1 — 59
7. Sex zwischen Kind und Erwachsenem verursacht beim Kind keine emotionalen Probleme. — 8 — 52
8. Die Mitteilung, Opfer geworden zu sein, kann in „harmlosen" Fällen schwerwiegendere Konsequenzen als der sexuelle Missbrauch selbst haben. — 42 — 18
9. Wenn man mit einem Kind Sex hat, fügt man nur dann Schaden zu, wenn körperliche Gewalt angewendet wird, um es zum Sex zu zwingen. — 2 — 58
10. Sexualität mit Kindern und Jugendlichen tut diesen in der Regel eher gut, als dass es negative Folgen für sie hätte. — 8 — 52
11. Kinder sind oft sehr phantasievoll und erfinden solche Sachen. — 13 — 47

Geschlechtsrollen - Konservatismus
12. Weibliche Sexualität ist durch Anpassung, Hingabe und Auslieferung gekennzeichnet, männliche Sexualität dagegen durch Eroberung, unbezähmbare Triebe und Überwältigung. — 23 — 37

Antworten auf Aussagen der Missbrauchsmythenskala bei den Lehrern der Stichprobe (Häufigkeiten)
Ronald Hofmann / Matthias Wehrstedt / Anette Stark: Lehrerinnen und Lehrer und sexueller Missbrauch. In: Pädagogik 3/2003, S. 42.

Lehrer, Eltern

Mythen sind in diesem Kontext Überzeugungen, die Leugnung, Verharmlosung und Rechtfertigung von (männlicher) sexueller Gewalt zum Inhalt haben.
Bei den Mythen, die sich auf die Täter beziehen, handelt es sich dabei vor allem um Vorstellungen, die die Gefahr von sexueller Gewalt gegen Kinder und Jugendliche als etwas sehen, das „von ganz weit draußen" kommt, in Gestalt von abartigen Randfiguren der Gesellschaft, die in „dunklen Ecken" zuschlagen. Man weiß jedoch, dass die Täter meistens unauffällige Normalbürger „von nebenan" sind.
Die Mythen, die sich auf die Opfer beziehen, haben vor allem Verharmlosung von sexuellen Handlungen mit Kindern und Jugendlichen sowie Zweifel an der Glaubwürdigkeit der Opfer zum Inhalt.

M6 Sexualität im schulischen Alltag

Prävention von sexuellem Missbrauch basiert auch auf einer verantwortungsvollen Sexualpädagogik. Dabei geht es nicht nur um „Aufklärung" über die körperlichen Zusammenhänge der Sexualität, sondern vor allem auch um die vielfältigen Ausdrucks- und Bedeutungsformen von Sexualität.

Sexualerziehung findet permanent im täglichen Umgang statt
- beim Umgang mit Ausdrucksformen kindlicher Sexualität,
- bei Reaktionen (oder dem eigenen Gebrauch) einer sexualisierten Sprache,
- bei der Kommentierung, Bewertung von menschlichen Beziehungen,
- beim Vorleben einer eigenen Beziehung.

Wie reagiere ich ...
- wenn Kinder sexualisierte Worte benutzen?
- sexualisierte Worte als Waffe gegen andere verwenden („Ich fick deine Mutter", „Wichser") ?
- wenn gewollte oder ungewollte Körperkontakte mit Kindern sich ereignen oder notwendig sind?
- wenn Doktorspiele stattfinden?

Umgang mit Sexualität in der Schule
- Ist Sexualität ein Tabuthema – oder prinzipiell in Ordnung?
- Gebrauchen Lehrerinnen und Lehrer eine sexualisierte Sprache?
- Werden selbst sexuelle Anzüglichkeiten gebraucht?
- Wird ein Wortschatz verwendet, der nicht diskriminiert?
- Existiert ein Konzept für eine Sexualerziehung?
- Wie ist der Kenntnisstand über sexuelle Zusammenhänge?
- Wird Sexualität auf der biologischen Ebene behandelt oder werden die sozialen, emotionalen und ethischen Aspekte einbezogen?

Umgang mit einer sexualisierten Umwelt
- Werbung, Filme, Mode,
- Darstellung nackter Frauen,
- Erotik, Tabus, Moral.

Welche gesellschaftlichen Werte und Normen werden vermittelt?
- Werden Schamgrenzen respektiert und gewahrt?
- Wird verhindert, dass andere diskriminiert werden?
- Was wird als „normal" und was als „pervers" gesehen?

Lehrer, Eltern

Kinder aus anderen Kulturkreisen
bedürfen der besonderen Rücksichtnahme, vor allem dann, wenn ihre Vorstellungen von Intimität und Scham gängigen deutschen Vorstellungen widersprechen.

M7 Wie sollen sich Kinder verhalten?

1

Clevere Kids schützen sich vor Missbrauch!

Du kannst Deinen Eltern alles erzählen! Du brauchst Dich vor nichts und niemandem zu schämen!

Schrei so laut Du kannst, wenn Du Dich bedroht fühlst. Du kannst immer Hilfe holen. Du kennst den kostenlosen Polizei-Notruf 110 – an jedem Telefon.

Will Dich jemand anfassen, so wie Du es nicht magst, versteck' Dich nicht, sondern renn' zu anderen – renn' dorthin, wo es hell ist.

Du gibst Fremden weder Deinen Namen noch Deine Adresse. Nur Deine Lehrer, Deine Erzieher und die Polizei gehen sie etwas an.
Wer Deinen Namen kennt, muss noch lange nicht Dein Freund sein.

Initiative gegen Kindesmissbrauch.
Text einer Anzeige in der Frankfurter Rundschau,
3.8.2001, S. 5. Auszug

2

Ihr müsst darüber sprechen.

Auch wenn es Euch unangenehm oder peinlich ist, es ist ganz wichtig, dass Ihr mit anderen darüber sprecht, auch wenn der Täter aus eurer Familie kommt, Vater, Bruder, Onkel oder auch Mutter ist.

Denn nur dann könnt Ihr geschützt, kann Euch auch geholfen werden.

Euch steht auch das Kinder- und Jugendtelefon für alle Fragen und Sorgen kostenlos zur Verfügung.

Bundesministerium für Familie, Senioren, Frauen und Jugend
(Hrsg.): Die Rechte der Kinder von logo einfach erklärt.
Berlin 2004. Auszug

Hinweis
In dem Text „Clevere Kids ..." wird den Kindern empfohlen wegzurennen. Berater der Polizei weisen jedoch darauf hin, dass Kinder nicht unkontrolliert oder panikartig wegrennen sollen, da damit immer ein Unfallrisiko verbunden ist, sondern sich eher überlegt und zügig entfernen sollten.

Diese beiden Texte wenden sich jeweils direkt an Kinder.
Vergleichen Sie die Texte:
- Was fällt Ihnen auf?
- Wie werden Kinder informiert?
- Wo werden die Gefahren des Missbrauchs gesehen?
- Wie sollen sich Kinder bei der Gefahr des Missbrauchs verhalten?
- Welche Rolle haben die Eltern?
- Welches Verständnis von Prävention kommt im Text zum Ausdruck?

Lehrer, Eltern

M8 Anfassen (nicht) erlaubt, Berührungslandkarte

Die Körperregionen, die von anderen Personen berührt werden dürfen, sind eingeschränkt und klar umrissen. Eine Überschreitung wird als taktlose Grenzüberschreitung, als Verletzung der eigenen Intimsphäre erlebt.

„Der hat mich angefasst", diese Feststellung ist oft der Ausgangspunkt für eine Auseinandersetzung.

Berührungsspiel

Die Kinder bewegen sich im Raum. Auf Zuruf einer Farbe (z.B. „rot") müssen sie versuchen bei möglichst vielen Kindern ein Kleidungsstück mit dieser Farbe zu berühren.

Übung

Die Teilnahme an der Übung sollte freiwillig sein.
Eine große Papierrolle wird ausgelegt. Auf dieser Papierrolle werden die Körperumrisse der Kinder aufgemalt.

Nun werden verschiedene Körperzonen farbig markiert:
- schwarz: wo ich mich ohne Problem auch von Fremden berühren lasse.
- braun: wo ich mich von Familienmitgliedern berühren lasse.
- gelb: wo ich mich nur von meiner besten Freundin / Freund berühren lasse.
- rot: wo ich mich von niemandem berühren lasse.

Zur Auswertung

- Wie sehen die jeweiligen Tabuzonen bei Mädchen / Jungen aus?
- Was geschieht, wenn diese Tabuzonen (von wem?) missachtet werden?
- Sind diese Zonen bei allen gleich, oder gibt es hier Unterschiede?

M9 Wer darf was?

Wer darf was?	Vater	Mutter	Geschwister	Onkel / Tante	Nachbar / Nachbarin	Leute, die ich nicht kenne
Mir den Weg zeigen						
Mich trösten						
Mir etwas schenken						
Mich umarmen						
Mir bei den Hausaufgaben helfen						
Mich baden						
Mich kitzeln						
Mich im Auto mitnehmen						
Mich trösten						
Mich ausschimpfen						
Mich kämmen						
Mit mir einkaufen gehen						
Mich ins Bett bringen						
Bei mir sein, wenn meine Eltern weg sind.						
Mir eine Geschichte erzählen						

Vgl. Ute Andresen: Das 2. Schuljahr. In der Schule leben, in der Schule lernen. Weinheim und Basel 1998, S. 160, ergänzt.

M10 Gefährliche Geheimnisse

Gefährliche Geheimnisse werden schlimmer, je länger sie geheim bleiben. Meistens sind sie mit Drohungen und Angst verbunden: „Wehe, wenn du das verrätst!" „Das sag ja nicht weiter!"
Ist ein gefährliches Geheimnis mit unangenehmen Gefühlen verbunden, hilft nur, es ans Licht zu bringen. Dazu musst Du Verbündete finden.

Kannst Du gefährliche Geheimnisse erkennen? Unterstreiche sie rot!

1. Eine Gruppe verlangt von Dir, dass Du als Mutprobe einem bestimmten Kind auf ihr Zeichen eine Ohrfeige haust. Das soll aber geheim bleiben.
2. Opa hat einen kleinen Hund bestellt. Das soll aber geheim bleiben, weil er Oma überraschen will.
3. Onkel Jürgen ist mit Tanja allein zu Hause. Er will mit ihr schmusen und fasst ihr zwischen die Beine. Keiner darf davon etwas erfahren.
4. Mutti hat für ihren Freund eine Kreissäge gekauft und sie unter dem Bett versteckt. Du sollst nichts verraten.
5. Dein großer Freund Tom raucht heimlich. Du sollst es aber nicht den Erwachsenen sagen.
6. Zwei große Jungen verlangen von Dir, dass Du ihnen 5 Euro mitbringst, sonst kannst Du was erleben. Wehe, wenn Du petzt!
7. Dein Freund erzählt dir, dass sein Vater ihn wieder so schlimm geschlagen hat, dass es ihm jetzt noch weh tut. Es soll aber ein Familiengeheimnis bleiben und geht andere nichts an.
8. Eine Freundin hat im Laden Stickers geklaut. Sie will Dir 10 davon abgeben. Du sollst es aber nicht weitersagen.

Bildet nun eine Gruppe, um eure Entscheidungen zu vergleichen. Beratet, was man tun könnte, um zu helfen.

Ortrud Hagedorn: Hilfe anbieten, annehmen, herbeiholen. Baustein 4 zur Grundschulausstellung „Konstruktiv Handeln". Berliner Institut für Lehrerfort- und -weiterbildung und Schulentwicklung. Berlin 1994, S. 49.

M11 Was ist sexueller Missbrauch?

Sexueller Missbrauch, das ist z.B.: Wenn ein Erwachsener mit Mädchen oder Jungen Dinge tut, die die Kinder nicht wollen. Wenn er zum Beispiel Fotos oder Videos macht, auf denen die Kinder nackt zu sehen sind und er diese Fotos und Videos dann verkauft.
Wenn er zum Beispiel ihre Geschlechtsteile anfasst oder sie bittet, an seinem Penis zu „spielen". Wenn er Kinder gegen ihren Willen mitnimmt, sie entführt und sie zwingt, mit ihm oder mit anderen Personen Sex zu haben.
Es gibt Erwachsene, die tun solche Dinge, weil sie damit Geld verdienen können. Es ist ihnen egal, dass diese Dinge verboten sind und sie damit Kindern großen Schaden zufügen.
Diese Erwachsenen sind kriminell. Solche Menschen müssen bestraft werden, damit sie so etwas nie wieder mit anderen Kindern tun.
Alle Staaten, die die Kinderrechtskonvention unterschrieben haben, wollen Kinder vor sexuellem Missbrauch und sexueller Ausbeutung schützen, auch dann, wenn die Eltern die Täter sind. Es ist verboten Kinder zu entführen, zu verkaufen oder mit ihnen zu handeln. Überhaupt ist alles verboten, was Kindern körperlich oder geistig Gewalt zufügt.
(Kinderrechtskonvention, Art. 11, 19, 34, 35).

Darüber sprechen
Ganz eindeutig und streng ist das deutsche Gesetz bei sexuellem Missbrauch und bei Gewalt gegen Kinder.
Damit ihr aber geschützt seid und die Täter bestraft werden können, müsst ihr darüber sprechen, wenn euch so etwas passiert ist oder wenn ihr das Gefühl habt: Was da mit mir gemacht wird, ist nicht in Ordnung.
Kinder sind nie schuld, wenn sie sexuell missbraucht werden. Sprecht mit einem Freund oder einer Freundin, mit den Eltern, mit einem Lehrer oder mit einem Menschen, dem ihr vertraut. Wenn es ganz schlimm ist, dann könnt ihr euch ans Jugendamt und an die Polizei wenden.

Auch wenn es euch unangenehm oder peinlich ist, es ist ganz wichtig, dass ihr mit anderen darüber sprecht, auch wenn der Täter aus eurer Familie kommt, Vater, Bruder, Onkel oder auch Mutter ist.
Denn nur dann könnt ihr geschützt, kann euch auch geholfen werden.
Euch steht auch das Kinder- und Jugendtelefon für alle Fragen und Sorgen kostenlos zur Verfügung.

Bundesministerium für Familie, Senioren, Frauen und Jugend (Hrsg.): Die Rechte der Kinder von logo einfach erklärt. Berlin 2004.
www.bmfsfj.de

Hinweis
In dem Text wird von Erwachsenen gesprochen. Die selben Aussagen gelten jedoch auch für Jugendliche als mögliche Täter.

M12 Sexueller Missbrauch ist ...

Informationen für Mädchen

Mögliche Missbrauchssituationen:

Sexueller Missbrauch von Mädchen kann ...
- mit Blicken und Worten anfangen (Äußerungen über Deinen Körper, Deine Brust, Deinen Po),
- mit Berührungen und Küssen weitergehen.

Es kann sein, dass Erwachsene oder ältere Jugendliche sich nackt zeigen, vielleicht spielen sie vor Deinen Augen an sich herum.

Vielleicht zeigen sie Dir pornographische Fotos, Zeitschriften oder Filme und wollen Dich mit der Kamera aufnehmen, obwohl Du das nicht willst.

Vielleicht wollen sie Dich an Brust, Po oder Scheide berühren, oder Du sollst sie an ihren Geschlechtsteilen anfassen.

Vielleicht wollen sie mit Fingern, Gegenständen, Zunge oder ihrem Penis in Deinen Mund, Deinen After oder Deine Scheide eindringen.

http://www.wildwasser.de/info_hilfe/was_ist/definition.shtml

Informationen für Jungen

Mögliche Missbrauchssituationen:

- Berührungen und Zärtlichkeiten, die Du nicht willst oder komisch findest.
- Wenn Du zusehen sollst, wie Erwachsene an sich herumspielen oder Sex mit jemand anderem machen.
- Anfassen, streicheln, reiben, küssen, lecken oder saugen an Deinem Gesicht, Körper, Penis, Hoden, Po oder wenn man das von Dir verlangt.
- Geschlechtsverkehr mit dem Mund oder in den After oder wenn man das von Dir verlangt.
- Wenn man Dich zu Geschlechtsverkehr in die Scheide einer Frau zwingt, überredet oder verführt, auch wenn Du glaubst, dass Du dabei der Aktive oder der Verführer bist.

http://www.wildwasser.de/info_hilfe/was_ist/definition.shtml

M13 Was Du tun kannst

Wenn Du unsicher bist, ob das, was ein Erwachsener/eine Erwachsene mit Dir macht, sexueller Missbrauch ist, verlass Dich auf Dein Gefühl. Du merkst genau, dass an der Situation oder an der Berührung irgendwas nicht stimmt.

Du hast das Recht, selbst zu bestimmen, wer Dich anfassen darf und welche Berührungen oder Situationen Du magst oder nicht. Auch der Täter/die Täterin weiß, dass er/sie Dich sexuell missbraucht – auch wenn er/sie so tut, als sei das alles ganz normal.

Sexueller Missbrauch schadet Dir: Du darfst Dir Hilfe holen, damit der Missbrauch aufhört!

Häufig wird dem Mädchen/Jungen gesagt: „Das ist unser Geheimnis, das darfst Du niemanden erzählen" oder „Wenn das rauskommt, passiert was ganz Schlimmes".

Lass Dir keine Angst mehr einjagen: Du darfst über den Missbrauch sprechen!

Überlege, wem Du vertrauen kannst: z.B. Deiner Mutter/Vater, einer Lehrerin oder einem Lehrer, Verwandten, Freund oder Freundin.

Erzähle ihnen, was Dir geschieht oder geschehen ist. Vielleicht glauben sie Dir nicht gleich. Dann suche nach einer anderen Person.

Du hast ein Recht auf Hilfe!
Wenn Du selbst sexuell missbraucht wirst oder ein Mädchen/Junge kennst, die/der das erlebt hat, hol Dir Rat und Unterstützung in einer Beratungsstelle.

http://www.wildwasser.de/info_hilfe/was_tun/

M14 Was mache ich, wenn ich berührt werde?

Ich werde an meinem Körper berührt oder angefasst, obwohl ich das nicht will. Was kann ich machen?

Die vielleicht wichtigste Regel die Deinen Körper betrifft: Dein Körper gehört Dir!

Du bestimmst, wer Dich berühren, anfassen oder auch streicheln darf. Schmerzen darf Dir sowieso überhaupt niemand zufügen! Wenn Du angefasst wirst und das nicht willst, solltest Du das der betreffenden Person sagen.
Nun ist klar, dass das oft nicht so einfach ist, gerade wenn es jemand ist, der Dir nahe steht (Onkel, Tante, Vater, Mutter, Oma, Opa, Bruder, Schwester, Freund, Freundin oder andere Verwandte und Bekannte). Wobei es auch bei einer fremden Person nicht ganz einfach sein kann.

Dennoch ist am wichtigsten, was Dir Dein Gefühl sagt. Und wenn sich etwas nicht gut anfühlt, sollte es unterlassen werden.

Hole Dir Unterstützung: einen Freund, eine Freundin oder auch eine erwachsene Person, zu der Du Vertrauen hast.

Über Erlebnisse, die Dir nicht gefallen haben oder sich nicht gut anfühlen, kannst Du und solltest Du Dich mit anderen besprechen. Das ist immer erlaubt!

Manchmal allerdings kann es sein, dass Dich jemand anfassen muss, ein Arzt beispielsweise, wenn Du verletzt bist oder Deine Eltern, die Dich beim Waschen unterstützen. Wenn es Dir aber lieber ist, kann, selbst bei diesen unvermeidbaren Kontakten, noch jeweils eine zweite erwachsene Person mit dabei sein: Beim Arzt kann noch Mutter oder Vater mit dabei sein, beim Waschen können beide Elternteile mit dabei sein. Es ist Dein Recht, mit niemandem alleine sein zu müssen, wenn Du es nicht willst.

Wenn Du Dir nicht sicher bist, ist es immer eine gute Idee, Dich mit jemandem, zum Beispiel Freund oder Freundin oder einer erwachsenen Person Deines Vertrauens (Mutter, Vater, Lehrerin, Lehrer ...) zu besprechen. Du hast immer das Recht, Dich mit anderen zu beraten, selbst wenn Dir jemand sagt, das darfst Du nicht, es wäre ein Geheimnis!

http://www.gewaltpraevention-tue.de/index.php?id=10171

Gewalt in Medien

Grundwissen
- Gewaltprävention und Medien — S. 492
- Kinder und Medien — S. 493
- Mediennutzung — S. 494
- Gewaltdarstellungen in Medien — S. 496
- Wirkung von Mediengewalt — S. 497
- Medien und Gewalt: Begründete Sorgen? — S. 498
- Internet & Co. — S. 500
- Medienpädagogik an der Schule — S. 501
- Überlegungen zur Umsetzung — S. 503
- Die Materialien im Überblick — S. 505

Materialien
Für Lehrkräfte und Eltern
- M 1: Medienpädagogische Zugänge — S. 507
- M 2: Medienverhalten von Kindern — S. 508
- M 3: Gewalt im Fernsehen und in Computerspielen — S. 509
- M 4: Kriterien für problematische Sendungen — S. 510
- M 5: Computerspiele: Faszination und Probleme — S. 511
- M 6: Fragen und Befürchtungen von Erwachsenen — S. 512
- M 7: Checkliste Computerspiele — S. 513
- M 8: Die Wirkung von Computerspielen — S. 514
- M 9: Altersfreigaben – Kennzeichnungen der USK — S. 515
- M 10: Happy Slapping — S. 516
- M 11: Tipps zu Gewaltvideos auf Schülerhandys — S. 517
- M 12: Verhaltensstrategien für Eltern — S. 518
- M 13: Tipps zu Medien und Erziehung — S. 519

Für den Unterricht
- M 14: Mein Medientagebuch — S. 520
- M 15: Ich schaue gerne fern, weil … — S. 521
- M 16: Mein Lieblingsspiel — S. 522
- M 17: Chat-Tipps — S. 523

Dieser Baustein informiert über Gewaltdarstellungen in Medien (TV, Computerspiele, Internet, Handy), diskutiert die möglichen Folgen und präsentiert vielfältige Möglichkeiten des Umgangs für Eltern und Lehrkräfte.

Gewaltprävention und Medien

Gewalt in den Medien ist in der Diskussion. Übermäßiger Medienkonsum und gewalthaltige Computerspiele werden immer wieder in Zusammenhang mit aggressivem und gewalttätigem Verhalten von Kindern gebracht.

Gewaltprävention kann Medien nicht ausklammern, zumal ein moderner Kinder- und Jugendschutz auch die Entwicklung von Medienkompetenz im Sinne eines kritischen Umgangs mit Medien beinhaltet.

Es kann zwar wissenschaftlich nicht exakt nachgewiesen werden, dass Kinder und Jugendliche durch Gewalt in Medien „aggressiver" werden. Trotzdem ist es nicht gleichgültig, wie häufig sie brutale Filme sehen oder nicht. Denn es geht nicht nur um Aggression, sondern auch darum, ob Gewaltdarstellungen Vorurteile und Feindbilder fördern, die Bereitschaft für individuelle und kollektive Gewalt begünstigen.

Die überfallartige, ekelerregende Darstellung von Gewaltszenen kann seelische Verwundungen und Belastungen hervorrufen, die von Kindern nicht mehr angemessen verarbeitet werden können. Schockähnliche Reaktionen, Schlaflosigkeit oder Angstzustände können Folgen davon sein. Die Eindrücke auf ihr Gefühl wirken bei Kindern tiefer und länger als die dargestellten Inhalte. Kinder und Jugendliche sind jedoch nicht nur mit Gewalt in den Medien konfrontiert, sondern in einem erheblichen Umfang auch mit realer, selbst erlebter, beobachteter oder ausgeübter Gewalt. Sie sind in der Familie, in der Schule und im öffentlichen Bereich Opfer von Misshandlungen und Missachtung.

Kinder befinden sich immer wieder in einem Kreislauf von traumatischen Opfererfahrungen und eigenem Ausüben von Gewalt.
Wie ist also das Verhältnis von eigenen Gewalterfahrungen und medialen Gewalterfahrungen zu bestimmen und welche alters- und geschlechtsspezifischen Differenzierungen müssen dabei vorgenommen werden?

Neue Herausforderungen

In den neuen Bundesländern besitzen bereits die Hälfte aller 6- bis 13-jährigen einen eigenen Fernseher, im Westen sind es immerhin bereits 38 Prozent. Doch steht der Apparat erst einmal im Kinderzimmer, ist es für Eltern nicht mehr so einfach, das TV-Verhalten der Kleinen zu begleiten. Kinder gewöhnen sich daran, dass Fernsehinhalte ständig verfügbar sind, und zwar auch solche, die eigentlich nicht für sie geeignet sind. Auch der Wunsch nach anderen Medien wird durch den Fernseher geweckt, etwa nach Videospielen samt der zugehörigen Spielekonsole oder dem PC. Dass mit solchen Geräten dann auch der Zugang zum Internet möglich ist, stellt Eltern unter Umständen vor ganz neue Herausforderungen.

www.flimmo.de

Kinder und Medien

Kindliche Lebenswelt ist heute „Medienwelt"
Kinder und Jugendliche leben nicht nur in einer von Medien geprägten Umwelt, ihre Auseinandersetzung mit Wirklichkeit und die Aneignung der Welt vollzieht sich in einem zunehmenden Maße über medienvermittelte Erfahrungen. Die Einflüsse von Medien auf den Alltag, auf Meinungen und Wissen sind allgegenwärtig und werden sich in den nächsten Jahren vor dem Hintergrund der sich immer weiter entwickelnden Informations- und Kommunikationstechnologien noch intensivieren. Erziehung und Bildung können diese Entwicklungen nicht ignorieren.
Kinder, Jugendliche und junge Erwachsene verfügen heute nicht nur über beträchtliche Medienerfahrungen, sondern auch über eine relativ hohe Medienkompetenz, was den Umgang mit und die Bedienung von Geräten betrifft – nicht so sehr, was den kritischen Umgang mit den Inhalten ausmacht. Wobei sich bei genauerer Betrachtung allerdings je nach sozialem Umfeld und Bildungsniveau erhebliche Unterschiede im Umfang und Intensität der Mediennutzung ergeben.

Medien spielen in der Sozialisation von Kindern und Jugendlichen eine wichtige Rolle.
Ein Drittel aller Kinder nennt Personen (Schauspieler) aus Film und Fernsehen als ihr Idol bzw. Vorbild. Fernsehen, Musik hören, Videos sehen gehören zu den beliebtesten und verbreitetsten Freizeitinteressen. Haushalte, in denen Kinder aufwachsen, weisen eine zunehmende Medienausstattung auf. Bei Fernsehgeräten, Handys und Videorecordern kann man von einer Vollversorgung ausgehen, Computer stehen in vier von fünf Haushalten zur Verfügung, stellt der Medienpädagogische Forschungsverbund in seiner neuesten Studie „Kinder und Medien" fest.
Medien sind Teil der Kinder- und Jugendkultur und vermitteln Zugang zu ihr. Sie drücken Lebensgefühle aus und ermöglichen gesellschaftliche Teilhabe. Durch Medien bearbeiten Kinder und Jugendliche auch eigene Lebensthemen. Dies ist nicht so sehr ein äußerer, sondern auch ein innerer Prozess.

Wie können (neue) Medien für Lernprozesse produktiv genutzt werden?
Trotz zahlreicher Projekte zur Medienpädagogik sei es insgesamt an Schulen nicht gelungen, Medienerziehung bzw. Medienbildung mit der wünschenswerten Qualität und in der notwendigen Breite im Alltag von

Erziehung und Bildung, von Jugend- und Kulturarbeit zu verankern. Immer noch wirken ausdrückliche Aktivitäten zur Medienerziehung und Medienbildung eher als ein Sonderfall, denn als die Regel. An deutschen Schulen werde das didaktische Potential, das die Medienverwendung biete, nicht hinreichend ausgeschöpft, so die Ergebnisse einer neuen Untersuchung über Medienpädagogik in der Schule. Auch dieser Befund spricht dafür, dass verstärkt Anstrengungen kompetenter Mediennutzung unternommen werden müssen.

Dort, wo neue Medien stark einbezogen wurden, sind jedoch die Innovationen, die mit der Einführung neuer Medien in den Bildungsbereich verbunden waren, so nicht eingetreten. Medien tragen nicht automatisch zu einer höheren Motivation bei Lernprozessen bei. Auch selbstgesteuertes Lernen bedarf eines didaktischen Arrangements. Das Sichtbarmachen von Zusammenhängen und Abläufen durch Animationen ist äußerst aufwändig und teuer. Die weltweite Verfügbarkeit von Wissen hat oft keinen Gebrauchswert und die Erneuerung der Bildungsinstitutionen durch neue Medien hat so nicht stattgefunden.

Die Frage ist also, welche spezifischen Voraussetzungen und Bedingungen erfüllt sein müssen, um Medien im Bildungsbereich produktiv einzusetzen? Worin besteht der (pädagogische) Nutzen, wenn man neue Medien verwendet bzw. gezielt einsetzt und wie muss dieser Einsatz aussehen, damit er die erwünschten Ergebnisse zeitigt?

Mediennutzung

Wie sich der Umgang mit Fernseher/Video/DVD, Computer und Internet im Familienalltag ganz konkret gestaltet zeigen die Zustimmungswerte zu vorgegebenen Nutzungssituationen (mindestens einmal pro Woche). Demnach wird in sieben von zehn Familien gemeinsam über das Fernsehprogramm am Abend entschieden. Dabei haben die Wünsche der Kinder anscheinend ein großes Gewicht, auch sehen 42 Prozent der Befragten manche Sendungen nur auf expliziten Wunsch ihrer Kinder an. Streit darüber, was im Fernsehen gesehen wird und was nicht, gibt es bei einem Viertel der Familien regelmäßig – und zwar quer durch alle Altersgruppen.
Der tägliche Fernsehumgang beträgt bei den Sechs- bis 13-jährigen 95 Minuten. Es wird eine gute dreiviertel Stunde Radio gehört und mit dem

Computer verbringen die Kinder 37 Minuten. In Büchern oder Zeitschriften lesen die Kinder eine knappe halbe Stunde am Tag, mit dem Internet beschäftigen sie sich 14 Minuten.

Jungen und Mädchen unterscheiden sich eigentlich nur hinsichtlich der Computernutzung deutlich, die bei Jungen (43 Minuten) um 13 Minuten höher liegt als bei Mädchen. Bei allen Medien steigt die Zuwendung mit dem Alter der Kinder an.

Kinder, deren Elternteil eine hohe formale Bildung hat (Abitur/Studium) sehen mit 75 Minuten deutlich weniger fern als Kinder, deren Haupterzieher eine geringe formale Bildung aufweist (100 Minuten).

Medienpädagogischer Forschungsverbund Südwest: KIM-Studie 2005. Kinder + Medien, Computer + Internet. Basisuntersuchumg zum Medienumgang 6- bis 13-jähriger. Stuttgart 2006, S. 58.

Medienumgang in der Familie 2005
Mindestens einmal pro Woche / Angaben der Erziehungsberechtigten in Prozent / Basis: Gesamt, n=1.203.

	Gesamt	6-7 J.	8-9 J.	10-11 J.	12-13 J.
Familie entscheidet gemeinsam über TV-Programm am Abend	68	73	76	66	61
Oft Streit was im Fernsehen gesehen wird	23	26	24	22	21
Kind entscheidet, was es im Fernsehen sehen will	62	49	55	63	73
Kind sieht nur fern, wenn Eltern es erlauben	53	72	66	52	34
Eltern schauen oft TV-Sendungen, die Kind sehen will	42	55	48	38	33
Kind sieht Fernsehen/Video/DVD im eigenen Zimmer	36	21	27	39	50
Eltern und Kind schauen zusammen Video/DVD	40	42	35	42	41
Kind sieht alleine Videofilme/DVDs	40	28	29	42	54
Kind nutzt Computer allein zum Lernen/Arbeiten	46	17	32	54	68
Eltern u. Kind nutzen Computer gemeinsam zum Lernen/Arbeiten	39	25	41	43	43
Kind spielt alleine Computerspiele	41	18	32	47	56
Eltern und Kind spielen gemeinsam Computerspiele	25	18	26	28	27
Kind surft alleine im Internet	21	4	10	23	38
Eltern und Kind surfen gemeinsam im Internet	25	13	19	31	31

Medienpädagogischer Forschungsverbund Südwest: KIM-Studie 2005. Kinder + Medien, Computer + Internet. Basisuntersuchumg zum Medienumgang 6- bis 13-jähriger. Stuttgart 2006, S. 61.

Gewaltdarstellungen in Medien

Die Diskussion um Medien und Gewalt hat einen rudimentären Gewaltbegriff

Was als Gewalt in Medien bezeichnet wird, hängt davon ab, von welchem Gewaltverständnis man ausgeht, welcher enge oder weite Gewaltbegriff angelegt wird. In der Regel wird mit Gewalt in den Medien die Abbildung physischer Gewalt (schlagen, stechen, schießen) verstanden, nicht jedoch z.B. die unblutige Simulation eines totalitären Herrschaftssystems. Es ist ein Defizit der Diskussion um Gewalt in Medien, dass sie von einem eindimensionalen (rudimentären) Gewaltbegriff ausgeht. Das jeweilige Verständnis von Gewalt wird dabei nur selten ausgewiesen und kritisch hinterfragt.

Wie Gewalt in den Medien dargestellt wird

Gewalt ist in den fiktionalen und realen Medieninhalten in allen Varianten und Darstellungsformen zu finden. Gewaltdarstellungen haben dabei eine eigene Ästhetik entwickelt. Der „Gewaltgehalt" der einzelnen Fernsehprogramme ist aber durchaus unterschiedlich hoch einzuschätzen. Es geht jedoch weniger darum, die Morde und Gewalttaten zu zählen (über 500 sollen es pro Woche in deutschen Programmen sein), die Kinder im Laufe ihres Lebens sehen, also darum die quantitative Dimension zu erfassen – so wichtig diese sein kann – als vielmehr darum, die Macharten, Darstellungsformen und dahinter liegenden Botschaften zu untersuchen.

Ein wichtiger Teil der Gewaltdarstellungen in Medien betrifft kollektive Gewalt in Form von Kriegen. Kriegsnachrichten, Kriegsfilme und Kriegscomputerspiele werden als verschiedenartige Medien wahrgenommen, dennoch gibt es (trotz fundamentaler Unterschiede in der Rolle des Zuschauers bzw. Spielers aber auch bei der Frage von Fiktion und Realität) eine Reihe von Gemeinsamkeiten. „Durchsucht man die Fachliteratur zur Medienästhetik von Kriegsfilmen, also fiktionalen Produkten, nach Herstellungsprinzipien und -absichten, stößt man auf eine Reihe interessanter Produktionsdetails, die auch auf Computerspiele, ja selbst auf Kriegsnachrichten, also generell auf Bildschirmmedien zuzutreffen scheinen", schreiben Christian Büttner und Magdalena Kladzinski in dem Band „Krieg in Bildschirmmedien". Hierzu gehört z.B. die Präsentation eines Freund-Feind-Dualismus. Krieg wird medial inszeniert, wobei es darum geht, möglichst viele Zuschauer / Spieler so lange wie möglich vor dem Bildschirm zu halten, d.h. sie mit dem Angebot zu fesseln.

Wirkung von Mediengewalt

Haben Gewaltdarstellungen in den Medien Einfluss auf reales Gewaltverhalten?

Ob bzw. welchen Einfluss Gewaltdarstellungen in Medien auf reales Gewaltverhalten haben, wird sehr kontrovers diskutiert.

Christian Pfeiffer (Kriminologisches Forschungsinstitut Niedersachsen) sieht einen direkten Zusammenhang zwischen Medienkonsum und Gewaltbereitschaft: „Die Gewaltbereitschaft wird wiederum durch häufigen Konsum von Aktionsfilmen und Gewaltexzessen in Computerspielen besonders nachhaltig gefördert."

Michael Kunczik bilanziert in seinem Forschungsbericht über Medien und Gewalt den Forschungsstand jedoch so: „Letztlich bestätigen aktuelle Forschungsbefunde die schon länger gültige Aussage, dass manche Formen von Mediengewalt für manche Individuen unter manchen Bedingungen negative Folgen nach sich ziehen können. (...) das genaue Zusammenspiel von Risikofaktoren bedarf aber, ebenso wie die Identifikation der tatsächlich wirksamen Elemente medienpädagogischer Strategien für die verschiedenen Zielgruppen, noch der weiteren Forschung."

Medien, insbesondere das Fernsehen sowie Video- und Computerspiele für die zunehmende Gewalt in der Gesellschaft verantwortlich zu machen ist populär. Die Zeitschrift tv diskurs meint hierzu: „Solche Positionen treffen offensichtlich die subjektive Vorstellung vieler Menschen, was (...) nicht unbedingt etwas mit der Wirklichkeit zu tun haben muss."

Im Kontext von Gewalt und Medien werden primär mögliche Wirkungen auf direkte Aggressions- und Gewalthandlungen diskutiert. Dies allein scheint jedoch zu eng. Es sollten verstärkt auch der Bereich der Beeinflussung des Weltverständnissen und der Weltbilder bis hin zur unterschwelligen Vermittlung spezifischer Normen und Wertvorstellungen diskutiert werden.

ZDF-online: Warum ist es gefährlich, wenn Kinder häufig Computerspiele spielen?

Christian Pfeiffer: „Die Gefahr besteht in erster Linie nicht darin, dass die Kinder gewalttätig werden, sondern dass sich ihre Noten dramatisch verschlechtern. Viele Eltern unterschätzen das. Je mehr Zeit Kinder mit Computerspielen oder auch mit Fernsehen verbringen, desto weniger Zeit bleibt natürlich für Aktivitäten wie Sport und Spielen mit Freunden oder das Lernen und Lesen. Und je brutaler die Inhalte dieser Spiele sind und je öfter die Kinder solche Spiele spielen, desto negativer wirkt sich das auf die schulische Leistungskraft aus. Das haben wir vor allem bei Jungen festgestellt."

Prof. Dr. Christian Pfeiffer ist Direktor des Kriminologischen Forschungsinstituts Niedersachsen in Hannover

http://www.heute.de/ZDFheute/inhalt/12/0,3672,4085868,00.html

Wie viel Gewalt wird (von wem) in den Medien toleriert?

Das Problem der Gewaltanwendung und des Gewalteinsatzes lässt sich nicht auf die Mediendarstellung begrenzen, wie die Diskussion um die Legitimation von Gewalt im Kontext des Kampfes gegen Terrorismus oder um die Legitimation sog. Humanitärer Interventionen zeigt.

Die Frage, wie viel Gewalt in den Medien toleriert wird, ist auch die Frage, wie eine Gesellschaft insgesamt mit dem Phänomen Gewalt umgeht. Welche Formen der Gewalt werden also in spezifischen Gesellschaften toleriert, akzeptiert oder gar propagiert und wie werden diese legitimiert?

Grundwissen

Medien und Gewalt: Begründete Sorgen?

Mediengewalt: Nicht ungefährlich, aber nur einer von mehreren Gründen für gewalttätiges Verhalten

Die Studie „Medien und Gewalt" von Michael Kunczik und Astrid Zipfel zeigt eindeutig: Die Annahme, dass Gewalt in Film und Fernsehen generell ungefährlich sei, wird heute in der Wissenschaft fast nicht mehr vertreten. Die früher diskutierte Auffassung, dass der Konsum von Gewaltfilmen oder das Ballern mit virtuellen Waffen in Computerspielen zu einem unschädlichen Abreagieren und damit zu einer Abnahme aggressiver Neigungen führt (Katharsistheorie), gilt als widerlegt.

Kunczik und Zipfel stellen aber auch fest: Mediengewalt stellt nur einen Faktor innerhalb eines komplexen Bündels von Ursachen für die Entstehung gewalttätigen Verhaltens dar. Negative Medieneinflüsse können durch ein positives soziales Umfeld aufgefangen werden, negative Erfahrungen im sozialen Nahraum (z.B. Gewalterfahrungen in der Familie) durch negative Medieneinflüsse deutlich verstärkt werden.

Daraus ergibt sich: Nicht jede(r) Heranwachsende, die/der einen Video- oder Fernsehfilm sieht oder ein Computerspiel spielt, ist in gleicher Weise durch die erlebte Mediengewalt beeinflussbar. Bestimmte Inhalte können auf bestimmte Menschen auch dann eine große Wirkung haben, wenn sie bei der Mehrzahl der Zuschauerinnen und Zuschauer keine Verhaltensänderung bewirken.

Medienwirkung hängt von sozialen und persönlichen Bedingungen ab

Die persönlichen Eigenschaften der Heranwachsenden (z.B. Aggressivität) sowie deren Erfahrungen im sozialen Umfeld (Gewalt in der Familie etc.) beeinflussen nicht nur die Verarbeitung von Gewaltdarstellungen, sondern schon deren Wahrnehmung.

Auswirkungen auf die Gewaltbereitschaft sind am ehesten bei jüngeren, männlichen Vielsehern zu erwarten, die in Familien mit hohem Medien(gewalt)konsum aufwachsen und in ihrem unmittelbaren sozialen Umfeld (d.h. in Familie, Clique) viel Gewalt erleben. Gewalt wird so als ein „normaler" Problemlösungsmechanismus erfahren.

Wenn die Heranwachsenden zudem bereits eine Persönlichkeit mit hoher Gewaltbereitschaft besitzen und Medieninhalte konsumieren, in denen Gewalt als etwas Positives oder Selbstverständliches dargestellt wird, dann ist sehr stark mit gewalttätigem Verhalten zu rechnen.

4.3.5 GEWALT IN MEDIEN

Mediengewalt ist nicht gleich Mediengewalt
Mediale Inhalte sind insbesondere dann als problematisch einzuschätzen und erhöhen das Risiko der Anfälligkeit für gewalttätiges Verhalten, wenn in ihnen
- Gewalt auf sehr realistische Weise dargestellt wird,
- Gewalt in humorvollem Zusammenhang gezeigt wird,
- Gewalt gerechtfertigt erscheint,
- Gewalt von attraktiven „Heldinnen" bzw. „Helden" mit hoher Identifikationskraft ausgeht,
- Gewalt von Handelnden ausgeht, die erfolgreich sind und für ihr Handeln belohnt bzw. zumindest nicht bestraft werden,
- dem Opfer kein sichtbarer Schaden zugefügt wird („saubere Gewalt").

Bundesprüfstelle für jugendgefährdende Medien
http://www.bundespruefstelle.de/bpjm/Orientierung-im-Medienalltag/Strittige-Medieninhalte/begruendete-sorgen,did=65796.html

Grundwissen

Internet & Co.

Die Möglichkeiten der neuen Medien werden immer auch für destruktive Zwecke eingesetzt. So auch beim Internet und bei Handys.

Internet-Seiten, die Gewaltdarstellungen und Pornografie zeigen, werden auch von Kindern aufgerufen. Internet-Kameras und Online-Plaudereien haben zu einer neuen „sexuellen Revolution" unter Jugendlichen geführt. Das neue Medium verschafft auch Kindern Zugang zu pornografischen Seiten und in den Chatrooms auch zu Formulierungen, die von „unangemessen" bis zur sexuellen Belästigung reichen.

Kinder sind neugierig und Chats sind beliebt. Eltern können ihre Kinder von dem Medium nicht gänzlich fernhalten. Deshalb ist es notwendig, sich darauf einzustellen, mit ihnen auch über „Sex und Internet" zu reden. Sie sollten dies nicht hinausschieben, denn vom ersten Tag an, in dem Kinder im Internet sind, sind sie damit konfrontiert.

Chatten
Chatten ist eine der beliebtesten Tätigkeiten von Kindern im Internet. Problematische und gefährliche Konktakte sind dabei eher die Regel statt die Ausnahme. Beleidigungen, Beschimpfungen oder sexuelle Belästigungen kommen häufig vor.
Vgl. www.jugendschutz.net

Nach einer 2006 durchgeführten niederländischen Studie erklärten ein Viertel der männlichen Jugendlichen und 20 Prozent der Mädchen, dass sie in jüngster Zeit „Cyber-Sex" hatten. Der Begriff wurde als Austausch von Texten oder Bildern sexuellen Inhalts festgelegt. Drei Viertel der Mädchen und 80 Prozent der Jungen haben nach eigenen Angaben online geflirtet.
Vgl. Schwäbisches Tagblatt, 8.7.2006.

Handys werden nicht nur zum Telefonieren verwendet, sondern auch zum
– Überspielen von Gewaltvideos und Pornos von einem Handy auf das andere.
– Filmen und Übertragen von inszenierten Überfällen oder Schlägereien.
– Mobbing per SMS.
Besonders die letzte Form ist wegen ihrer Anonymität und einfachen Anwendung weit verbreitet und gefährlich. Lehrer und Eltern bemerken dies nicht immer rechtzeitig.
Vgl. www.alfred-teves-schule.de

Die Bereiche Fernsehen, Videos, Kinofilme, Kassetten, CDs, MP3-Player, Computerspiele, Internet und Handy vermischen sich zunehmend und verschmelzen miteinander. So sind Videos über das Internet zugänglich, und mit dem Handy kann auch fotografiert werden. Musik wird nicht mehr von der CD gehört, sondern über den Computer abgespielt.

Medienpädagogik an der Schule

Nach Ansicht von Fachleuten gewinnen medienpädagogische Lernziele im schulischen Unterricht, aber auch in außerschulischer Arbeit zunehmend an Bedeutung.

Unterrichtseinheiten
Lerneinheiten, die das Geschehen in Film und Fernsehen kritisch reflektieren, die der Verbesserung der Analyse- und Kritikfähigkeit gegenüber Medienbotschaften dienen und den Vorbildcharakter gewalttätiger medialer Vorbilder in Frage stellen, haben insbesondere auf jüngere Kinder nachweisbare Wirkung. Kinder können durch Lehrerinnen und Lehrer mit Blick auf die Wahrnehmung von Mediengewalt sensibilisiert und die Billigung von Mediengewalt kann reduziert werden.

Begrenzte Wirkung
Die Wirkungsdauer von Unterrichtseinheiten, die sich kritisch mit dem Thema „Gewalt in Medien" auseinandersetzen, ist begrenzt. Alles spricht dafür, dass ein regelmäßig wiederholtes Aufgreifen der Thematik von zentraler Bedeutung ist.

Veränderung der Wahrnehmung
Lerneinheiten zum Thema „Medien und Gewalt" können einen erfolgreichen und wichtigen Beitrag zur Integration der Medien in die Lebenswelt leisten. Medienpädagogischer Unterricht verändert die Wahrnehmung und die Verarbeitung violenter Fernsehinhalte und kann zur Reduzierung aggressiven Verhaltens beitragen. Dies wird durch mehrere Studien bestätigt. Es gibt aber andererseits deutliche Hinweise darauf, dass medienpädagogische Lehreinheiten trotz entsprechender pädagogischer Zielsetzung die Faszination gewalttätiger Medieninhalte nicht nachhaltig reduzieren und auch deren Konsum nicht wesentlich verringern können. Die vor allem für jüngere Kinder medienpädagogisch wichtige Begrenzung des Konsums gewalttätiger Inhalte ist also ohne Einbeziehung der Eltern nicht zu erreichen.

Grundwissen

Zusammenwirken von Elternhaus und Schule
Das Zusammenwirken von Schule und Elternhaus ist von nicht zu unterschätzender Bedeutung. Auch wenn es angesichts von wachsenden Anforderungen an Lehrerinnen und Lehrer nicht immer leicht ist und zudem die Schwierigkeit besteht, Eltern zu erreichen, deren Kinder besonders hohem

Medienkonsum ausgesetzt sind: Es gibt mit Blick auf die Schülerinnen und Schüler, aber auch mit Blick auf das alltägliche Unterrichtsgeschehen viele Gründe, auch das Thema „Medien und Erziehung" in den Dialog mit den Eltern einzubeziehen.

Alternativen anbieten
Wichtig für die medienpädagogische Arbeit ist, auch auf qualitativ hochwertige Sendungen oder Programme aufmerksam zu machen und diese evtl. auch gemeinsam zu sehen. Im Bereich des Fernsehens sind dies für Kinder der Kinderkanal und die Kindernachrichtensendung Logo.

http://www.bundespruefstelle.de/bpjm/die-bundespruefstelle,did=65800.html, ergänzt.

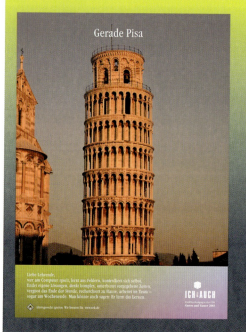

„Liebe Lehrende,
wer am Computer spielt, lernt aus Fehlern, kontrolliert sich selbst, findet eigene Lösungen, denkt komplex, unterbietet vorgegebene Zeiten, vergisst das Ende der Stunde, recherchiert zu Hause, arbeitet im Team – sogar am Wochenende. Man könnte auch sagen: Er lernt das Lernen."
Unterhaltungssoftware Selbstkontrolle, www.usk.de

Überlegungen zur Umsetzung

Die Materialien sind schwerpunktmäßig für den Bereich der Qualifizierung und Auseinandersetzung von Lehrkräften und Eltern konzipiert. Erst wenn hier Informiertheit und Verhaltenssicherheit gegeben ist, kann mit Schülerinnen und Schülern auch klar umgegangen werden. Auch hier gilt: Die Erwachsenen sind immer Vorbilder bei der Mediennutzung.

Die Auseinandersetzung mit dem Themenbereich „Gewalt in Medien" ist schwierig, da sich öffentliche Wahrnehmungen und Schuldzuschreibungen auf der einen Seite und wissenschaftliche Diskussionen und Erkenntnisse auf der anderen oft widersprechen.

Für Lehrkräfte und Eltern

Medienpädagogische Zugänge finden
Die Auseinandersetzung mit Gewalt in Medien kann nicht auf eine Bewahrpädagogik reduziert werden. Die Vermittlung von Medienkompetenz im Sinne eines kritischen Umgangs mit Medien ist ein zentrales Anliegen. M 1 zeigt Stufen des Umgangs mit Medien.

Mediennutzung und Medien kennen lernen
Ausgangspunkte für medienpädagogische Vorhaben sind das Medienverhalten der Kinder und und die genutzten Medien(inhalte) zu kennen, denn eines der grundlegenden Probleme des Umgangs mit Gewalt in Medien ist, dass Eltern und Pädagogen häufig weder die Fernsehsendungen noch die Computerspiele von Kindern aus eigener Anschauung kennen.
M 2 – M 3 bieten Möglichkeiten der Auseinandersetzung mit diesen Aspekten.

Die Gefährdungen einschätzen lernen
Welche Gefahren sind mit Gewaltkonsum in Medien verbunden? M 4 – M 8 beleuchten verschiedene Aspekte, diskutieren Befürchtungen von Eltern (M 6) und bieten Checklisten für die Beurteilung von Computerspielen (M 7).

Auf neue Trends reagieren
Handys haben neue Möglichkeiten der Kommunikation, aber auch neue Formen von Gewalthandlungen und Gewaltvideos hervorgebracht. Wie sind diese Phänomene einzuschätzen und welche Handlungsmöglichkeiten gibt es? (M 10, M 11)

Rechtliche Rahmenbedingungen kennen
Die rechtlichen Rahmenbedingungen stellt der Jugendmedienschutz mit seinen gesetzlichen Bestimmungen dar. Informationen sind über die Bundesprüfstelle für jugendgefährdende Medien zu beziehen (www.bundespruefstelle.de).
Im Rahmen der Materialien wird als praktische Hilfe für den Alltag die Alterskennzeichnung von Unterhaltungssoftware aufgegriffen (M 9).

Medienerziehung im Alltag
Medienkonsum begrenzen, mit Kindern Medien gestalten und über Medienerfahrungen reden sind grundlegende Handlungsstrategien für den Alltag, die der weiteren Ausgestaltung bedürfen. Hierfür geben M 12 und M 13 Anregungen und Hinweise.

Für den Unterricht
Mediennutzung und Medienproduktion sind heute in Schule und Unterricht selbstverständlich. Dennoch gilt es sich immer wieder über den Umfang und die Qualität (Motive und Vorlieben) der eigenen Mediennutzung bewusst zu werden. Hierfür bieten M 14 – M 17 Zugangsmöglichkeiten.

Kompetente Materialien zur Orientierung bieten
– die Computerspieledatenbank Search and Play der Bundeszentrale für politische Bildung. http://snp.bpb.de/
– Flimmo online, Fernsehen mit Kinderaugen. www.flimmo.de
– der Kinderkanal. www.kika.de

Grundwissen

Ergänzende Bausteine

2.1 Was ist Gewalt?
4.1.1 Soziale Wahrnehmung

Die Materialien im Überblick

Materialien	Beschreibung	Vorgehen
M 1: Medienpädagogische Zugänge	M 1 beschreibt prinzipielle medienpädagogische Zugänge.	Anhand der Zugänge können eigene medienpädagogische Unterrichtsvorhaben und Projekte verortet werden.
M 2: Medienverhalten von Kindern	M 2 bietet ein Frageraster, um das Medienverhalten von Kindern zu erhellen.	M 2 kann im Rahmen von Elternabenden eingesetzt werden. Was wissen Eltern (bzw. Lehrkräfte) über das Medienverhalten von Kindern?
M 3: Gewalt im Fernsehen und in Computerspielen	M 3 beschreibt die medienspezifischen Charakteristika von Computerspielen im Vergleich zum Fernsehen.	Was fasziniert Kinder an Computerspielen, was beim Fernsehen?
M 4: Kriterien für problematische Sendungen	Welche Elemente machen Fernsehsendungen für Kinder „problematisch", welche „schwer verdaulich"?	Die Kriterien sollten mit Beispielen gefüllt und als Raster für konkrete Sendungen verwendet werden.
M 5: Computerspiele: Faszination und Probleme	M 5 zeigt, was Kinder an Computerspielen fasziniert und was Erwachsene daran problematisch finden.	M 5 bildet den Wissenshintergrund, um produktive Umgangsweisen mit Computerspielen zu entwickeln.
M 6: Fragen und Befürchtungen von Erwachsenen	Befürchtungen und häufig gestellte Fragen von Eltern und Lehrkräften in Bezug auf Computerspiele.	M 6 kann zur Auseinandersetzung und kritischen Diskussion der Fragen verwendet werden. Welche sind begründet, welche nicht?
M 7: Checkliste Computerspiele	M 7 benennt Kriterien für den Kauf von Computerspielen.	Die Kriterien sollten auf konkrete Spiele angewendet werden.
M 8: Die Wirkung von Computerspielen	Forschungsbefunde der Wirkungsforschung von Computerspielen.	Die Forschungbefunde ermöglichen eine realistische Einschätzung der Gefährdungspotentiale durch Computerspiele.

Grundwissen

4. LERNFELDER UND ANSATZPUNKTE — 4.3 IN GEWALTSITUATIONEN HANDELN

Materialien	Beschreibung	Vorgehen
M 9: Altersfreigaben – Kennzeichnungen der USK	M 9 zeigt, welche Altersfreigaben für Unterhaltungssoftware existieren.	Die Altersfreigaben werden Eltern und Lehrkräften zur Kenntnis gegeben.
M 10: Happy Slapping	M 10 beschreibt den Trend, grundlose Angriffe auf Schüler mit Handys aufzunehmen.	Mit Hilfe von M 10 können Strategien und Umgangsmöglichkeiten mit Happy Slapping entwickelt werden.
M 11: Tipps zu Gewaltvideos auf Schülerhandys	M 11 gibt Tipps und Erfahrungen zum Umgang mit Videos auf Schülerhandys	Die Erfahrungen von M 11 werden an Eltern weitergegeben und diskutiert.
M 12: Verhaltensstrategien für Eltern	M 12 benennt Verhaltensstrategien für Eltern zum Umgang mit (Gewalt in) Medien	Die Verhaltensstrategien werden diskutiert. Gibt es eine Einigung auf ein gemeinsames Vorgehen?
13: Tipps zu Medien und Erziehung	Die Bundesprüfstelle für jugendgefährdende Medien hat diese Tipps zur Medienerziehung entwickelt.	Die Vorschläge von M 12 und M 13 werden verglichen. Welche Erkenntnisse lassen sich daraus ableiten?
M 14: Mein Medientagebuch	Auf diesem Wochenplan kann die jeweilige Mediennutzung detailliert eingetragen werden.	Das Arbeitsblatt von M 14 wird von den Kindern ausgefüllt. Es wird eine Klassenübersicht erstellt.
M 15: Ich schaue gerne fern, weil …	M 15 fragt nach den Motiven für den Fernsehkonsum.	Die Inhalte von M 15 werden an die Tafel geschrieben oder an die Wand projiziert. Die Kinder markieren mit Klebepunkten ihre Motive.
M 16: Mein Lieblingsspiel	M 16 bietet einen Leitfaden um das eigene Lieblings-Computerspiel der Klasse vorzustellen.	Die Schülerinnen und Schüler erhalten die Möglichkeit ihr Lieblingsspiel vorzustellen.
M 17: Chat-Tipps	M 17 gibt Chat-Tipps für Kinder	Die Tipps werden besprochen.

M1 Medienpädagogische Zugänge

Umgang mit Medien

1. Eigenen Medienkonsum bewusst wahrnehmen (Wochenzeitplan)
2. Bewusst auswählen können
3. Konsum beschränken / nicht ausufern lassen
4. Kritischen Umgang mit Medien und Inhalten lernen
5. Selbst Medien gestalten

Gewalt in Medien

1. Wo und wie kommt Gewalt vor?
2. Was fasziniert an Gewaltdarstellungen?
3. Was macht Angst?
3. Wie werden Helden dargestellt?
4. Wie werden Feinde dargestellt?

Welche Rolle spielen bei der Frage nach den Motiven für Gewaltkonsum in Medien folgende Bereiche:

– Emotionalität
– Orientierungsmöglichkeiten
– Ausgleich für ...
– Langeweile, Zeitvertreib
– Soziales Erleben

Lehrer, Eltern

M2 Medienverhalten von Kindern

Was wissen Sie über das Medienverhalten Ihrer Kinder?

Schaut Ihr Kind gerne fern? _____

Spielt Ihr Kind gerne Computerspiele? _____

Hat Ihr Kind ein eigenes Fernsehgerät / einen eigenen Computer? _____

Wie oft und wie lange schaut Ihr Kind in der Woche fern? _____

Wie häufig sieht Ihr Kind Videofilme bzw. spielt Computerspiele? _____

Wo und mit wem sieht Ihr Kind Filme bzw. spielt Computerspiele? _____

Welche Sendungen, Filme bzw. Computerspiele sieht / spielt Ihr Kind? _____

Welchen Inhalt haben diese Sendungen, Videos bzw. Computerspiele? _____

Kennen Sie selbst diese Filme / Spiele? _____

Würden Sie sich diese Filme anschauen / diese Spiele selbst spielen? _____

Erzählt Ihnen Ihr Kind von diesen Filmen / Spielen? _____

Reden Sie von sich aus mit Ihrem Kind über diese Filme / Spiele? _____

(Wie) Versuchen Sie auf den Mediengebrauch Ihrer Kinder einzuwirken? _____

Medienkonsum begrenzen

Lehrer, Eltern

Amerikanische Wissenschaftler an der Stanford-University haben den Zusammenhang zwischen Gewaltverhalten und Medienkonsum untersucht.

In einer Koppelung von schriftlichen Informationen für die Eltern und sorgfältig vorbereiteten Unterrichtseinheiten in der Schule, werden dort 9-jährige Schüler dazu angehalten, selbst freiwillig ihren Fernsehkonsum einzuschränken. Daneben gibt es eine gleich große Kontrollgruppe von 9-jährigen an anderen Schulen, die in keiner Weise an dem medienpädagogischen Experiment beteiligt sind. Bereits nach einem halben Jahr konnte bei der erstgenannten Gruppe eine deutliche Reduzierung des Fernsehkonsums sowie eine signifikant geringere Aggressivität der Schüler festgestellt werden. In der Kontrollgruppe war dagegen alles beim Alten geblieben.

Christian Pfeiffer: Medienverwahrlosung als Ursache von Schulversagen und Jugenddelinquenz? In: Kerner, H.-J. / Marks, E. (Hrsg.): Internetdokumentation Deutscher Präventionstag. Hannover www.praeventionstag.de/content/8_praev/doku/pfeiffer/index_8_pfeiffer.html

M3 Gewalt im Fernsehen und in Computerspielen

Medienspezifische Charakteristika von Computerspielen und Fernsehen

Aktivität und Aufmerksamkeit
Der Zuschauer von Fernsehgewalt ist nur passiver, eventuell abgelenkter Zuschauer. Der Computerspieler übt eine aktive Rolle aus, die ständige Aufmerksamkeit erfordert.

Intensität emotionaler Wirkungen
Bei Filmen freut sich der Rezipient mit dem Protagonisten über dessen Leistungen, beim Computerspiel freut sich der Spieler über eigene Leistungen.

Belohnung / fehlende Bestrafung
Während Gewalt im Fernsehen höchstens stellvertretend belohnt wird (Belohnung des Fernsehhelden), erfolgt bei Spielegewalt eine direkte Belohnung des Spielenden (durch Zugang zu höheren Levels usw.). Im Spiel hat Gewalt keine negativen, sondern ausschließlich positive Konsequenzen für den Aggressor.

Identitifkation mit dem Aggressor
Anders als dem Fernsehkonsumenten stehen dem Computerspieler meist nicht verschiedene Identifikationsfiguren (z.B. auch das Opfer) zur Wahl, sondern es wird eine Identifikation mit einer bestimmten, zumeist violenten Figur nahe gelegt. Bedenklich erscheien vor allem die sogenannten „Ego-Shooter", bei denen der Spieler die Perspektive der violenten Spielfigur einnimmt.

Gleichzeitigkeit verschiedener Komponenten des Lernprozesses
Für den Spieler vollziehen sich verschiedene Komponenten des Modelllernens gleichzeitig (Beobachten des Modells, Bestärkung, Ausführung des Verhaltens), was Lerneffekte fördern kann.

Wiederholungs- / Einübungseffekte und Kontinuität
Computerspiele ermöglichen es, ganze Sequenzen eines Tötungsaktes detailliert und wiederholt nachzuvollziehen und zu „tainieren". Während Gewaltszenen im Fernsehen kurz sind und durch wechselnde Szenen unterbrochen werden, ist der Spieler eines violenten Computerspiels zumeist ununterbrochen in Gewalthandlungen involviert.

Gewaltgehalt
Computerspiele werden in ihren Gewaltdarstellungen immer realistischer, was Lerneffekte begünstigen kann. Auch sind violente Akte erheblich häufiger als beim Fernsehen.

Inhaltsanalysen
Die wenigen vorliegenden Inhaltsanalysen kommen relativ übereinstimmend zu dem Ergebnis, dass ein hoher Anteil der populärsten Spiele Gewalt enthält (53 bis 89 %). Studien, die Kontextfaktoren berücksichtigen, ermitteln, dass die negativen Auswirkungen von Gewalt im Sinne eines Leidens der Opfer nur selten gezeigt, Tötungsakte fast immer als gerechtfertigt dargestellt und belohnt und von identifikationsträchtigen Figuren ausgeübt würden, was ein besonderes Risikopotential mit sich bringe.

Michael Kunczik / Astrid Zipfel: Medien und Gewalt. Teil 4: Die Wirkung von Gewalt in Computerspielen. In: tv-diskurs 2/2006, S. 64 ff.

M4 Kriterien für problematische Sendungen

Für Kinder problematisch

- Problematischer Umgang mit Gewalt als legitime und erfolgversprechende Art der Konfliktlösung;
- Einseitiger und diskriminierender Umgang mit Geschlechterrollen;
- Diskriminierende Menschenbilder, die dazu geeignet sind, Vorurteile gegenüber sozialen und ethnischen Gruppen zu befördern;
- Verzerrte Darstellung von Sexualität;
- Diskriminierung von geschlechtlichen Orientierungen;
- Das Zur-Schau-Stellen von Personen in ihrer Privatsphäre oder in Extremsituationen;
- Darstellung von Menschen, die sich zu Unterhaltungszwecken produzieren;
- Darstellungsweisen, die gezielt Realität und Fiktion vermischen;
- Vermischung von Werbung und Inhalt;
- Darstellungsweisen, die für Kinder undurchschaubar und damit nicht einzuordnen sind, etwa Satire oder ironische Überzeichnung.

Für Kinder schwer verdaulich

Sendungen in dieser Rubrik enthalten Bestandteile, die Kinder überfordern, ängstigen oder verunsichern können. Hier wird nicht die Sichtweise der Kinder eingenommen, sondern mit Blick auf ihren kognitiven und emotionalen Haushalt beschrieben, welche Elemente für sie „schwer verdaulich" sein können.

Die Zuordnung in diese Rubrik sagt nichts über die Qualität der jeweiligen Sendung aus, denn auch qualitätsvolles Programm kann Kinder überfordern.

Kriterien der Zuordnung:

- Drastische und reißerische Darstellung von Gewalt und deren Folgen;
- Darstellung von Gewalt, die in Zusammenhang mit mysteriösem, unerklärlichem Geschehen steht;
- Darstellung von Gewalt, die sich in für Kinder realitätsnahen Kontexten abspielt;
- Welt- und Menschenbilder, die stark verzerrend oder diskriminierend sind;
- Gutheißen von Selbstjustiz oder die Proklamierung einer gewalttätigen und gefahrvollen Welt.

www.flimmo.de/index.php?page=2&statID=16&navID=14

Lehrer, Eltern

M5 Computerspiele: Faszination und Probleme

Computerspiele faszinieren

Eine der attraktivsten Freizeitbeschäftigungen für Kinder und Jugendliche ist heute der Umgang mit Computer- und Videospielen. Kinder und Jugendliche (und auch viele Erwachsene) sind hier selbst von einfachsten Spielabläufen gefesselt und setzen sich über lange Zeiträume mit den Szenarien und Simulationen auseinander.
Diese Art des Umgangs mit neuen elektronischen Spielen entzieht sich weitgehend dem Erziehungs- und Bildungsbereich. Kinder und Jugendliche schaffen sich hier einen Freiraum (manchmal sogar eine eigene Welt).

Video- und Computerspiele sind aus mehreren Gründen für Kinder und Jugendliche so attraktiv:
– Anders als bei Filmen können sie hier (scheinbar) Einfluss auf das Geschehen nehmen.
– Die geforderte Geschicklichkeit stellt für sie eine Herausforderung dar, der sie sich stellen möchten.
– Das Spielverhalten wird durch vielfältige Arten von Belohnungen honoriert.
– Die mediale Bilderwelt bietet scheinbar klare Handlungsanweisungen und Regeln zum Verständnis der Wirklichkeit.
– Die bunten, fantastisch gestalteten Szenerien bilden einen starken Kontrast zu ihrem oftmals grauen Alltag.

Computerspiele können problematisch sein

Als problematisch ist bei Video- und Computerspielen zu beurteilen,
– dass diese Spiele häufig für kreative Entscheidungen nicht offen sind;
– dass Kommunikation für den Spielverlauf und die Entscheidungsfindung keine Rolle spielt;
– dass kooperatives Verhalten nicht belohnt wird;
– dass ein Spielverhalten, vor allem dann, wenn es exzessiv und ohne Alternative ausgeübt wird, negative Auswirkungen auf soziale Kontakte und soziale Fähigkeiten hat;
– dass sich eine unkritische Übernahme von im Spiel bewährten Weltbildern, Einsichten und Verhaltensweisen vollziehen kann.

Nicht vergessen werden darf auch, dass diese Spiele durch ihr eigenes Interaktions- und Belohnungssystem die Spielerinnen und Spieler stark an sich binden und zu immer neuen Spielhandlungen herausfordern, die sogar suchtartigen Charakter annehmen können.

Lehrer, Eltern

M6 Fragen und Befürchtungen von Erwachsenen

Die Befürchtungen der Erwachsenen
- Hat der Umgang mit Computern langfristig nicht negative Auswirkungen?
- Isoliert sich mein Kind durch Computerspiele und verliert dadurch gar seine Freunde?
- Was, wenn sich das gesamte Denken und Handeln nur noch um den Computer dreht?
- Wie können Kinder noch ihre Gefühle zum Ausdruck bringen, wenn sie sich vor allem mit Maschinen abgeben?
- Welche Auswirkungen hat der Computer auf die Lernmotivation und die Bewältigung der schulischen Anforderungen?
- Leiden nicht vor allem Eigeninitiative und Spontaneität unter der Beschäftigung mit dem Computer?
- Können Kinder, die sich viel mit Computerspielen abgeben, noch zwischen Realität und Fiktion unterscheiden?
- Stumpfen Kinder durch übermäßiges Computerspiel ab und werden gar verstärkt aggressiv?

Sind Computerspiele mit Kommunikationsverlust verbunden?
Dies muss nicht zwangsläufig der Fall sein, denn viele Kinder spielen gerade Computerspiele oft in kleinen Gruppen, in denen sie sich sehr angeregt austauschen.

Kann ein Computer Bücher ersetzen?
Natürlich nicht. Er kann sie allenfalls ergänzen und sollte auch nicht an Stelle von Büchern verwendet werden.

Können Computer-Lernprogramme sinnvoll eingesetzt werden?
Dies kommt auf die Programme an. Software, die Entscheidungsspielraum lässt und Kindern etwas Kreativität abverlangt, bietet eine sinnvolle Ergänzung zu anderen Lernstrategien.

Können durch Computer Konzentrationsmängel ausgeglichen werden?
Es zeigt sich immer wieder, dass bei entsprechender Aufgabenstellung und guten Programmen Kinder sehr konzentriert und interessiert mit Lernanforderungen umgehen.

Deshalb ist es entscheidend, ein besonderes Augenmerk auf für Kinder geeignete Programme zu richten.

Vgl. Hans Rudolf Leu: Wie Kinder mit Computern umgehen. München 1997.

Lehrer, Eltern

M7 Checkliste Computerspiele

Was bei Computerspielen zu beachten ist.

Bevor Sie ein Computerspiel kaufen, überlegen Sie sich folgende Fragen:

Welche Art von Spielverhalten lässt das Spiel zu (alleine, in der Gruppe oder als Gruppe ...)?

Welche Spielhandlungen stehen im Mittelpunkt des Spiels?

An welchen Wertvorstellungen orientiert sich das Spiel?

Wer sind die Hauptakteure im Spiel und in welchen (Lebens-)Situationen agieren sie?

Wo ist das Spielszenario angesiedelt (Realität, Geschichte, Fiktion etc.)?

Wie werden Personen dargestellt?

Welche Typisierungen werden dabei verwendet?

Welche Rollen spielen Männer, welche spielen Frauen?

Welche Art von Aufgaben werden gestellt?

Welche Rolle spielt Gewalt in dem Spiel?

Gibt es einen Begründungszwang für die Anwendung von Gewalt?

Gibt es Alternativen zur Gewaltanwendung oder bleibt diese die einzige Handlungsmöglichkeit?

Wird Gewalt als Selbstzweck eingesetzt?

Von wem wird Gewalt ausgeübt?

Bietet das Spiel Möglichkeiten, das Ziel durch verschiedene Verhaltensweisen zu erreichen?

Gibt es nur die Extreme „Gut" und „Böse" oder auch Abstufungen?

Ist der Spielablauf beeinflussbar bzw. veränderbar?

Wie sieht die spielinterne Belohnung (Verstärkung) aus? Welche Verstärker werden eingesetzt?

Bietet das Spiel Möglichkeiten für partnerschaftliches Handeln am Bildschirm?

Welche Emotionen löst das Spiel bei der Spielerin bzw. dem Spieler aus?

Lehrer, Eltern

M8 Die Wirkung von Computerspielen

Die Forschungsbefunde lassen sich nach folgenden Wirkungsformen systematisieren:

Erhöhung der Erregung
In verschiedenen Experimenten konnte bei Spielern von violenten Spielen eine stärkere Beschleunigung des Pulses und eine deutlichere Erhöhung des Blutdrucks konstatiert werden als bei Spielern nicht gewalthaltiger Spiele. Allerdings ist fraglich, welche Konsequenzen aus diesem Ergebnis abzuleiten sind, denn höhere Erregung muss nicht zu aggressiverem Verhalten führen.

Förderung aggressiver Kognitionen
Forschungsresultate zeigen, dass violente Spiele aggressive Gedanken bei den Rezipienten fördern können. Die Befunde weisen allerdings nicht in eine einheitliche Richtung.

Förderung aggressiver Emotionen
Befragungen von Computerspielern in Deutschland und Australien kamen zu dem Ergebnis, dass Computerspiele zwar Frustationsgefühle bewirken können, diese allerdings eher aus mangelndem Spielerfolg als aus violenten Inhalten resultieren. Auch Experimentalstudien konnten keine Steigerung feindseliger Gefühle durch violente Computerspiele konstatieren.

Förderung aggressiven Verhaltens
Für die Auslösung gewalttätigen Verhaltens durch violente Computerspiele liegen sowohl aus Befragungsstudien als auch aus Experimenten Hinweise vor. Keine Verhaltenseffekte (auch keine kognitiven Effekte) fanden dagegen z.B. Williams und Skoric (2005) in ihrer einmonatigen Untersuchung von Spielern eines violenten Onlinerollenspiels.

Reduktion prosozialen Verhaltens
Mehrere Studien sind zu dem Ergebnis gelangt, dass violente Computerspiele prosoziales Verhalten reduzieren. In einer Untersuchung zeigte sich z.B., dass Probanten, die ein violentes Spiel gespielt hatten, einem Gewaltopfer langsamer halfen als Teilnehmner, die ein nicht violenten Spiel gespielt hatten.

Michael Kunczik / Astrid Zipfel: Medien und Gewalt. Teil 4: Die Wirkung von Gewalt in Computerspielen. In: tv-diskurs 2/2006, S. 65 ff.

Wie bei der Wirkung gewalttätiger Fernsehinhalte ist auch bei violenten Computerspielen davon auszugehen, dass es Faktoren gibt, die den Zusammenhang zwischen Medieninhalten und realem Gewaltverhalten beeinflussen. Allerdings liegen hierzu erst wenige Befunde vor.
Zu den Variablen gehören
– das Alter,
– das Geschlecht,
– Persönlicheitseigenschaften,
– das soziale Umfeld.

Michael Kunczik / Astrid Zipfel

M9 Altersfreigaben - Kennzeichnungen der USK

Seit dem 1.4.2003 sind die Alterskennzeichnungen der Unterhaltungssoftware Selbstkontrolle (USK) rechtlich bindend. Das heißt, wer ein Spiel mit „Freigegeben ab 16"-Titel an Zehnjährige verkauft, macht sich damit strafbar.

Die USK-Symbole

Freigegeben ohne Altersbeschränkung
Spiele mit diesem Siegel sind für Kinder jeden Alters völlig unbedenklich und frei von Gewalt. Allerdings müssen sie nicht zwangsläufig auch für junge Menschen unter sechs Jahren verständlich oder komplett beherrschbar sein.

Freigegeben ab 6 Jahren
Spiele mit diesem Siegel sind abstrakt-symbolisch oder auf andere Art unrealistisch. Die Aufgabenstellung, das Tempo und die etwas unheimlichen Szenarios dieser Titel werden für Kinder unter sechs Jahren als zu belastend angesehen.

Freigeben ab 12 Jahren
Spiele mit diesem Siegel enthalten kämpferische Lösungen von Aufgaben. Z.B. setzt das Konzept seinen Schwerpunkt auf Militärgerätschaften oder Heldenrollen in mythischen Sagen. Gewalt ist hier nicht in alltägliche Szenarien eingebunden.

Freigegeben ab 16 Jahren
Spiele mit diesem Siegel stecken voller bewaffneter Action – mitunter gegen menschenähnliche Figuren. Auch Konzepte, die fiktive oder historische Kriege auf atmosphärische Weise nachvollziehen, gehören zur „Ab 16"-Gruppe.

Keine Jugendfreigabe
Spiele mit diesem Siegel können die Entwicklung von Kindern und Jugendlichen zu einer eigenverantwortlichen, gemeinschaftsfähigen Persönlichkeit beeinträchtigen. Der Tatbestand der gesetzlichen „Jugendgefährdung" darf allerdings nicht erfüllt sein.

Games Convention 2005. Das offizielle Messemagazin. Ausgabe 01. Leipzig 2005, S. 9. www.usk.de

Lehrer, Eltern

M10 Happy Slapping

„Fröhliches Zuschlagen" (happy slapping) breitet sich offenbar immer mehr an Schulen aus. Solche grundlosen Angriffe von Schülern gegen Mitschüler werden auf Handys aufgenommen und verbreitet.
Als Motiv vermutet die hessische Kultusministerin Karin Wolff eine Mischung aus Neugier, Gruseln und dem Gefühl, Gewalt sei eine Handlungsoption.
Gegen diesen Trend müsse sofort vorgegangen werden. Dazu müssten Eltern und Schulen gemeinsam Gewalt ächten, forderte Wolff. Außerdem seien Vereinbarungen über den Gebrauch von Handys an Schulen sinnvoll.
Man könne das Problem nicht an die Polizei abschieben. Vor allem die Eltern müssten sich damit auseinander setzen, wie ihre Kinder Handys nutzen.
Gewalttätige Angriffe auf Unbeteiligte mit dem Ziel, sie aufzunehmen und im Internet zu verbreiten, waren zunächst in England bekannt geworden. In einem der Fälle hatte eine 14-jährige zusammen mit drei Freunden einen Mann so schwer verletzt, dass er starb.

Vgl. Frankfurter Rundschau, 29.5.2006, S. 14.

Zur Diskussion
– Welche Motive sind denkbar?
– Wie soll vorgegangen werden?
– Was bedeutet „Gewalt ächten" konkret?
– Wie können solche Vereinbarungen aussehen?
– Was kann die Polizei leisten, was nicht?
– Was wissen Eltern vom Gebrauch der Handys ihrer Kinder?
– Warum ist dieses Verhalten für Kinder interessant?
– Was wollen Kinder damit erreichen?

Handlungsmöglichkeiten
Was soll / was kann die Schule unternehmen?
– Generelles Handyverbot für alle Schülerinnen und Schüler?
– ...

Was können Eltern unternehmen?
– Handys ohne Fotofunktion kaufen.
– ...

Der Begriff „Happy Slapping" leitet sich von dem englischen Verb „to slap" ab und bedeutet wörtlich „fröhliches Schlagen".
Hierzu nutzen die Täter Handys mit integrierter Kamera, um zuvor geplante oder wahllos durchgeführte Gewalttaten zu filmen – immer mit der Absicht, diese Videos später im Internet bekanntzumachen oder via Handy zu versenden.

BPJM-Aktuell 3/2006, S. 13.

Lehrer, Eltern

4.3.5 GEWALT IN MEDIEN

M11 Tipps zu Gewaltvideos auf Schülerhandys

Sprechen Sie Ihr Kind darauf an, dass Sie sich über seine Handynutzung (z.B. nach Pressemeldungen über Gewaltvideos auf Handys) Sorgen machen.

Fragen Sie Ihr Kind, ob es derartige Videos oder Bilder bereits gesehen hat und was es dabei empfunden hat.

Führen Sie einen vertrauensvollen Dialog ohne Vorwürfe zu machen. Andernfalls traut sich Ihr Kind möglicherweise nicht mehr, weiterhin davon zu erzählen.

Lassen Sie sich, sofern es zutrifft, entsprechendes Bildmaterial zeigen und fragen Sie Ihr Kind, auf welchem Weg es daran gekommen ist.

Machen Sie Ihrem Kind deutlich, dass solche Inhalte „sozialschädlich" und daher strafbar sind. Mit dem Versuch, sich in die Opferrolle hineinzuversetzen, lässt sich die Verletzung gemeinsamer Normen und Werte einsichtig machen.

Weisen Sie Ihr Kind auf realistische Konsequenzen weiterer missbräuchlicher Handy-Nutzung hin und versuchen Sie es dafür zu gewinnen, auch gegenüber Gleichaltrigen gegen bedenkliche Spiele oder Inhalte zu argumentieren.

Achten Sie darauf, Ihr Kind nicht zu isolieren und sein Vertrauen zu behalten. Suchen Sie Unterstützung bei den Eltern des Freundeskreises, bei Lehrkräften und Kontaktpersonen in der Freizeitgestaltung Ihrer Kinder (Jugendhaus, Verein, etc.).

Sprechen Sie sich mit o.g. Personen hinsichtlich gemeinsamer Maßnahmen ab. Damit werden Sie verhindern, dass Ihr Kind oder andere Ihnen die Rolle des „Bösewichtes" zuschreiben oder Sie als intolerant abstempeln. Versuchen Sie diejenigen, denen die Mediennutzung ihrer Kinder trotz aller Bemühungen um aufklärende Information gleichgültig bleibt, als Minderheit zu isolieren.

Melden Sie jugendgefährdene Inhalte an die zuständigen Stellen. Hilfestellung erhalten Sie am Service-Telefon der Bundesprüfstelle, Tel: 0228-376631

BPJM-Aktuell 3/2006, S. 15 f.

Elternfragen
- Ab welchem Alter sollen Kinder ein eigenes Handy bekommen?
- Kinder kennen sich mit der modernen Technik besser aus als ich. Was kann ich tun, um einen besseren Umgang mit Handys zu lernen?
- Woher bekommen Kinder und Jugendliche die Gewaltvideos?
- Wo werden diese Videos auf dem Handy gespeichert?
- Wie kann ich feststellen, ob sich auf dem Handy meines Kindes Gewaltvideos befinden?
- Was können Eltern und Schule dagegen tun, dass Handys für destruktive Zwecke missbraucht werden?

Lehrer, Eltern

M12 Verhaltensstrategien für Eltern

Medienkonsum begrenzen
Die bisher vorliegenden Befunde deuten darauf hin, dass eine Reduktion des (violenten) Medienkonsums (restriktive Interventionsstrategien) sinnvoll sein kann.
Von Eltern angewandt, besteht allerdings die Gefahr, das Verhältnis zu den Kindern zu belasten, die Attraktivität entsprechender Inhalte zu erhöhen und den Gewaltfilmkonsum auf den Freundeskreis zu verlagern. Restriktive Maßnahmen sind am ehesten bei jüngeren Kindern sinnvoll, während sie bei älteren kontraproduktiv wirken können.

Gemeinsames Fernsehen
Gemeinsames Fernsehen mit Kindern ist zu empfehlen, allerdings nur dann, wenn Gewalt eindeutig negativ kommentiert wird, um auf diese Weise den kritischen Umgang mit Medieninhalten zu fördern (aktive Interventionsstrategien).

Sensibilisierung für die Opferperspektive
In bezug auf inhaltliche Elemente, die die Effekte aktiver Interventionsstrategien verbessern können, hat sich eine Sensibilisierung kindlicher Rezipienten für die Opferperspektive als sinnvoll erwiesen.

Unterscheidung zwischen Fiktion und Realität
Botschaften, die die Unterscheidungsfähigkeit von Fiktion und Realität erhöhen sollen, sind offenbar nur von beschränktem Nutzen. Wirksam sind sie eher für jüngere Kinder. Ältere erhalten dadurch keine neuen Informationen und ganz junge Kinder können sie noch nicht verstehen. Jüngere Kinder profitieren eher von medienpädagogischen Botschaften in Form von Statements bzw. Informationen, älteren Kindern sollte stärker Gelegenheit gegeben werden, die erwünschten Schlüsse selbst zu ziehen.

Aufgaben erteilen
Generell kann die Wirkung medienpädagogischer Maßnahmen durch Aufgaben verbessert werden, die die aktive Beschäftigung mit dem Thema erhöhen (z.B. Verfassen von Aufsätzen).

Früh beginnen
Insgesamt sollte mit der Medienerziehung schon sehr früh begonnen werden, um eine Basis für die Zeit zu legen, in der die Heranwachsenden stärker von ihrem Freundeskreis als von Elternhaus und Schule beeinflusst werden.

Mögliche negative Folgen im Blick haben
Letztlich bestätigen aktuelle Forschungsbefunde die schon länger gültige Aussage, dass manche Formen von Mediengewalt für manche Individuen unter manchen Bedingungen negative Folgen nach sich ziehen können. Das genaue Zusammenspiel von Risikofaktoren bedarf aber, ebenso wie die Identifikation der tatsächlich wirksamen Elemente medienpädagogischer Strategien für die verschiedenen Zielgruppen, noch der weiteren Forschung.

Keine eindeutigen Antworten
Diese Folgerung aus der bisherigen Forschung zum Thema „Medien und Gewalt" entspricht nicht dem Bedürfnis weiter Teile der Öffentlichkeit nach eindeutigen Antworten auf die Frage nach der Gefährlichkeit von Mediengewalt. Jede einfache Antwort auf die komplexe Entstehung von Gewalt und die Rolle der Medien dabei muss vor dem Hintergrund wissenschaftlicher Befunde jedoch als unseriös betrachtet werden. Gewalt in den Medien darf in ihrem Gefährdungspotential nicht verharmlost werden, es ist aber auch nicht angebracht, Mediengewalt zum Sündenbock für Gewalt in der Gesellschaft zu stempeln.

Michael Kuncik / Astrid Zipfel: Sachbericht zum Projektbericht für das Bundesministerium für Familie, Senioren, Frauen und Jugend. Medien und Gewalt. Befunde der Forschung seit 1998. Mainz 2004, S. 11. www.bundespruefstelle.de

Lehrer, Eltern

M13 Tipps zu Medien und Erziehung

1. Wie Medien sinnvoll genutzt werden können, lernen Kinder und Jugendliche durch das Vorbild und die Anleitung der Eltern und Erziehenden.

2. Medien bieten Unterhaltung, ermöglichen Kommunikation und vermitteln neue Informationen über unsere Welt. Wer den „neuen Medien" unvoreingenommen gegenübersteht, wird von Kindern und Jugendlichen auch dann ernst genommen, wenn er die Gefahren und Nachteile von Medieninhalten anspricht.

3. Je jünger die Kinder sind, desto wichtiger ist es, darauf zu achten, wie lange Kinder Medien nutzen und mit welchen Inhalten sie konfrontiert werden. Heranwachsende brauchen mit zunehmendem Alter mehr Freiräume.

4. Es ist wichtig, dass Eltern und Erziehende vor Kindern und Jugendlichen einen eindeutigen Standpunkt zu negativ bewerteten Medieninhalten vertreten.

5. Vereinbaren Sie mit Ihren Kindern klare Regeln, welche Medien und Medieninhalte wann und wie lange genutzt werden dürfen. Achten Sie auf deren Einhaltung.

6. Zeigen Sie Interesse an den von Ihren Kindern genutzten Medien. Dies erleichtert es den Heranwachsenden, die Argumente der Erwachsenen zu verstehen und gesetzte Grenzen zu respektieren.

7. Setzen Sie Medien nicht als vorrangiges Mittel für Belohnung und Strafe ein, da ansonsten den Medien eine zu große Bedeutung im Bewusstsein von Kindern und Jugendlichen beigemessen wird.

8. Vermitteln Sie Ihrem Kind die wichtigsten Sicherheitsregeln gerade auch im Internet und im Chat. Zum Beispiel: Adresse und Telefonnummer nicht weitergeben! Fantasienamen nutzen! Alter und Namen nicht durch Nickname oder E-Mail-Adresse verraten!

9. Mit technischen Mitteln (z. B. Jugendschutzprogrammen) allein kann im Internet kein ausreichender Schutz vor gefährdenden Inhalten erreicht werden. Sie ersetzen nicht die Aufsicht durch die Erziehenden. Schaffen Sie eine Vertrauensbasis, die es dem Kind erleichtert, jederzeit bei schockierenden Inhalten und bei Belästigung im Chat zu Ihnen zu kommen.

10. Informieren Sie sich, welches Buch, welcher Film, welches Computerspiel für welches Alter pädagogisch empfehlenswert ist.

Bundesprüfstelle für jugendgefährdende Medien.
BPJM-Aktuell 3/2006, S. 20.

M14 Mein Medientagebuch

Radiohören, Fernsehen, Computerspielen, Kassetten hören, Buch lesen, ...
Trage ein, was Du wie lange machst.

	6	7	8	9	10	11	12	13	14	15	16	17	18	19	20	21	22	23
Montag																		
Dienstag																		
Mittwoch																		
Donnerstag																		
Freitag																		
Samstag																		
Sonntag																		

M15 Ich schaue gerne fern, weil ...

Ich schaue gerne fern, weil ...

... es mir Spass macht.

... ich dabei lachen kann.

... ich neue Informationen bekomme.

... ich etwas lernen kann.

... es meine Gewohnheit ist.

... ich mit anderen darüber reden will.

... es mir sonst langweilig ist.

... ich etwas Spannendes erleben will.

Welche Sendungen schaust Du Dir an?
Welche ist Deine Lieblingssendung?

M16 Mein Lieblingsspiel

Computerspiele vorstellen

Bringe dein Lieblingscomputerspiel mit und stelle es Deinen Klassenkameraden in Form einer kleinen Präsentation vor. Die Fragen helfen Dir, das Spiel zu beschreiben:

Was weiß ich über das Spiel?

Von wem habe ich es erhalten?

Was ist der Inhalt, worum geht es?

Welche Aufgaben muss man bewältigen?

Was gefällt mir an dem Spiel?

Was gefällt mir nicht so gut?

Wer kennt es noch?

Was halten die anderen davon?

M17 Chat-Tipps

Chatte am Anfang nicht allein!
Frag Deine Eltern oder älteren Geschwister, ob sie Dir helfen.

Such Dir einen kleinen Chat, in dem jemand aufpasst!
Die Aufpasser (Moderatoren) achten darauf, dass alle freundlich sind. Sie helfen Dir, wenn Du nicht zurechtkommst.

Geh nicht in Chats für Erwachsene!
Oft werden dort unangenehme Sachen geschrieben.

Denk Dir einen guten Spitznamen aus!
Der Nickname sollte reine Fantasie sein: z.B. ein Name aus deinem Lieblingsbuch, Lieblingsfilm oder ein lustiges Wort. Dein richtiger Name ist Dein Geheimnis.

Verrate nie Deine Adresse, Telefonnummer und Deinen Nachnamen!
Deine Adresse hat in Chats nichts zu suchen.

Sei freundlich, aber bleib auch misstrauisch!
Verhalte Dich so freundlich, wie du auch im richtigen Leben bist. Aber glaube nicht alles, was jemand im Chat über sich erzählt. Das ist manchmal geflunkert.

Triff Dich nicht mit Leuten aus dem Chat!
Man kann nie wissen, wer sich dahinter versteckt.

Stelle keine Fotos von Dir ins Netz, schicke keine Fotos per Mail
Fotos können im Internet schnell verbreitet werden und Du weißt nicht, wer sie alles erhält.

Sichere Chats:
www.seitenstark.de, www.kindernetz.de, www.tivi.de, www.cyberzwerge.de, www.toggo.de

Jugendschutz.net: Chatten ohne Risiko. Mainz 2006, S. 25 f. www.jugendschutz.net

Literatur

Gewalt / Gewalt an Schulen

- Bundesverband der Unfallkassen (Hrsg.): Gewalt an Schulen. Ein empirischer Beitrag zum gewaltverursachten Verletzungsgeschehen an Schulen in Deutschland 1993-2003. München 2005.
- Fromm, Erich: Anatomie der menschlichen Destruktivität. Reinbek 1996.
- Galtung, Johan: Kulturelle Gewalt. In: Landeszentrale für politische Bildung Baden-Württemberg (Hrsg.): Der Bürger im Staat (43) 2/1993.
- Haug-Schnabel, Gabriele: Aggressionen im Kindergarten. Praxisbuch Kita. Freiburg 1999.
- Heinemann, Evelyn/Rauchfleisch, Udo/Grüttner, Tilo: Gewalttätige Kinder – Psychoanalyse und Pädagogik in Schule, Heim und Therapie. Düsseldorf/ Zürich 2003.
- Heitmeyer, Wilhelm/John Hagan (Hrsg.): Internationales Handbuch der Gewaltforschung. Wiesbaden 2002.
- Heitmeyer, Wilhelm/Monika Schröttle (Hrsg.): Gewalt. Beschreibungen, Analysen, Prävention. Bundeszentrale für politische Bildung. Bonn 2006.
- Hurrelmann, Klaus/Heidrun Bründel: Gewalt an Schulen. Pädagogische Antworten auf eine soziale Krise. Weinheim 2007.
- Klett, Kristian: Gewalt an Schulen. Eine deutschlandweite Online-Schülerbefragung zur Gewaltsituation an Schulen. Dissertation, Köln 2005.
- Nolting, Hans-Peter: Lernfall Aggression. Wie sie entsteht – wie sie zu vermindern ist. Hamburg 2001.
- Sachs, Josef: Checkliste Jugendgewalt. Ein Wegweiser für Eltern, soziale und juristische Berufe. Zürich 2006.
- Schäfer, Mechthild/Frey, Dieter (Hrsg.): Aggression und Gewalt unter Kindern und Jugendlichen. Göttingen/Bern/Toronto/Seattle 1999.
- Schwind, Hans-Dieter: Kriminologie. Eine praxisorientierte Einführung mit Beispielen. Heidelberg 2004.
- Singer, Kurt: Die Würde des Schülers ist antastbar. Reinbek 1998.
- Tillmann, Klaus-Jürgen/Birgit Holler-Nowitzki/Heinz Günter Holtappels: Schülergewalt als Schulproblem. Verursachende Bedingungen, Erscheinungsformen und pädagogische Handlungsperspektiven. Weinheim/München 2000.
- WHO: World Report on Violence and Health. Geneva 2002.

Gewaltprävention

- Bannenberg, Britta/Dieter Rössner: Erfolgreich gegen Gewalt in Kindergärten und Schulen. München 2006.
- Bannenberg, Britta/Dieter Rössner: Düsseldorfer Gutachten. Empirisch gesicherte Erkenntnisse über kriminalpräventive Wirkungen. Düsseldorf 2002.
- Berufsverband der Ärzte für Kinderheilkunde und Jugendmedizin Deutschlands e.V./Landesverband Hessen (Hrsg.): Hessischer Leitfaden für Arztpraxen: Gewalt gegen Kinder. Was ist zu tun bei „Gewalt gegen Mädchen und Jungen". Wiesbaden 1998.
- Cierpka, Manfred (Hrsg.): Möglichkeiten der Gewaltprävention. Göttingen 2005.
- Cierpka, Manfred: Faustlos – Wie Kinder Konflikte gewaltfrei lösen lernen. Freiburg 2005.
- Dreikurs, Rudolf/Bernice B. Grunwald/Floy C. Pepper: Lehrer und Schüler lösen Disziplinprobleme. Weinheim und Basel 2007.
- Drew, Naomi: Kinder lernen zusammen streiten und gemeinsam arbeiten. Ein Mediations- und Gewaltpräventionsprogramm. Mülheim an der Ruhr 2000.
- Dörfler, Mechthild/Lothar Klein: Konflikte machen stark. Streitkultur im Kindergarten. Freiburg/Basel/Wien 2003.

- Gugel, Günther: Gewalt und Gewaltprävention. Grundfragen, Grundlagen, Ansätze und Handlungsfelder von Gewaltprävention und ihre Bedeutung für Entwicklungszusammenarbeit. Tübingen 2006.
- Hennig, Claudius/Uwe Knödler: Schulprobleme lösen. Ein Handbuch für die systemische Beratung. Weinheim und Basel 2007.
- Holtappels, Heinz Günter/Wilhelm Heitmeyer/Wolfgang Melzer/Klaus-Jürgen Tillmann (Hrsg.): Forschung über Gewalt an Schulen. Erscheinungsformen und Ursachen, Konzepte und Prävention. 3. Aufl. Weinheim/München 2004.
- Institut für Friedenspädagogik Tübingen e.V. (Hrsg.): Max. Prosoziales Verhalten in Konfliktsituationen. CD-ROM. Tübingen 2002.
- Institut für Friedenspädagogik Tübingen e.V. (Hrsg.): X-Krisen. Gewaltprävention, Krisensituationen, Amokläufe. CD-ROM. Tübingen 2004.
- Kasper, Horst: Prügel, Mobbing, Pöbeleien. Kinder gegen Gewalt in der Schule stärken. Berlin 2003.
- Kindler, Wolfgang: Gegen Mobbing und Gewalt! Ein Arbeitsbuch für Lehrer, Schüler und Peergruppen. Seelze-Velber 2002.
- Klees, Katharina/Fritz Marz/Elke Moning-Konter (Hrsg.): Gewaltprävention. Praxismodelle aus Jugendhilfe und Schule. Weinheim 2003.
- Koll, Lea Regine: Weil Hauen nicht weiterhilft. Spiele und Aktionen zur Konfliktregelung. Freiburg/Basel/Wien 2004.
- Lösel, Friedrich/Thomas Bliesener: Aggression und Delinquenz unter Jugendlichen. Untersuchungen von kognitven und sozialen Bedingungen. Neuwied 2003.
- Melzer, Wolfgang/Wilfried Schubarth/Frank Ehninger: Gewaltprävention und Schulentwicklung. Analysen und Handlungskonzepte. Bad Heilbrunn 2004.
- Melzer, Wolfgang/Hans-Dieter Schwind, (Hrsg.): Gewaltprävention in der Schule. Grundlagen – Praxismodelle – Prerspektiven. Dokumentation des 15. Mainzer Opferforums des Weißen Ringes 2003. Baden-Baden 2004.
- Ministerium für Kultus, Jugend und Sport Baden Württemberg u.a. (Hrsg.): Aktiv gegen Gewalt. Gewaltprävention an Schulen. Stuttgart 2003.
- Nolting, Hans-Peter: Störungen in der Schulklasse. Ein Leitfaden zur Vorbeugung und Konfliktlösung. Weinheim/Basel 2002.
- Olweus, Dan: Gewalt in der Schule. Was Lehrer und Eltern wissen sollten – und tun können. Bern/Göttingen/Toronto 2006.
- Rolff, Hans-Günter u.a.: Manual Schulentwicklung. Weinheim 1999.
- Schröder, Achim/Angela Merkle: Leitfaden Konfliktbewältigung und Gewaltprävention. Pädagogische Konzepte für Schule und Jugendhilfe. Schwalbach 2007.
- Schubarth, Wilfried: Gewaltprävention in Schule und Jugendhilfe. Theoretische Grundlagen, empirische Ergebnisse, Praxismodelle. Neuwied 2000.
- Walter, Michael: Gewaltkriminalität. Erscheinungsformen, Ursachen, Antworten. Stuttgart/München 2006.

Eltern / Familie

- Armbruster, M.: Eltern-AG. Das Empowerment-Programm für mehr Elternkompetenz in Problemfamilien. Heidelberg 2006.
- Bertelsmann Stiftung: Prima Klima. Miteinander die gute gesunde Schule gestalten. Eine Handreichung für Eltern, Lehrkräfte und Schulleiter. 2006.
- Duell, Barbara/Maria Mandac: Konflikttraining mit Eltern. Das Kooperationsprogramm für Schule und Elternhaus. Mülheim an der Ruhr 2003.
- Dusolt, Hans: Elternarbeit. Ein Leitfaden für den Vor- und Grundschulbereich. 2. Aufl. Weinheim 2004.
- Frie, Petra: Wie Eltern Schule mitgestalten können. Ein Handbuch für Lehrer und Eltern. Mülheim an der Ruhr 2006.

- Henning, Claudius/Wolfgang Ehinger: Das Elterngespräch in der Schule. Von der Konfrontation zur Kooperation. 3. Aufl. Donauwörth 1999.
- Kavemann, Barbara/Ulrike Kreyssig (Hrsg.): Handbuch Kinder und häusliche Gewalt. Wiesbaden 2006.
- Keck, Rudolf W./Sabine Kirk: Erziehungspartnerschaft zwischen Elternhaus und Schule. Analysen – Erfahrungen – Perspektiven. Hohengehren 2001.
- Klemenz, Bodo: Ressourcenorientierte Erziehung. Tübingen 2006.
- Korte, Jochen: Mit den Eltern an einem Strang ziehen. Auer 2004.
- Keyserlingk, Linde von: Wer träumt, hat mehr vom Leben. Der Umgang mit „Unarten". Flunkern, naschen, träumen, trödeln, zanken. Düsseldorf 1992.
- Omer, Haim/Arist von Schlippe: Autorität durch Beziehung. Die Praxis des gewaltlosen Widerstands in der Erziehung. Göttingen 2004.
- Rüegg, Susanne: Elternmitarbeit in der Schule. Erwartungen, Probleme und Chancen. Haupt Verlag 2001.
- Schneewind, Klaus A.: Freiheit in Grenzen. Eine interaktive CD-ROM zur Stärkung elterlicher Erziehungskompetenzen für Eltern mit Kindern zwischen 6 und 12 Jahren. München 2003.
- Wissenschaftlicher Beirat für Familienfragen: Familiale Erziehungskompetenzen. Beziehungsklima und Erziehungsleistungen in der Familie als Problem und Aufgabe. Weinheim 2005.

Soziale Wahrnehmung
- Beck, Norbert /Silke Cäsar/Britta Leonhardt: Training sozialer Fähigkeiten mit Kindern im Alter von 8 bis 12 Jahren. Tübingen 2006.
- Behrend, Joachim-Ernst: Das Dritte Ohr. Vom Hören der Welt. Reinbek 1995.
- Biermann, Ingrid: Spiele zur Wahrnehmungsförderung. Freiburg 1999.
- Birkenbihl, Vera F.: Signale des Körpers. Körpersprache verstehen. 9. Aufl. München/Landsberg 2007.
- Foester, Heinz von u.a.: Einführung in den Konstruktivismus. München 1992.
- Heller, Eva: Wie Farben wirken. Farbpsychologie, Farbsymbolik, Kreative Farbgestaltung. Reinbek 1989.
- Marmet, Otto: Ich und du und so weiter. Kleine Einführung in die Sozialpychologie. Weinheim 2000.
- Selle, Gerd: Gebrauch der Sinne. Reinbek 1993.
- Stevens, John O.: Die Kunst der Wahrnehmung. Gütersloh 2006.
- Vopel, Klaus W.: Interaktionsspiele für Kinder. 4 Teile. Salzhausen 2004.
- Vopel, Klaus W.: Kinder können kooperieren. Interaktionsspiele für die Grundschule. Teil 1 bis 4. Salzhausen 1996.
- Vesper, Frederic: Denken, Lernen, Vergessen. München 1996.
- Watzlawick, Paul: Wie wirklich ist die Wirklichkeit. Wahn, Täuschung, Verstehen. München/Zürich 2005.
- Zimmer, Renate: Handbuch der Sinneswahrnehmung. Grundlagen einer ganzheitlichen Bildung und Erziehung. Freiburg 2006.

Emotionale Intelligenz
- Clemens, Harris/Reinhold Bean: Verantwortungsbewusste Kinder. Was Eltern und Pädagogen dazu beitragen können. Reinbek 1993.

5. LITERATUR

- Goleman, Daniel : Emotionale Intelligenz. München 1996.
- Haug-Schnabel, Gabriele : Starke und einfühlsame Kinder - Die Bedeutung von Empathie als Schutzfaktor. Fühl Mal. Psychosozialer Dienst Karlsruhe, 14.7.2005 <http://verhaltensbiologie.com/>
- Haug-Schnabel, Gabriele: Grundlagen der Entwicklungspsychologie. Die ersten 10 Lebensjahre. Freiburg 2005.
- Haug-Schnabel, Gabriele/Barbara Schmid-Steinbrunner: Wie man Kinder von Anfang an stark macht. So können sie Ihr Kind erfolgreich schützen – vor der Flucht in Angst, Gewalt und Sucht. Ratingen 2002.
- Juul, Jesper/Helle Jensen: Vom Gehorsam zur Verantwortung. Für eine neue Erziehungskultur. Weinheim 2005.
- Kreul, Holde/Dagmar Geisler: Ich und meine Gefühle. Emotionale Entwicklung für Kinder ab 5. Bindlach 2004.
- Liebertz, Charmaine: Das Schatzbuch der Herzensbildung. Grundlagen, Methoden und Spiele zur emotionalen Intelligenz. München 2004.
- Ostermann, Änne: Empathie und prosoziales Verhalten in einer Ellbogengesellschaft. HSFK-Standpunkt 4/2000. Frankfurt 2000.
- Rogge, Jan-Uwe. Wut tut gut. Warum Kinder aggressiv sein dürfen. Reinbek 2005.
- Rost, Wolfgang: Emotionen. Elixiere des Lebens. 2., überarb. Aufl., Berlin u.a. 2001.
- Schilling, Dianne: Soziales Lernen in der Grundschule. 50 Übungen, Aktivitäten und Spiele. Mülheim an der Ruhr 2000.
- Staub, Ervin: Entwicklung prosozialen Verhaltens: zur Psychologie der Mitmenschlichkeit. München u.a. 1981.
- Shapiro, Lawrence E.: EQ für Kinder – Beliebt und glücklich, nicht nur schlau – Wie Eltern die emotionale Intelligenz ihrer Kinder fördern können. Frankfurt am Main 1997.
- Wickmann, Susanne (Hrsg.): Kluge Gefühle. Familienratgeber zur Förderung der emotionalen Intelligenz. Mehr Zeit für Kinder. Frankfurt am Main 2005.

Kommunikation

- Bundeszentrale für gesundheitliche Aufklärung (Hrsg.): Achtsamkeit und Anerkennung. Materialien zur Förderung des Sozialverhaltens in der Grundschule. Köln 2002.
- Delfos, Martine F.: „Sag mir mal ..." Gesprächsführung mit Kindern. 4. Aufl. Weinheim 2007.
- Deutsches Institut für Fernstudien (Hrsg.): Funkkolleg Medien und Kommunikation. Weinheim 1990.
- Hagedorn, Ortrud: Gefühle ausdrücken, erkennen, mitfühlen. Berliner Institut für Lehrerfort- und -weiterbildung und Schulentwicklung. Berlin 1994.
- Klippert, Heinz: Kommunikations-Training. Übungsbausteine für den Unterricht. 11. Aufl. Weinheim 2006.
- Miller, Reinhold: „Das ist ja wieder typisch!" 25 Trainingsbausteine für gelungene Kommunikation in der Schule. 4., überarb. Aufl. Weinheim 2004.
- Miller, Reinhold: „Halt's Maul du dumme Sau". Schritte zum fairen Gespräch. Lichtenau 1999.
- Molcho, Samy: Alles über Körpersprache. München 2002.
- Reichling, Ursula/Dorothee Wolters: Hallo, wie geht es dir? Gefühle ausdrücken lernen. Mülheim an der Ruhr 1994.
- Rosenberg, Marshall B.: Gewaltfreie Kommunikation. Eine Sprache des Lebens. 6. überarb. und erw., Aufl. Paderborn 2007.
- Rosenberg, Marshall B.: Erziehung, die das Leben bereichert. Gewaltfreie Kommunikation im Schulalltag. 2. Auflage. Paderborn 2005.
- Schulz von Thun, Friedemann: Miteinander reden 3 Bände. Reinbek 1998.
- Stroebe, Wolfgang/Klaus Jonas/Miles Hewstone: Sozialpsychologie. Eine Einführung. 4. Aufl. Berlin 2002.

- Thiesen, Peter: Das Kommunikationsspielebuch. Für die Arbeit in Schule, Jugend- und Erwachsenenbildung. Weinheim 2002.

Resilientes Verhalten
- Brooks, Robert/Sam Goldstein: Das Resilienz-Buch. Wie Eltern ihre Kinder fürs Leben stärken. Stuttgart 2007.
- Jaede, Wolfgang: Kinder für die Krise stärken. Selbstvertrauen und Resilienz fördern. Freiburg 2007.
- Mayr, Toni/Michaela Ulich: Perik – Positive Entwicklung und Resilienz im Kindergartenalltag, 10 Bögen. Freiburg 2006.
- Nuber, Ursula: Resilienz: Immun gegen das Schicksal? Gespräch mit Rosmarie Welter-Enderlin. In: Psychologie heute. 9/2005. Weinheim 2005.
- Opp, Günther/Michael Fingerel/Andreas Freytag (Hrsg.): Was Kinder stärkt. Erziehung zwischen Risiko und Resilienz. München/Basel 2007.
- Preuss-Lausitz, Ulf (Hrsg.): Verhaltensauffällige Kinder integrieren. Zur Förderung der emotionalen und sozialen Entwicklung. Weinheim 2005.
- Theorie und Praxis der Sozialpädagogik. Heft 5/2004: Resilienz. Darmstadt 2004.
- Welter-Enderlin, Rosmarie/Bruno Hildenbrand: Resilienz – Gedeihen trotz widriger Umstände. Heidelberg 2006.

Konstruktive Konfliktbearbeitung
- Becker, Georg E.: Lehrer lösen Konflikte. Handlungshilfen für den Schulalltag. Überarb. Neuausgabe. Weinheim 2006.
- Besemer, Christoph: Mediation. Vermittlung in Konflikten. Karlsruhe 1997.
- Cierpka, Manfred: Faustlos - Wie Kinder Konflikte gewaltfrei lösen lernen. Freiburg 2005.
- Edling, Lars: Schüler/-innen lösen ihre Konflikte. Lichtenau 2006.
- Fisher, Roger/Brown, Scott: Gute Beziehungen. Die Kunst der Konfliktvermeidung, Konfliktlösung und Kooperation. München 1996.
- Glasl, Friedrich: Selbsthilfe in Konflikten. Konzepte, Übungen, Praktische Methoden. Stuttgart 1998.
- Glasl, Friedrich: Konfliktmanagement. Ein Handbuch für Führungskräfte und Berater. Bern u.a. 2004.
- Gugel, Günther: Konfliktgeschichten. Konflikte wahrnehmen, beurteilen, bearbeiten. Eine Bilderbox. Tübingen 2002.
- Gugel, Günther/Uli Jäger: Streitkultur. Konflikteskalation und Konfliktbearbeitung. Eine Bilderbox. Tübingen 2006.
- Institut für Friedenspädagogik Tübingen e.V./ Bundeszentrale für politische Bildung (Hrsg.): Konflikte XXL/Konflikte XXL_Global. Konfliktbearbeitung als Gewaltprävention. 45 Lernräume auf 2 CD_ROMs. Tübingen 2004.
- Kleber, Hubert: Konflikte gewaltfrei lösen. Medien- und Alltagsgewalt: Ein Trainingsprogramm für die Sekundarstufe I. Berlin 2003.
- Nolting, Hans-Peter: Störungen in der Schulklasse. Ein Leitfaden zur Vorbeugung und Konfliktlösung. 5. Aufl. Weinheim 2005.
- Rosenberg, Marshall B.: Das können wir klären! Wie man Konflikte friedlich und wirksam lösen kann. Paderborn 2005.
- Singer, Kurt: Lehrer-Schüler-Konflikte gewaltfrei regeln. Weinheim/Basel 1991.
- Theorie und Praxis der Soialpädagogik: Konflikte. Seelze-Velber, Heft 6/2000.

Schüler-Streitschlichtung
- Ammermann, Elisabeth/Andreas Leins: Schüler werden Streitschlichter. Ein praxisorientierter Lehrgang für die Sekundarstufe I. Neuried 2005.
- Behn, Sabine u.a.: Evaluation von Mediationsprogrammen an Schulen. Hamburg 2005.
- Behn, Sabine/Nicolle Kügler/Hans-Josef Lembeck: Mediation an Schulen – Eine bundesdeutsche Evaluation. Wiesbaden 2006.

5. LITERATUR

- Braun, Günther/Wolfgang Hünicke: Streit-Schlichtung: Schülerinnen und Schüler übernehmen Verantwortung für Konfliktlösungen in der Schule. Soest 1996.
- Braun, Günther u.a.: Kinder lösen Konflikte selbst! Mediation in der Grundschule. 4. Aufl. Bensberg 2003.
- Faller, Kurt/Wilfried Kerntke/Maria Wackmann: Konflikte selber lösen – Ein Trainingshandbuch für Mediation und Konfliktmanagement in Schule und Jugendarbeit. Mülheim an der Ruhr 1996.
- Faller, Kurt: Mediaton in der pädagogischen Arbeit. Ein Handbuch für Kindergarten, Schule und Jugendarbeit. Mülheim an der Ruhr 1998.
- Faller, Kurt/Sabine Faller: Kinder können Konflikte klären. Mediation und soziale Frühförderung im Kindergarten – ein Trainingshandbuch. Münster 2002.
- Götzinger, Marina/Dieter Kirsch: Grundschulkinder werden Streitschlichter. Ein Ausbildungsprogramm mit vielen Kopiervorlagen. Mülheim an der Ruhr 2004.
- Hauk, Diemut: Streitschlichtung in Schule und Jugendarbeit – Das Trainingshandbuch für Mediationsausbildung. Mainz 2000.
- Jefferys-Duden, Karin: Das Streitschlicher-Programm. Mediatorenausbildung für Schülerinnen und Schüler der Klassen 3-6. 2. Aufl. Weinheim 2002.
- Kaeding, Peer u.a. (Hrsg.): Mediation an Schulen verankern. Ein Praxishandbuch. Weinheim und Basel 2005.
- Rademacher, Helmolt (Hrsg.): Leitfaden Konstruktive Konfliktbearbeitung und Mediation. Für eine veränderte Schulkultur. Schwalbach/Ts. 2007.
- Schlag, Thomas (Hrsg.): Mediation in Schule und Jugendarbeit. Grundlagen – Konkretionen – Praxisbeispiele. Münster 2004.

Demokratie lehren und lernen
- Bertelsmann Stiftung (Hrsg.): Mehr Partizipation wagen. Argumente für eine verstärkte Beteiligung von Kindern und Jugendlichen. Gütersloh 2007.
- Beutel, Wolfgang/Peter Fauser (Hrsg.): Demokratiepädagogik. Lernen für die Zivilgesellschaft. Wochenschau-Verlag, Schwalbach/Ts. 2007.
- Blum, Eva/Hans-Joachim Blum: Der Klassenrat. Ziele, Vorteile, Organisation. Mülheim an der Ruhr 2006.
- Büttner, Christian (Hrsg.): Demokratie leben lernen – von Anfang an. Auf dem Weg zur Demokratieerziehung in Kindertagesstätten. HSFK, Frankfurt/M. 2006.
- Büttner, Christian/Bernhard Meyer (Hrsg.): Lernprogramm Demokratie. Möglichkeiten und Grenzen politischer Erziehung von Kindern und Jugendlichen. Weinheim 2000.
- Bundeszentale für politische Bildung (Hrsg.): Was heißt hier Demokratie? Thema im Unterricht. Arbeitsmappe. Bonn 2004.
- Eikel, Angelika/Gerhard de Haan: Demokratische Partizipation in der Schule. Schwalbach/Ts. 2007.
- Hansen, Rüdiger/Raingard Knauer/Bianca Friedrich: Die Kinderstube der Demokratie. Partizipation in Kindertageseinrichtungen. Kiel 2004.
- Himmelmann, Gerhard: Demokratie Lernen. Ein Lehr- und Arbeitsbuch. Wochenschau-Verlag, Schwalbach/Ts. 2006.
- Klippert, Heinz: Teamentwicklung im Klassenraum. Übungsbausteine für den Unterricht. 7. Aufl. Weinheim 2005.
- Meyer, Gerd/Ulrich Dovermann/Siegfried Frech/Günther Gugel (Hrsg.): Zivilcourage lernen. Analysen - Modelle - Arbeitshilfen. Tübingen 2004.
- Rieker, Peter (Hrsg.): Der frühe Vogel fängt den Wurm!? Soziales Lernen und Prävention von Rechtsextremismus und Fremdenfeindlichkeit in Kindergarten und Grundschule. Halle 2004.

- Seckinger, Mike (Hrsg.): Partizipation – ein zentrales Paradigma. Tübingen 2006.

Regeln und Normen
- Bergmann, Wolfgang: Gute Autorität. Grundsätze einer zeitgemäßen Erziehung. 3. Aufl. Weinheim 2007.
- Breit, Gerhard/Siegfried Schiele (Hrsg.): Werte in der politischen Bildungsarbeit. Schwalbach 2000.
- Brumlik, Micha (Hrsg.): Vom Missbrauch der Disziplin. Antworten der Wissenschaft auf Bernhard Bueb. Weinheim und Basel 2007.
- Giesecke, Hermann: Wie lernt man Werte? Grundlagen der Sozialerziehung. München 2005.
- Grüner, Thomas/Franz Hilt: Bei Stopp ist Schluss! Werte und Regeln vermitteln. Lichtenau 2004.
- Philipp, Elmar/Hans-Günter Rolff: Schulprogramme als Leitbilder entwickeln. Weinheim/Basel 2006.
- Standop, Jutta: Werte-Erziehung. Einführung in die wichtigsten Konzepte der Werteerziehung. Weinheim und Basel 2005.

Sport und Fair Play
- Deutsche Olympische Gesellschaft (Hrsg.): Fairnesserziehung in der Schule. Frankfurt a.M. 1997.
- Institut für Friedenspädagogik Tübingen e.V. (Hrsg.): WM Schulen – Fair Play for Fair Life. Leitfaden für die WM Schulen. Tübingen 2005.
- Kick Forward/Institut für Friedenspädagogik Tübingen e.V. (Hrsg.): Straßenfußball für Toleranz. Handreichung für Jugendarbeit, Schule und Verein. Tübingen 2006.
- Kick Forward/Institut für Friedenspädagogik Tübingen e.V. (Hrsg.): Sport und internationale Lernpartnerschaften. Ansätze und Erfahrungen. Tübingen 2006.
- Nationales Olympisches Komitee für Deutschland: Olympia ruft: Mach mit. Unterrichtsmaterialien des NOK für Deutschland. Frankfurt a.M. 2004.
- Pilz, Gunter A./Henning Böhmer (Hrsg.): Wahrnehmen – Bewegen – Verändern. Beiträge zur Theorie und Praxis sport-, körper- und bewegungsbezogener sozialer Arbeit. Hannover 2002.
- Schweizerischer Olympischer Verband/Deutsche Olympische Gesellschaft (Hrsg.): Erziehung zu mehr Fairplay. Anregungen zum sozialen Lernen – im Sport, aber nicht nur dort! Bern 1998.
- WM 2006 in NRW: Fair Play for Fair Life: Der Ball ist rund. Arbeitsmaterialien und Informationen für Unterricht und Jugendarbeit. Herne 2005.

Umgang mit Gewalt
- Bieringer, Ingo/Walter Buchacher/Edgar J. Forster (Hrsg.): Männlichkeit und Gewalt. Konzepte für die Jungenarbeit. Opladen 2000.
- Breakwell, Glynis M.: Aggression bewältigen. Umgang mit Gewalttätigkeit in Klinik, Schule und Sozialarbeit. Göttingen 1998
- Hagedorn, Ortrun u.a.: Von Fall zu Fall. Pädagogische Methoden zur Gewaltminderung. Berliner Institut für Lehrerfort- und -weiterbildung und Schulentwicklung. Berlin 2000.
- Innenministerium Baden-Württemberg im Auftrag der Innenminister des Bundes und der Länder (Hrsg.): Herausforderung Gewalt: Handreichung für Lehrer und Erzieher. Stuttgart 1997.
- Guggenbühl, Allan: Die unheimliche Faszination der Gewalt - Denkanstöße zum Umgang mit Aggression und Brutalität unter Kindern. München 1995.
- Kasper, Horst: Prügel, Mobbing, Pöbeleien. Kinder gegen Gewalt in der Schule stärken. Berlin 2003.
- Klosinski, Gunther: Wenn Kinder nach dem Bösen fragen. Antworten für Eltern. Freiburg 2006.
- Korte, Jochen: Faustrecht auf dem Schulhof. Über den Umgang mit aggressivem Verhalten in der Schule. 3. Aufl. Weinheim 1993.
- Maringer, Eva/Reiner Steinweg: GewaltAuswegeSehen. Anregungen für den Abbau von Gewalt. Tübingen/Oberwart 2002.

- Ministerium für Kultus, Jugend und Sport, Baden-Württemberg/Innenministerium Baden-Württemberg/Sozialministerium Baden-Württemberg (Hrsg.): Aktiv gegen Gewalt. Gewaltprävention an Schulen. Stuttgart 2003.
- Petermann, Franz/Ulrike Petermann: Training mit aggressiven Kindern. Mit CD-ROM. Weinheim und Basel 2005.
- Walker, Jamie: Gewaltfreier Umgang mit Konflikten in der Grundschule – Grundlagen und didaktisches Konzept, Spiele und Übungen für die Klassen 1-4. Berlin 1999.

Mobbing
- Arbeitsgemeinschaft Kinder- und Jugendschutz Landesstelle Nordrhein-Westfalen e.V. (Hrsg.): Mobbing unter Kindern und Jugendlichen. Informationen für Schule, Jugendarbeit und Eltern. Essen 2006.
- Alexander, Jenny: „Das ist gemein!" - Wenn Kinder Kinder mobben. So schützen und stärken Sie Ihr Kind. Freiburg 1999.
- Alsaker, Francoise D.: Quälgeister und ihre Opfer. Mobbing unter Kindern – und wie man damit umgeht. Bern 2003.
- Erkert, Andrea: Schikanen unter Kindern. Erkennen, benennen, eindämmen und vorbeugen. Freiburg 2005.
- Gebauer, Karl: Mobbing in der Schule. Düsseldorf 2005.
- Holighaus, Kristin: Zoff in der Schule. Tipps gegen Mobbing und Gewalt. Weinheim/Basel 2004.
- Kasper, Horst: Mobbing in der Schule. Probleme annehmen, Konflikte lösen. Weinheim/Basel 1998.
- Kasper, Horst: Schülermobbing – tun wir was dagegen! Lichtenau 2002.
- Kindler, Wolfgang: Gegen Mobbing und Gewalt. Ein Arbeitsbuch für Lehrer, Schüler und Peergruppen. Seelze-Velber 2002.
- Kindler, Wolfgang: Man muss kein Held sein, aber ...! Verhaltenstipps für Lehrer in Konfliktsituationen und bei Mobbing. Mülheim an der Ruhr 2006.
- Krowatschek, Dieter/Gita Krowatschek: Cool bleiben? Mobbing unter Kindern. Lichtenau 2001.
- Schallenberg, Frank: „... und raus bist du!" Mobbing unter Schülern – Was Eltern tun können. München 2000.
- Schallenberg, Frank: Ernstfall Kindermobbing. Das können Eltern und Schule tun. München 2004.

Sexualisierte Gewalt
- Amann, Gabriele/Rudolf Wippliner (Hrsg.): Sexueller Missbrauch. Überblick zu Forschung, Beratung und Therapie. Ein Handbuch. Tübingen 2005.
- Aktion Jugendschutz Nordrhein-Westfalen: Sexueller Missbrauch an Mädchen und Jungen – Sichtweisen und Standpunkte der Prävention. Köln 1995.
- Bange, Dirk/Ursula Enders: Auch Indianer kennen Schmerz. Sexuelle Gewalt gegen Jungen. Köln 1995.
- Braun, Gisela: Ich sag Nein! Arbeitsmaterialien gegen den sexuellen Missbrauch an Mädchen und Jungen. Mülheim an der Ruhr 1999.
- Braun, Gisela/Dorothee Wolters: Das große und das kleine Nein. Mülheim an der Ruhr 1991.
- Deegener, Günther: Kindesmissbrauch – erkennen, helfen, vorbeugen. 3. aktual. Aufl. Weinheim 2005.
- Enders, Ursula (Hrsg.): Zart war ich, bitter war's. Handbuch gegen sexuellen Missbrauch. Köln 2001.
- Gerstendörfer, Monika: Der verlorene Kampf um die Wörter. Opferfeindliche Sprache bei sexualisierter Gewalt. Paderborn 2007.
- Grimm, Andrea (Hrsg.): Wie schützen wir unsere Kinder? Vom gesellschaftlichen Umgang mit sexueller Gewalt. Rehburg-Loccum 1998.

- Hochheimer, Irmi: Mutmachmärchen. Wie sich Mädchen und Jungen gegen sexuellen Missbrauch wehren können. Weinheim 2007.
- Klees, Katharina/Wolfgang Freidenbach (Hrsg.): Hilfen für missbrauchte Kinder. Interventionsansätze im Überblick. Weinheim 1997.
- Sanders, Pete/Liz Swinden: Lieben, Lernen, Lachen. Sozial- und Sexualerziehung für 6- bis 12-jährige. Veränderte Neuauflage. Mülheim an der Ruhr 2006.

Gewalt in Medien
- Aktion Jugendschutz Baden-Württemberg: Gewalt in den Medien. Ein Thema für die Elternarbeit. Stuttgart 2002.
- Antes, Wolfgang: Medien und Gewalt. Aktive Medienarbeit mit Kindern und Jugendlichen. Münster 1994.
- Büttner, Christian: Von der Realität überholt?. Mediale Gewalt und Jugendschutz in gesellschaftlicher Verantwortung. Frankfurt a. M. 2002.
- Büttner, Christian/Joachim von Gottberg/Magdalena Kladzinski (Hrsg.): Krieg in Bildschirmmedien. Zur politischen Orientierung Jugendlicher zwischen Inszenierung und Wirklichkeit. München 2005.
- Drewes, Detlev: Fernsehen, Internet und Co. Wie Kinder Medien sinnvoll nutzen können. Augsburg 2002.
- Feibel, Thomas: Killerspiele im Kinderzimmer. Was wir über Computer und Gewalt wissen müssen. Düsseldorf und Zürich 2004.
- Gesmann, Stefan: Friendly Fire im Kinderzimmer. Was Kinder und Jugendliche an gewalthaltigen Computerspielen fasziniert: Motivation. Konsequenzen. Perpektiven. Saarbrücken 2006.
- Jugenschutz.net: Chatten ohne Risiko. Mainz 2006.
- Kunczik, Michael/Astrid Zipfel: Gewalt und Medien. Ein Studienhandbuch. 5., vollst. überarb. Aufl. Stuttgart 2006.
- Salisch, Maria von/Astrid Kristen/Caroline Oppl: Computerspiele mit und ohne Gewalt. Auswahl und Wirkung bei Kindern. Stuttgart 2006.
- Sander, Wolfgang (Hrsg.): Digitale Medien in der Grundschule. Schwalbach/Ts. 2006.
- Theunert, Helga: Gewalt in den Medien, Gewalt in der Realität. Gesellschaftliche Zusammenhänge und pädagogisches Handeln. 2. Aufl. München 2000.

5. INTERNET

Internet

Berliner Senatsverwaltung für Bildung, Jugend und Sport: Materialien zum Thema Gewaltprävention an Schulen.
www.senbjs.berlin.de/schule/gewaltpraevention/gewalt/asp

Bullying Online: Vernetzung britischer Regierungsbehörden, Gesundheitsbehörden, Steuerungsräte und Polizeieinheiten zum Thema Bullying.
www.bullying.co.uk

Bundeskriminalamt
www.bka.de

Center for the Prevention of School Violence: Informationsquelle zum Thema Umgang mit Gewalt an Schulen und zur Gewährleistung sicherer Schulen.
www.ncsu.edu/cpsv

Center for the Prevention of Violence, Colorado University: Umfangreiche Quelle zum Thema Gewalt an Schulen.
www.colorado.educ/cspv

Connect: Initiative, die europaweit Praktiker und Wissenschaftler zum Thema Gewalt an Schulen vernetzt und Interventionsstrategien zur Verfügung stellt.
www.gold.ac.uk/connect

Council of Europe, Project Responses to Violence.
www.coe.int/T/E/Integrated_Projects/violence

Das Online Familienhandbuch für Eltern, Erzieher/innen, Lehrer/innen, Familienbildner/innen und Fachleute, die sich mit Familien befassen.
www.familienhandbuch.de

Defence for Children International: Nichtregierungsorganisation zur Förderung praktischen, systematischen, gemeinsamen Handelns zur Sicherung der Rechte von Kindern.
www.defence-for-children.org

Deutscher Kinderschutzbund, Bundesverband e.V., Elterntraining: Starke Eltern - starke Kinder.
www.starkeeltern-starkekinder.de

Deutsches Forum für Kriminalprävention.
www.kriminalpraevention.de

Gewalt Akademie Villigst
www.gewaltakademie.de

Gewaltprävention und Konfliktbearbeitung in Tübingen.
www.gewaltpraevention-tue.de

Heidelberger Präventionszentrum
www.faustlos.de

Institut für Friedenspädagogik Tübingen e.V.
www.friedenspaedagogik.de

Institut für konstruktive Konfliktaustragung und Mediation.
www.ikm-hamburg.de

Inter-Agency Network for Education in Emergencies: Informationen zu Bildung in Notfall- und Krisensituationen.
www.ineesite.org

Internationale Konferenz zu von Krieg betroffenen Kindern. Hintergrundinformationen und Aktuelles zur Konferenz.
www.waraffectedchildren.gc.ca

Jugendschutz im Internet
www.jugendschutz.net

Keys to Safer Schools: Unterstützung von an Jugendlichen orientierten Einrichtungen, um vor Gewalt sichere Räume zu schaffen.
www.keystosaferschools.com/CriticalTraining.htm

Kinderschutzzentren: Beratungsstelle mit Ziel Gewalt gegen Kinder, Kindesmisshandlungen, -vernachlässigungen und sexuellen Missbrauch abzubauen, zu verhindern, und vorzubeugen. Dies soll durch die Entwicklung, Anwendung und Weitervermittlung von speziellen, an den Ursachen von Gewalt ansetzenden, Hilfsmaßnahmen erreicht werden.
www.kinderschutz-zentren.org

Kontaktbüro Gewaltprävention Baden-Württemberg
www.gewaltpraevention-bw.de

Kriminologisches Forschungsinstitut Niedersachsen
www.kfn.de

Landeskommission Berlin gegen Gewalt.
www.berlin-gegen-gewalt.de

National Criminal Justice Reference Service des U.S. Departments of Justice.
www.ncjrs.org/works/index.htm

National School Safety Center: Fördert weltweit sichere Schulen und Prävention von Kriminalität und Gewalt an Schulen.
www.nssc1.org

Pensinsula Conflict Resolution Center (CRISP): Conflict Resolution in Schools Program: Konfliktlösungstrainings für ErzieherInnen, Eltern und Studenten.
www.pcrcweb.org/schools/crisp.jsp

Plattform zivile Konfliktbearbeitung: Info-Portal zu vielfältigen Themen aus dem Bereich der zivilen Konfliktbearbeitung.
www.konfliktbearbeitung.net

Portal VISIONARY zum Thema Gewalt, Mobbing und Bullying in der Schule
www.gewalt-in-der-schule.info
www.bullying-in-school.info

Preventing Crime.
www.preventingcrime.org

Projekt „Schulqualität als Präventionsstrategie"
www.schuelerpartizipation.de

Projekt der Westfälischen Wilhelms-Universität Münster
www.schule-fuer-toleranz.de

RAND Education. Daten und Analysen zu Bildungsmethoden. Analysen zu Gewaltpävention in der Schule.
www.rand.org/education

Save the Children. Weltweite Organisation für die Rechte von Kindern.
www.savethechildren.net

Schülermobbing
www.schueler-mobbing.de

5. INTERNET

Sicher-Stark-Team: Kinderpräventionskonzept gegen Gewaltverbrechen und sexuellen Missbrauch.
www.sicher-stark.de

STEP: Trainingsprogramm für Eltern mit Ziel eines kooperativen Familienlebens und tragfähigen Bindungen zu den Kindern.
www.instep-online.de

Stiftung Weltethos für interkulturelle und interreligiöse Forschung, Bildung und Begegnung.
www.weltethos.org

Traumapädagogik: Informationen zur Arbeit mit traumatisierten Kindern.
www.traumapaedagogik.de

UN Secretary General's Study on Violence against Children.
www.violencestudy.org

UN-Konvention über die Rechte der Kinder.
www.unis.unvienna.org/unis/de/library_2004kinderkonvention.html

Virginia Youth Violence Project: Zur Überprüfung effektiver Methoden und Richtlinien zur Gewaltprävention besonders im schulischen Kontext.
http://youthviolence.edschool.virginia.edu

WHO Publikationen zu Gewalt und Gewaltprävention.
www.who.int/violence_injury_prevention/publications/violence/en

WSD Pro Child e.V.: Sicherheitskurse gegen sexuellen Missbrauch bei Kindern.
www.wsd-pro-child.de